Revista de Direito Tributário

90

MALHEIROS EDITORES

Revista de Direito Tributário

CADERNOS DE DIREITO TRIBUTÁRIO

Fundador: Rubens Gomes de Souza (✝)

CADERNOS DE DIREITO TRIBUTÁRIO

SUMÁRIO

CADERNOS DE DIREITO TRIBUTÁRIO

A RELEVÂNCIA TRIBUTÁRIA DO COMÉRCIO ELETRÔNICO
— VICTOR UCKMAR 7

PRINCÍPIO DA ANTERIORIDADE — EXTINÇÃO E SOBREVIDA POR MEIO DA EMENDA CONSTITUCIONAL 32, DE 11.9.2001
— MISABEL ABREU MACHADO DERZI 18

O EMPRESÁRIO, A SOCIEDADE EMPRESÁRIA, A SOCIEDADE SIMPLES E A RESPONSABILIDADE TRIBUTÁRIA PERANTE O CÓDIGO TRIBUTÁRIO NACIONAL — CTN E O CÓDIGO CIVIL DE 2002
— RICARDO MARIZ DE OLIVEIRA 35

LA FISCALIDAD DE LAS EMISIONES ATMOSFÉRICAS EN ESPAÑA
— PABLO CHICO DE LA CÁMARA e PEDRO MANUEL HERRERA MOLINA 67

O PRINCÍPIO DA CAPACIDADE CONTRIBUTIVA E A SUBSTITUIÇÃO TRIBUTÁRIA
— JOSÉ EDUARDO SOARES DE MELO 100

BOCAGE E AS MEDIDAS PROVISÓRIAS: "A EMENDA PIOR DO QUE O SONETO"
— JOSÉ ROBERTO VIEIRA 113

ELISÃO, SIMULAÇÃO E CRIMES CONTRA A ORDEM TRIBUTÁRIA
— ELIANA CALMON 128

LA DISTRIBUCIÓN DE LA CARGA DE LA PRUEBA EN DERECHO TRIBUTARIO
— DIEGO MARÍN-BARNUEVO FABO 134

ARBITRAMENTO E NORMA ANTIELISÃO: DA ESTRITA LEGALIDADE AO DEVIDO PROCESSO LEGAL
— FERNANDO FACURY SCAFF 144

NORMAS GERAIS ANTIELISIVAS
— RICARDO LOBO TORRES 155

ESTUDOS E COMENTÁRIOS

A RETRIBUIÇÃO AOS MUNICÍPIOS PELA UTILIZAÇÃO DO SUBSOLO URBANO

— Auta Alves Cardoso 187

A ESTRUTURA LÓGICA DA NORMA JURÍDICA TRIBUTÁRIA

— Cristiano Carvalho 204

CONTRIBUIÇÕES DE INTERVENÇÃO SOBRE O DOMÍNIO ECONÔMICO

— Mariana Oiticica Ramalho 217

NÃO-INCIDÊNCIA DO ISS ÀS ASSOCIAÇÕES CIVIS SEM FINS LUCRATIVOS. RESTRIÇÃO INFRACONSTITUCIONAL DE COMPETÊNCIA IMPOSITIVA?

— Paulo Roberto Andrade 238

CADERNOS DE DIREITO TRIBUTÁRIO

A RELEVÂNCIA TRIBUTÁRIA DO COMÉRCIO ELETRÔNICO

VICTOR UCKMAR[1]
Professor Emérito da Universidade de Gênova
– Advogado na Itália

1. Nos últimos anos o fenômeno da *Internet* foi objeto de numerosos debates, tanto no campo nacional como no internacional; os problemas levantados são de várias naturezas e a solução é para muitos insuficiente, para outros ainda distante.

As novas potencialidades das informações estão incidindo profundamente sobre as técnicas e sobre os métodos de trabalho, sobre a gestão e organização das empresas, sobre modalidades de desenvolvimento das relações interpessoais. A *Internet*, em particular, representa um instrumento que pode permitir o desenvolvimento das empresas em termos de competitividade, produtividade, rapidez, eficiência, economia.

O fenômeno da globalização cresce continuadamente, e com este os deslocamentos e tráfegos no ciberespaço, a tal ponto que não parece que se possa mais falar em evolução, mas em uma verdadeira e própria revolução: dos conceitos de espaço e tempo, das regras tradicionais, das normas de direito internacional privado, dos princípios de tributação internacional.

Isto posto, resulta essencial a função da certeza do Direito e, em particular, da certeza do direito tributário aplicável a tal realidade.

O comércio no espaço global resulta, em verdade, condicionado pelas peculiaridades do sistema: o mercado é a rede, os limites geográficos e temporais são desfocados e, com estes, os vínculos e os controles legislativos e administrativos.

Cabe aos órgãos responsáveis pela produção normativa a tarefa de assegurar a realização de tal objetivo, valorizando as normas existentes, de modo que estas alcancem condições de seguir a renovação da economia, por tornarem-se mais flexíveis e competitivas.

As problemáticas ligadas à tributação do comércio eletrônico são de várias naturezas e derivam, principalmente, da dificul-

1. Com a colaboração da Dra. Ilatia Cerchi. Traduzido por Julia Morassutti, advogada em São Paulo, e revisado por Heleno Torres, professor de Direito Tributário Internacional no Programa de Pós-Graduação em Direito da PUC/SP.

dade de reconduzi-lo à noção comum de comércio, com conseqüente inaplicabilidade das normas existentes. A globalização da economia tornou possível, em particular, a integração dos mercados; e permitiu, conseqüentemente, a simplificação das trocas e a livre e rápida circulação das informações e dos capitais, com evidentes repercussões também sobre os sistemas de controle fiscal.

Nesse cenário, cada tentativa de classificação revela-se incompleta e inadequada à compreensão de um fenômeno em contínua expansão (mesmo que não nos volumes esperados, por efeito da crise da economia), que supera incessantemente os próprios limites e torna vã cada busca de resposta única aos problemas levantados. O corpo normativo existente em matéria de tributação internacional fundamenta-se em larga escala sobre a consideração de que o comércio internacional se resume, em última análise, na transferência de bens e serviços objeto de propriedade tangível na compra e venda, isto é, de bens materiais, ou no movimento físico de pessoas com o fim de fornecer serviços em diversos locais. O desenvolvimento da rede demonstrou como tal concepção basilar deva ser superada, em favor de uma visão mais dinâmica do tráfico comercial, que não se fundamenta na materialidade da troca, entendida no sentido tradicional do termo. As principais atividades econômicas executadas via *Internet* individualizam-se, na realidade, nas cessões de bens, prestações de serviços, mas sobretudo nas cessões de *intangíveis*, que sempre conquistam maior importância com o desenvolvimento do comércio eletrônico direto, isto é, inteiramente conduzido na rede.

A aproximação ao fenômeno *Internet* de um número sempre crescente de consumidores e a gradual perda de terreno das vendas por correspondência é sintoma do fato de que a novidade está transmutando-se quotidianamente, e que os receios iniciais sobre o *como* e o *onde* foram superados, para dar lugar ao resultado final, em qualquer modo e lugar obtido. A "navegação" na rede e a aquisição de bens materiais ou imateriais tornaram-se atualmente mais cômodas, comuns, em alguns casos indispensáveis. Essa repentina difusão do comércio eletrônico não trouxe consigo, porém, uma adequação igualmente veloz das legislações, as quais se encontram, na maioria dos casos, inadequadas para enfrentar e resolver a problemática inerente a este novo fenômeno. Entre os problemas levantados destaca-se a impossibilidade de se individualizar a localização do servidor (*Server*) que hospeda o *website* e, conseqüentemente, a aplicação dos critérios tradicionais de tributação, intrinsecamente ligados a critérios e parâmetros que expressam a territorialidade da operação.

2. A ausência inicial (como muitos consideram) de uma disciplina fiscal *ad hoc* para o comércio eletrônico e a incerteza em razão da oportunidade não tanto de uma regulamentação do fenômeno (exigência sentida para os fins do desenvolvimento e da difusão do mesmo), mas da introdução de novos impostos específicos, geraram um debate que ainda está aberto. Não se trata de um discurso meramente teórico, mas de considerações que apresentam importantes repercussões práticas: se, de um lado, a regulamentação é sinônimo de garantia e segurança para os operadores e usuários da rede, de outro, poderia representar um freio para a ascensão da *Internet* e do comércio eletrônico como novos veículos econômicos, criando obstáculos ao nascimento de novos mercados e novas hipóteses de *marketing*.

Tais reflexões, conjugadas à conscientização da inadequação dos princípios tradicionais de tributação das operações transnacionais, permitiram uma avaliação cuidadosa da conveniência de uma modificação de caráter geral ou de uma simples adaptação do sistema vigente.

A correspondência dessa última solução aos princípios de certeza e uniformidade do direito tributário aplicável não exclui os méritos da primeira, a qual, mesmo tendo o risco de uma discriminação entre a nova forma do comércio e aquela tradicional, em razão da introdução de impostos especiais diretamente referidos ao comércio eletrônico, tem o condão de evitar abusos e elisões que não seriam adequadamente enfrentados pela legislação vigente.

Tais e tantos problemas apresentaram-se no estágio embrionário do comércio eletrônico, e a solução para atribuir aos mesmos não pôde ser unívoca, não obstante a profusão de interesses por parte das organizações internacionais, a maioria delas envolvidas nos assuntos econômicos, da OCDE à OMC, da União Européia à Câmara Internacional de Comércio.

Mostraram-se fundamentais os trabalhos da OCDE, e particularmente as conclusões alcançadas nas Conferências de Turku, em 1997, e Ottawa, em 1998. Ao longo desta última foram fixados importantes princípios para serem considerados como linhas para o desenvolvimento de uma tributação específica das operações de comércio eletrônico. No documento em questão reconhece-se como o crescimento do comércio eletrônico está estritamente ligado a um adequado sistema de tributação; daqui a oportunidade de os Estados-membros adotarem os seguintes princípios de caráter geral:

a) *neutralidade* – um sistema fiscal deveria assegurar uma tributação homogênea e eqüitativa entre as diversas formas de comércio eletrônico e, além disso, não deveria adotar disposições ou métodos aplicativos que possam comportar um tratamento discriminatório do comércio eletrônico, em respeito às formas tradicionais de comércio. Os contribuintes que, em situações análogas, realizem operações comerciais similares deverão sujeitar-se ao mesmo nível de tributação;

b) *eficiência* – as novas tecnologias não apenas consentem aos empreendedores ampliar os próprios negócios, desfrutando as novas oportunidades oferecidas pelo mercado global, mas permitem, ao mesmo tempo, às Administrações Tributárias a melhoria dos serviços prestados; o objetivo é aquele de minimizar os custos relativos ao cumprimento das obrigações fiscais dos contribuintes e aqueles relativos aos serviços fornecidos pelas Administrações Fiscais. A modernização e a informatização dos serviços fiscais impedirão que a tradicional inércia das estruturas administrativas possa constituir um obstáculo à evolução dessa nova forma de comércio;

c) *certeza e simplicidade* – as regras fiscais deveriam ser suficientemente claras e facilmente compreensíveis, para permitir aos contribuintes o conhecimento antecipado das conseqüências fiscais de uma transação comercial, incluídos o tempo, o modo e o lugar nos quais deve ocorrer a imposição;

d) *efetividade e eqüidade* – o sistema fiscal deveria prever o justo montante da tributação no justo tempo, e estar em grau de reduzir ao mínimo as situações de elusão e evasão fiscal, assim como os riscos de dupla tributação, prevendo sanções proporcionais. A arrecadação tributária deveria assegurar uma equânime repartição das bases imponíveis entre os diversos países e não ferir sua soberania fiscal. As medidas adotadas deveriam ser tais que não criassem obstáculos às operações executadas de acordo com os normativos fiscais;

e) *flexibilidade* – os sistemas fiscais deveriam ser organizados de modo flexível e dinâmico, de forma a poder responder adequadamente às exigências de um mercado em contínua evolução, sem necessidade de contínuas adequações legislativas.

A desejada revisão das normas vigentes e as propostas de cooperação, com o escopo de melhorar a base de tributação e consentir, ao mesmo tempo, no desenvolvimento das novas tecnologias não impedem a avaliação das conseqüências que poderiam decorrer da falta de uma adequação das normas já existentes. A persistente aplicação das normas vigentes renderia mais simples às empresas dedicadas ao comércio eletrônico a elusão dos pressupostos da *source based taxation* (ou tributação na origem) e a conseqüente passagem à *residence based taxation*, determinando, de tal modo, o deslocamento da arrecadação fiscal dos países importadores de bens e serviços via *Internet* àqueles exportadores; uma tal situação consentiria, entre outros, às empresas reduzir a carga fiscal sobre a própria atividade, estabelecendo a sede da própria sociedade em país de baixa tributação e continuando, ao mesmo tempo, a comercializar os próprios produtos naqueles países caracterizados por uma pressão fiscal consistente, com conseqüente erosão da arrecadação hipoteticamente competente às Administrações desses últimos. Tal situação pode assumir dimensões críticas quando as operações ocorrem entre nações mais e menos desenvolvidas, mas é inevitável que a possibilidade, para os operadores, de atuar sobre mercados estrangeiros sem ter neles uma presença física, fazendo desaparecer pouco a pouco o pressuposto fundamental da tributação na fonte, induz sobretudo os Estados *net-exporters* (como os Estados Unidos) a promoverem a melhor solução – qual seja, a passagem a um sistema de tributação fundamentado na residência do vendedor ou prestador. Em tal sentido põe-se a proposta adiantada no relatório do Tesouro Americano, o chamado *Treasury Paper* (publicado sob supervisão do *U. S. Treasury Department*, em novembro/1996). Não se pode esconder, porém, que uma solução tomada dessa forma não responderia ao princípio da neutralidade, causando, entre outras, uma alteração do equilíbrio impositivo entre países importadores e exportadores. A reação dos primeiros, no sentido do acolhimento de um conceito extensivo de "estabelecimento permanente" como única solução para recuperar a perda de arrecadação, poderia traduzir-se em um incentivo à transferência da sede das empresas a países de baixa tributação, com conseqüências distorcidas de uma correta concorrência. Em referência à resolução de tal problema, para alguns, foi projetada a hipótese de uma tributação generalizada sobre os preços pagos pelos destinatários de bens e serviços oriundos do comércio eletrônico, com a faculdade de creditamento sobre os fornecedores. Tal solução parece, contudo, de difícil aplicação prática, uma vez que constituiria um agravamento tarifário sobre as importações e comportaria uma discriminação de tratamento em relação à segunda forma contratual escolhida para a operação.[2]

Sendo esse o estado das coisas, o desafio das organizações internacionais e das Administrações Fiscais deveria consistir em assegurar a salvaguarda das pretensões fiscais dos países com alto volume de consumo mas em atraso do ponto de vista da inovação tecnológica e informática.

3. Relevante atenção foi dedicada, em âmbito internacional, tanto à imposição direta como à imposição indireta das operações de comércio eletrônico.

No que concerne aos impostos diretos os problemas que suscitam maior interesse referem-se à renda derivada das operações internacionais e, em particular, à sua catalogação na falta de um elemento basilar – qual seja, a materialidade da fonte. As atividades das quais derivam são, na realidade, imateriais e difíceis de classificar e localizar.

Como é notório, característica peculiar do comércio eletrônico é aquela de consentir o desenvolvimento de operações comerciais prescindindo daqueles elementos físicos (bem cedido e sede da atividade) que permitem, nas formas de comércio tradicional, relacionar uma transação a um determinado território. A internacionalidade intrínseca das operações realizadas através dos canais telemáticos tem, na realidade, a capacidade de tornar evanescentes os pressupostos de tributação, embora permaneça pouco discutida sua importância tributária.

2. Neste caso a única solução praticável aos Estados importadores em vista do reequilíbrio da balança econômica poderia consistir no incremento da pressão fiscal sobre as outras categorias redituais (em particular sobre os rendimentos do trabalho), em evidente contraste, porém, com os objetivos de política ocupacional promovidos pelas organizações comunitárias.

E, na verdade, se a aplicação dos princípios tradicionais, ancorados ao lugar de residência do sujeito passivo ou àquele da fonte do rendimento, mostra-se relativamente simples quando os rendimentos são produzidos mediante modalidades materialmente prevalecentes, numerosos problemas surgem quando as atividades produtivas se desenvolvem na *Internet*, uma vez que qualquer usuário dotado de um computador pode trocar informações e dados, efetuar transações, fornecer e receber prestações de serviços, sem deixar, na maior parte dos casos, qualquer pista de si mesmo.

É fácil, de fato, imaginar como seja possível colocar uma sociedade desenvolvendo atividade de comércio eletrônico em um paraíso fiscal, fazendo-a operativa sem necessidade de transferir *in loco* o pessoal correspondente, e efetuando um controle à distância. Tal circunstância não passou desapercebida à análise do Comitê de Assuntos Fiscais da OCDE, que não tardou em ressaltá-lo no relatório apresentado na Conferência de Turku, observando, com preocupação, como a *Internet* está em condições de determinar uma "tax driven migration of business to the Internet and Internet business to low tax jurisdictions".

Como é notório, as empresas não residentes sujeitam-se a impostos só quando na presença de um estabelecimento permanente. A ausência de tal requisito impede que a empresa não-residente possa ser objeto de tributação sobre a porção do rendimento ali produzido. O Departamento do Tesouro Americano, no documento *Selected Tax Policy Implications of Global Commerce*, observa como caráter peculiar do comércio eletrônico aquele de consentir a um sujeito não-residente a realização de transações com sujeitos residentes sem jamais entrar no território do Estado; com o fim de individualizar o regime tributário aplicável a um sujeito que opera no comércio eletrônico. Portanto, é necessário identificar preliminarmente se a atividade exercida por tal sujeito poderá, de qualquer modo, ser considerada desenvolvida no Estado e se, eventualmente, no mesmo Estado tenha sido instituído um estabelecimento permanente.

Os Estados poderiam adotar com cautela decisões de política fiscal para influenciar as escolhas econômicas das empresas, dando vida a uma economia considerada *tax driven*. Por esse motivo é essencial, em uma ótica de cooperação internacional, que os sistemas de tributação dos diversos países sejam estruturados de maneira tal que permitam a mínima influência na estratégia comercial de cada empresa, evitando que esta seja induzida a efetuar operações ou investimentos em um dado Estado em virtude das vantagens obtidas em termos de baixa tributação, sob pena de se recair na chamada *bad tax competition*.

A isso se acrescenta que, enquanto nas formas de comércio tradicional a ausência de estabelecimento permanente de uma empresa em determinado Estado não importa para este uma considerável diminuição da arrecadação decorrente da mesma atividade – uma vez que tal arrecadação é parcialmente recuperada mediante a tributação das empresas locais que são representadas por intermediários –, a circunstância de que o comércio eletrônico supera tal figura, consentindo na instauração de um contato direto entre produtores e consumidores, faz desaparecer também o rendimento acima mencionado e a tributação correspondente.

No comércio eletrônico a verificação da presença de um estabelecimento permanente da empresa não-residente assume particular relevância, em razão da complexidade e da incerteza de qualificação dos instrumentos mediante os quais as operações em rede são concretamente realizadas.[3]

3. O art. 7º do Modelo OCDE de Tributação Internacional fixa a regra geral para a imposição dos lucros da empresa, estabelecendo que: "Os lucros de uma empresa de um Estado contratante são tributados neste Estado, a não ser que a empresa exerça sua atividade no outro Estado contratante por meio de um estabelecimento permanente ali situado. Se a empresa exercer atividade na forma indicada, seus

A materialidade que caracteriza os requisitos relacionados no art. 5º do Modelo OCDE – quais sejam, os elementos indispensáveis à identificação de um estabelecimento permanente – torna difícil seu reconhecimento no âmbito de uma atividade desenvolvida por meio da *Internet*.

A modificação introduzida no comentário do art. 5º (§§ 42.1 a 42.10), no fim do ano 2000, esclareceu alguns pontos antes obscuros, permitindo a solução do problema da individualização dos critérios com base nos quais um determinado servidor pode ou não configurar a existência de um estabelecimento permanente no país no qual está localizado.

Da nova formulação destaca-se que um *website*, enquanto bem material, não pode constituir estabelecimento permanente, por ser dotado de um conteúdo modificável a qualquer momento e sem dificuldade alguma.

Um *site*, de fato, sendo nada mais que uma combinação de *software* e dados eletrônicos hospedados em um servidor, individualmente considerado, não importa qualquer propriedade de bens tangíveis (uma vez que é composto de uma seqüência organizada de compartimentos magnéticos sobre um suporte constituído por um disco fixo). Diverso é o discurso relativo ao servidor, o qual consiste em um aparato que, se permanentemente localizado e correspondente aos requisitos indicados no § 1º do art. 5º, configura um *fixed place of bussiness* da empresa que o administra. Tal verificação deverá, porém, ser conduzida com extremo rigor, considerando que, se é verdade que o servidor representa a versão moderna de um *catalogue store*, na maior parte das hipóteses aparece desprovido de elemento fundamental – qual seja, a fixidez e a segura localização.

O modelo de tributação requer, de fato, não a intrínseca fixação de uma instalação, mas sua concreta estabilidade, ancorando a averiguação da permanência de um dado instrumental de trabalho, em lugar preciso e por um certo período de tempo. De qualquer modo, na ótica da não-discriminação das formas tradicionais de comércio, não se deve subestimar que a estrutura do servidor, à diferença daquela dos estabelecimentos permanentes comuns, presta-se a ser objeto de transferência sem repercussões sobre os negócios em curso e sobre o relacionamento com os clientes, não vinculando economicamente o empreendedor à conservação de uma associação com um dado Estado. Somente quando a empresa que conduz seus negócios por intermédio do *website* seja também proprietária do servi-

lucros poderão ser tributados no outro Estado, mas unicamente na medida em que forem atribuíveis a esse estabelecimento permanente". Os lucros relativos ao estabelecimento permanente podem ser determinados segundo o quanto estabelecido no § 2º de tal artigo, onde são delineados dois importantes princípios: o princípio do *arm's length* e o princípio das *independent persons*, com base nos quais devem ser imputados ao estabelecimento permanente os lucros que se considerariam obtidos se se tratasse de uma empresa distinta e separada daquela principal, desenvolvendo atividade idêntica ou análoga e em condições idênticas, com a única exceção da independência da empresa estrangeira da qual é estabelecimento permanente. Por estabelecimento permanente se entende, nos termos do art. 5º, § 1º, do mesmo Modelo "a fixed place of business through which the business of an enterprise is wholly or partly carried on". Suas características principais são, portanto, a existência de um centro de imputação de situações jurídicas, constituído por elementos materiais e pessoais; a estabilidade da instalação, que represente uma associação física com o Estado de fonte e seja idônea a uma utilização não-ocasional; e a concessão ao exercício normal da empresa e sua idoneidade produtiva, no sentido de capacidade de produzir renda independente, em respeito àquele derivado da atividade da empresa-não residente. Não constituem estabelecimento permanente as sedes que desenvolvam atividade de caráter preparatório ou auxiliar, entendendo-se por *atividades auxiliares* aquelas não essenciais ou significativas em relação à atividade conduzida pela empresa estrangeira. Com base no art. 5º, § 4º, igualmente não constituem estabelecimento permanente as instalações com única finalidade de armazenagem, exposição ou entrega de bens ou mercadorias pertencentes à empresa, ou de mercadorias destinadas a transformação por parte de outra empresa; e nem aqueles utilizados ao único fim de obtenção de mercadorias ou informações para a empresa ou para fins de publicidade, de fornecer informações, efetuar pesquisas científicas ou atividades análogas com caráter preparatório.

dor e se demonstre que as atividades conduzidas por meio deste constituam, elas mesmas, uma parte significativa da inteira atividade comercial da empresa entendida na sua totalidade, e o *computer equipment* constitua *a fixed place of business*, poderia configurar-se um estabelecimento permanente. Ao contrário, uma empresa não adquire um estabelecimento permanente em um determinado país pelo único fato que o seu *website* seja hospedado por um *server* de um *Internet service provider*, em um local determinado, porquanto o *server* e sua posição não estão à disposição do *site* – e, portanto, da empresa, mesmo que a empresa seja livre para decidir (e de fato decide) que o seu *site* seja hospedado em um *server* particular. Por isso, quando o *server* que hospeda o *website* do sujeito não-residente não é administrado pelo mesmo, mas por um *Internet service provider*, não se pode configurar um estabelecimento permanente, uma vez que o sujeito não-residente não tem a disponibilidade da gestão do *server*. Os *Internet service providers*, por sua vez, não podem constituir estabelecimento permanente, porque desprovidos da faculdade de concluir contratos com o consumidor, faltando a qualificação de agentes requerida pelo § 5º do art. 5º do Modelo de Convenção; e não podendo também ser definidos como agentes independentes, em consideração à praxe de hospedar *sites* relativos a diversas empresas.

Se antes não havia clareza quanto à incidência do requisito da presença humana na gestão do aparato automático necessário para se poder falar em estabelecimento permanente, atualmente, a modificação do art. 5º e dos parágrafos correspondentes do comentário induziu a consideração de que estabelecimento permanente de uma empresa não é somente aquele conduzido por uma presença humana significativa, mas também aquele que, uma vez automatizado, não requer a presença de pessoal *in loco* para ser administrado.

4. Problema adicional à determinação do local de tributação – ou, melhor, do critério de associação territorial – é aquele da determinação da *corporate residence*. Esta última vem normalmente determinada por meio de um ou mais dos seguintes critérios, diferenciados em:

a) *formais* – o local no qual é colocada a sede estatutária da sociedade (chamado *incorporation test*); aquele no qual se encontram os escritórios de direção (chamado *sede administrativa*); ou aquele no qual são mantidos os livros sociais;

b) *substanciais* – o local de direção efetiva ou aquele no qual se encontra o objeto principal da atividade social.

Algumas Administrações Financeiras consideram relevante, para os fins da determinação da sede dos negócios, o local no qual os conselhos de administração se reúnem para assumir as deliberações de sua competência na gestão da sociedade. Porém, tal método de individualização da *corporate residence* falha em alcançar o próprio objetivo na hipótese em que as reuniões entre os membros que se encontram em países diferentes são feitas através de videoconferência ou via *Internet*.

O problema, na realidade, encontra uma solução linear quando se considera como sede da atividade não a localidade ocasional na qual ocorre o encontro isolado, mas o local físico no qual é colocada a administração da empresa, isto é, aquele principalmente destinado ao exercício das atividades dos órgãos e dos escritórios sociais, que constituem o motor da entidade, sendo sua obra imprescindível ao seu funcionamento.

5. Uma importante distinção deve ser posta, no estudo da legislação comunitária para o comércio eletrônico, entre as tributações direta e indireta das operações conduzidas em rede. Também para os fins da tributação indireta, o comércio eletrônico necessita ser distinto do comércio convencional. As instituições comunitárias, por várias vezes, têm reafirmado que o fato de que uma cessão de bens ou uma prestação de serviços ser desenvolvida por intermédio da rede telemática não afeta a aplicabilidade do Imposto sobre o Valor Agregado ou dos impostos indiretos em geral, mesmo que se coloquem outros problemas de ordem instrumental, inerentes, em grande parte, à qualificação das operações e das conseqüentes modalidades de tributação.

De fato, é bom observar que quando a operação tem por objeto a venda de bens ou a prestação de serviços considerados *tangíveis*, e as operações são fornecidas de forma gratuita, não se encontram diferenças relevantes na aplicação das regras de tributação estabelecidas para os negócios convencionais.

O discurso é diferente no que concerne ao comércio eletrônico direto que se desenvolve eletronicamente em todas as suas fases tendo por objeto bens materiais.

As organizações internacionais estão bastante ocupadas com o tema, elaborando diversas soluções, as quais têm encontrado como única saída a fixação de alguns princípios de caráter fundamental.

Preliminarmente, é importante observar como são numerosos os problemas na aplicação das normas vigentes às operações executadas através dos instrumentos próprios do comércio eletrônico, sobretudo em razão da facilidade de se realizar tais operações evitando a aplicação do IVA; um problema particularmente sentido em âmbito internacional, considerando-se que os impostos sobre consumo geram em média 30% da arrecadação fiscal dos países-membros da OCDE.

Distinção fundamental é aquela clássica entre cessão de bens e prestação de serviços, válida tanto para a hipótese do comércio eletrônico direto como indireto, e delineada com precisão pelos arts. 5º e 6º da Sexta Diretiva da União Européia.

Em relação à *consumption tax* a OCDE exprimiu-se fornecendo tanto uma definição adequada como uma direção a ser seguida na tributação sobre o consumo relativamente às operações conduzidas via *Internet*. Foi reconhecida, por unanimidade, a necessidade de uma colaboração em nível internacional, voltada a garantir a eficácia e a coerência na administração e na aplicação dos impostos.

A solução assim adotada encontrou pleno acolhimento na sucessiva documentação da União Européia, tanto que o princípio da tributação no lugar de consumo do bem ou da prestação do serviço foi assumido como fundamento da mais recente Diretiva do ano 2002.

Não obstante, o recente estado das normas comunitárias em matéria de IVA é complexo e apresenta trechos realmente confusos. A razão disso deve ser encontrada na dificuldade de se identificar com exatidão as diferentes categorias de operações que são sujeitas à tributação. As regras tradicionais – e, marcadamente, a Sexta Diretiva –, levadas à definição das operações imponíveis aos fins de IVA, não podiam, de fato, contemplar transações feitas dessa forma, uma vez que são fruto de uma evolução posterior à sua emanação.

Os documentos que atualmente revestem maior importância são as condições de tributação previstas nas conclusões obtidas durante a Conferência de Ottawa, em 1998, o *Report dell'Working Party n. 9*, sobre a tributação do consumo, para o *Committee on Fiscal Affairs* da OCDE, de 2001. O conteúdo de tais documentos é claramente inspirado naquele proposto pela União Européia na área da imposição indireta sobre o *e-commerce*, no qual se previa a classificação das operações exeqüíveis com produtos digitalizados – quais sejam, o fornecimento de serviços e a individualização do local de tributação naquele relativo ao consumo do bem ou serviço.

A primeira intervenção comunitária na matéria remonta a 1998, e em particular à Comunicação da Comissão n. 374, de 17.6.1998, aprovada em 6 de julho pelo Conselho *Ecofin*, com a qual foi proposta uma série de princípios voltados a regulamentar o tratamento do IVA para os fins do comércio eletrônico.

Os princípios expressos podem ser assim resumidos:

1) adequação dos impostos existentes aos incrementos do comércio eletrônico, sem tomar em consideração impostos cumulativos;

2) tratamento da transmissão eletrônica de dados como prestação de serviços, compreendida a venda de mercadorias virtuais;

3) tributação, na Comunidade, dos serviços prestados no seu interior, independentemente de sua origem;

4) isenção do IVA para os serviços prestados por operadores UE para serem utilizados no Exterior, com dedutibilidade do imposto isento sobre operações anteriores;

5) simplicidade na aplicação das normas;

6) faturamento sem suporte documental e autorizado para os fins de IVA para as operações no interior da UE;

7) alcance da cooperação entre Estados de modo a garantir a aplicação de condições equivalentes também aos não-integrantes da Comunidade.

Nesse sentido se manifestava também o *Committee on Fiscal Affairs* da OCDE nas conclusões obtidas durante a conferência de Ottawa, ocorrida de 7 a 9.10.1998, reforçando a linha já traçada no curso do *meeting* europeu e enfatizando a oportunidade de se considerar todas as transações realizadas via *Internet* como prestações de serviços, considerado-as tributáveis no local no qual tais serviços se consumarem. Todavia, a primeira proposta concreta de modificação da Sexta Diretiva foi alcançada somente em junho do ano 2000, trazendo uma indicação de modificação do art. 9º, no sentido de que cada operação objetivamente efetuada e destinada ao consumo aos estrangeiros da UE deveria ser ali tributada, excluindo da aplicação do IVA as prestações destinadas ao consumo fora da UE. Para esse fim, os operadores extracomunitários deveriam munir-se de um código de identificação em um país comunitário.

Segundo as regras vigentes, nas prestações de serviços eletrônicos diretos o local relevante para os fins impositivos é aquele de residência do fornecedor.[4] Em conseqüência, os serviços fornecidos por um operador não-residente na Comunidade a um cliente residente – não contribuinte do IVA – não se sujeitam à aplicação do imposto; enquanto os mesmos serviços, se fornecidos por um operador residente na UE a um cliente extra-UE, são tributados na pessoa do fornecedor, segundo a disciplina comunitária, e, no mais das vezes, também no país de residência do consumidor, com base nas normas ali vigentes. São evidentes, portanto, a lesão ao princípio da livre concorrência entre os operadores e a perda de competitividade das empresas comunitárias em relação àquelas extracomunitárias, em violação ao princípio da neutralidade. A aplicação de tal regra a esse tipo de operações influencia a competição entre os operadores do setor, uma vez que impele um número sempre crescente de consumidores a procurar tais serviços quando prestados por operadores estabelecidos fora da Comunidade Européia, e, ao mesmo tempo, faz com que várias companhias operantes no campo das telecomunicações transfiram a sede da própria atividade a paraísos fiscais, ou a outros Estados que não aplicam o IVA.

As primeiras propostas relativas à eliminação de tais distorções avançaram, como revelado anteriormente, em sede comunitária, com escassos resultados práticos.

Com a aprovação da Diretiva 2002/38/CE, de 7.5.2002, o legislador modifi-

4. Encontra-se um sistema análogo na legislação uruguaia. Se esta última não sofrer qualquer modificação, tendente a unificá-la ao novo regime estabelecido com a recente Diretiva comunitária 38/2002, os problemas derivados da convivência de tais diferentes normas não serão de pouca importância. Com efeito, a entrada em vigor em 2003 dos princípios expressos na Diretiva comunitária fará com que a venda de bens digitais de um empreendedor uruguaio a um consumidor europeu seja sujeita a IVA em ambos os países, enquanto que a operação concluída entre um empreendedor europeu e um consumidor extracomunitário será, em qualquer caso, isenta.

cou temporariamente a Sexta Diretiva comunitária em matéria de IVA (Diretiva 77/38/CE). Esta nova Diretiva deverá ser recepcionada pelos países-membros a partir de 1.7.2003, e explicará os próprios efeitos até 30.6.2006, ressalvada a possibilidade de prorrogação, condicionada ao voto unânime dos países-membros, a ser manifestada em seguida à avaliação do impacto de tais regras novas sobre a eficiência da tributação.

A constatação de que as novas tecnologias, de um lado, desorganizaram os canais comerciais ordinários e, de outro, tornaram mais e mais difícil a atividade de "acertamento" por parte das Administrações Financeiras, privadas de pontos fundamentais de referência (isto é, *taxation points*), tornou necessárias as modificações de discurso, em vista da salvaguarda e do respeito aos princípios de neutralidade e não-discriminação mencionados anteriormente.

A nova Diretiva individualiza o âmbito territorial das prestações ligadas ao comércio eletrônico e também o âmbito objetivo de aplicação das novas imposições territoriais.

As modificações trazidas referem-se tanto ao perfil da qualificação das operações de comércio eletrônico direto como à superação dos já mencionados efeitos distorcidos determinados pelo regime de territorialidade que vigorava antes.

Está, de fato, prevista uma modificação das categorias de prestações de serviços, mediante a inclusão de duas referências ulteriores no art. 9º, § 2º, alínea "e": os serviços de radiodifusão e de televisão e os serviços prestados através de meios eletrônicos. Em relação a esse último ponto faz-se referência a um anexo apropriado, no qual é apresentado um elenco dos serviços, de forma exemplificativa, que compreende: fornecimento dos *websites* e *web hosting*; gestão à distância dos programas e instrumentos de trabalho; fornecimento de *software* e atualização correspondente, fornecimento de imagem, textos, informações e colocação à disposição de bases de dados; fornecimento de música ou filme, jogos, incluindo jogos de azar, programas ou manifestações políticas, culturais, artísticas, esportivas, científicas ou de entretenimento; fornecimento de ensino à distância. Especifica-se, ainda, que não constitui condição suficiente para fins da inclusão em tal categoria a eventualidade de o fornecedor e seu cliente se comunicarem por correio eletrônico.

O aspecto mais inovador consiste, porém, na individualização do local de tributação naquele em que o serviço é efetivamente consumado. As prestações efetuadas fora do território comunitário são consideradas isentas do IVA, enquanto que as prestações realizadas a tomadores de serviços integrantes da UE são consideradas efetuadas na Comunidade – e, portanto, sujeitas ao IVA. Para tais prestações, o IVA encontrará aplicação em um dos Estados-membros, e precisamente no lugar em que é estabelecido, domiciliado ou habitualmente residente o tomador do serviço (art. 1º, § 1º, alínea "b", da Diretiva). Para as prestações efetuadas por operadores não-comunitários e, sobretudo, para evitar que a excessiva onerosidade do cumprimento de obrigações a elas conexas deixe de incentivar a correta observância das disposições enunciadas, está disposto que a aplicação do IVA no país do tomador do serviço comportará o pagamento do imposto por parte desse último quando este for o sujeito passivo – através do mecanismo de *reverse charge* ou *autofatturazione*. Ao invés, se o consumidor é um particular, o prestador extracomunitário deverá abrir uma posição IVA em um só dos Estados-membros nos quais efetua a cessão *on line* (mediante uma declaração de início de atividade), contanto que nela mesma já não haja um estabelecimento permanente. Em tal Estado se presumirá a existência, aos únicos efeitos do IVA, de um estabelecimento permanente do sujeito não-comunitário, mesmo que o sujeito extra-UE realmente não tenha qualquer estrutura reconhecível no país no qual os serviços são consumados. Serão isentos da imposição os operadores dos terceiros países que operam na Comunidade exclusivamente para o fornecimento de serviços via meios eletrônicos e não superam a importância de 100.000 Euros por ano de faturamento; enquanto os fornecedores ocasionais ou que efetuam operações em valores modestos ou ocasionais se beneficiarão de um regime de isenção.

As operações praticadas por sujeitos extracomunitários registrados em um Estado-membro serão tratadas do mesmo modo que aquelas prestadas por prestadores comunitários.

O problema que permanece é que o sujeito registrado em um Estado-membro deverá, de qualquer forma, aplicar diferentes alíquotas de IVA de acordo com o país em que se encontra o consumidor final, devendo, portanto, preocupar-se em apresentar ao "país de identificação" uma declaração na qual deverão ser indicadas distintamente todas as transações efetuadas, evidenciando as diversas alíquotas de IVA aplicadas periodicamente. Através desse complexo mecanismo, o país de identificação deveria, em última análise, prever e arrecadar o IVA devido, e sucessivamente redistribuí-lo entre os países-membros destinatários dos serviços. A "solução do país de identificação" não elimina, na prática, as dificuldades conexas ao cumprimento de obrigações a serem observadas nos 15 diferentes regimes tributários da União.

Problemas adicionais surgem para a individualização da residência do comprador: não existindo atualmente regras específicas, pode-se somente prever que os mesmos compradores deverão certificar, sob a própria responsabilidade, local de residência e alíquota aplicável, não parecendo decisivos a esse respeito nem o endereço eletrônico do cliente, nem o local de origem do pagamento. A propósito, não se pode esconder a preocupação de que tal sistema determine a "transferência" dos consumidores para os países comunitários que tributam a alíquota mais baixa ou a Estados extra-UE, na tentativa de se beneficiarem de vantagens fiscais.

6. As problemáticas levantadas no curso desta breve exposição não exaurem o exame das inúmeras conseqüências que o advento do comércio eletrônico criou e continua a gerar. Com efeito, certamente existem aspectos que mereceriam uma maior atenção não só da parte dos comentadores do fenômeno, mas também das organizações internacionais que são tão intensamente ocupadas do tema. Trata-se, particularmente, da individualização de um papel mais preciso das Administrações Fiscais, as quais deveriam estar eminentemente envolvidas nos programas de cooperação, em vista de um desenvolvimento harmônico da economia em nível mundial. A isso se adiciona a consideração de que um eficiente sistema de imposição não pode ser assim considerado na ausência de um regime de controle eficaz das operações comerciais. As transferências via rede colocam em crise os instrumentos tradicionais de certeza e verificação, mas não impedem que, também sobre esse aspecto, a tecnologia se revele útil e permita, em última análise, a obtenção de resultados satisfatórios. Por tal razão, mostra-se absolutamente necessária, paralelamente ao alcance do escopo primário de se predispor de um corpo normativo evoluído, uma intervenção que tenha condições de prestar a ação de controle das Administrações igualmente eficientes.

CADERNOS DE DIREITO TRIBUTÁRIO

PRINCÍPIO DA ANTERIORIDADE — EXTINÇÃO E SOBREVIDA POR MEIO DA EMENDA CONSTITUCIONAL 32, DE 11.9.2001

MISABEL ABREU MACHADO DERZI

Professora na Graduação e Pós-Graduação da Faculdade de Direito da UFMG. Professora Titular das Faculdades Milton Campos. Advogada e Consultora de Empresas

1. Introdução. 2. Breves notícias históricas. 3. Procedimento Legislativo e Medidas Provisórias na Constituição de 1988. 4. Relevância e urgência. Antinomia entre princípio da anterioridade e Medidas Provisórias. 5. Relevância e urgência. Determinação conceitual em matéria tributária: 5.1 O princípio da anterioridade das leis fiscais ao exercício de aplicação; 5.2 A disciplina constitucional da relevância e da urgência em matéria tributária; 5.3 Atenuações paradoxais da antinomia entre princípio da anterioridade, decretos-lei e medidas provisórias. 6. Os atritos inconciliáveis que levaram à morte do princípio da anterioridade. 7. Conclusões: a sobrevida do princípio da anterioridade concedida pela Emenda Constitucional.

1. Introdução

Certeza (ou segurança), economicidade e capacidade contributiva, esses os três princípios básicos do sistema tributário, expressados pelo economista alemão Von Justi, e difundidos por Adam Smith, em seu clássico *An Inquiry into the Nature and Causes of the Wealth of Nations* (Londres, 1776), que têm inspirado códigos e constituições por mais de duzentos anos, porque mesclam não só padrões mínimos de ética e de justiça, como de técnica e de razoabilidade.

No entanto, exatamente sob a vigência da Constituição da República de 1988 que, em nosso País, introduziu um dos mais abrangentes leques de direitos e garantias do contribuinte, elenco mais completo do que o de outros ordenamentos, paradoxalmente, em especial no campo da segurança jurídica, normas legislativas, jurisprudenciais ou administrativas implementam realidade oposta, reduzindo e anulando (ou tentando anular) a certeza e a previsibilidade, que são e deveriam ser princípio e conseqüência necessária do sistema.

Uma dessas manifestações mais relevantes tem sido a proliferação de *medidas provisórias*, sucessivamente reeditadas, fenômeno que tem provocado constante improvisação no campo do Direito Tributário e, aos poucos, reduzido ou anulado o princípio da *anterioridade*. Uma sobrevida lhe é conferida, agora, por força da recente Emenda Constitucional 32/2001, que alterou a redação do art. 62 da Constituição de 1988.

2. *Breves notícias históricas*

Nas suas origens, a legalidade em matéria tributária, como autoconsentimento ou autotributação, ou como defesa da economia privada à ação do poder público, é conquista prévia e anterior à autorização orçamentária e à anualidade. Por sua vez, o princípio da anterioridade é "corruptela" do princípio da autorização orçamentária e, portanto, de data mais recente. Aliás, a prática de se submeter, o orçamento, como previsão de arrecadação e fixação de gastos, periodicamente e em pormenor, à aprovação do Parlamento somente se cristaliza e se dissemina no século XIX.

As bases políticas das limitações ao poder de tributar vêm provavelmente da Idade Média, quando se desagrega a estrutura estatal e o rei perde força frente aos senhores feudais, os quais, por "vontade própria" e não por imposição, anuem ao pagamento de tributos. Rastello, em seu *Diritto Tributario* (p. 207, nota 13), observa que as prestações patrimoniais do senhor do feudo, nos primeiros tempos, têm caráter voluntário e de subsídio oferecido ao Estado (são os *donum, benevolence, joyeuse entrée* etc. ... *help, adiutorum, aide, subsidy, Steuer* de *steuern*- ajudar). Com a decadência do feudalismo e o reforço da autoridade estatal, posteriormente o sentido dessa terminologia começa a ser alterado, destacando-se a conotação de dever (cf. Augusto Fantozzi, *Diritto Tributário*, Turim, UTET, 1991, p. 70).

Por isso, o princípio da legalidade dos tributos, antes de afirmar-se na Revolução francesa e de manifestar-se enquanto princípio fundamental do Estado de Direito no constitucionalismo do século XIX, derivou primeiro, como registra Ottmar Bühler, do corporativismo medieval (v. *Princípios de Derecho Internacional Tributário*, trad. Fernando Cervera Torrejin, Madri, ed. de Derecho Financiero, 1968, p. 200). Seus precedentes históricos montam ao século XI, sendo, portanto, anteriores à Carta Magna inglesa de João Sem Terra. Correspondem ao princípio da autotributação, vale dizer, ao juízo de que os encargos tributários deveriam ser previamente consentidos por aqueles que o suportassem. Victor Uckmar (v. *Princípios Comuns de Direito Constitucional Tributário*, trad. Marco Aurelio Greco, São Paulo, Ed. RT, 1976, pp. 10-20) citando Mitchell (*Taxation in Medieval England*, New Haven, 1951, p. 158), lembra os seguintes fatos que exemplificam o princípio da autotributação nos séculos XI e XII: a promessa de Anselmo a William Rufus, em 1096, de quinhentas libras esterlinas, repelida pelo rei, por insuficiente, teve, na recusa do arcebispo um empecilho para ser aumentada; a autotributação eclesiástica, consagrada no *Lateran Council*, de 1179; as decisões de 1188, que instituíram o tributo de um décimo da renda, foram tomadas com a intervenção pessoal de Henrique II a fim de se obter o consentimento da cidade ao pagamento; incidente semelhante se dá em 1192, quanto ao recolhimento de cem mil libras esterlinas, necessárias para resgatar Ricardo I etc.

Também consignado na famosa Carta do século XIII, o princípio da legalidade ali foi mantido intocado. Paulatinamente alargou-se a concepção do prévio consentimento, antes limitado a segmentos privilegiados da população, com a declaração do princípio da representação através do *Act of Appropriation* (1626), da compilação do *Petition of Rights* (1628) e do *Bill of Rights* (1688) em que se exigia a imposição de tributos por ato do Parlamento.

Alerta-nos Uckmar para o fato de que, não só na Inglaterra, como também em outros Estados, já na Idade Média, se praticava o prévio consentimento ou a autotributação (cf. ob. cit., pp. 16-20). Finalmente, em França, os estados gerais já tinham postulado, em 1735, a faculdade de aprovarem os impostos, regra que integrou a Declaração de Direitos (1789) e a Constituição de 1791.

Os primórdios da legalidade tributária representam também, de certa forma, os primórdios da legalidade orçamentária, pelo menos do ponto de vista da receita. Mas a legalidade da despesa, integrada à receita, em previsão orçamentária, é conquista posterior e, pouco a pouco amadurece, do berço inglês, para todo o continente europeu, como resultado da luta política entre o príncipe e o povo, ou seus representantes. Somente a partir do século XIX, quando a legalidade se afirma como princípio jurídico geral para toda a matéria administrativa, é que se dissemina a concepção do orçamento como diploma legal periódico, que depende da autorização anual do Parlamento, em ato de controle político sobre o Executivo.

Correspondendo sempre a um ideal de co-participação política, o princípio da legalidade, seja em matéria penal, administrativo-orçamentária ou tributária, floresceu graças aos fatores sócio-econômicos do Estado burguês, representando a mais significativa expressão do princípio jurídico da segurança.

A precedência cronológica da legalidade tributária não impediu, ao contrário, provocou o princípio da anualidade — como autorização orçamentária — ficando vinculados os tributos à periodicidade da lei de meios.

Ainda, hoje, em muitos países, o que existe propriamente é o princípio da anualidade, como autorização orçamentária, quer por meio de legislação ordinária ou de prática jurídica (Portugal, Inglaterra). Em alguns deles, é tão forte o princípio da autorização anual contida na lei orçamentária, que sai daí, ferido e combalido, o próprio princípio da legalidade tributária, uma vez que alterações nos tributos, que só poderiam advir de leis próprias, estranhas à lei de meios, passam a ser feitas diretamente na lei orçamentária. Dá-se uma quebra lamentável do princípio técnico-jurídico da exclusividade, que inspira a elaboração dos orçamentos públicos (Espanha, por exemplo).

Na Constituição de 1946, o art. 141, § 34, consagrou o princípio da autorização orçamentária, depois de um século de práticas (constantes apenas de lei ordinária), segundo as quais os tributos nascem de lei própria, mas sua cobrança dependeria de autorização expressa da lei orçamentária, ano a ano. Faltante a autorização da lei orçamentária para cobrar determinado tributo, não estaria revogada a lei tributária que o disciplinasse, mas tão-somente suspensa a sua eficácia.

Não obstante, bastou que o princípio se constitucionalizasse para que, por um *paradoxo bem brasileiro*, como lembra Aliomar Baleeiro, se iniciassem as violações na ordem dos fatos, infringências que culminaram com a adoção da Súmula 66 do Supremo Tribunal Federal. Eis o seu teor: "É legítima a cobrança de tributo que houver sido aumentado após o orçamento, mas antes do início do respectivo exercício financeiro". A decisão da Corte Constitucional extinguiu o princípio da autorização orçamentária e o teor da Súmula 66 foi a "inspiração do art. 153, § 29, da Emenda 1/69" (v. minucioso exame do tema em Aliomar Baleeiro, *Limitações Constitucionais ao Poder de Tributar*, 7ª ed. atualizada por Misabel Derzi, Rio de Janeiro, Forense, pp. 157-159).

Veremos que a convivência do princípio da anterioridade com os decretos-lei em primeiro lugar, depois com as medidas provisórias acabou por reduzir ou mesmo anular a não surpresa no Direito Tributário. A Emenda Constitucional 32/2001 conferiu-lhe uma sobrevida.

3. Procedimento Legislativo e Medidas Provisórias na Constituição de 1988

Na Constituição Federal de 1988, as medidas provisórias são absolutamente incompatíveis com a regulação de matéria tributária, em especial, instituição e majoração de tributos.

Essa grande questão, que deveria ter sido amplamente discutida nos Tribunais, não o foi. Os advogados, salvo raras exceções, não levantaram de imediato o problema. O longo período de ditadura, que levou à edição, quase exclusiva, de decretos-leis na regulação dos impostos federais, provocou a inércia de juristas, no que tange ao Direito Tributário.

Impressionaram-se muitos com a inexistência, no art. 62 da CF, de limitações expressas à faculdade, concedida ao Chefe do Executivo, de adotar medidas provisórias. Nem há, também, rol enumerativo da matéria passível de veiculação por meio desse instrumento normativo, como acontecia no Texto anterior.

Entretanto, a segurança jurídica, o princípio da anterioridade e da não-surpresa são de tal forma reforçados no Direito Tributário, que o procedimento legislativo, desencadeado pelas medidas provisórias, é incompatível com a regulação de tributos. Assim já o era o decreto-lei, em parte, nas Constituições de 1967/1969. Mas como o art. 55 do Texto anterior, de forma literal e expressa, assentia na edição de normas tributárias por meio de decretos-leis, havia pelo menos um setor — os empréstimos compulsórios, instituídos em caso de guerra, calamidade pública e absorção do poder aquisitivo — que era exceção à rigidez do regime constitucional tributário.

A inexistência de consentimento expresso, no art. 62 da CF, para veiculação de normas tributárias por meio de medidas provisórias, longe de aumentar a discrição do Poder Executivo ou do Legislativo na questão, restringe-a drasticamente, porque não abre brecha alguma no regime peculiar a que a Constituição submete os tributos.

Mais consciência de segurança e anterioridade têm os penalistas, em Direito Penal. Apesar de os crimes e as penas estarem sujeitos a uma legalidade mais frouxa do que aquela vigorante no Direito Tributário e, apesar de aquele ramo do Direito desconhecer o princípio da anterioridade da lei ao ano de sua aplicação, os juristas do Direito Penal rechaçaram com vigor as primeiras tentativas do Executivo na modelagem de delito e de penas por meio de medidas provisórias.

Já demonstrou Alberto Xavier que a necessidade de manutenção de instrumentos ágeis, hábeis à implantação da política econômico-fiscal do governo, frente à célere mutação dos fatos em nível conjuntural, não é argumento capaz de afastar os princípios da rígida legalidade e da anterioridade (v. *Os Princípios da Legalidade e da Tipicidade da Tributação*, São Paulo, Ed. RT, 1978, p. 100). A anterioridade concilia-se de forma adequada à livre iniciativa do sistema capitalista, possibilitando o adequado planejamento do custo total da atividade (no qual, se incluem, sem dúvida, os encargos tributários).

A Constituição de 1988 em seu art. 150, III, *b*, veda cobrar tributos no mesmo exercício financeiro em que haja sido publicada a lei que os instituiu ou aumentou. Consagra assim o princípio da anterioridade o qual adia, para o exercício subseqüente, a eficácia e a aplicabilidade da lei tributária.

A teoria geral do Direito distingue os planos da existência, validade, eficácia e aplicabilidade das normas jurídicas. Depois de aprovada pelo Poder Legislativo, sancionada pelo Chefe do Poder Executivo e publicada, como regra geral, a lei ganha existência, vigência e eficácia; sendo obediente aos pressupostos de validade, requisitos formais e materiais postos na Constituição, é válida (v. Norberto Bobbio, *Teoria della Norma Giuridica*, Turim, Giappichelli Ed., 1958, pp. 35-38) e, tendo validade, será apta a gerar efeitos, modificando e alterando a ordem jurídica. Não havendo outro prazo nela expressamente previsto, uma vez vigente, a sua eficácia e aplicabilidade são imediatas. Como lembra José Afonso da Silva, a eficácia jurídica da norma designa a qualidade de produzir, em maior ou menor grau, efeitos jurídicos, ao regular, desde logo, as situações, relações e comportamentos nela indicados, nesse sentido, a eficácia diz respeito à aplicabilidade, exigibilidade ou executoriedade da norma, como possibilidade de sua aplicação jurídica. Possibilidade e não efetividade (*Aplicabilidade das Normas Constitucionais*, São Paulo, Ed. RT, 1968, pp. 42-51). No mesmo sentido, referindo-se à conexão conceitual entre eficácia e aplicabilidade, Souto Maior Borges explica que uma norma somente é aplicável na medida em que é eficaz (cf. *Lei Complementar Tributária*, São Paulo, Ed. RT, 1975, p. 43).

Mas, enquanto nos demais ramos do Direito, o legislador tem a discricionariedade de criar leis de efeitos e aplicabilidade imediatos à sua publicação e vigência, desde que não retroativos, no Direito Tributário, ao contrário, a eficácia em geral das leis, que criam ou majoram tributos já existentes (para alguns a própria vigência) é adiada, por regra constitucional, para o exercício subseqüente ao de sua publicação.

Não se trata de aspecto acidental ou facultativo, mas o princípio da anterioridade é a regra, genérica e abstrata, verdadeira propriedade jurídica essencial à lei tributária, que cria tributo novo ou majora os já existentes. Como tal, é comando superior, inafastável pela própria lei, a qual não terá validade se determinar a própria eficácia e aplicabilidade imediatas à sua publicação ou por meio dos regulamentos e outros atos normativos do Poder Executivo, assim como por quaisquer atos executórios e aplicativos da Administração Pública. Integra-se o princípio ao estatuto do contribuinte, regendo situações, comportamentos e relações, expressão de segurança jurídica e verdadeira limitação ao poder de tributar dos entes estatais. E, segundo diversos pronunciamentos do próprio Supremo Tribunal Federal, o princípio da anterioridade é direito fundamental do cidadão, relativamente a tributos, imodificável por meio de poder derivado.

Como não é uma faculdade ou discricionariedade do Poder Legislativo, nem tampouco acidentalidade ou eventualidade, mas a regra geral, o princípio da anterioridade acaba por caracterizar e especializar as leis tributárias que instituam ou majorem tributos. Do ponto de vista técnico, o fenômeno será sempre o mesmo: posta a lei e publicada, essa só terá aptidão para desencadear efeitos e ser aplicada, no exercício financeiro subseqüente ao de sua publicação.

A rigor, os princípios da legalidade e da anterioridade expressam-se em normas autônomas, embora necessariamente conexas e interligadas. Se há tributo instituído ou majorado, há lei e há anterioridade (regra geral). Não obstante, do ponto de vista funcional, postos de lado os casos de exceção, o princípio da anterioridade deve ser visto como uma característica ou especialidade essencial da legalidade tributária, conotação que, afetando as leis tributárias, tem o condão de adiar-lhes a eficácia e a aplicabilidade.

4. Relevância e urgência. Antinomia entre princípio da anterioridade e Medidas Provisórias

Ao conceder ao Presidente da República a faculdade de adotar medidas provisórias, com força de lei, em caso de relevância e urgência, a Constituição Federal disciplinou espécie de ato normativo, ou de procedimento, antinômico ao princípio da anterioridade das leis fiscais.

Urge observar que as medidas provisórias, como o nome indica, só a título temporário e precário, inovam a ordem jurídica. Para que possam, de fato, alterar algo no mundo do Direito, na redação originária da Constituição, deverão ser convertidas em lei pelo Congresso Nacional, no prazo de 30 dias contados da data de sua publicação (parágrafo único do art. 62). Antes disso, não se tem a lei, o processo legislativo perfeito, capaz de criar efetivamente o Direito. Enquanto não convalescidas pelo Poder Legislativo, as medidas provisórias produzem efeitos imediatos à sua publicação, disciplinam relações e comportamentos, de forma passageira e reversível.

A expressão *com força de lei*, de que se utiliza o *caput* do art. 62 da Constituição, para qualificar as medidas provisórias, de modo algum leva à equiparação da lei, como manifestação precípua e fundamental do Poder Legislativo, pedra basilar da democracia, as medidas provisórias. Essas são dotadas, a título precário, do mesmo vigor, poder, energia, coercibilidade, enfim, eficácia de que goza a lei, antes mesmo de o serem, antes de nela se terem convertido por decisão do Congresso Nacional.

E, exatamente, porque não são lei, fenômeno que somente ocorrerá quando completado o procedimento legislativo, com a ratificação congressual, é que a Constituição Federal atribuiu às medidas provisórias força e eficácia imediatas, como se lei fossem.

Mas, uma vez rejeitadas pelo Congresso Nacional, pelo menos na redação originária da Constituição da República, as medidas provisórias nada alteram no mundo jurídico, invalidando-se os atos praticados sob sua vigência, pois a Constituição lhes cassa os efeitos, o vigor, a força de lei, a eficácia com que, temporariamente, as dotara. As medidas provisórias, antes ato normativo, dotado de juridicidade precária, tornam-se ato irrelevante, devendo o Congresso Nacional disciplinar as relações e os resultados para recomposição e reversão da ordem jurídica.

Conclui-se que, uma vez convertidas em lei pelo Congresso Nacional, completa-se o procedimento legislativo. O vigor legal que tinha sido precocemente atribuído às medidas provisórias, a eficácia e a força de lei, com que foram qualificadas, como verdadeira antecipação à existência da própria lei em que se converteram, tornam-se definitivas e efetivas desde a sua edição. Convalidam-se os efeitos já gerados, confirmam-se os atos praticados imediatamente à sua publicação. Medidas provisórias convertidas em lei, se obedecidos os pressupostos constitucionais, são lei formal e material, inovam, transformam e alteram a ordem jurídica. Não obstante, as medidas provisórias mesmo convertidas em lei, de modo algum, estão equiparadas na Constituição Federal às leis ordinárias ou complementares que instituem ou majoram tributos.

É que a Magna Carta acosta às leis tributárias (quer ordinárias ou complementares), que criam tributo novo ou majoram os já existentes, o princípio da anterioridade o qual se lhes adia a eficácia, procrastinando, para o exercício seguinte ao de sua publicação, a vigência, a eficácia e os atos de cobrança. No caso das medidas provisórias, ao contrário, antes mesmo de se completar o processo legislativo, antes de se aperfeiçoar a lei em que se hão de converter, a Constituição antecipa a eficácia, consentindo na aplicabilidade imediata e prévia à própria existência (da lei).

Movimentos contrários, diametralmente opostos, surgem límpidos e indiscutíveis da Constituição. Medidas provisórias, convertidas em lei, são leis que gozam de eficácia antecipada à própria existência e, claro, à publicação. Lei ordinária ou complementar, instituidora ou majoradora de tributo, embora aprovada pelo Poder Legislativo, sancionada e publicada, tem sua eficácia e aplicabilidade, automaticamente, adiadas.

Por que tão profunda distinção nesses procedimentos constitucionais, por que diferença tão radical na operatividade desses atos normativos?

A causa reside exatamente nos pressupostos de relevância e urgência que legitimam a utilização, pelo Presidente da República, das medidas provisórias. Relevância e urgência são importantes conceitos que explicam:

• a antecipação da eficácia e da aplicabilidade da lei em que se hão de converter as medidas provisórias, a momento prévio ao de sua existência;

• a eficácia imediata, desde a edição, como necessária e essencial propriedade das medidas provisórias;

• a inexistência de qualquer discricionariedade para o Chefe do Poder Executivo, o qual não tem a faculdade de adiar a eficácia e a aplicabilidade das medidas provisórias para data posterior à de sua edição, quer para o exercício subseqüente, quer para o momento da regulamentação. Ou se dão, no caso concreto, a relevância e a urgência, cabendo, sendo próprio e adequado o uso de medidas provisórias, ou não.

Assim, as leis ordinárias ou complementares, que instituem ou majoram tributo, têm a eficácia e a aplicabilidade adiadas, por força do princípio da anterioridade. Medidas provisórias, em razão da relevância e da urgência, têm necessariamente sua eficácia e aplicabilidade antecipadas à existência da lei em que se hão de converter, por imperativo constitucional.

Essa introdução vale para registrar a ausência de uma discussão séria em questão tão relevante, embora a doutrina tenha considerado as medidas provisórias instrumento inidôneo à veiculação de tributos (v. Misabel Derzi, "Medidas Provisórias — Sua absoluta inadequação à instituição e majoração de tributos", in *RT* 45/130-141, jul.-set. 1988; Sacha Calmon Navarro Coelho, *Comentários à Constituição de 1988 — Sistema Tributário*, Rio de Janeiro, Forense, 1990; Celso Bastos, *Curso de Direito Financeiro e de Direito Tributário*, São Paulo, Saraiva, 1991; Roque Antonio Carrazza, *Curso de Direito Constitucional Tributário*, 2ª ed., São Paulo, Ed. RT, 1991; Ives Gandra da Silva Martins, *Sistema Tributário na Constituição de 1988*, São Paulo, Saraiva, 1989; tb., Eduardo Maneira, *Direito Tributário. Princípio da Não-Surpresa*, Belo Horizonte, Del Rey, 1994, pp. 110-116).

5. Relevância e urgência. Determinação conceitual em matéria tributária

O art. 62 da Constituição dispõe que o Presidente da República poderá adotar medidas provisórias com força de lei, em caso de relevância e urgência.

As expressões relevância e urgência, quando extraídas do contexto normativo em que vêm inseridas, são conceitos aparentemente abertos, fluidos, imprecisos e obscuros.

Se a interpretação do Direito, em fase inaugural, se centrava na busca da intencionalidade primária do legislador, em uma segunda etapa desloca-se para o exame objetivo da obra jurídica (desligada das subjetividades de seu autor), como totalidade e sistema integrado de normas. E, finalmente, a partir da década de 60, coube a Gadamer acrescentar-lhe a perspectiva histórica do intérprete. Toda interpretação, inclusive a jurídica, é uma "intermediação entre a nossa visão lingüística do mundo e a linguagem do texto" (cf. H. George Gadamer, *Le Problème Hermeneutique*, Archives de Philosophie, Paris, 33/3-27, 1970, p. 24). O aqui e agora, o proposto, atua continuamente no sentido da norma, no evoluir jurídico do texto.

Ora, recolocada a questão dentro do conjunto normativo da Magna Carta, reexaminadas as expressões relevância e urgência em confronto com os princípios constitucionais básicos que disciplinam o sistema tributário, a polissemia e a ambigüidade dos termos em apreço são definitivamente afastadas, revelando-se claro e determinável o seu sentido, pelo menos no que tange à regulação dos tributos. Vejamos.

5.1 O princípio da anterioridade das leis fiscais ao exercício de aplicação

A segurança jurídica, consagrada como princípio fundamental no art. 5º da CF, expressa-se de forma recrudescida no Direito Tributário, uma vez que não se manifesta, como ocorre nos demais ramos jurídicos, apenas por meio da legalidade formal, material ou pela irretroatividade genérica das leis. Realiza-se, através do princípio da anterioridade das leis fiscais ao exercício de aplicação, em maior plenitude, o basilar princípio da segurança.

É evidente que o adiamento da eficácia provocado pelo princípio da anterioridade, como regra geral do Direito Tributário, é o resultado da primazia da segurança jurídica. Do ponto de vista axiológico, prevaleceu, nos desígnios constitucionais, a necessidade de previsão, de conhecimento antecipado e antecipatório, de planejamento dos encargos fiscais, sobre o imediatismo das medidas provisórias.

Instituir tributo ou aumentar tributo já existente não é urgente, nem tampouco relevante para a Constituição, que, em tais casos, determina seja observado o princípio da anterioridade.

Dessa forma, temos uma primeira delimitação, posta na Constituição, às expressões aparentemente abertas, relevância e urgência. Trata-se de uma delimitação negativa que permite afirmar não ser, de modo algum urgente ou relevante criar tributo novo ou majorar aqueles já existentes.

Não existirá relevância tributária? Não haverá urgência em matéria fiscal?

É claro que sim. A par de o tributo ser uma fonte fundamental de financiamento do Estado, sem a qual ele se torna basicamente inviável, é instrumento que sofre os condicionamentos estruturais e conjunturais econômicos, assim como pode ser convertido em instrumento de política econômica e social do governo.

O que ocorre, entretanto, é que a relevância e a urgência, no Direito Tributário, merecem disciplina constitucional própria. Enquanto as expressões, relevância e urgência, podem ter abrangência ampla, compreensão difusa e ambígua para os demais ramos jurídicos, no Direito Tributário, encontram determinação específica, regulação especial, como veremos a seguir.

5.2 *A disciplina constitucional da relevância e da urgência em matéria tributária*

Como vimos, instituir tributo ou majorar os já existentes não é considerado relevante e urgente pela Constituição Federal.

A regra geral, não obstante, sofre exceções, previstas no art. 150, § 1º e outros. Referem-se elas:

I — aos impostos incidentes sobre a importação e a exportação, sobre produtos industrializados e sobre as operações de crédito, câmbio e seguro, ou relativas a títulos e valores mobiliários (art. 153, I, II, IV e V);

II — aos empréstimos compulsórios, instituídos para atender a despesas extraordinárias, decorrentes de calamidade pública, guerra externa ou sua iminência (art. 154, II);

III — aos impostos instituídos em caso de guerra ou sua iminência (art. 154, II);

IV — às contribuições sociais, para o custeio da Seguridade Social, previstas no art. 195.

São essas as únicas exceções, admitidas na Constituição Federal, ao princípio da anterioridade tributária. Nem por isso se habilitam as medidas provisórias à regulação da matéria excepcionada, sendo veículo que, mesmo em tais circunstâncias, se apresenta tecnicamente inadequado.

Observe-se, em primeiro lugar, como magistralmente ensinou Baleeiro (cf. Aliomar Baleeiro, *Limitações Constitucionais ao Poder de Tributar*, 2ª ed., Rio de Janeiro, Forense, 1960), que a tradição constitucional brasileira tem sido no sentido de restringir as exceções à graduação de alíquotas e à anterioridade, não se estendendo à legalidade. A criação de tributo novo, sem exceção, continua submetida à legalidade formal e material.

Ora, a Carta Magna concede ao Poder Executivo a faculdade de alterar as alíquotas dos impostos enumerados nos incisos I, II, IV e V do art. 153, desde que sejam atendidas as condições e os limites estabelecidos em lei. Fica assim afrouxada a rigidez do princípio da legalidade, no que tange à graduação, nos impostos aduaneiros, naqueles incidentes sobre produtos industrializados e sobre operações de crédito, câmbio, seguro, títulos e valores mobiliários, os quais podem ter suas alíquotas modificadas por ato do Executivo, respeitados os limites e os tetos legais. Igualmente nessas mesmas hipóteses, a Constituição Federal dispensa a observância do princípio da anterioridade, conforme o art. 150, § 1º, podendo ser aplicados, imediatamente à sua edição, os atos da Administração que aumentarem as alíquotas dos impostos que acabamos de referir.

Note-se que a Constituição Federal disciplinou de forma peculiar a matéria, sem abrigá-la no campo das medidas provisórias. Considere-se que é bastante tenha a lei fixado as condições e os limites da faculdade, que podem ser amplíssimos (em 50%, 100%, 500%, 1.000% etc.), para que, nos citados impostos, mencionados nos incisos I, II, IV e V do art. 153, o Poder Executivo, por ato normativo próprio (decretos regulamentares ou resoluções) possa aumentá-los de forma válida, sem submeter a decisão à apreciação do Poder Legislativo. A relevância e a urgência, em tais circunstâncias, são de tal ordem prevalecentes sobre a segurança e a previsibilidade que a Constituição concedeu ao Poder Executivo a faculdade bem mais ampla e genérica de emitir atos administrativos de graduação de alíquotas, para a condução de uma política econômico-fiscal, direcionada por órgãos executivos superiores. Em tais hipóteses, se o Presidente da República editar medidas provisórias, fá-lo-á renunciando a campo de competência próprio do Executivo, já que atos normativos da Administração Pública, que não se submetem à apreciação do Congresso Nacional, seriam suficientes e válidos para regular a matéria.

Registramos, ainda, que os empréstimos compulsórios, instituídos para fazer face a despesas extraordinárias, decorrentes de calamidade pública, de guerra externa ou sua iminência, escapam ao princípio da anterioridade, conforme dispõe o art. 148, I da CF. Mas nem por isso, tornamos a afirmar, encontram nas medidas provisórias o veículo ordenador idôneo. O Texto Fundamental quis coibir os abusos constantes na matéria. Essa é a única explicação para tamanho rigor e cerceamento de poder tributário, no que tange aos empréstimos compulsórios. Fortalece-se o princípio da legalidade, pois a lei ordinária não é formalmente válida para criá-los. Sejam de que natureza for (extraordinários, de guerra, para atender a casos de calamidade pública, urgentes e de relevante interesse nacional no caso de investimento público), os empréstimos compulsórios só podem ser veiculados por lei complementar, descabendo, em princípio, quer na hipótese do inc. I do art. 148, quer naquela do inc. II do mesmo dispositivo, a edição de medidas provisórias. O *caput* do art. 148, a todas as circunstâncias ou necessidades, que justificarem ou fundamentarem a criação dos empréstimos compulsórios, impõe a edição de lei complementar.

Observe-se que o inc. I do art. 148 refere-se a razões relevantíssimas e urgentíssimas como a guerra e a calamidade pública. E, fato notável, embora diante de rupturas conjunturais de tamanha gravidade, a Constituição não dispensa a lei complementar, como instrumento normativo adequado, limitando-se a desobrigar do princípio da anterioridade. É evidente, não obstante, que poderá ser decretado o estado de sítio, na forma autorizada pela Constituição.

Já o inc. II do mesmo art. 148 disciplina a instituição dos empréstimos compulsórios para investimento público de caráter urgente e de relevante interesse nacional. Embora devam estar presentes a relevância e a urgência, o rigor constitucional é extremo pois se exige: a edição de lei complementar; a observância do princípio da anterioridade. Bem se vê que relevância e urgência tributárias não têm o sentido e a conotação que lhes atribui o art. 62, regulador das medidas provisórias. Os empréstimos compulsórios urgentes e relevantes submetem-se não só ao procedimento legislativo das leis complementares mas ainda ao princípio da anterioridade, como vimos, antinômico ao mecanismo operativo das medidas provisórias. Já nas hipóteses gravíssimas de guerra e calamidade pública, a Constituição Federal excepciona os empréstimos compulsórios do princípio da anterioridade, sem deixar de submetê-los, entretanto, ao *quorum* de aprovação privilegiado das leis complementares (art. 69).

Mencionamos ainda os impostos extraordinários de guerra, os quais escapam ao princípio da anterioridade (art. 154, II), sem, no entanto, se sujeitarem necessariamente às medidas provisórias. É que a Constituição Federal concede instrumento mais ágil ao Presidente da República o qual pode decretar o estado de sítio, desde que previamente autorizado pelo Congresso Nacional para apreciação da medida.

Convém referir que, ao excepcionar de forma expressa, as contribuições sociais destinadas ao custeio da Seguridade Social do princípio da anterioridade das leis tributárias, a Constituição Federal determinou, concomitantemente, que ditas espécies somente sejam exigidas após decorridos noventa dias da publicação da lei, que as houver instituído ou modificado (art. 195, § 6º). Esse prazo, que adia a eficácia e aplicabilidade de tais leis, como visto, não se concilia também com o imediatismo eficacial das medidas provisórias. Embora haja, na hipótese referida do art. 195, expressa exceção constitucional à anterioridade, a Constituição Federal, mais uma vez, regula, de maneira específica, a urgência e a relevância tributárias, preferindo não projetar a matéria no campo de atuação própria das medidas provisórias.

Pode-se afirmar, em síntese, como regra geral, que instituir tributos ou aumentá-los não pode ser considerado de urgência e relevância, pois o princípio da anterioridade, genericamente aplicável, por determinação constitucional, adia para o exercício subseqüente a eficácia e a aplicação das leis tributárias. Igualmente os tributos, que são exceção à regra da anterioridade (impostos aduaneiros, sobre produtos industrializados, empréstimos compulsórios extraordinários, impostos de guerra e contribuições sociais), e que representam o setor da relevância e da urgência tributária, encontram disciplinação própria e peculiar no Texto Constitucional, totalmente distinta daquela prevista no art. 62, que regula as medidas provisórias.

Finalmente se constata que, inseridas as expressões urgência e relevância no contexto normativo da Constituição, confrontadas que sejam com as principais regras do sistema tributário, obtêm-se uma total determinação conceitual que permite afastar a possibilidade de utilização das medidas provisórias para criar tributo ou majorar aqueles já existentes.

5.3 Atenuações paradoxais da antinomia entre princípio da anterioridade, decretos-lei e medidas provisórias

Criou-se, entre nós, à época dos decretos-leis, autorizados pela Constituição anterior, o equivocado e pernicioso entendimento de que o Chefe do Poder Executivo Federal gozava do poder discricionário de avaliar, em cada caso determinado, a conveniência ou a própria competência para a emissão daqueles atos normativos, os quais, em todo caso, ficariam legitimados com a posterior aprovação pelo Congresso Nacional. Para Alberto Xavier, "a verificação efetiva das cláusulas de urgência e interesse público relevante (...) o próprio Poder Executivo deve interpretar criteriosa e restritivamente, enquanto pressuposto do exercício de uma sua competência de exceção. Por outro lado, e este ponto é fundamental, a função e garantia individual decorrente da participação do órgão representativo é desempenhada pela necessária intervenção *a posteriori* do Congresso, o qual poderá aprovar ou rejeitar o decreto-lei" (cf. *Os Princípios da Legalidade*..., ob. cit., p. 27).

Esse entendimento, em consonância com a jurisprudência uniforme do STF, embora não possa ser compreendido, se explica pelas circunstâncias históricas em que se firmou e pela redação confusa do art. 55 da Constituição anterior que, ao regular os decretos-leis, expressamente se referiu às normas tributárias.

Tal concepção, não obstante, cria óbices intransponíveis, pois torna letra morta o princípio da anterioridade, o qual adia a eficácia e a aplicabilidade das leis tributárias para o exercício subseqüente ao de sua publicação. Esse fenômeno de adiamento opõe-se, de maneira inafastável, à eficácia imediata das medidas provisórias, que regulam a relevância e a urgência. Lembremo-nos de que foi a aceitação desse nocivo entendimento que criou constantes infringências à Constituição anterior. O que seria a exceção, o extraordinário, passou a ser a regra, tornando-se o decreto-lei, o veículo normativo de regulação, quase exclusivo dos tributos federais.

Já tivemos ocasião de observar, relativamente aos decretos-leis, que situações paradoxais e inconstitucionais foram criadas:

1. "ou o Poder Executivo confessa não haver urgência, nem relevante interesse nacional, embora institua ou majore o tributo por meio do decreto-lei;

2. "ou o Poder Judiciário assim conclui, mas persevera no erro de admitir a emissão de decreto-lei para a regulação da matéria.

"O primeiro caso se patenteia quando o decreto presidencial, ao invés de antecipar a eficácia e a aplicabilidade de suas normas à própria existência do decreto-lei, adapta-se de bom grado à anterioridade e adia seus efeitos a exercícios subseqüentes. Dentre outros, cite-se, à guisa de exemplo, o Dec.-lei 1.950, de 14.7.1982, o qual, ao dispor sobre tributação do lucro imobiliário, cancelando o limite de isenção anterior, determina sua aplicabilidade a partir do ano base de 1983, exercício financeiro de 1984.

"Bem mais comuns, entretanto, são aqueles relativos a imposto sobre a renda, publicados em final de exercício, a partir do mês de dezembro. Dentre outros, destaque-se o Dec.-lei 1.641, de 7.12.1978, que tem sua aplicabilidade adiada ainda para o ano base de 1979, exercício de 1980.

"Se o caso é de urgência ou de relevante interesse nacional, por que os decretos presidenciais não determinaram sua aplicação imediata, para o exercício em curso, no qual foram aplicados? Não seria hipótese de retroatividade, segundo a jurisprudência uniforme (v. Súmula 584 do STF).

"A segunda situação se nos apresenta quando a jurisprudência (do TRF e do STF) passa a conciliar, ao arrepio do Texto Constitucional, anterioridade e decreto-lei.

"Em caso como do imposto sobre operações financeiras (IOF), esses tribunais têm determinado a nulidade de todos os atos de cobrança praticados sob vigência imediata do Dec.-lei 1.783/1980, ao argumento de que tenha sido desrespeitada a anterioridade.

"Ora, a Constituição dispõe, expressa e literalmente, que nem mesmo a rejeição do decreto pelo Poder Legislativo, no prazo máximo de 60 dias, implica a nulidade dos atos praticados durante a sua vigência.

"Como explicar que tributos sejam instituídos ou majorados através de decreto-lei que já nascem com eficácia-aplicabilidade adiadas, em desacato à Constituição? Onde a urgência ou o relevante interesse?

"Ora, ou a hipótese é de urgência e de relevante interesse público, sendo cabível o decreto-lei, ou não o é, caso em que a matéria é privativa de lei" (cf. Misabel Derzi, "O princípio da anterioridade das leis tributárias", *Cadernos de Altos Estudos do Centro Brasileiro de Direito Tributário* 1, co-edição da Ed. Resenha Tributária, 1983, pp. 36-62).

Explique-se que a jurisprudência de nossos tribunais superiores, que passou a conciliar decreto-lei e anterioridade, encontrou o único remédio capaz de atenuar as conseqüências nefastas de uma interpretação autoritária, a qual conferira legitimidade ampla ao uso dos decretos-leis na instituição e majoração de tributos. Não podendo mais cortar o mal pela raiz, o que só seria possível se declarasse inconstitucional a criação ou majoração de tributos por via de decreto-lei, derrubando por terra toda a estrutura tributária federal, nossa jurisprudência preferiu desrespeitar literalmente a Constituição. Em vários casos, como do imposto sobre operações financeiras, das contribuições para o FINSOCIAL e de empréstimos compulsórios, têm declarado nulos os atos de cobrança, que se sucederam imediatamente à edição dos decretos-leis reguladores, para impor a observância do princípio da anterioridade. Se o art. 55 da Constituição anterior sequer permitia que fossem invalidados os atos praticados sob a vigência imediata dos decretos-leis, ainda que rejeitados pelo Congresso Nacional, como explicar que tal fenômeno viesse ocorrendo em hipótese de aprovação e ratificação pelo Poder Legislativo?

Cumpre, agora, mudado o Texto Constitucional, afastar de plano o mesmo entendimento, no caso das medidas provisórias, o qual levaria à conciliação entre esse ato normativo e o princípio da anterioridade, acarretando constante infringência à letra do art. 62.

Instituir tributo ou majorá-lo não contém relevância e urgência, legitimadoras das medidas provisórias, pois as leis que criam tributo novo ou majoram aqueles já existentes têm sua aplicabilidade adiada para o exercício seguinte ao de sua publicação, graças ao princípio da anterioridade. E, embora existam relevância e urgência em matéria tributária, essas são disciplinadas de modo peculiar, distinto daquele constante no art. 62.

O Presidente da República não pode deter faculdade discricionária que anularia a anterioridade das leis fiscais. Também o Poder Legislativo não pode burlar a Constituição. Se lhes fosse reconhecida essa faculdade, então, duas situações alternativas, ambas inconstitucionais, surgiriam:

- ou discricionariamente, os poderes Executivo e Legislativo decidiriam que podem instituir e majorar tributos por meio de medidas provisórias, conciliando-as com o princípio da anterioridade e, com isso, ofendendo a letra do art. 62, o qual determina a eficácia e a aplicabilidade imediatas desse ato normativo;
- ou, discricionariamente, decidiriam o que é urgente e relevante no Direito Tributário, afastando o princípio da anterioridade ou desprezando a regulação própria e especial que a relevância e a urgência mereceram na Constituição Federal de 1988.

Ora, a norma não narra, nem aconselha, manda. E a norma não pode mandar ambiguamente, porque não se destina à burla ou ao engodo como lembra S. Soler, ao dissertar sobre a operatividade dos conceitos jurídicos (*Las Palavras de la Ley*, ob. cit., pp. 172-180). Assim, a relevância e a urgência tributárias, estando reguladas diretamente na Constituição, não podem estar sob faculdade discricionária dos Poderes instituídos.

6. Os atritos inconciliáveis que levaram à morte do princípio da anterioridade

Sobre todos os temas tributários, de competência da União, é comum identificarmos, quanto à hipótese de incidência e base de cálculo, uma série de medidas provisórias, editadas em cadeia.

A questão relevante é saber como conciliar tais medidas provisórias com o princípio da não surpresa, a rigor, realidades sujeitadas a regimes jurídicos antitéticos e inconciliáveis. Depois de uma série de reedições sucessivas, ao longo de mais de ano, convertida a última medida provisória em lei, estaria cumprido o princípio da anterioridade? A partir de que momento contaríamos o prazo ou a espera nonagesimal? A partir da publicação do primeiro ato, a partir da publicação da última medida convertida ou apenas a partir da publicação da lei em que se converteu a medida provisória?

Tal antinomia já se manifestara, entre nós, com o decreto-lei e a prática constitucional da época. E por isso sempre sustentamos a total inadequação desse instrumento à instituição ou majoração de tributos. "As medidas provisórias, em virtude da antecipação de efeitos à própria existência da lei em que se converterão, são veículos que guardam profunda antinomia ao tradicional princípio da anterioridade das leis fiscais" (cf. Misabel Derzi, "Medidas provisórias. Sua absoluta inadequação à instituição e majoração de tributos", *RDT* 45/134; no mesmo sentido, Sacha Calmon, *Comentários à Constituição de 1988*, Rio de Janeiro, Forense, 1993; tb., Eduardo Maneira, *Direito Tributário. ...*, ob. cit., pp. 110-116).

A única conclusão logicamente correta deveria ser a de que medida provisória não é instrumento hábil à instituição e majoração de tributo. Esse o sentido do art. 62 da Constituição. É que ele manda, havendo relevância e urgência, possa o Presidente da República adotar medidas provisórias, com força de lei ... as quais "perderão eficácia, desde a edição, se não forem convertidas em lei (...)" (parágrafo único do art. 62).

Significa então que as medidas provisórias:

1. têm eficácia desde a edição, embora não sejam ainda lei;

2. perdem eficácia desde a edição, apenas se não convertidas em lei;

3. mas não perdem a eficácia, se convertidas em lei uma vez que tal eficácia fora antecipada para atender os pressupostos de relevância e de urgência, fundamentadores de sua edição.

Bem se vê que medidas provisórias e regulação de tributos não se conciliam, por causa dos princípios que vedam a "*surpresa*" tributária. Esses princípios postergam, adiam a eficácia da lei já existente ou para o exercício financeiro subseqüente ou para o término do período de espera de noventa dias. As medidas provisórias, em mandamento constitucional exatamente oposto, antes mesmo da existência da lei, têm antecipada a eficácia.

Esses movimentos são contraditórios, antitéticos. Não há necessidade de exceção expressa. Os regimes jurídicos se repelem. Basta considerar que, na Constituição de 1969, o mesmo fenômeno ocorria. Por isso mesmo, o Texto anterior, em seu art. 55, teve de mencionar expressamente a licença para regular "inclusive normas tributárias", em caso de urgência e relevância.

Ora, cessada a permissão expressa, que quebrava a incompatibilidade de regimes opostos, não pode mais o Presidente da República editar medidas provisórias para instituir tributos ou modificá-los. Afinal, ao se conciliarem medidas provisórias com o princípio da não surpresa se cria um procedimento novo, não previsto na Constituição: o das medidas provisórias, sem vigência e eficácia imediatas, portanto, sem relevância e sem urgência.

Não obstante, esse não foi o entendimento do Supremo Tribunal Federal, que admite as medidas provisórias, assim como admitiu os decretos-leis, reguladores de normas tributárias. Recusando-se a apreciar a urgência e a relevância alegadas pelo Poder Executivo, sua propriedade e realidade, impressionada ou constrangida pela morosidade do Poder Legislativo, sob o argumento impertinente da governabilidade (embora outros países desconhecessem o instituto ou não o utilizassem, em especial, os EEUU) a Corte Suprema consentiu na proliferação das medidas provisórias no seio do Direito Tributário. Portanto, argumentos contrários, por mais consistentes que sejam, estão superados na prática.

Restaria, pelo menos, salvar o princípio da anterioridade, esteio de segurança e estabilidade das relações tributárias, direito e garantia maior do contribuinte. E assim o fez a mais alta Corte do País, ainda ao tempo dos decretos-leis.

Tudo indicava que a mesma tendência se cristalizaria sob o pálio da Constituição de 1988. Triste engano.

Uma coisa é certa. Medida provisória não é ato irrelevante, nem se equipara, em tese, a um simples projeto de lei. Mas outra coisa também é certa. Medida Provisória tampouco é lei. Não foi aprovada pelo Poder Legislativo, nada acresce à ordem jurídica formal e definitivamente. Equiparar medida provisória à lei, é transformar decreto em lei, é abalar mortalmente o princípio do Estado de Direito da democracia brasileira. Por essa razão, o princípio da não surpresa (quer o da anterioridade, quer o da espera nonagesimal) deveria ter, como ponto de partida, ponto de referência e de contagem *o da publicação da lei* (*em que se converte a medida provisória*). Nem vigor, nem eficácia teria então a medida provisória convertida em lei, no Direito Tributário.

A Constituição de 1988, em seu art. 150, III, *b*, veda à União, aos Estados, ao Distrito Federal e aos Municípios cobrar tributos: "b) no mesmo exercício financeiro *em que haja sido publicada a lei* que os institui ou aumentou".

Por sua vez, o art. 195, § 6º, também dispõe que as contribuições sociais, destinadas ao custeio da Seguridade Social, "só poderão ser exigidas após decorridos noventa dias *da data da publicação da lei* que as houver instituído ou modificado, não se lhes aplicando o disposto no art. 150, II, *b*".

A Carta Magna proíbe a surpresa tributária, aponta em direção ao planejamento, ao conhecimento antecipado, reforçando, de forma significativa, o princípio da segurança jurídica. Como lembra Sebastian Soler, "o *homo faber* necessita calcular com objetividade eficaz. A segurança jurídica é essencialmente pronóia, saber antecipado e antecipatório" (v. *Las Palabras de la Ley*, México, Fondo de Cultura, 1969, p. 183).

Mas o marco é sempre a lei. Não a medida provisória que eventualmente tenha desencadeado o procedimento legislativo do qual resultou a lei tributária. (Caso contrário, editada a medida provisória nos últimos dias de dezembro de certo ano, ato unilateral do Poder Executivo, estaria satisfeito o princípio da anterioridade.) E nem poderia ser de outra forma. Se a lei tributária que cria ou majora tributo — já existente e publicada — tem, necessariamente, adiada sua vigência/eficácia, por força do princípio da não surpresa, não poderia ato precário, incipiente e temporário que é a medida provisória, ainda que reeditado sucessivamente, superar as virtualidades da própria lei em que se converterá.

As contribuições sociais, destinadas ao custeio da Seguridade Social, submetem-se, como se sabe, a uma outra regra da não surpresa, diferente da anterioridade, uma vez que as leis que as regulam não se vinculam à prévia publicação em relação ao exercício financeiro de aplicação. Exige-se apenas que, entre a data da publicação da lei que as criou ou modificou, e a data em que gere efeitos, medeie o espaço de noventa dias, sendo irrelevante que esse período de espera nonagesimal transcorra no mesmo ou em períodos financeiros diferentes. É absolutamente irrelevante a data da publicação da medida provisória para contagem do prazo nonagesimal, que somente se inicia a partir da data da publicação da lei em que ela (a medida provisória) se converteu.

De forma correta se posicionou o Supremo Tribunal Federal em torno das expressões utilizadas pela Constituição, na formulação literal do princípio da anterioridade e do período nonagesimal: "*cobrar*" e "*exigir*".

No RE 138.284-8-CE, sendo recorrente a União e, recorrida, Petróleo Dois Irmãos Ltda., o Supremo Tribunal Federal, em sua composição plena, estando relator o eminente Ministro Carlos Mário Velloso, por unanimidade, decidiu pela inconstitucionalidade do art. 8º da Lei 7.689, de 1988, que instituiu a contribuição social sobre o lucro. Entendeu a Corte que, entrando a citada lei em vigor na data de sua publicação, sua eficácia ficara adiada por força da espera de noventa dias, determinada pelo art. 195, § 6º da Constituição. A Ementa do Acórdão, em seu item V, assim dispõe:

> Inconstitucionalidade do art. 8º, da Lei 7.689/1988, por ofender o princípio da irretroatividade (cf. art. 150, III, *a*) qualificado pela inexigibilidade da contribuição dentro no prazo de noventa dias da

publicação da lei (CF, art. 195, § 6º). Vigência e eficácia da lei: distinção (*Ementário* 1.672-3, *DJ* 28.8.1992).

Em seu voto, o Ministro Carlos Mário Velloso inclina-se em favor da tese que vê os princípios da anterioridade e da espera de noventa dias como regras proibitivas da "surpresa" tributária, regras que adiam a eficácia da lei, pelo prazo previsto na Constituição; embora vigente, durante o decurso desse prazo, não há incidência, aplicabilidade ou exigibilidade da lei que institui tributo novo ou majora tributo já existente.

Tenho como inconstitucional o art. 8º da Lei 7.689/1988.

Em trabalho que escrevi a respeito da irretroatividade e da anterioridade em matéria tributária — "A Irretroatividade da Lei Tributária — Irretroatividade e Anterioridade — Imposto de Renda e Empréstimo Compulsório", *Rev. de Dir. Trib.* 45/81 — pretendi fazer a distinção entre os dois princípios, e dizer que o princípio da irretroatividade estabelece que a lei deve anteceder ao fato por ela escolhido para dar nascimento ao tributo, valendo observar a lição de García Maynes, no sentido de que "Una ley es retroactivamente aplicada cuando suprime o modifica las consecuencias jurídicas de un hecho ocurrido bajo el imperio de la anterior" (García Maynes, *Introducción al Estudio del Derecho*, Ed. Porrua, México, 1972, p. 399); o outro, o princípio da anterioridade, exige a anterioridade da lei em relação à data inicial do exercício para a cobrança do tributo. Na lição de Luciano da Silva Amaro, "o princípio da anterioridade qualifica a irretroatividade da lei tributária: se a lei tributária cria ou majora tributo por ele acobertado, a irretroatividade é qualificada, pois não basta a antecedência da lei em relação ao ano (ou exercício) da realização do fato" (Luciano da Silva Amaro, "O imposto de renda e os princípios da irretroatividade e da anterioridade", *Revista de Direito Tributário* 25-6/140, esp. pp. 151 e 152).

Àquela época, à luz dos precedentes judiciais, parecia certo que

• as medidas provisórias, mesmo convertidas em lei, e apesar de convertidas em lei, não vigoram, não produzem efeitos, nem tampouco são aplicáveis a partir da data de sua publicação, mas necessariamente devem ser conciliadas com o princípio da anterioridade ou da espera nonagesimal do art. 195, § 6º;

• o princípio da não surpresa, seja a anterioridade, seja a espera nonagesimal, tem como marco ou ponto de referência apenas a data da publicação da lei, sendo irrelevante, para tal fim, a data da publicação da medida provisória.

Tal entendimento do Supremo Tribunal Federal foi se alterando aos poucos, a saber:

I — a espera nonagesimal do art. 195, § 6º, passou a ser contada a partir da publicação da última medida provisória, convertida em lei;

II — posteriormente o marco inicial de contagem foi transferido para a data da publicação da primeira medida provisória e não da última, tanto em relação à espera nonagesimal, quanto ao princípio da anterioridade.

Confiram-se as ementas que se seguem, a primeira relativa à espera nonagesimal do art. 195, § 6º, a segunda relativa ao princípio da anterioridade, ambas determinando o marco inicial de contagem a partir da publicação da primeira medida provisória. Tais decisões configuram o sacrifício do princípio da anterioridade em favor das improvisações e do fortalecimento do Poder Executivo, inerentes às medidas provisórias.

Ementa: Constitucional. Tributário. Contribuição social, PIS-PASEP. Princípio da anterioridade nonagesimal. Medida Provisória. Reedição.

I — Princípio da anterioridade nonagesimal: CF, art. 195, § 6º: contagem do prazo de noventa dias, medida provisória convertida em lei: conta-se o prazo de noventa dias a partir da veiculação da primeira medida provisória.

II — Inconstitucionalidade da disposição inscrita no art. 15 da Medida Provisória 1.212, de 28.11.1995 — "aplicando-se aos fatos geradores ocorridos a partir de 1º de outubro de 1996" — e de igual disposição inscrita nas medidas provisórias reeditadas e na Lei 9.715, de 15.11.1998, art. 18.

III — Não perde eficácia a medida provisória, com força de lei, não apreciada pelo Congresso Nacional, mas reeditada, por meio de nova medida provisória, dentro de seu prazo de validade de validade de trinta dias.

IV — Precedentes do STF: ADIn 1.617-MS, Ministro Octávio Gallotti, *DJ* 15.8.1997; ADIn 1.610-DF, Ministro Sydney Sanches; RE 221.856-PE, Ministro Carlos Velloso, 2ª T., 25.5.1998.

V — RE conhecido e provido, em parte (RE 232.896-3, Pará, Rel. Ministro Carlos Velloso, Tribunal Pleno, j. agosto de 1999, *DJ* 1.10.1999).

Ementa: Tributário. Imposto de Renda e Contribuição Social. Medida Provisória 812, de 31.12.1994, convertida na Lei 8.981/1995. Arts. 42 e 58, que reduziram a 30% a parcela dos prejuízos sociais, de exercícios anteriores, suscetível de ser deduzida no lucro real, para apuração dos tributos em referência. Alegação de ofensa aos princípios da anterioridade e da irretroatividade.

Diploma normativo que foi editado em 31.12.1994, a tempo, portanto, de incidir sobre o resultado do exercício financeiro encerrado.

Descabimento da alegação de ofensa aos princípios da anterioridade e da irretroatividade, relativamente ao Imposto de Renda, o mesmo não se dando no tocante à contribuição social, sujeita que está à anterioridade nonagesimal prevista no art. 195, § 6º da CF, que não foi observado. Recurso conhecido, em parte, e nela provido (RE 232.084-9-SP, 1ª T., Rel. Ministro Ilmar Galvão, j. 4.4.2000).

Observe-se que a Medida Provisória 812 foi editada no dia 31.12.1994 e somente convertida na Lei 8.981, em 20.1.995. A Corte considerou satisfeito o princípio da anterioridade com a só publicação da medida provisória, ainda que ela fosse convertida em lei apenas em janeiro do ano subseqüente.

A partir de tal entendimento, profundamente equivocado, matou-se e sepultou-se, definitivamente, a não surpresa, no campo do Direito Tributário. Basta que um ato do Poder Executivo (preparado surpreendentemente e monocraticamente editado) seja publicado, para que surjam direitos e deveres para o contribuinte, desde que seja convertido em lei algum dia, um mês, meses ou anos depois.

A decisão é chocante porque também o antigo princípio da *autorização orçamentária*, constante da Constituição de 1946, foi reduzido e nulificado por meio de interpretação jurisprudencial, que resultou na Súmula 66, do Supremo Tribunal Federal. Substituído aquele princípio mais forte por outro mais fraco, o da *anterioridade*, a que a Constituição de 1988 acresceu a *espera nonagesimal*, também a interpretação da mais alta Corte se inclina em favor das urgências do Tesouro e em desfavor da certeza e da previsibilidade, que deveriam presidir o Direito Tributário.

7. Conclusões: a sobrevida do princípio da anterioridade concedida pela Emenda Constitucional

A Emenda Constitucional 32, de setembro de 2001, modificou o art. 62 da Constituição para recuperar o princípio da anterioridade. Confira-se:

> Art. 62. Em caso de relevância e urgência, o Presidente da República poderá adotar medidas provisórias, com força de lei, devendo submetê-las de imediato ao Congresso Nacional.
>
> (*omissis*)
>
> § 2º. Medida Provisória que implique instituição ou majoração de impostos, exceto os previstos nos arts. 153, I, II, IV, V e 154, II, só produzirá efeitos no exercício financeiro seguinte se houver

sido convertida em lei até o último dia daquele em que foi editada.

Como se vê, as medidas provisórias editadas em matéria tributária, a não ser no caso dos impostos e empréstimos compulsórios que já configuram exceção ao princípio da anterioridade, não têm força de lei, não desencadeiam efeitos quando publicadas.

O remédio criado pela Emenda Constitucional referida bem evidencia a tese que defendemos. É de fato incompatível com o regime tributário, o procedimento das medidas provisórias, próprio para regular a urgência e a relevância. Antes de existir como lei, com a simples publicação da medida provisória, antecipa-se o vigor próprio da lei. Precipitação de efeitos, antes da existência da própria lei. Em posição antinômica, diametralmente oposta, estão as leis tributárias instituidoras e majoradoras de tributo. Embora já existentes e publicadas, têm os seus efeitos procrastinados para o exercício subseqüente.

Insistimos. À luz da Constituição de 1988, havia uma única decisão correta a tomar: reconhecer a total incompatibilidade entre tais regimes, estando vedada a utilização das medidas provisórias para instituir e majorar tributos.

A solução jurisprudencial, não obstante, para coibir a incongruência, tinha preferido sacrificar o princípio da anterioridade e, com isso, prestigiar o fortalecimento do Poder Executivo em lugar do equilíbrio entre os Poderes, a improvisação em lugar do planejamento, a insegurança em lugar da certeza e da previsibilidade. Decretou-se a morte do princípio da anterioridade.

A Emenda Constitucional 32/2001 também não contém a norma correta, pois a matéria tributária (em especial a instituição e a majoração de tributos) deveria estar elencada entre aquelas outras vedadas ao procedimento das medidas provisórias. Resta ao intérprete a difícil tarefa de explicar como e por que editar medidas provisórias — próprias para situações de *urgência e relevância*, se elas não têm vigor de lei, nem eficácia imediata no campo dos tributos? As pressões impostas pelo Poder Executivo ao Poder Legislativo provocaram transigências, a maior delas, a autorização para que o Presidente da República se utilize das medidas provisórias para instituir e regular tributos, assim como a modificação do art. 246, que terá efeitos limitados, até a promulgação daquela Emenda 32/2001, sendo inaplicável para o futuro.

Não obstante, introduziu-se, pela primeira vez, no texto da Carta Constitucional uma contra-regra ou contra-princípio, aplicável tão somente às medidas provisórias que instituem ou majoram tributos:

• pois elas não têm *força de lei*, não desencadeiam eficácia e aplicabilidade antes da existência da lei em que se hão de converter;

• não são elas fruto da urgência e da relevância, que imperam nos demais ramos jurídicos em geral (exceto em relação ao Direito Penal e Processual);

• não tendo portanto eficácia imediata, desde a edição, nada modificam na esfera jurídica das pessoas e somente vigorarão no exercício seguinte ao da publicação da lei em que se converterem.

Não se refere a Emenda Constitucional 32/2001 ao princípio da espera nonagesimal do art. 195, § 6º, inerente às contribuições sociais, de custeio da Seguridade Social. Com isso, poderá prevalecer o entendimento equivocado de que o prazo de noventa dias inicia a sua contagem a partir da edição da medida provisória (da primeira delas). Que se modifique a jurisprudência de nossos tribunais superiores, para se restabelecer, em favor do contribuinte, o princípio da não surpresa tributária, computado sempre a partir da data da publicação da lei em que se converteu a medida provisória.

CADERNOS DE DIREITO TRIBUTÁRIO

O EMPRESÁRIO, A SOCIEDADE EMPRESÁRIA, A SOCIEDADE SIMPLES E A RESPONSABILIDADE TRIBUTÁRIA PERANTE O CÓDIGO TRIBUTÁRIO NACIONAL — CTN E O CÓDIGO CIVIL DE 2002

RICARDO MARIZ DE OLIVEIRA
Advogado em São Paulo

I — Introdução. II — A convivência entre o CTN e o Código Civil de 2002. III — Os conceitos de empresário e sociedade empresária, sociedade simples e associação, e suas implicações com o direito tributário. IV — A responsabilidade tributária face ao Código Civil de 2002. V — A responsabilidade tributária face à desconsideração da pessoa jurídica.

I — Introdução

A promulgação do Código Civil em 2002 despertou inúmeras indagações em várias searas do direito, além daquelas voltadas especificamente para as relações jurídicas regidas diretamente pela nova lei. Basta ver a quantidade de publicações e congressos que já ocorreram em função da mesma, voltados para os mais diversos campos de ação humana e das suas disciplinas jurídicas.

Com o direito tributário não poderia ser nem tem sido diferente. Assim, dentre os temas recorrentes neste ambiente, o que ora se propõe à reflexão é certamente um dos que mais indagações têm suscitado, apelando para a atenção dos juristas e dos homens de empresa diretamente interessados no mesmo.[1]

Na sua análise será necessário estudar, pela ordem, os seguintes aspectos: (1) a convivência entre o CTN e o Código Civil de 2002, verificando o espaço de atuação de um e de outro, bem como a solução de possíveis conflitos entre as suas normas; (2) os conceitos de empresário e de sociedade empresária, verificando como a anterior disciplina do direito tributário se amolda aos mesmos; (3) a responsabilidade tributária, não em toda a extensão anteriormen-

1. O tema integra o programa do *XVII Congresso Brasileiro de Direito Tributário* do Instituto Geraldo Ataliba — IDEPE (Instituto Internacional de Direito Público Empresarial), perante o qual tive a honra de ser convidado para abordá-lo.

te prevista no CTN, mas naquilo em que pode ser afetada pelo Código Civil nas suas implicações referentes aos dirigentes de empresas e aos participantes dos respectivos capitais sociais, inclusive nas situações de sucessão empresarial. Depois disso, será abordado o tratamento cabível perante o direito tributário nas situações de desconsideração da personalidade jurídica.

Esclareço, preambularmente, que o presente estudo deve ser encarado como um conjunto de notas e observações que não têm a pretensão de esgotar a matéria, devendo servir apenas para encaminhar pesquisas mais aprofundadas. Daí, inclusive, ele se apresentar em forma sucinta.

II — A convivência entre o CTN e o Código Civil de 2002

Aqui se apresenta desde logo o problema de possíveis diferenças entre o que dispõem o CTN e o Código Civil de 2002, quer quanto à definição de empresário e de sociedade empresária, tendo-se em mente o que também dispunha a propósito a legislação tributária ordinária anterior, quer quanto ao regramento das responsabilidades de dirigentes empresariais e participantes nos capitais de sociedades, empresárias ou não, esteja a pessoa jurídica em atividade ou em liquidação, e ainda nos casos de sucessão.

Estas duas esferas de questões serão abordadas nos capítulos seguintes, mas, antes de serem enfrentadas, requerem uma visão clara sobre o espaço de atuação do CTN e do novo Código Civil, para que se possa estabelecer, quando conflitantes ou ao menos diversas as normas de uma e de outra dessas leis, qual o campo de atuação delas e quais os respectivos limites.

Portanto, neste capítulo, não adentrando em qualquer assunto concreto e específico, salvo os exemplos finais, devemos partir do pressuposto de que em tese possam existir diferenças entre o CTN e o Código Civil de 2002, seja com normas incompatíveis entre si, seja com normas que não conflitem entre si mas contenham disposições que estejam em apenas uma dessas leis e não na outra.

Em suma, se ambos os Códigos estão em vigor, temos que saber como se estabelecem os respectivos campos de abrangência, e como esses campos se imiscuem mutuamente, com a especial preocupação de estabelecer o alcance do Código Civil em matéria tributária, e os respectivos limites.

Não parece difícil, em tese e sob o ponto de vista estritamente jurídico, estabelecer as diretrizes que devem nortear a solução dessas hipóteses.

Realmente, há alguns elementos de solução que se apresentam acima de qualquer discussão, eis que fazem parte de um razoável e seguro acervo doutrinário e jurisprudencial de que já dispomos, além de que se embasam em normas do direito positivo.

De se recordar, antes da exposição desses elementos, que na vigência do Código Civil de 1916 as mesmas questões já se apresentavam e muitos temas tributários receberam solução através de normas desse Código, bem como que contrariedades eventualmente existentes entre ele e o CTN foram solucionadas pelos critérios hierárquico, da especialidade e cronológico.

Na vigência do novo Código Civil, esses mesmos instrumentos de solução dos conflitos também serão utilizados, mesmo tendo-se presente a circunstância de que a lei civil é posterior à tributária.

Contudo, esta circunstância não impede que proclamemos desde logo a prevalência do CTN sobre o Código Civil de 2002 quando o objeto em questão for próprio de uma relação jurídica tributária, ou melhor, toda vez que o objeto for reservado pelo art. 146 da Constituição Federal à lei complementar, e, nesta circunstância, no CTN houver uma norma que seja diferente de outra existente no Código Civil.

Esta prevalência do CTN deriva de um conjunto de razões, as quais constituem os elementos de solução a que acima aludi, e que são os seguintes:

1. o CTN possui o *status* de lei complementar da Constituição, face ao disposto no art. 146 desta, de modo que, além de ser lei especial, é lei hierarquicamente mais elevada do que o Código Civil, o qual, inobstante a sua importância, é lei simplesmente ordinária, em sentido formal e material;

2. o CTN é norma especial quanto ao tema deste estudo, de modo que, pelo critério da especialidade, prevalece sobre o Código Civil, ainda que este cronologicamente seja posterior àquele;

3. por esta segunda razão acima exposta, não se pode ter como revogadas implicitamente[2] pelo Código Civil as normas do CTN que com ele não se compatibilizem, tendo-se em conta o que dispõe a Lei de Introdução ao Código Civil no seu art. 2º, § 3º, ou seja, que a lei posterior que estabeleça disposições especiais ou gerais a par das já existentes, não revoga nem modifica a lei anterior;

4. o Código Civil não revogou expressamente qualquer disposição do CTN, e, mesmo que o tivesse feito, seria juridicamente inválido ante a primeira razão acima exposta;

5. atualmente, a revogação e a alteração das leis são regidas pela Lei Complementar 95, de 26.2.1998, alterada pela Lei Complementar 107, de 26.4.2001, processando-se conforme os seus arts. 9º e 12,[3] considerando que essa lei é de observância obrigatória pelo legislador, dada a sua condição de lei complementar *ratione materiae* derivada do disposto no parágrafo único do art. 59 da Constituição Federal,[4] no qual ela se embasa e em respeito ao qual foi promulgada, e também considerando a quarta razão acima exposta, o CTN continua em pleno vigor quanto às suas normas pertinentes à matéria deste estudo.

Em síntese, as disposições do Código Civil atual, como já ocorria com as do anterior Código, também podem se aplicar às relações jurídicas tributárias no que forem pertinentes, mas não quando para as mesmas situações hajam normas no CTN, próprias de lei complementar tributária, que sejam diversas das daquele Código.

Igualmente, as disposições de leis ordinárias tributárias que se conflitem com disposições do Código Civil, por serem específicas prevalecem sobre estas, ressalvadas apenas as matérias para os quais o próprio CTN resguarda a supremacia do direito privado, que são aquelas referidas nos seus arts. 109 e 110.[5]

2. Independentemente de se ter que cuidar aqui sobre se, após a Lei Complementar 95, ainda existe revogação tácita por contrariedade entre a lei nova e a lei antiga: é que, mesmo admitindo-se *ad argumentandum* a subsistência dessa forma ou espécie de revogação, ela não se aplicaria ao caso em virtude das razões ora expostas.

3. O art. 9º dessa lei complementar reza: "Art. 9º. A cláusula de revogação deverá enumerar, expressamente, as leis ou disposições revogadas". E o seu art. 12 diz: "Art. 12. A alteração da lei será feita: I — mediante reprodução integral em novo texto, quando se tratar de alteração considerável; II — mediante revogação parcial; III — nos demais casos, por meio de substituição, no próprio texto, do dispositivo alterado, ou acréscimo de dispositivo novo, observadas as seguintes regras: a) (*revogado*); b) é vedada, mesmo quando recomendável, qualquer renumeração de artigos e de unidades superiores ao artigo, referidas no inc. V do art. 10, devendo ser utilizado o mesmo número do artigo ou unidade imediatamente anterior, seguido de letras maiúsculas, em ordem alfabética, tantas quantas forem suficientes para identificar os acréscimos; c) é vedado o aproveitamento do número de dispositivo revogado, vetado, declarado inconstitucional pelo Supremo Tribunal Federal ou de execução suspensa pelo Senado Federal em face de decisão do Supremo Tribunal Federal, devendo a lei alterada manter essa indicação, seguida da expressão 'revogado', 'vetado', 'declarado inconstitucional, em controle concentrado, pelo Supremo Tribunal Federal', ou 'execução suspensa pelo Senado Federal, na forma do art. 52, X, da Constituição Federal'; d) é admissível a reordenação interna das unidades em que se desdobra o artigo, identificando-se o artigo assim modificado por alteração de redação, supressão ou acréscimo com as letras 'NR' maiúsculas, entre parênteses, uma única vez ao seu final, obedecidas, quando for o caso, as prescrições da alínea 'c'. Parágrafo único. O termo 'dispositivo' mencionado nesta Lei refere-se a artigos, parágrafos, incisos, alíneas ou itens. (NR)".

4. Que reza: "Parágrafo único. Lei complementar disporá sobre a elaboração, redação, alteração e consolidação das leis".

5. Esses dispositivos estão assim redigidos: "Art. 109. Os princípios gerais de direito privado

Esses dois dispositivos introduzem, neste momento, um novo ângulo de visão do mesmo tema, requerendo atenção especial. Não se trata de uma nova interpretação ou de uma corrente de pensamento contrária ao que acima está exposto, mas, sim, de uma continuidade do mesmo raciocínio, baseada nos mesmos fundamentos, a qual se apresenta sob esse novo ângulo que passo a expor.

Realmente, nos casos abordados pelos arts. 109 e 110 a prevalência do direito privado não é uma concessão gratuita e injustificada do CTN, pois a matéria do direito privado que é preservada é matéria própria dele, e não do direito tributário, nem muito menos se confunde com os objetos relacionados no art. 146 da Constituição de 1988.

Ademais, independentemente do art. 146 da Carta Constitucional, os arts. 109 e 110 do CTN refletem a realidade do mundo fenomênico, tal como é regida pelo ordenamento jurídico.

Como se sabe, o direito tributário é chamado "direito de sobreposição", pois ele encontra situações já disciplinadas por outros ramos do direito e sobre elas faz assentar as suas disposições relacionadas às obrigações tributárias. Daí a razão do art. 109 do CTN, até para que o ordenamento jurídico conserve a sua unicidade e organicidade sistemática, que se estabelece inclusive pela aplicação de outros dispositivos desse Código, como, por exemplo, os arts. 116, especialmente o seu inc. II, e 117.[6]

Por isso, uma determinada figura própria do direito privado continua a conservar as suas características definidas por este, e mantém o tratamento jurídico outorgado por este no âmbito das relações jurídicas privadas, sem prejuízo de que ela, após devidamente identificada segundo o mesmo direito privado, seja objeto do tratamento tributário determinado pela norma de tributação, cuja relação jurídica é regida somente por esta.

Outrossim, essa prevalência do direito privado, no que toca ao art. 110 do CTN é mera decorrência das próprias competências tributárias outorgadas pela Constituição Federal, que, quando referidas ao direito privado, têm que ser identificadas de acordo com este. Daí a norma exprimida no referido artigo ser uma norma de simples explicitação da própria norma constitucional concessiva da competência tributária, estando implícita nesta.

Mas a justificativa orgânica para os arts. 109 e 110 do CTN não se resume aos motivos acima expostos, por uma percepção meramente lógica, nem decorre de uma simples divisão dos ramos do direito, que, como se costuma afirmar, é meramente didática. Nada disso, pois aqueles artigos encontram suporte no elemento do próprio direito constitucional já mencionado acima, que é a competência outorgada pelo art. 146 da Constituição de 1988 à lei complementar sobre a matéria tributária a que alude explicitamente.

utilizam-se para pesquisa da definição, do conteúdo e do alcance de seus institutos, conceitos e formas, mas não para a definição dos respectivos efeitos tributários. Art. 110. A lei tributária não pode alterar a definição, o conteúdo e o alcance de institutos, conceitos e formas de direito privado, utilizados, expressa ou implicitamente, pela Constituição Federal, pelas Constituições dos Estados, ou pelas Leis Orgânicas do Distrito Federal ou dos Municípios, para definir ou limitar competências tributárias".

6. Esses dispositivos dispõem da seguinte maneira: "Art. 116. Salvo disposição de lei em contrário, considera-se ocorrido o fato gerador e existentes os seus efeitos: I — tratando-se de situações de fato, desde o momento em que se verifiquem as circunstâncias materiais necessárias a que produza os efeitos que normalmente lhe são próprios; II — tratando-se de situação jurídica, desde o momento em que esteja definitivamente constituída, nos termos de direito aplicável. Art. 117. Para os efeitos do inc. II do artigo anterior e salvo disposição de lei em contrário, os atos ou negócios jurídicos condicionais reputam-se perfeitos e acabados: I — sendo suspensiva a condição, desde o momento de seu implemento; II — sendo resolutória a condição, desde o momento da prática do ato ou da celebração do negócio". Portanto, o inc. II do art. 116 é diretamente dependente do direito privado, inclusive do Código Civil, e o art. 117 liga-se a este de maneira inseparável.

Não esqueçamos, então, a redação desse dispositivo fundamental:

Art. 146 — Cabe à lei complementar:

I — dispor sobre conflitos de competência, em matéria tributária, entre a União, os Estados, o Distrito Federal e os Municípios;

II — regular as limitações constitucionais ao poder de tributar;

III — estabelecer normas gerais em matéria de legislação tributária, especialmente sobre:

a) definição de tributos e de suas espécies, bem como, em relação aos impostos discriminados nesta Constituição, a dos respectivos fatos geradores, bases de cálculo e contribuintes;

b) obrigação, lançamento, crédito, prescrição e decadência tributários;

c) adequado tratamento ao ato cooperativo praticado pelas sociedades cooperativas.

Como toda norma jurídica, a do art. 146 tem um campo de prescrição positiva e um campo de prescrição negativa, isto é, aquilo para que ela determina ser necessária lei tributária complementar é matéria própria desta (atuação positiva da norma), e, ao contrário, por exclusão, tudo aquilo que não estiver nesse campo automaticamente é matéria estranha a ele, e, por conseqüência, matéria estranha ao tipo de lei exigido pelo art. 146 (atuação negativa da norma).

Ora, as matérias a que aludem os arts. 109 e 110 são matérias que em sua origem e existência estão fora do art. 146, podendo entrar no campo deste apenas na medida em que sejam adotadas pela Magna Carta para definir competências tributárias (aplique-se o art. 110) ou em que o direito tributário atue por sobreposição (aplique-se o art. 109), como já visto. Por isso, essas matérias são o que são segundo o direito privado, do qual são objetos próprios, e assim continuam a ser perante o direito tributário, que apenas lhes atribui efeitos tributários. Daí, quanto a elas, o Código Civil ser soberano.

Por conseguinte, fique bem claro que, na consideração das premissas expostas neste capítulo, sempre há necessidade de se verificar, em cada caso, se a matéria está contida ou não nas disposições dos arts. 109 e 110 do CTN, inclusive por reflexo do art. 146 da Constituição, pois, quando estiver no âmbito desses dois dispositivos, inverte-se a ordem de predominância, passando a norma do Código Civil a ser comandante da intelecção do objeto a ser considerado.

Ademais, pelos mesmos fundamentos de direito deve-se considerar a possibilidade de o Código Civil prevalecer até sobre normas contidas em leis formalmente complementares, mas materialmente de nível ordinário. Realmente, se houver uma norma sobre matéria que não seja própria de lei complementar, inclusive segundo o art. 146 da Constituição, ainda que embutida indevidamente numa lei votada como lei complementar, será norma com matéria espúria e este tipo superior de lei, extravasando o campo de competência desta, podendo, portanto, quando muito, apresentar-se como norma de lei ordinária, em cujo terreno competirá em igualdade de condições com o Código Civil sob o ponto de vista hierárquico, aplicando-se-lhe os demais critérios de solução dos conflitos entre normas.

Para encerrar este capítulo, convém dar dois exemplos elucidativos.

O primeiro é o da limitação de responsabilidade dos sócios de uma sociedade limitada, os quais, segundo o direito privado, respondem pela integralização do capital social, e nada mais do que isso. Essa prescrição estende-se ao âmbito tributário no sentido de que o Fisco, credor da sociedade inadimplente, pode exigir dos sócios a realização do capital que não esteja integralizado, mas não pode exigir mais do que isso. Isto é assim por ser próprio do direito privado disciplinar a existência e as características das pessoas jurídicas. Contudo, o sócio que tenha infringido alguma norma legal ou estatutária, e por seu ato tenha gerado débito tributário para a sociedade, pode vir a ser responsabilizado em caráter pessoal, segundo normas do CTN estabelecidas por este para a proteção do crédito tributário e ao amparo do art. 146 da Constituição.

O segundo exemplo é o da responsabilidade tributária dos adquirentes de estabelecimentos, prevista no CTN, e que tem em mira apenas os créditos tributários, não se estendendo aos credores de obrigações privadas, salvo, evidentemente, uma regra legal aplicável a estas, como a de fraude a credores ou a do art. 1.146. Este artigo determina que o adquirente responde pelos débitos anteriores à alienação do estabelecimento, desde que regularmente contabilizados, continuando o devedor primitivo responsável solidário durante um ano. Ora, no âmbito dos tributos, a responsabilidade do adquirente, segundo o art. 133 do CTN, é indiscriminada para débitos contabilizados ou não, de modo que do art. 1.146 somente se transpõe para os créditos tributários a responsabilidade solidária do alienante, quando houver e nos termos desse dispositivo.

III — Os conceitos de empresário e sociedade empresária, sociedade simples e associação, e suas implicações com o direito tributário

Neste capítulo devemos identificar pessoas segundo as novas categorias e denominações introduzidas pelo Código Civil de 2002, em confronto com as que constavam da legislação tributária anterior, inclusive de nível ordinário. Veremos que isto é importante para a própria aplicação dessas leis do passado, que ainda estão em pleno vigor.

De se notar, inicialmente, que não há como fugir das novas categorias e denominações do Código de 2002, pois as pessoas físicas e jurídicas doravante serão conhecidas e identificadas juridicamente pelas novas regras legais, e será assim que o direito tributário as encontrará no mundo jurídico, exatamente por ser direito de sobreposição.

Neste particular aspecto, tenha-se desde logo em mente que não há contrariedade entre a lei civil e a tributária, não apenas porque a disciplina jurídica das pessoas é própria do direito privado, como também porque no CTN não existe qualquer norma a propósito das mesmas e que seja contrária ao Código Civil. O que existe no CTN, assim como nas demais leis tributárias, é mera regulação das relações jurídicas tributárias de que participem as pessoas definidas pelo direito privado.

Sendo assim, será necessário ver como as antigas categorias e denominações se amoldam às novas.

Uma primeira observação é que a nova lei civil adota a palavra "empresa", ou palavras dela derivadas, como "empresário" ou "sociedade empresária", ora para se referir à pessoa jurídica (por exemplo, os arts. 967 e 978), ora para se referir ao empreendimento ou atividade que a pessoa jurídica desenvolve (por exemplo, o *caput* e o parágrafo único do art. 966 e os arts. 982, 1.142 e 1.178), assim como algumas vezes o termo é utilizado indeterminadamente ou no duplo sentido (por exemplo, os arts. 1.085 e 1.172).

O vocábulo *empresa*, realmente, tem, ou na sua aplicação comporta ter, duplo sentido. O *Novo Dicionário Aurélio — Século XXI*, no verbete *empresa*, alude a "aquilo que se empreende; empreendimento", assim como a "organização econômica para a produção ou venda de mercadorias ou serviços, tendo em geral como objetivo o lucro", ou ainda a "em teoria econômica, unidade de produção e vendas". Mas também menciona "empresa como organização jurídica; firma, sociedade", dando vários exemplos, como "empresa de capital aberto", "empresa de economia mista", "empresa pública" e outros (Nova Fronteira, p. 742).

E no verbete *empresário* encontramos: "aquele que é responsável pelo bom funcionamento de uma empresa; homem de empresa", assim como "agente econômico que, percebendo oportunidades de lucro, toma a iniciativa de reunir fatores de produção numa empresa", além de aludir àquele que se ocupa da vida profissional e dos interesses de pessoas, como o "empresário teatral" (idem, idem).

Em vista da sua dualidade de significados, o vocábulo *empresa* também é usualmente empregado no nosso direito positivo para aludir tanto à pessoa jurídica quanto ao empreendimento ou atividade que esta explora. Com efeito, a sua utilização indiscriminada para aludir ora a um ora a outro objeto já ocorria antes do Código Civil de 2002, como se pode ver, por exemplo, no sentido de pessoa jurídica, pela Lei 8.934, de 18.12.1994, e até mesmo pela Constituição Federal de 1988 (veja-se os arts. 164, § 3º; 165, § 5º, II; 167, VIII; e 169, § 1º, II).

Contudo, o mais importante detalhe da nova lei civil foi ter adotado o termo *empresa* para significar atividade econômica organizada, em contraposição à atividade não organizada para a obtenção de fim econômico, o que não deixa de se ajustar ao seu sentido etimológico.

Adotando, contudo, para prosseguir na análise, aquela primeira acepção, realmente, tal característica distintiva — empresa como atividade econômica organizada —, surge já na definição de "empresário", cujo termo deriva da palavra *empresa*, definição esta constante do art. 966, *in verbis*:

> Art. 966. Considera-se empresário quem exerce profissionalmente atividade econômica organizada para a produção ou a circulação de bens ou de serviços.
>
> Parágrafo único. Não se considera empresário quem exerce profissão intelectual, de natureza científica, literária ou artística, ainda com o concurso de auxiliares ou colaboradores, salvo se o exercício da profissão constituir elemento de empresa.

Portanto, empresário define-se por um conjunto de circunstâncias cumulativas, a saber:

- o exercício de uma atividade em caráter profissional;
- atividade esta de cunho econômico;
- atividade, ademais, que seja organizada (estabelecida) para o fim de produzir ou fazer circular bens (de qualquer espécie) ou serviços (também de qualquer espécie).

Simultaneamente, tendo em vista que as atividades de cunho econômico e revestidas das demais circunstâncias acima apontadas podem ser desenvolvidas não individualmente, mas em sociedade, o art. 982 determina:

> Art. 982. Salvo as exceções expressas, considera-se empresária a sociedade que tem por objeto o exercício de atividade própria de empresário sujeito a registro (art. 967); e, simples, as demais.
>
> Parágrafo único. Independentemente de seu objeto, considera-se empresária a sociedade por ações; e, simples, a cooperativa.

O art. 967, citado no 982, é aquele que diz que "é obrigatória a inscrição do empresário no Registro Público de Empresas Mercantis da respectiva sede, antes do início de sua atividade". Mas não se deve considerar relevante para caracterizar alguém como empresário o fato de estar ou não inscrito naquele registro, o mesmo ocorrendo com as sociedades, pois não é o registro que confere a natureza jurídica de empresário ou sociedade empresária,[7] e, sim, a sua organização com vistas à atividade com intuito econômico de produção ou circulação de bens ou serviços. Ou seja, o raciocínio deve ser contrário, pois é partindo-se do objeto e da organização da atividade que se sabe se a pessoa natural é empresária ou não, e se a sociedade é empresária ou não, sendo que a inscrição no Registro Público de Empresas Mercantis somente é apropriada para as pessoas que preencham aquela característica. Por isso,

7. O registro regular confere personalidade jurídica (art. 985), mas deve ser feito no órgão que for apropriado à condição do respectivo postulante.

uma pessoa não-empresária não adquire a condição de empresária pela só razão de ter sido admitida indevidamente no citado Registro Público.

A única exceção a esta diretriz legal reside no art. 971, relativo à pessoa cuja atividade rural constitua a sua principal profissão, caso em que ela tem a opção de se enquadrar como empresária mediante a sua inscrição no Registro Público de Empresas Mercantis, após a qual fica equiparada para todos os efeitos aos empresários. O mesmo quanto às sociedades que tenham por objeto o exercício de atividade própria de empresário rural (art. 984).

Vencidas estas observação, é importante, portanto, reter a noção de que a sociedade empresária é aquela que exerce atividade própria de empresário.

O contrário da sociedade empresária é a sociedade simples, a qual, embora regulada minuciosamente nos arts. 997 a 1.038, não tem uma definição expressa do que seja, ou de que objeto deva ter, chegando-se a tanto pela contraposição com as sociedades empresárias, ou melhor, como diz a parte final do art. 982 — "simples, as demais" —, por exclusão do que seja uma sociedade empresária.

Também não de pode deixar de observar que não é o tipo societário adotado (limitada, em comandita, etc.), mas, sim, a organização e o objeto da sociedade, que a caracterizam como simples ou empresária.

Realmente, as sociedades simples também podem opcionalmente se constituir sob um dos tipos que as sociedades empresárias obrigatoriamente devem adotar, conforme preceitua o *caput* do art. 983. Destarte, é pelo objeto e pelas circunstâncias que o art. 966 estatui que se define uma sociedade como empresária ou simples, constituindo exceções a esta regra, além da situação opcional das já referidas empresas rurais, apenas as sociedades por ações, que, independentemente do objeto, a lei considera sempre empresárias, e as cooperativas, que segundo a lei são sempre sociedades simples (parágrafo único do art. 982).

Destarte, sendo verdadeiras as premissas acima colocadas, pode-se resumir dizendo que as sociedades simples são as que não se dediquem ao exercício de uma atividade em caráter profissional, com cunho econômico e organizada (estabelecida) para o fim de produzir ou fazer circular bens (de qualquer espécie) ou serviços (também de qualquer espécie), eis que as sociedades empresárias são as dedicadas a estas atividades sob as referidas circunstâncias.

Cumpre observar que esta distinção sintética não afronta as três categorias de pessoas jurídicas de direito privado elencadas no art. 44, quais sejam, as associações, as sociedades e as fundações.

A distinção entre sociedade simples e sociedade empresária, acima apresentada, realmente não colide com o art. 44, e também não significa confundir as sociedades simples com as associações, cuja distinção deriva de vários elementos, a começar pelo fato de as associações e as sociedades em geral serem citadas em dois incisos separados do art. 44, como também por estarem referidas individualmente em outros dispositivos (parágrafo único do art. 1.155, art. 2.031), e ainda pelo fato de terem disciplinas jurídicas próprias (as associações nos arts. 53 e ss., e as sociedades nos arts. 981 e ss.).

Portanto, a distinção entre associações e sociedades simples é irrecusável, a despeito de que ambas tenham em comum não se confundirem com as sociedades empresárias, e de que tanto as sociedades simples quanto as associações se sujeitem à inscrição no Registro Civil de Pessoas Jurídicas (arts. 998, 1.000 e 1.150 quanto às sociedades simples, e, na ausência de disposição expressa quanto às associações, por exclusão do Registro Público de Empresas Mercantis, conforme os arts. 967 e 1.150).

Não obstante, o elemento crucial de distinção entre as associações e as sociedades simples reside em que aquelas não têm intuito econômico de lucro, pois visam fins de benemerência, de educação, de assistência social e outros que se lhes assemelhem, não havendo entre os associados a busca de interesses recíprocos, pois todos em conjunto visam o interesse altruístico, sem qualquer vantagem pessoal que quaisquer deles possam dar aos demais. Isto está expresso no art. 53, *caput*, que declara que "constituem-se as associações pela união de pessoas que se organizem para fins não econômicos", o que se completa com o seu parágrafo único, quando diz que "não há, entre os associados, direitos e obrigações recíprocos".

Já nas sociedades, mesmo nas simples, há pretensões recíprocas entre os sócios, a partir da definição do contrato de sociedade, constante do art. 981, segundo o qual "celebram contrato de sociedade as pessoas que reciprocamente se obrigam a contribuir, com bens ou serviços, para o exercício de atividade econômica e a partilha, entre si, dos resultados".

Daí derivam outras repercussões, como a ausência de capital nas associações (art. 54) e a sua existência nas sociedades (art. 997, III), ou, no caso de liquidação, a transferência de patrimônio para entidades dedicadas às mesmas atividades das associações (art. 61), enquanto que nas sociedades ele é rateado entre os sócios (arts. 1.102 e ss.) etc.

Mas é pela ausência ou pela existência de objeto econômico que se qualificam, respectivamente, as associações (art. 53) e as sociedades simples, e também as empresárias (art. 981).

Por outro lado, a ausência de fins econômicos aparentemente poderia distinguir as sociedades simples das empresárias, se tomada isoladamente a definição do art. 982 em conjunto com a do art. 966.

Contudo, não é verdadeiro esse traço distintivo, isoladamente considerado, nem se pode procurar a definição de uma e de outra espécie de sociedade apenas pelos arts. 982 e 966, pois o art. 981, como visto, aludindo às sociedades em geral, portanto, também às simples, as declara como constituídas "para o exercício de atividade econômica", além da partilha dos resultados entre os sócios.

Destarte, há que se fazer um esforço exegético ante a clara alusão do art. 966 no sentido de que o empresário é aquele, que, entre outras circunstâncias, "exerce profissionalmente atividade econômica", circunstância esta que se estende às sociedades empresárias face ao art. 982, e da qual, pela parte final deste, à primeira vista estariam excluídas as sociedades simples.

Entretanto, está claro que não é este o meio de distinguir as sociedades empresárias das simples, porque estas estão inequivocamente contidas no art. 981, que também lhes prescreve como objeto o exercício de uma atividade econômica.

Nesta encruzilhada, existem inicialmente duas posturas para tentar explicar esta aparente contradição, sendo uma pela literalidade dos vários artigos pertinentes, e outra pela sua consideração acrescida da admissão de algo que não está escrito no Código Civil, ao menos de maneira explícita, mas que pode vir à tona pelo emprego de válidos processos de hermenêutica, como o histórico, o sistemático e o lógico.

Na primeira postura, de leitura da lei como está escrita, existiriam duas explicações possíveis para a aparente contradição entre a parte final do art. 982 e o art. 981, isto no pressuposto de que as sociedades simples não teriam fins econômicos.

A primeira explicação diria que a contradição seria real, caso em que a definição do art. 981 conteria uma impropriedade ao se referir à atividade econômica das sociedades em geral, portanto, também das simples. Entretanto, é impossível sustentar esta explicação, atribuindo equívoco ao art. 981, ou ignorando palavras inequívocas nele contidas.

A segunda explicação afirmaria que a contrariedade seria apenas aparente, o que, entretanto, requeria entender o que esse artigo quereria dizer com a referência à atividade econômica, de maneira a não entrar em colisão com o art. 982, na sua dependência do art. 966.

Neste segundo caso, portanto, a sociedade simples deveria ser entendida como tendo intuito lucrativo, tanto quanto a sociedade empresária, hipótese em que restaria prejudicada a distinção entre elas com base no objeto econômico.

Importante considerar que, em reforço desta segunda maneira de encarar a sociedade simples, entre outros, há o inc. VII do art. 997, que prescreve dever o seu contrato social estabelecer a participação de cada sócio nos lucros e nas perdas. Mais dispositivos aludem ao direito dos sócios sobre os lucros da sociedade, destacando-se o art. 1.008, que torna "nula a estipulação contratual que exclua qualquer sócio de participar dos lucros e das perdas".

Não sendo possível ignorar essas prescrições expressas no Código, necessariamente fica afastada a contradição, ou seja, necessariamente se tem que reconhecer que ela é apenas aparente e que não cabe censura ao art. 981.

Apesar disso, isto é, apesar de ambas as sociedades terem objetivo econômico, ainda resta explicar uma e outra espécie societária, inclusive perante a parte final do art. 982 e a parte final do parágrafo único do art. 966.

Antes de prosseguir neste desiderato, convém ressaltar que a distinção entre sociedades empresárias e sociedades simples, já que ambas têm intuito econômico, evidentemente não está neste aspecto, mas, sim, em outras circunstâncias que precisam ser identificadas dentre aquelas três que caracterizam o empresário e a sociedade empresária, ou seja, por uma das outras duas ou por ambas.

Neste ponto apresenta-se a segunda postura de distinção a que aludi acima, a qual se basearia numa circunstância não escrita na lei, ou que estaria apenas implícita nos termos desta.

Realmente, há vozes autorizadas dizendo que a sociedade simples seria aquela destinada à prestação de serviços, mas que, ante o fato de que a empresária também pode prestar serviço (face ao que diz o art. 966), a simples seria aquela em que os serviços constitutivos do seu objeto social seriam prestados exclusivamente pelos sócios.[8]

Não é da minha alçada estabelecer os parâmetros distintivos entre essas espécies societárias, o que competirá à doutrina privatista e à jurisprudência, que terão o encargo de dirimir as dúvidas e estabelecer definitivamente como distinguir a sociedade empresária da sociedade simples.

Mais adiante vou mencionar como a doutrina vem encarando o dilema, mas antes pode-se tentar uma outra exegese para os dispositivos legais diretamente envolvidos, que são os arts. 966, 981 e 982 do Código Civil.

Nesta linha, parta-se da premissa já assentada, porque derivada do art. 981, de que tanto a sociedade simples quanto a empresária têm por objeto uma atividade econômica, o que também se ajusta perfeitamente à definição de empresário contida no art. 966. E não há desajuste em relação ao art. 982, porque este limita-se ao critério de extensão da norma do art. 966, para caracterizar a sociedade empresária, e ao critério de exclusão da mesma norma, para caracterizar a sociedade simples. Destarte, a definição que for boa para os arts. 966 e 981 também será boa para o art. 982.

Um segundo ponto de partida, em adição à premissa também de partida acima referida, reside na definição de empresário, fornecida pelo art. 966, dado que, tomando por base o art. 982, a sociedade será empresária se a sua atividade, quando prestada individualmente, caracterizar a pessoa como empresário.

Significa isto que o esforço exegético para distinguir sociedade empresária de sociedade simples deve concentrar-se na compreensão do que seja *empresário*, tomando por base o art. 966, *caput* e pará-

8. Numa linha ao menos semelhante àquela que a jurisprudência adotou quanto ao ISS das sociedades profissionais segundo o Decreto-lei 406.

grafo único, e mantendo acesa a luz do art. 981, segundo a qual todas as sociedades (por contraposição com as associações) desenvolvem atividade econômica, com partilha de resultados entre os sócios.

Relembremos, então, que o empresário é definido pelo *caput* do art. 966 através de um conjunto de três circunstâncias, que são:

• o exercício de uma atividade em caráter profissional;

• atividade esta de cunho econômico;

• atividade, ademais, que seja organizada (estabelecida) para o fim de produzir ou fazer circular bens (de qualquer espécie) ou serviços (também de qualquer espécie).

Já o parágrafo único do art. 966 exclui da condição de empresário aquela pessoa que exercer profissão intelectual, de natureza científica, literária ou artística, ainda que com o concurso de auxiliares e colaboradores, mas atribui a condição de empresário à pessoa que, embora exercendo tais profissões intelectuais, o faça como elemento de empresa (nele, a palavra *empresa* é utilizada no sentido de empreendimento ou atividade econômica, e não de pessoa jurídica, embora haja quem pense em contrário).

Apesar da deficiência da redação desse parágrafo para exprimir o pensamento do legislador, a única maneira consistente de explicá-lo é entender que as atividades a que ele se refere, mesmo que relacionadas a uma profissão, não definem os seus prestadores como empresários se não se constituírem em atividades econômicas organizadas para a produção ou circulação de bens ou serviços, uma vez que, se este for o caso, aplicar-se-á a definição principal contida no *caput* do artigo, em conjunto com a parte final do parágrafo, ou seja, o exercício profissional passará a ser considerado "elemento de empresa" e o seu prestador empresário.

Transpondo-se este pensamento para as sociedades, e perante o art. 982, com as ressalvas do seu parágrafo, elas — quando envolvam atividade intelectual, de natureza científica, literária ou artística — serão empresárias ou não na mesma medida em que essas atividades forem ou não exercidas e organizadas com cunho e intuito econômico e para a produção ou circulação de bens ou serviços, aplicando-se-lhes, destarte, as mesmas regras prescritas para os empresários pessoas naturais.

Fica perceptível, portanto, que o traço essencialmente distintivo e caracterizador do empresário não está na primeira circunstância acima aludida — exercício de uma atividade própria de profissão —, dado que a atividade profissional aparece tanto na definição de empresário (*caput* do art. 966) quanto na de não-empresário (parágrafo único), embora para este deva necessariamente tratar-se de profissão intelectual, ao passo que para aquele pode tratar-se de profissão intelectual ou braçal.

É muito importante, todavia, notar que a cabeça do artigo alude à pessoa que "exerce profissionalmente atividade econômica (...)", o que destaca que não é suficiente a simples atividade relativa a uma profissão, mas, sim, que é relevante ser a mesma exercida profissionalmente (devendo-se entender por exercício profissional a continuidade e habitualidade da atividade), aspecto este que, somado às circunstâncias seguintes, vai completar o conceito de empresário.

Percebe-se, também, que a segunda circunstância — atividade de cunho econômico — participa da distinção, embora apenas até certo limite.

Realmente, o exercício de uma atividade intelectual, mesmo que seja própria de uma profissão, por si não define o empresário, já que, se for desenvolvida por alguém mas sem finalidade econômica, de empresário não se tratará. Nesta situação estão, por exemplo, um artista que desenvolva a sua arte gratuitamente, pelo amor ao belo ou por entrega da sua obra ao proveito da coletividade, e um advogado que apenas exerça advocacia a título de assistência judiciária não remunerada.

Portanto, até aqui o cunho econômico é elemento de distinção, mas não suficiente, pois, como dito, a existência de finalidade econômica presta-se à distinção apenas até certo limite, que está exposto no parágrafo precedente, mas não esgota o caráter distintivo, pois uma pessoa que exerça atividade própria de alguma profissão, intelectual ou não, mas apenas esporadicamente, ou sem uma estruturação orgânica, embora cobre pelo resultado da sua atividade (num contrato de resultado), ou mesmo pela simples prestação desta (num contrato de meio), não chega a se caracterizar como empresário.

Daí que o traço distintivo e caracterizador por excelência reside na terceira circunstância, qual seja, a de que se trate atividade organizada (estabelecida) para o fim de produzir ou fazer circular bens (de qualquer espécie) ou serviços (também de qualquer espécie). Ou seja, um profissional que não esteja organizado (estabelecido), e que se limite a exercer esporadicamente a sua profissão, ainda que remuneradamente, não será empresário, tal como nos exemplos acima.

Entretanto, se a terceira circunstância é decisiva para a distinção, ela precisa ser entendida na sua integralidade e em associação com as duas outras circunstâncias anteriores, pois é possível haver a organização (estabelecimento) de uma atividade que envolva a prestação de serviços sem haver a caracterização do empresário, como ocorre com as atividades que são caritativas e outras próprias das associações, desenvolvidas por grandes e complexas instituições.

Por isso, esta terceira circunstância deve ser compreendida como a organização (estabelecimento) de atividades relativas à produção ou circulação de bens, que envolvem necessariamente as noções de profissionalismo e de intuito econômico.

Daí porque, em conclusão, e na verdade, o empresário é definido pelo conjunto das três circunstâncias, que devem estar presentes cumulativamente, sem falta de qualquer uma delas.

Isto bem se ajusta aos dizeres do art. 966 — "considera-se empresário quem exerce profissionalmente atividade econômica organizada para a produção ou a circulação de bens ou de serviços —, e encontra ressonância na definição de estabelecimento — "todo complexo de bens organizado, para o exercício da empresa, por empresário, ou por sociedade empresária" — fornecida pelo art. 1.142.

Por conseqüência, a sociedade empresária também será caracterizada e distinguida da sociedade simples por este conjunto de circunstâncias, mas com definitiva importância da última.

Claro que ainda vamos encontrar dificuldades para a aplicação prática do conceito, como, por exemplo, saber o que sejam "circulação", "bens" e "serviços".

Contudo, qualquer desses termos necessariamente deve ser tomado na ótica que deles tem o próprio Código Civil, embora seja possível recorrer a elementos auxiliares trazidos de outros ramos do direito ou mesmo de outras ciências.

Ora, o termo *circulação* aparece no novo Código apenas relacionado a títulos de crédito que passam de mão em mão, e no art. 931, que diz simplesmente que "os empresários individuais e as empresas respondem independente de culpa pelos danos causados pelas produtos postos em circulação".

Dessas disposições se dessume que o termo *circulação* precisa ser aplicado separadamente, conforme se trate de bens ou de serviços, porque, no caso do art. 966, o objeto a que se refere a circulação, assim como a produção, pode ser um bem ou um serviço.

Assim, *bens* correspondem aos objetos materiais ou imateriais definidos pelos arts. 79 e ss. do Código, ou seja, os bens imóveis em todas as suas espécies e os bens móveis também em suas diversas espécies, abrangidos, entre outros, os direitos reais de garantia, as energias que tenham valor econômico e os direitos pessoais de caráter patrimonial.

Outrossim, serviços devem ser entendidos na acepção dos arts. 593 e ss., ou seja, abrangendo toda espécie de trabalho ou serviço lícito, material ou imaterial, que não esteja sujeita às leis trabalhistas.

Retornando ao conceito de *circulação*, tratando-se de circulação de bens significa ato com finalidade econômica de entregar a outrem algo que seja bem, a título de transmissão da respectiva propriedade, independentemente de que o destinatário o adquira para consumo, revenda, utilização ou outra utilidade qualquer.

Além disso, para a caracterização do empresário tanto faz que o bem tenha sido produzido ou não por ele, bastando que seja colocado em circulação ou seja destinado a esta finalidade. Outrossim, de se notar que a simples produção de um bem, para uso próprio ou sem finalidade lucrativa, não transforma o produtor em empresário, valendo dizer que, em última análise, é necessário que o bem produzido pela pessoa seja colocado em circulação econômica (no sentido acima), ou seja destinado a esta finalidade, para que tal pessoa seja empresária.

E quanto a serviço, a sua circulação corresponde exatamente ao fato de ser prestado a terceiros, novamente se caracterizando o empresário quando o prestador o desenvolva organizadamente e com intuito econômico, e não para si próprio e sem finalidade lucrativa.

Sendo assim, além das atividades não econômicas, que não caracterizam o empresário, também há muitas outras atividades que não o caracterizam, embora tenham intuito econômico: são casos em que não há a produção ou a circulação de bens ou serviços.

Por exemplo, a administração de uma carteira de valores mobiliários, feita pelo próprio proprietário desses bens, não significa produção ou circulação de bens ou serviços. O titular dessa carteira, pessoa natural, não é empresário, embora seja capitalista, e, se a carteira pertencer a uma sociedade, esta, pela mesma razão, será uma sociedade simples, e não empresária.

Outro exemplo, na mesma linha, é o da atividade de locação de bens de propriedade do próprio locador, que não envolve produção ou circulação de bens ou de serviços.

Claro que se pode objetar ambos os exemplos, sustentando, até com base na alusão ao significado de *circulação*, acima feita, que as operações com valores mobiliários colocam bens em circulação, assim como a locação. Mais séria é a objeção no primeiro caso, em que há transferência da propriedade de bens, enquanto que na segunda há apenas a entrega de bens para uso temporário pelos locatários.

Exemplos vão se multiplicando indefinidamente, sempre cercados das mesmas dificuldades, como no caso de mútuos de valores próprios e concedidos a terceiros.

Na ponderação desses elementos deve-se considerar, que, se a expressão "circulação de bens ou serviços" for adotada em amplo espectro e largo alcance, praticamente todas as atividades profissionais organizadas e de conteúdo econômico acabarão por pertencer às sociedades empresárias, e quase nada sobrará para as sociedades simples, o mesmo ocorrendo com os empresários e os não-empresários.

Daí dever haver um campo de separação, sem, contudo, fugir das três referidas circunstâncias, e verificar-se que a só colocação de um bem em circulação não basta para caracterizar o empresário. Nos exemplos acima, as objeções levantadas dissipam-se quando se verifica que a pessoa que os administra e os põe em circulação — mesmo que se admita tratar-se de circulação — não o faz profissionalmente, mas em interesse próprio.

Assim, é possível que, em havendo dúvida sobre se algo é ou não circulação de bens ou serviços, outra circunstância dentre as arroladas passe a desempenhar papel fundamental na solução da pendência.

Este seria o caso, por exemplo, e mesmo aceitando sentido extensivo para a palavra *circulação*, de um capitalista detentor de grande quantidade de títulos colocá-los à venda, mas não profissionalmente ou não através de atividade organizada. O mesmo se diga do proprietário de bens que simplesmente os loca a terceiros a partir do simples exercício do seu direito de propriedade. O contrário seria se, em ambos os casos, houvesse uma atividade profissional e uma organização estabelecida para a circulação dos referidos bens.

É tempo de vermos como a doutrina privatista vem encarando todos esses conceitos, podendo-se dizer que ela se encaminha predominantemente no sentido da segunda postura acima aludida. Na verdade, ela não se afasta dessa postura, mas agrega-lhe novos elementos.

Além disso, é preciso dizer que tal doutrina tem se estribado em larga escala nos escritos do Prof. Sylvio Marcondes, principalmente pela autoridade que lhe advém de ter participado do anteprojeto de lei que se transformou no Código de 2002, nesta parte do direito das empresas.[9]

Pois bem, esse emérito Mestre das Arcadas aponta que o conceito econômico de empresa consiste na organização dos fatores de produção de bens ou serviços para o mercado, coordenada pelo empresário, que lhe assume os resultados. Quanto ao conceito jurídico, sustenta ele que não cabe forçosamente num esquema jurídico unitário, pois empresa é conceito de um fenômeno econômico poliédrico que assume, sob o aspecto jurídico, em relação aos diferentes elementos nele concorrentes, não um, mas diversos perfis: o subjetivo, como empresário; o funcional, como atividade; o objetivo, como patrimônio; o corporativo, como instituição.

Sylvio Marcondes também esclarece que o perfil subjetivo do empresário distingue-se por três condições: o exercício de uma atividade econômica, por isso destinada a criar riqueza pela produção ou circulação de bens ou serviços; a atividade organizada através da coordenação dos fatores de produção (capital, trabalho, natureza) em medida e proporção variáveis conforme a natureza e o objeto da empresa; o exercício profissional, isto é, praticado de modo habitual e sistemático, em nome próprio e com intuito de lucro. Vale acrescentar a sua observação de que é a conjugação dos fatores de produção que constitui atividade considerada organizada.

Como conseqüência, esse Mestre explica a exclusão da ampla conceituação de empresário, prevista para quem exerça profissão intelectual, mesmo com o concurso de auxiliares ou colaboradores. Para ele, a exclusão cabe quando, não obstante a pessoa produza serviços, o esforço criador se implanta na própria mente do autor, de onde resulta, exclusiva e diretamente, o bem ou o serviço, sem interferência de fatores externos de produção, cuja eventual ocorrência é meramente acidental. Nesta ótica, ele cita os profissionais liberais e os artistas.

Daí deriva o entendimento da maioria dos autores civilistas no sentido de que a alocução *elemento de empresa*, na parte final do parágrafo único do art. 966, deve ser entendida como aplicável à situação em que o trabalho intelectual, de natureza científica, literária ou artística, não for prestado diretamente pela pessoa, mas, sim, por terceiros congregados em empresa gerida pelo empresário, isto é, quando este reúna e organize os fatores de produção para a produção ou a circulação de bens ou serviços, ficando com ele os resultados obtidos.

Os mesmos conceitos aplicam-se às sociedades, e, neste sentido, seria simples uma sociedade de profissionais liberais voltados para a medicina, que prestem serviços pessoalmente, e seria empresária uma sociedade de médicos que se organizasse como hospital ou como um grande labora-

9. In *Exposição de Motivos do Anteprojeto* apresentado em 1964; Sylvio Marcondes, *Problemas de Direito Mercantil*, Max Limonad.

tório de análises clínicas desenvolvidas em vários locais.

Detalhando esses exemplos, quando dois ou mais — até muitos — médicos se reúnem numa sociedade de prestação de seus serviços profissionais, embora o façam profissionalmente e com fins econômicos, e embora gerem circulação de serviços de forma organizada, essa organização está concentrada substancialmente em apenas um fator de produção, que é o trabalho dos próprios sócios. Neste caso, sendo secundária e acidental a existência de outros fatores (capital empregado em instalações), a sociedade é simples.

Ao contrário, se apenas dois médicos constituírem uma sociedade em que seu trabalho é apenas uma parte da organização de outros fatores de produção que sejam tão ou mais relevantes para a produção dos resultados, a sociedade será empresária.

Portanto, segundo a doutrina, a ressalva da parte final do parágrafo único do art. 966 — "salvo se o exercício da profissão constituir elemento de empresa" — deve ser entendida como se o exercício da profissão se constituir em um dos elementos que constituem a empresa, ou melhor, em um, mas não o único, fator de produção.

Verifica-se, pois, que esse entendimento doutrinário coincide em muito com a exegese acima feita quanto aos conceitos de empresário, de sociedade empresária e de sociedade simples. As divergências ficam por conta de detalhes, ou podem surgir na aplicação prática dos conceitos teóricos.

Entretanto, já disse acima que não é da minha alçada, mas dos doutos e dos tribunais, fixar as linhas finais a respeito da matéria, o que não me impede de afirmar que a averiguação dos seus efeitos no âmbito das relações jurídicas tributárias poderá ser feita sem necessidade dessa definição final. É o que veremos.

Dito isto, que já é suficiente para os fins deste estudo, podemos prosseguir confrontando as novas denominações e categorias com as que vigiam até o advento do Código em que aquelas surgiram.

Podemos notar que a sociedade empresária pode agrupar tanto as sociedades antes conhecidas como "sociedades (ou pessoas jurídicas) civis" como as antes denominadas "sociedades (ou pessoas jurídicas) comerciais" ou "sociedades (ou pessoas jurídicas) mercantis", pois não mais é relevante, para distingui-las, que o objeto da atividade econômica das empresárias seja o comércio ou o ato de mercancia, tal como eram definidos pela Parte Primeira do Código Comercial (expressamente revogada pelo art. 2.045).

Com efeito, a sociedade empresária não se limita a abranger a atividade organizada com intuito econômico da produção ou venda de mercadorias, pois também pode ser dedicada à prestação de serviços, à venda de imóveis, e outras atividades, desde que exercidas profissionalmente através de uma organização estabelecida para tanto e que envolvam a produção ou a circulação de bens ou serviços.

Por isso mesmo, todos os empresários e todas as sociedades empresárias são sujeitos à inscrição no Registro Público de Empresas Mercantis (a despeito da impropriedade dessa denominação perante o próprio Código), quando antes muitas dessas sociedades estavam inscritas no Registro Civil de Pessoas Jurídicas.

Pela mesma razão, *empresário* não é apenas o comerciante, tal como era definido pelo Código Comercial, pois também o são outros agentes econômicos que se incluam nas circunstâncias elencadas no art. 966.

Os conceitos básicos até aqui expostos são suficientes para constatarmos como leis tributárias anteriores (e seus regulamentos e atos normativos de legislação infralegal) devem ser aplicadas doravante, tendo-se em conta que nenhuma delas alude à "sociedades simples" ou à "sociedades empresárias".[10]

10. Salvo algum dispositivo isolado, eventualmente perdido no cipoal do direito positivo brasileiro.

Pelo contrário, no direito tributário positivo anterior encontramos termos como "sociedades civis", "sociedades mercantis", "sociedades civis de prestação de serviços profissionais", "sociedades civis de prestação de serviços de profissões legalmente regulamentadas", e outros.

Assim, teremos que identificar, com suporte nos conceitos acima, quais delas estarão agora abrangidas pela definição de sociedade simples e pela de sociedade empresária. Na verdade, pode-se prever que a maior parte delas se integrará nesta última categoria, embora certamente nem todas as que interessam para o direito tributário, pois para poder ser contribuinte de algum tributo não é necessário tratar-se de sociedade empresária. O mesmo quanto às pessoas naturais.

Realmente, com relação aos tributos cujos fatos geradores pressupõem uma atividade econômica profissional e organizada para a produção ou a circulação de bens ou serviços, quase todos os respectivos contribuintes serão empresários ou sociedades empresárias: assim será com relação à contribuição social sobre o lucro, ao imposto sobre a circulação de mercadorias e outros.

Mas outros tributos, embora todos sejam assentados sobre substratos econômicos, não dependem essencialmente de que seus contribuintes sejam empresários ou sociedades empresárias, como ocorre, por exemplo, com o imposto sobre a propriedade territorial e predial, o imposto sobre a transmissão onerosa de direitos sobre imóveis, o imposto sobre doações e outros.

Quanto ao imposto de renda, carrega uma particularidade interessante, pois pode-se pensar que a totalidade dos seus contribuintes deva ser composta por empresários ou sociedades empresárias, mas efetivamente não é assim, pois alguém, embora não sendo empresário ou sociedade empresária, pode ter que pagar esse tributo sobre os seus acréscimos patrimoniais.

Mesmo o imposto sobre serviços de qualquer natureza pode levar a crer ser devido apenas por empresários ou sociedades empresárias, principalmente porque tem por substrato fático de incidência a circulação de serviços. Contudo, ante a parte final do parágrafo único do art. 966, no ramo de serviços intelectuais é possível que pessoas naturais não-empresárias e sociedades empresárias também sejam contribuintes desse imposto municipal.

Isto bem evidencia porque acima foi dito que a solução final das dúvidas sobre os conceitos de empresário e de sociedade empresária não é necessário para o direito tributário, salvo quando, futuramente, as suas leis passarem a aludir a essas novas categorias.

Seja como for, ao se deparar com uma sociedade que agora seja simples ou seja empresária, a sua subsunção ou não a uma categoria anterior, que esteja descrita em norma do direito anterior ao Código Civil, terá que ser feita não por ela ser ou não ser empresária segundo a nova concepção, mas, sim, por ser ou não ser uma sociedade que antes estava, ou venha a estar, incluída naquela categoria referida na lei anterior. Por exemplo, a previsão de incidência do imposto de renda na fonte sobre prestação, por pessoas jurídicas, de serviços caracterizadamente profissionais continuará a ser definida pelas normas anteriores, independentemente de agora se tratar de sociedade empresária e de que antes se tratasse de sociedade civil.

Tudo isso é exigência ou conclusão derivada diretamente do princípio da legalidade e do seu desdobramento para o princípio da tipicidade.

Assim será, portanto, até que alterações nas leis tributárias pretéritas passem a adotar as novas categorias nas suas disposições, ou até que novas hipóteses de incidências tributárias passem a se expressar de acordo com as novas denominações.

Por isso mesmo, será irrelevante que uma sociedade anteriormente registrada no Registro Civil de Pessoas Jurídicas agora tenha que submeter-se ao Registro Público de Empresas Mercantis, para atender à sua nova condição e às respectivas normas advindas do Código de 2002.

Outra repercussão do novo Código, que pode ser mencionada exemplificativamente, é quanto ao tratamento que leis fiscais anteriores, principalmente no âmbito do imposto de renda, dava às firmas individuais e às pessoas físicas que, por explorarem determinadas atividades econômicas, eram equiparadas à pessoas jurídicas.

Ainda que juristas dissintam quanto a que as firmas individuais do direito privado anterior agora correspondem ao empresário tal como definido pelo Código de 2002, elas, para fins do imposto de renda, continuarão a ser tributadas como pessoas jurídicas.

E, ainda no âmbito do imposto de renda, pode-se também afirmar que as equiparações de pessoas naturais à pessoas jurídicas continuam a vigorar sem qualquer modificação, muito embora essas pessoas agora possam passar a ser identificadas como empresárias.[11]

O mesmo se diga das sociedades irregulares ou de fato, agora intituladas "sociedades não personificadas" pelo novo Código Civil, e que por este estão regidas nos arts. 986 a 990.[12]

Quanto às sociedades de fato, lembre-se que no direito tributário vigia e vige a regra de que elas podem ser contribuintes de tributos nas mesmas condições que as sociedades regularmente constituídas e registradas, não só por força de normas de leis tributárias ordinárias, mas também perante o que dispõe o art. 126, III, do CTN, segundo o qual a capacidade tributária independe "de estar a pessoa jurídica regularmente constituída, bastando que configure uma unidade econômica ou profissional" (veja-se a redação integral desse dispositivo no item IV, abaixo).

Penso que, nos limites do presente estudo, as observações contidas neste capítulo sejam suficientes ao menos para encaminhar indagações mais complexas e a análise de situações concretas.

IV — A responsabilidade tributária face ao Código Civil de 2002

Antes de verificarmos o que o novo Código diz a respeito de responsabilidade, seja de empresários, dirigentes e sócios das pessoas jurídicas, seja de sucessores, convém lembrar que o CTN contém uma gama razoável de normas a este respeito.

Neste sentido, vale recordar que a sujeição passiva da relação jurídica cujo objeto seja a obrigação tributária principal pode ser atribuída ao próprio contribuinte, que é a pessoa detentora da capacidade contributiva por estar direta e pessoalmente relacionada com a situação que constitua o fato gerador da obrigação tributária, ou pode ser atribuída ao responsável, que é uma terceira pessoa relacionada ao fato gerador e que, sem revestir a condição de contribuinte, tenha a sua obrigação estabelecida por lei. No tocante à obrigação tributária acessória, sujeito passivo é a pes-

11. Se no direito tributário continuará a ser irrelevante para tais equiparações a existência ou não de registro das pessoas físicas equiparadas à jurídicas perante o Registro Público de Empresas Mercantis, no âmbito civil haverá desdobramentos da exigência do art. 967 para todo e qualquer empresário, seja ele dedicado ao comércio ou a outro tipo de atividade, inclusive de prestação de serviços. Com efeito, o comerciante individual ficava sujeito ao registro nas Juntas Comerciais, como agora continua face ao art. 967, mas o prestador individual de serviços não se submetia a esse registro, embora pudesse ser obrigado, como continuará a sê-lo quando for o caso, à inscrição em órgão de controle da sua profissão legalmente regulamentada. Agora, o prestador individual de serviço que seja caracterizado como empresário passa a ser sujeito ao Registro Público de Empresas Mercantis a que alude o art. 967, assim como muitas sociedades antes consideradas civis agora serão empresárias. Seja como for, este particular aspecto não interfere com o direito tributário, inclusive por força do art. 126 do CTN, transcrito adiante.

12. Outro tipo de sociedade não personificada é a sociedade em conta de participação, regrada pelos arts. 991 a 996, e que será abordada mais adiante.

soa obrigada à prestação que constitua o seu objeto.

Tais categorias pessoais estão encontradas e definidas nos arts. 121, 122 e 128 do CTN e são típicas e próprias do direito tributário, estando abrangidas pelo disposto no art. 146 da Constituição Federal. Realmente, ser ou não ser pessoa natural ou pessoa jurídica, e estar nesta ou naquela categoria de pessoas, é matéria própria do direito privado, e apenas o tratamento tributário a elas atribuível é próprio do direito tributário, observados os limites constitucionais, tudo, inclusive, à luz dos arts. 109 e 110 do CTN.

De se observar, também, que a sujeição passiva tributária por responsabilidade, pode ser originária ou derivada, no primeiro caso quando nasça juntamente com o surgimento da obrigação tributária, portanto desde a ocorrência do fato gerador (como, por exemplo, a obrigação da fonte pagadora recolher o imposto de renda retido quando do pagamento ou crédito do rendimento do contribuinte), e no segundo caso quando derive de um fato posterior (como, por exemplo, uma obrigação tributária já existente anteriormente mas assumida por terceiro em virtude de sucessão).

O CTN trata das várias hipóteses de responsabilidade tributária nos arts. 128 a 135, que também são típicas e próprias do direito tributário, igualmente sujeitas ao art. 146 da Constituição.

Não é objetivo deste estudo abordar toda a extensão e todos os aspectos particulares dessas prescrições do Código Tributário, inclusive por haver o pressuposto de que elas sejam do conhecimento geral. Repito apenas que essas normas são típicas e exclusivas do direito tributário, pois aludem exclusivamente à responsabilidade pelo cumprimento de obrigações tributárias, motivo pelo qual, segundo o critério da especialidade, não recebem qualquer modificação derivada no Código Civil, até porque, segundo o critério hierárquico, e em virtude de que a sua matéria é própria de lei complementar, face ao que dispõe a Constituição Federal no seu art. 146, III, *a* e *b*, ela fica infensa à alterações pelo Código Civil.

Feitas estas observações iniciais, podemos passar ao Código Civil de 2002. São inúmeras as suas disposições que tratam da responsabilidade, tendo sido possível, ou útil para o presente estudo, mencionar várias delas.

Responsabilidade quanto aos empresários

Comecemos pelas normas de responsabilidade aplicáveis aos empresários, partindo do art. 973, que diz:

> Art. 973. A pessoa legalmente impedida de exercer atividade própria de empresário, se a exercer, responderá pelas obrigações contraídas.

Essa norma tem plena validade no campo tributário, pois se amolda ao art. 126, II, do CTN, que diz que a capacidade tributária passiva independe de achar-se a pessoa natural sujeita à medidas que importem em privação ou limitação do exercício de atividades civis, comerciais ou profissionais, ou da administração direta dos seus bens ou negócios.[13]

Convém, por sua aplicação ampla nesta pesquisa, transcrever o art. 126 em sua integralidade:

> Art. 126. A capacidade tributária passiva independe:
>
> I — da capacidade civil das pessoas naturais;
>
> II — de achar-se a pessoa natural sujeita a medidas que importem privação ou limitação do exercício de atividades civis, comerciais ou profissionais, ou da administração direta de seus bens ou negócios;
>
> III — de estar a pessoa jurídica regularmente constituída, bastando que con-

13. Note-se que esse inciso alude a categorias — "civis, comerciais ou profissionais" — segundo as conotações que tinham à época da promulgação do CTN. Este é um detalhe aqui observado para ilustrar o que já foi dito quanto às categorias anteriores, mas que não prejudica a aplicação da norma a todo e qualquer empresário.

figure uma unidade econômica ou profissional.

Responsabilidade quanto aos incapazes

Prossigamos com o art. 974 do Código Civil, o qual reza:

> Art. 974. Poderá o incapaz, por meio de representante ou devidamente assistido, continuar a empresa antes exercida por ele enquanto capaz, por seus pais ou pelo autor de herança.
>
> § 1º. Nos casos deste artigo, precederá autorização judicial, após exame das circunstâncias e dos riscos da empresa, bem como da conveniência em continuá-la, podendo a autorização ser revogada pelo juiz, ouvidos os pais, tutores ou representantes legais do menor ou do interdito, sem prejuízo dos direitos adquiridos por terceiros.
>
> § 2º. Não ficam sujeitos ao resultado da empresa os bens que o incapaz já possuia, ao tempo da sucessão ou da interdição, desde que estranhos ao acervo daquela, devendo tais fatos constar do alvará que conceder a autorização.

Nenhuma contrariedade existe nessa norma com o CTN, inclusive porque o inc. I do art. 126 deste preceitua que a capacidade tributária passiva independe da capacidade civil das pessoas naturais. Ademais, a capacidade das pessoas é matéria própria do direito privado.

Mas deve-se verificar que a responsabilidade dos representantes ou assistentes dos incapazes, no que diz respeito às obrigações tributárias, está sujeita ao que dispõem os arts. 134, 135 e 137 do CTN.

A importância abrangente dos arts. 134, 135 e 137 do CTN para a presente pesquisa recomenda a sua transcrição aqui:

> Art. 134. Nos casos de impossibilidade de exigência do cumprimento da obrigação principal pelo contribuinte, respondem solidariamente com este nos atos em que intervierem ou pelas omissões de que forem responsáveis:
>
> I — os pais, pelos tributos devidos por seus filhos menores;
>
> II — os tutores e curadores, pelos tributos devidos por seus tutelados ou curatelados;
>
> III — os administradores de bens de terceiros, pelos tributos devidos por estes;
>
> IV — o inventariante, pelos tributos devidos pelo espólio;
>
> V — o síndico e o comissário, pelos tributos devidos pela massa falida ou pelo concordatário;
>
> VI — os tabeliães, escrivães e demais serventuários de ofício, pelos tributos devidos sobre os atos praticados por eles, ou perante eles, em razão do seu ofício;
>
> VII — os sócios, no caso de liquidação de sociedade de pessoas.
>
> Parágrafo único. O disposto neste artigo só se aplica, em matéria de penalidades, às de caráter moratório.
>
> Art. 135. São pessoalmente responsáveis pelos créditos correspondentes a obrigações tributárias resultantes de atos praticados com excesso de poderes ou infração de lei, contrato social ou estatutos:
>
> I — as pessoas referidas no artigo anterior;
>
> II — os mandatários, prepostos e empregados;
>
> III — os diretores, gerentes ou representantes de pessoas jurídicas de direito privado.
>
> (...).
>
> Art. 137. A responsabilidade é pessoal do agente:
>
> I — quanto às infrações conceituadas por lei como crimes ou contravenções, salvo quando praticadas no exercício regular de administração, mandato, função, cargo ou emprego, ou no cumprimento de ordem expressa emitida por quem de direito;
>
> II — quanto às infrações em cuja definição o dolo específico do agente seja elementar;
>
> III — quanto às infrações que decorram direta e exclusivamente de dolo específico:

a) das pessoas referidas no art. 134, contra aquelas por quem respondem;

b) dos mandatários, prepostos ou empregados, contra seus mandantes, preponentes ou empregadores;

c) dos diretores, gerentes ou representantes de pessoas jurídicas de direito privado, contra estas.

Outrossim, com relação ao § 2º do art. 974, a sua aplicação no terreno dos tributos requer atenção a algumas considerações.

Com efeito, não se trata de sucessão empresarial, no sentido dos arts. 132 e 133 do CTN, que serão vistos mais adiante, pois aqui se trata da mesma pessoa natural empresária que continua a empresa, mas que, devido à sua incapacidade, é representada ou assistida por alguém.

Por outro lado, o dispositivo trata de bens que o próprio incapaz já possuía antes da sua interdição (no caso em que ele era capaz e agia como empresário) ou de sucessão (no caso em que ele é incapaz, mas o autor da herança de que ele passa a ser beneficiário agia como empresário), bens estes que em tese poderiam garantir todas as suas obrigações de qualquer natureza, inclusive as fiscais.

Mas o dispositivo exclui esses bens quando forem estranhos ao acervo empregado na exploração da empresa, o que leva à conclusão de que a lei civil nestes casos faz como que uma separação ou segregação patrimonial da pessoa, como que a distinguir a pessoa puramente civil da pessoa empresária e os bens de uma e de outra. Isto mostra a justificativa para que a norma dependa do cuidadoso critério do juiz e da concessão de alvará discriminativo.

No âmbito tributário, ante a inexistência de contrariedade com qualquer disposição do CTN, e por se tratar de norma apropriada ao direito privado, tem ela repercussão e validade, naturalmente nos limites e nas circunstâncias do art. 974.

Em continuação da mesma situação de incapacidade, passemos ao art. 975, que diz:

> Art. 975. Se o representante ou assistente do incapaz for pessoa que, por disposição de lei, não puder exercer atividade de empresário, nomeará, com a aprovação do juiz, um ou mais gerentes.
>
> § 1º. Do mesmo modo será nomeado gerente em todos os casos em que o juiz entender ser conveniente.
>
> § 2º. A aprovação do juiz não exime o representante ou assistente do menor ou do interdito da responsabilidade pelos atos dos gerentes nomeados.

A proibição contida no *caput* do artigo, se não for observada no âmbito privado, não terá efeito fiscal face ao inc. II do art. 126, já analisado acima. Outrossim, tendo em vista o § 2º, a responsabilidade tributária dos representantes ou assistentes, e a dos gerentes por eles nomeados, é regulada segundo os arts. 134, 135 e 137 do CTN, que estão transcritos acima.

Responsabilidade quanto à sociedades não personificadas

Passemos para as sociedades não personificadas, que são aquelas não levadas ao registro público necessário a lhes conferir justamente a personalidade jurídica. Isto é, trata-se das sempre denominadas "sociedades irregulares" ou "sociedades de fato".

Tendo-se em mente que o art. 988 do Código Civil determina que os bens e dívidas sociais dessas sociedades constituem patrimônio especial do qual os sócios são titulares em comum, atente-se para os arts. 989 e 990, *in verbis*:

> Art. 989. Os bens sociais respondem pelos atos de gestão praticados por qualquer dos sócios, salvo pacto expresso limitativo de poderes, que somente terá eficácia contra o terceiro que o conheça ou deva conhecer.
>
> Art. 990. Todos os sócios respondem solidária e ilimitadamente pelas obrigações sociais, excluído do benefício de ordem, previsto no art. 1.024, aquele que contratou pela sociedade.

A aplicação dessas normas no direito tributário é possível por força do art. 126,

III, já citado e transcrito. A responsabilização por dívidas tributárias contraídas em sociedade, quanto aos bens sociais decorre do próprio patrimônio especial instituído pelo art. 988, e, quanto aos bens pessoais dos sócios, decorre da própria condição irregular em que eles passaram livremente a atuar, nada havendo no CTN que exclua quaisquer desses bens sociais ou pessoais da garantia para os créditos tributários.

Todavia, quanto ao pacto limitativo a que alude a segunda parte do art. 989, a sua validade perante o Fisco tem que ser analisada frente ao disposto no art. 123 do CTN, que determina:

> Art. 123. Salvo disposições de lei em contrário, as convenções particulares, relativas à responsabilidade pelo pagamento de tributos, não podem ser opostas à Fazenda Pública, para modificar a definição legal do sujeito passivo das obrigações tributárias correspondentes.

A primeira observação cabível sobre esse dispositivo é que ele invalida convenção particular que queira modificar a responsabilidade tributária do sujeito passivo definido em lei, o que não é propriamente o que ocorre com a ressalva do art. 989 do Código Civil, que não altera a sujeição passiva tributária, dado que apenas exclui bens da respectiva responsabilização em situação e matéria típicas do direito privado.

A segunda observação é que a ressalva de disposição de lei em contrário, contida no início do art. 123 do CTN, não se reduz às leis tributárias propriamente ditas, de modo que o art. 989 seria, se fosse o caso, suficiente para afastar o art. 123 e validar o pacto limitativo por ele previsto.

E uma terceira observação é que, havendo o pacto limitativo, qualquer implicação de responsabilidade jurídica dele decorrente somente surgirá se houver a inobservância do pacto e houver o contraimento de obrigação pelo sócio ao qual os necessários poderes tenham sido negados. Neste caso, se do ato do sócio não autorizado surgir obrigação tributária, a responsabilidade tributária será pessoal do mesmo, por força e nas condições dos arts. 134, 135 e 137 do CTN, acima reproduzidos, tendo-se em conta inclusive a jurisprudência sobre a responsabilidade tributária nos casos de práticas em excesso à lei ou ao estatuto social.

Responsabilidade quanto às sociedades em conta de participação

Quanto às sociedades em conta de participação, considerando-se que o art. 993 preceitua o seu caráter de contrato apenas entre os sócios e que a sua inscrição em qualquer registro não lhes confere personalidade jurídica (portanto, elas também são sociedades não personificadas), há que se verificar, contudo, que existe um tratamento específico reservado para elas e distinto do geralmente atribuído às outras sociedades não personificadas, vistas logo acima.

Assim, diz o art. 991 do Código Civil:

> Art. 991. Na sociedade em conta de participação, a atividade constitutiva do objeto social é exercida unicamente pelo sócio ostensivo, em seu nome individual e sob sua própria e exclusiva responsabilidade, participando os demais dos resultados correspondentes.
>
> Parágrafo único. Obriga-se perante terceiro tão-somente o sócio ostensivo; e, exclusivamente perante este, o sócio participante, nos termos do contrato social.

No campo das obrigações tributárias, outra não é a situação dos sócios desse tipo societário, eis que o art. 991 do Código Civil não se choca com qualquer disposição do CTN.

Note-se que a equiparação das sociedades em conta de participação, à pessoas jurídicas, pela legislação ordinária do imposto de renda com vistas a esse tributo, não colide com o que acima está exposto, por duas razões:

• trata-se de aplicar o art. 109 do CTN, sem violar o art. 110, ou seja, havendo a competência tributária sem violação do art. 110, o tratamento tributário devido a um contribuinte que seja uma sociedade não personificada pode perfeitamente ser o mesmo tratamento que a lei atribui às sociedades personificadas, porque a sujeição passiva existiria válida e independentemente da condição das pessoas perante o direito civil, dado que o imposto de renda pode ser cobrado sobre o acréscimo patrimonial de qualquer pessoa; deste modo, a equiparação não é feita para exigir tributo onde a competência tributária não exista, mas, sim, para exigir tributo onde haja competência tributária, sendo esta exercida através de um critério de quantificação da obrigação tributária — equiparação ao regime de tributação das pessoas jurídicas — que é possível dentre outros que a lei ordinária poderia eleger; enfim, nos exatos termos do art. 109, no caso a lei tributária não desrespeita instituto, conceito ou forma do direito privado, mas lhes dá tratamento tributário possível;[14]

• não há contrariedade entre a lei tributária de equiparação e a lei civil, porque para aquela o responsável continua a ser exclusivamente o sócio ostensivo, como também ocorre para todos os efeitos privados.

Responsabilidade quanto às sociedades personificadas

Passemos às sociedade personificadas, começando pelas disposições pertinentes às sociedades simples, e lembrando que as normas destas aplicam-se às demais formas societárias naquilo em que com estas forem compatíveis (segundo os arts. 1.040, 1.046, 1.053 e 1.096 do Código Civil).

O art. 997 preceitua como elas se constituem, e, dentre os requisitos dos seus contratos sociais, no inc. VIII exige que conste:

> VIII — se os sócios respondem, ou não, subsidiariamente, pelas obrigações sociais.

Essa norma também se aplica no campo dos tributos, por sua adequação com o CTN e por ser própria do direito privado.

Observe-se que o parágrafo único do mesmo artigo determina, também com va-

14. Se isto é indiscutivelmente válido para o imposto de renda, no tocante às contribuições sociais sobre o lucro e a receita ou o faturamento, cujas legislações ordinárias incorporaram a equiparação feita pela lei do imposto de renda, deve-se observar que o inc. I do art. 195 da Constituição prevê que elas podem ser exigidas "do empregador, da empresa e da entidade a ela equiparada na forma da lei". Quer dizer, a Constituição qualifica o contribuinte dessas exações, diversamente do que ocorre com o imposto de renda, para o qual ela é silente e deixa sujeito à tributação qualquer titular de patrimônio aumentado, indiferentemente de ser pessoa física ou jurídica. Isto suscita a séria dúvida quanto à validade da equiparação feita por leis ordinárias dessas contribuições, pelas seguintes razões: (a) pela redação do art. 195, I, a simples condição de empregador, pessoa física ou jurídica, deveria ser condicionante da existência de sujeição tributária, caso em que a equiparação também seria inócua nos casos de pessoas físicas não empregadoras (que, em qualquer caso, não seriam contribuintes) ou empregadoras (que, em qualquer caso, seriam contribuintes), hipótese em que a equiparação (aplicável somente às pessoas físicas empregadoras) funcionaria apenas como critério de cálculo, tal como ocorre com o imposto de renda; mas neste caso, uma pessoa física ou jurídica não empregadora não seria contribuinte; (b) entretanto, a jurisprudência afastou a exclusão do campo de incidência das pessoas que não possuam empregados, bastando a sua condição de pessoa jurídica (tenha ou não empregados) produtora de lucro, receita ou faturamento, motivo pelo qual a equiparação é necessária, o que, inclusive, justifica a expressa referência contida no inc. I do art. 195; (c) mas, nesta situação, a equiparação não poderia ser feita por lei ordinária do próprio poder tributante (no caso, a União Federal), porque assim estaria havendo a possibilidade do alargamento do campo constitucional de competência pelo próprio poder que deveria receber a outorga, mas que se transformaria em auto-outorgante. Na verdade, é isto o que vem ocorrendo. Contudo, estas observações críticas com relação às contribuições para a seguridade social não pretendem adentrar no enfrentamento desta questão, por não ser objeto do presente estudo, no qual é suficiente apontar para o problema face ao que dispõe o Código Civil sobre as sociedades em conta de participação. Ademais, quanto a esta questão, não se deve ignorar manifestações jurisprudenciais que, afastando-se da melhor exegese e dos rígidos princípios constitucionais, têm admitido o alargamento do campo de incidência das contribuições para a seguridade social com base numa alegada solidariedade social ampla e genérica, que seria suficiente para anular o princípio da legalidade.

lidade perante o Fisco, inclusive face ao já transcrito art. 123 do CTN:

> Parágrafo único. É ineficaz em relação a terceiros qualquer pacto separado, contrário ao disposto no instrumento do contrato.

O art. 1.001 diz:

> Art. 1.001. As obrigações dos sócios começam imediatamente com o contrato, se este não fixar outra data, e terminam quando, liquidada a sociedade, se extinguirem as responsabilidades sociais.

Essa disposição, na sua parte inicial, deve ser entendida adequadamente como referindo-se ao início das atividades da sociedade, que pode ser diferido para data posterior ao do contrato de sociedade, como pode ocorrer em geral com outros tipos de contrato.

Mas não pode ser aposto ao Fisco se for descumprida a regra contratual temporal e, em virtude disso, obrigações tributárias forem contraídas antes do tempo previsto. Se isto ocorrer, a sociedade já responde pelas obrigações que a esta tocarem, podendo mesmo dar-se a responsabilização pessoal de algum sócio que seja o praticante da quebra contratual, isto nos termos dos já mencionados arts. 134, 135 e 137 do CTN.

Quanto à parte final desse dispositivo da lei civil, evoca a jurisprudência no sentido da responsabilidade tributária dos sócios e liquidantes apenas nos casos de liquidação irregular das pessoas jurídicas.

Ainda no tocante às sociedades personificadas, veja-se os seguintes artigos do Código Civil:

> Art. 1.007. Salvo estipulação em contrário, o sócio participa dos lucros e das perdas, na proporção das respectivas quotas, mas aquele, cuja contribuição consiste em serviços, somente participa dos lucros na proporção da média do valor das quotas.
>
> Art. 1.008. É nula a estipulação contratual que exclua qualquer sócio de participar dos lucros e das perdas.
>
> Art. 1.009. A distribuição de lucros ilícitos ou fictícios acarreta responsabilidade solidária dos administradores que a realizarem e dos sócios que os receberem, conhecendo ou devendo conhecer-lhes a ilegitimidade.

Há plena validade dessas disposições no terreno das obrigações tributárias, pela própria natureza das sociedades em questão e nos limites das responsabilidades prescritas nos respectivos contratos, em atendimento ao inc. VIII do art. 997, acima transcrito.

Aqui também se evoca a jurisprudência sobre a responsabilidade tributária dos sócios e administradores por atos ilegais ou contrários aos estatutos sociais, e também os termos dos arts. 134, 135 e 137 do CTN, acima transcritos.

Sujeitam-se à mesma observação os seguintes dispositivos:

> Art. 1.010. Quando, por lei ou pelo contrato social, competir aos sócios decidir sobre os negócios da sociedade, as deliberações serão tomadas por maioria de votos, contados segundo o valor das quotas de cada um.
>
> § 1º. Para formação da maioria absoluta são necessários votos correspondentes a mais de metade do capital.
>
> § 2º. Prevalece a decisão sufragada por maior número de sócios no caso de empate, e, se este persistir, decidirá o juiz.
>
> § 3º. Responde por perdas e danos o sócio que, tendo em alguma operação interesse contrário ao da sociedade, participar da deliberação que a aprove graças a seu voto.
>
> Art. 1.011. O administrador da sociedade deverá ter, no exercício de suas funções, o cuidado e a diligência que todo homem ativo e probo costuma empregar na administração de seus próprios negócios.
>
> § 1º. Não podem ser administradores, além das pessoas impedidas por lei especial, os condenados a pena que vede, ainda que temporariamente, o acesso a cargos públicos; ou por crime falimentar,

de prevaricação, peita ou suborno, concussão, peculato; ou contra a economia popular, contra o sistema financeiro nacional, contra as normas de defesa da concorrência, contra as relações de consumo, a fé pública ou a propriedade, enquanto perdurarem os efeitos da condenação.

§ 2º. Aplicam-se à atividade dos administradores, no que couber, as disposições concernentes ao mandato.

Art. 1.012. O administrador, nomeado por instrumento em separado, deve averbá-lo à margem da inscrição da sociedade, e, pelos atos que praticar, antes de requerer a averbação, responde pessoal e solidariamente com a sociedade.

Art. 1.013. A administração da sociedade, nada dispondo o contrato social, compete separadamente a cada um dos sócios.

§ 1º. Se a administração competir separadamente a vários administradores, cada um pode impugnar operação pretendida por outro, cabendo a decisão aos sócios, por maioria de votos.

§ 2º. Responde por perdas e danos perante a sociedade o administrador que realizar operações, sabendo ou devendo saber que estava agindo em desacordo com a maioria.

Desse conjunto de normas, além da remissão já feita aos arts. 134, 135 e 137 do CTN, merece atenção, por seu aspecto particular, a do *caput* do art. 1.011, que contém disposição correspondente *ipsis litteris* à do art. 153 da Lei 6.404, de 15.12.1996 ("Lei das Sociedades por Ações"). Essas duas prescrições legais por um lado importam em definir como os administradores devem se comportar, portanto, traçando uma linha de conduta responsável, inclusive impondo-lhes deveres — "o administrador da sociedade deverá ter" —, por outro lado justificam muitas ações dos mesmos até como verdadeiras obrigações derivadas do completo desempenho das suas funções, do que é exemplo, no campo tributário, a obrigação de fiel cumprimento da lei, mas, ao mesmo tempo, a da busca da maior economia de tributos possível dentro do ordenamento jurídico.

Na mesma linha de observação acima feita quanto aos arts. 1.010 a 1.013, em suas repercussões perante o direito tributário, considere-se mais os seguintes artigos do Código Civil:

Art. 1.015. No silêncio do contrato, os administradores podem praticar todos os atos pertinentes à gestão da sociedade; não constituindo objeto social, a oneração ou a venda de bens imóveis depende do que a maioria dos sócios decidir.

Parágrafo único. O excesso por parte dos administradores somente pode ser oposto a terceiros se ocorrer pelo menos uma das seguintes hipóteses:

I — se a limitação de poderes estiver inscrita ou averbada no registro próprio da sociedade;

II — provando-se que era conhecida do terceiro;

III — tratando-se de operação evidentemente estranha aos negócios da sociedade.

Art. 1.016. Os administradores respondem solidariamente perante a sociedade e os terceiros prejudicados, por culpa no desempenho de suas funções.

Art. 1.017. O administrador que, sem consentimento escrito dos sócios, aplicar créditos ou bens sociais em proveito próprio ou de terceiros, terá de restituí-los à sociedade, ou pagar o equivalente, com todos os lucros resultantes, e, se houver prejuízo, por ele também responderá.

Parágrafo único. Fica sujeito à sanções o administrador que, tendo em qualquer operação interesse contrário ao da sociedade, tome parte na correspondente deliberação.

O art. 1.032 também tem que ser considerado nos limites da responsabilidade dos sócios, segundo o inc. III do art. 997. Diz esse dispositivo:

Art. 1.032. A retirada, exclusão ou morte do sócio, não o exime, ou a seus herdeiros, da responsabilidade pelas obrigações sociais anteriores, até 2 (dois) anos após averbada a resolução da sociedade;

nem nos dois primeiros casos, pelas posteriores e em igual prazo, enquanto não se requerer a averbação.

O art. 1.036 reza:

Art. 1.036. Ocorrida a dissolução, cumpre aos administradores providenciar imediatamente a investidura do liquidante, e restringir a gestão própria aos negócios inadiáveis, vedadas novas operações, pelas quais responderão solidária e ilimitadamente.

Cabe, quanto a essa disposição, o mesmo que foi observado anteriormente sobre a parte final do art. 1.001.

Responsabilidade quanto às sociedades em nome coletivo

Com relação às sociedades em nome coletivo, os arts. 1.039 e 1.040 do Código Civil determinam:

Art. 1.039. Somente pessoas físicas podem tomar parte na sociedade em nome coletivo, respondendo todos os sócios, solidária e ilimitadamente, pelas obrigações sociais.

Parágrafo único. Sem prejuízo da responsabilidade perante terceiros, podem os sócios, no ato constitutivo, ou por unânime convenção posterior, limitar entre si a responsabilidade de cada um.

Art. 1.040. A sociedade em nome coletivo se rege pelas normas deste Capítulo e, no que seja omisso, pelas do Capítulo antecedente.

O *caput* do art. 1.039 é próprio do direito privado e, ademais, não se incompatibiliza com o CTN, de modo que a sua norma aplica-se às responsabilidades tributárias, mas o parágrafo único somente vale entre os sócios, não apenas pelo que ele próprio preceitua, mas também tendo-se em conta o que determina o art. 123 do CTN, já transcrito anteriormente.

Responsabilidade quanto às sociedades em comandita simples

Nas sociedades em comandita simples, vale considerar o seguinte:

Art. 1.045. Na sociedade em companhia simples tomam parte sócios de duas categorias: os comandidatos, pessoas físicas, responsáveis solidária e ilimitadamente pelas obrigações sociais; e os comanditários, obrigados somente pelo valor de sua quota.

Parágrafo único. O contrato deve discriminar os comandidatos e os comanditários.

Art. 1.046. Aplicam-se à sociedade em comandita simples as normas da sociedade em nome coletivo, no que forem compatíveis com as deste Capítulo.

Parágrafo único. Aos comandidatos cabem os mesmos direitos e obrigações dos sócios da sociedade em nome coletivo.

Art. 1.047. Sem prejuízo da faculdade de participar das deliberações da sociedade e de lhe fiscalizar as operações, não pode o comandatário praticar qualquer ato de gestão, nem ter o nome na firma social, sob pena de ficar sujeito às responsabilidades de sócio comandidato.

Parágrafo único. Pode o comanditário ser constituído procurador da sociedade, para negócio determinado e com poderes especiais.

No âmbito tributário, essas normas são aplicáveis por serem típicas do direito privado e também porque não contrariam o CTN, tendo-se em conta os limites de responsabilidade de cada sócio, também aplicando-se muito especialmente os arts. 134, 135 e 137 do CTN, já referidos acima.

O mesmo se diga do art. 1.049, *in verbis*:

Art. 1.049. O sócio comanditário não é obrigado à reposição de lucros recebidos de boa-fé e de acordo com o balanço.

Parágrafo único. Diminuído o capital social por perdas supervenientes, não pode o comanditário receber quaisquer lucros, antes de reintegrado aquele.

Responsabilidade quanto às sociedades limitadas

Com relação às sociedades limitadas, são muitos os artigos a serem levados em consideração, a saber:

Art. 1.052. Na sociedade limitada, a responsabilidade de cada sócio é restrita ao valor de suas quotas, mas todos respondem solidariamente pela integralização do capital social.

Art. 1.053. A sociedade limitada rege-se, nas omissões deste Capítulo, pelas normas da sociedade simples.

Parágrafo único. O contrato social poderá prever a regência supletiva da sociedade limitada pelas normas da sociedade anônima.

Art. 1.054. O contrato mencionará, no que couber, as indicações do art. 997, e, se for o caso, a firma social.

Art. 1.055. O capital social divide-se em quotas, iguais ou desiguais, cabendo uma ou diversas a cada sócio.

§ 1º. Pela exata estimação de bens conferidos ao capital social respondem solidariamente todos os sócios, até o prazo de 5 (cinco) anos da data do registro da sociedade.

§ 2º. É vedada contribuição que consista em prestação de serviços.

Art. 1.056. A quota é indivisível em relação à sociedade, salvo para efeito de transferência, caso em que se observará o disposto no artigo seguinte.

§ 1º. No caso de condomínio de quota, os direitos a ela inerentes somente podem ser exercidos pelo condômino representante, ou pelo inventariante do espólio de sócio falecido.

§ 2º. Sem prejuízo do disposto no art. 1.052, os condôminos de quota indivisa respondem solidariamente pelas prestações necessárias à sua integralização.

Art. 1.057. Na omissão do contrato, o sócio pode ceder sua quota, total ou parcialmente, a quem seja sócio, independentemente de audiência dos outros, ou a estranho, se não houver oposição de titulares de mais de 1/4 (um quarto) do capital social.

Parágrafo único. A cessão terá eficácia quanto à sociedade e terceiros, inclusive para os fins do parágrafo único do art. 1.003, a partir da averbação do respectivo instrumento, subscrito pelos sócios anuentes.

Art. 1.058. Não integralizada a quota de sócio remisso, os outros sócios podem, sem prejuízo do disposto no art. 1.004 e seu parágrafo único, tomá-la para si ou transferi-la a terceiros, excluindo o primitivo titular e devolvendo-lhe o que houver pago, deduzidos os juros de mora, as prestações estabelecidas no contrato mais as despesas.

Art. 1.059. Os sócios serão obrigados à reposição dos lucros e das quantias retiradas, a qualquer título, ainda que autorizados pelo contrato, quando tais lucros ou quantia se distribuírem com prejuízo do capital.

Essas regras legais também se aplicam, dentro dos seus limites, quanto à responsabilidade por obrigações tributárias, dado que não contrariadas pelo CTN e por refletirem a própria natureza desse tipo de sociedade, cuja regulação compete ao direito privado.

Ainda com relação às sociedades limitadas, o art. 1.064 diz o seguinte, devendo ele ser aplicado em conjunto com os já transcritos arts. 134, 135 e 137 do CTN:

> Art. 1.064. O uso da firma ou denominação social é privativo dos administradores que tenham os necessários poderes.

O § 3º do art. 1.078, que trata da assembléia anual dos sócios da limitada como mais de dez sócios, na qual as contas da administração devem ser apreciadas, diz o seguinte:

> § 3º. A aprovação, sem reserva, do balanço patrimonial e do de resultado econômico, salvo erro, dolo ou simulação, exonera de responsabilidade os membros da administração e, se houver, os do conselho fiscal.

Essa disposição, inclusive perante o já mencionado art. 123 do CTN, somente tem validade no âmbito privado, não sendo oponível ao Fisco em situações nas quais exista responsabilidade dos administradores derivada de normas do CTN, inclusive as dos arts. 134, 135 e 137.

Já o art. 1.080 pode ter repercussão no âmbito tributário, face ao que ele dispõe e perante os mesmo dispositivos do CTN. Reza o art. 1.080:

Art. 1.080. As deliberações infringentes do contrato ou da lei tornam ilimitada a responsabilidade dos que expressamente as aprovaram.

Responsabilidade quanto às sociedades por ações

Quanto às sociedades por ações, o art. 1.089 do Código Civil determina que permaneçam regidas pela Lei 6.404, de modo que não cabe aqui qualquer observação particular.

Responsabilidade quanto às sociedades em comandita por ações

Nas sociedades em comandita por ações, interfere com o presente estudo o art. 1.091, segundo o qual:

Art. 1.091. Somente o acionista tem qualidade para administrar a sociedade e, como diretor, responde subsidiária e ilimitadamente pelas obrigações da sociedade.

§ 1º. Se houver mais de um diretor, serão solidariamente responsáveis, depois de esgotados os bens sociais.

§ 2º. Os diretores serão nomeados no ato constitutivo da sociedade, sem limitação de tempo, e somente poderão ser destituídos por deliberação de acionistas que representem no mínimo 2/3 (dois terços) do capital social.

§ 3º. O diretor destituído ou exonerado continua, durante 2 (dois) anos, responsável pelas obrigações sociais contraídas sob sua administração.

Essa disposição, estende-se às obrigações tributárias, por não contrariarem o CTN, e pela natureza da sociedade a que se refere, devidamente reguladas pelo direito privado.

Responsabilidade quanto às sociedades cooperativas

Quanto às sociedades cooperativas, deve-se citar os seguintes artigos:

Art. 1.095. Na sociedade cooperativa, a responsabilidade dos sócios pode ser limitada ou ilimitada.

§ 1º. É limitada a responsabilidade na cooperativa em que o sócio responde somente pelo valor de suas quotas e pelo prejuízo verificado nas operações sociais, guardada a proporção de sua participação nas mesmas operações.

§ 2º. É ilimitada a responsabilidade na cooperativa em que o sócio responde solidária e ilimitadamente pelas obrigações sociais.

Art. 1.096. No que a lei for omissa, aplicam-se as disposições referentes à sociedade simples, resguardadas as características estabelecidas no art. 1.094.

A extensão dessas normas à matéria tributária deriva das suas próprias disposições pertencentes ao direito privado, e também da ausência de contrariedade com o CTN.

Responsabilidade quanto à liquidação de sociedades

No tocante à liquidação das sociedades em geral, devem ser vistos os seguintes dispositivos, em conexão com a presente pesquisa:

Art. 1.104. As obrigações e a responsabilidade do liquidante regem-se pelos preceitos peculiares às dos administradores da sociedade liquidanda.

Art. 1.105. Compete ao liquidante representar a sociedade e praticar todos os atos necessários à sua liquidação, inclusive alienar bens móveis ou imóveis, transigir, receber e dar quitação.

Parágrafo único. Sem estar expressamente autorizado pelo contrato social, ou pelo voto da maioria dos sócios, não pode o liquidante gravar de ônus reais os móveis e imóveis, contrair empréstimos, salvo quando indispensáveis ao pagamento de obrigações inadiáveis, nem prosseguir, embora para facilitar a liquidação, na atividade social.

Art. 1.106. Respeitados os direitos dos credores preferenciais, pagará o liquidante as dívidas sociais proporcionalmente, sem distinção entre vencidas e vincendas, mas, em relação a estas, com desconto.

Parágrafo único. Se o ativo for superior ao passivo, pode o liquidante, sob sua responsabilidade pessoal, pagar integralmente as dívidas vencidas.

Art. 1.107. Os sócios podem resolver, por maioria de votos, antes de ultimada a liquidação, mas depois de pagos os credores, que o liquidante faça rateios por antecipação da partilha, à medida em que se apurem os haveres sociais.

Art. 1.108. Pago o passivo e partilhado o remanescente, convocará o liquidante assembléia dos sócios para a prestação final de contas.

Art. 1.109. Aprovadas as contas, encerra-se a liquidação, e a sociedade se extingue, ao ser averbada no registro próprio a ata da assembléia.

Parágrafo único. O dissidente tem o prazo de 30 (trinta) dias, a contar da publicação da ata, devidamente averbada, para promover a ação que couber.

Art. 1.110. Encerrada a liquidação, o credor não satisfeito só terá direito a exigir dos sócios, individualmente, o pagamento do seu crédito, até o limite da soma por eles recebida em partilha, e a propor contra o liquidante ação de perdas e danos.

Novamente aqui recorde-se o que já foi dito acima quanto às liquidações irregulares e aos atos dos seus responsáveis que contrariarem a lei.

Responsabilidade quanto à transformação, incorporação, fusão e cisão

A transformação, a incorporação, a fusão e a cisão de sociedades em geral são disciplinadas pelos arts. 1.113 a 1.122 do Código Civil de 2002, os quais em essência reproduzem o que a propósito já dizia o direito anterior, de modo que também não representam qualquer novidade no terreno tributário.

Nessas operações continua também inalterada a norma do *caput* do art. 132 do CTN, que assim reza:

Art. 132. A pessoa jurídica de direito privado que resultar de fusão, transformação ou incorporação de outra ou em outra é responsável pelos tributos devidos até a data do ato pelas pessoas jurídicas de direito privado fusionadas, transformadas ou incorporadas.

Curioso notar que a cisão, que não constava do art. 132 da lei tributária complementar por ter sido instituída no direito brasileiro apenas posteriormente pela Lei 6.404,[15] também não tem qualquer referência expressa nos arts. 1.113 a 1.122 do Código Civil, embora esteja citada no título do capítulo do Código Civil que os engloba. Daí que a extensão da responsabilidade às sociedades que absorverem o patrimônio de outra cindida deriva do que a respeito preceitua a norma explicitamente dirigida às incorporações, eis que na cisão parte ou a totalidade do patrimônio de uma pessoa jurídica é absorvida por outra, tal com nas incorporações.[16]

Responsabilidade quanto a estabelecimentos — Noção de estabelecimento

O novo Código Civil trata dos estabelecimentos do empresário ou da sociedade empresária nos arts. 1.142 a 1.149, convindo inicialmente entender o que seja estabelecimento, segundo a definição que lhe é dada pelo art. 1.142 nos seguintes termos:

Art. 1.142. Considera-se estabelecimento todo complexo de bens organizado, para exercício da empresa, por empresário, ou por sociedade empresária.

Cumpre notar que essa definição aproxima o conceito de estabelecimento do de fundo de comércio, o que não está em absoluto afastado pelos demais artigos.

15. Aqui temos um excelente exemplo de como o direito tributário é de sobreposição.

16. O que está perfeitamente explicado e disciplinado no vigente art. 229 da Lei 6.404.

Contudo, a noção de estabelecimento como um segmento da pessoa jurídica e da sua empresa, ou seja, de cada local em que o empresário ou a pessoa jurídica atua, noção esta que se particulariza com os estabelecimentos matriz, filial, sucursal, depósito, fábrica e outros, não está afastada pelo Código de 2002, haja vista que o seu art. 75, tratando do domicílio das pessoas jurídicas em geral, dispõe no § 1º o seguinte:

> § 1º. Tendo a pessoa jurídica diversos estabelecimentos em lugares diferentes, cada um deles será considerado domicílio para os atos nele praticados.

No texto do atual Código Civil, a palavra *estabelecimento* é utilizada nos dois sentidos.

Com efeito, ela é adotada para referir-se genericamente a uma entidade, sem preocupação com os seus segmentos, nos seguintes artigos: 164; 334; 532; 883, parágrafo único; 932, IV; 1.136, § 1º; 1.164, parágrafo único; 1.754; 1.757; 1.776; 1.777; 1.893, § 2º; 1.901, I; e 1.902.

Por outro lado, *estabelecimento* é termo empregado para referir-se a segmentos da pessoa jurídica nos seguintes artigos: 649, parágrafo único; 969; 1.134; 1.178; 1.187, parágrafo único, III; e 1.467, I.

Destes, vale transcrever alguns a título exemplificativo:

> Art. 969. O empresário que instituir sucursal , filial ou agência, em lugar sujeito à jurisdição de outro Registro Público de Empresas Mercantis, neste deverá também inscrevê-la, com a prova da inscrição originária.
>
> Parágrafo único. Em qualquer caso, a constituição do estabelecimento secundário deverá ser averbada no Registro Público de Empresas Mercantis da respectiva sede.
>
> (...).
>
> Art. 1.134. A sociedade estrangeira, qualquer que seja o seu objeto, não pode, sem autorização do Poder Executivo, funcionar no País, ainda que por estabelecimentos subordinados, podendo, todavia, ressalvados os casos expressos em lei, ser acionista de sociedade anônima brasileira.
>
> (...).
>
> Art. 1.178. Os preponentes são responsáveis pelos atos de quaisquer prepostos, praticados nos seus estabelecimentos e relativos à atividade da empresa, ainda que não autorizados por escrito.
>
> Parágrafo único. Quando tais atos forem praticados fora do estabelecimento, somente obrigarão o preponente nos limites dos poderes conferidos por escrito, cujo instrumento pode ser suprido pela certidão ou cópia autêntica do seu teor.

A distinção de segmentos encontra-se, também, no art. 1.172, *in verbis*:

> Art. 1.172. Considera-se gerente o preposto permanente no exercício da empresa, na sede desta, ou em sucursal, filial ou agência.

Outrossim, o CTN adota a palavra *estabelecimento* para referir-se à segmentação da pessoa jurídica, o que está explícito no art. 127, II, do CTN, o qual, tratando do domicílio tributário, diz:

> Art. 127. Na falta de eleição, pelo contribuinte ou responsável, de domicílio tributário, na forma da legislação aplicável, considera-se como tal:
>
> (...).
>
> II — quanto às pessoas jurídicas de direito privado ou às firmas individuais, o lugar da sua sede, ou, em relação aos atos ou fatos que derem origem à obrigação, o de cada estabelecimento;

Da mesma maneira, o CTN emprega a palavra *estabelecimento* como local de um dos segmentos da pessoa jurídica nos arts. 46, II, 49, e 51, parágrafo único, assim como o fazia em diversos dispositivos originais hoje já revogados, que diziam respeito ao ICM e ao ISS.

De tudo isto, e após atenta observação dos arts. 1.142 a 1.149 e dos objetos por eles tratados, pode-se concluir que eles se referem tanto à pessoa jurídica como um todo, quanto à partes das mesmas, no sentido dos segmentos acima referidos.

Isto é, se em determinada situação estiver em questão a pessoa jurídica integral e a sua empresa, serão aplicáveis aqueles dispositivos, da mesma maneira que se se visualizar situações em que apenas um segmento esteja objetivado. Vale dizer, as mesmas normas abrangerão tanto um quanto outro caso, apenas com as adaptações necessárias e apropriadas decorrentes de cada um deles.

Esta noção ajusta-se ao que dispõe o art. 133 do CTN, específico quanto ao tema deste estudo, muito embora nas leis tributárias, e no próprio art. 133, *estabelecimento* seja palavra designativa de local de um segmento da pessoa jurídica. Ademais, no art. 133 ainda há uma distinção entre fundo de comércio e estabelecimento.

De qualquer maneira, a justaposição da noção contida nos referidos dispositivos do Código Civil com o art. 133 do Código Tributário verifica-se pela simples leitura deste, pela qual se constata que a mesma norma é aplicada às hipóteses de alienação da totalidade da empresa da pessoa jurídica e de alienação de um dos seus segmentos. Realmente, diz o art. 133:

> Art. 133. A pessoa natural ou jurídica de direito privado que adquirir de outra, por qualquer título, fundo de comércio ou estabelecimento comercial, industrial ou profissional, e continuar a respectiva exploração, sob a mesma ou outra razão social ou sob firma ou nome individual, responde pelos tributos, relativos ao fundo ou estabelecimento adquirido, devidos até a data do ato:
>
> I — integralmente, se o alienante cessar a exploração do comércio, indústria ou atividade;
>
> II — subsidiariamente com o alienante, se este prosseguir na exploração ou iniciar dentro de seis meses, a contar da data da alienação, nova atividade no mesmo ou em outro ramo de comércio, indústria ou profissão.

Na intelecção desse dispositivo, tenha-se presente que a doutrina e a jurisprudência sobre o direito tributário já fizeram ao longo do tempo a necessária distinção entre uma e outra hipótese.[17]

Os arts. 1.143 a 1.145 do Código Civil, mais diretamente ligados à sucessão de responsabilidades, não conflitam com a norma da lei tributária complementar, inclusive com esta noção dualista. Dizem eles:

> Art. 1.143. Pode o estabelecimento ser objeto unitário de direitos e de negócios jurídicos, translativos ou constitutivos, que sejam compatíveis com a sua natureza.
>
> Art. 1.144. O contrato que tenha por objeto a alienação, o usufruto ou arrendamento do estabelecimento, só produzirá efeitos quanto a terceiros depois de averbado à margem da inscrição do empresário, ou da sociedade empresária, no Registro Público de Empresas Mercantis, e de publicado na imprensa oficial.
>
> Art. 1.145. Se ao alienante não restarem bens suficientes para solver o seu passivo, a eficácia da alienação do estabelecimento depende do pagamento de todos os credores, ou do consentimento destes, de modo expresso ou tácito, em 30 (trinta) dias a partir de sua notificação.

Já o art. 1.146, como comentado no segundo capítulo deste, estende-se aos créditos tributários apenas até certo limite, isto é, pelo aspecto da solidariedade do alienante, mas não quanto a valores não contabilizados, cuja responsabilidade do adquirente não está excluída pelo art. 133 do CTN, como está no art. 1.146. Leia-se o dispositivo da lei civil:

> Art. 1.146. O adquirente do estabelecimento responde pelo pagamento dos débitos anteriores à transferência, desde que regularmente contabilizados, continuando o devedor primitivo solidariamente obrigado pelo prazo de 1 (um) ano, a partir, quanto aos créditos vencidos, da publicação, e, quanto aos outros, da data do vencimento.

17. Cito, de minha autoria, o trabalho sobre sucessão tributária e conceitos de fundo de comércio e estabelecimento, publicado no livro de coletânea *Direito Tributário Atual*, v. 6, co-edição Instituto Brasileiro de Direito Tributário/Resenha Tributária, 1986, p. 1.431.

Normas diversas quanto à responsabilidade ou sucessão

A seguir, transcrevo alguns outros dispositivos do Código Civil de 2002, pertinentes à responsabilidade, que também valem no âmbito tributário, pelo que dispõem e por não haver conflito com normas do CTN:

Art. 1.157. A sociedade em que houver sócios de responsabilidade ilimitada operará sob firma, na qual somente os nomes daqueles poderão figurar, bastando para formá-la aditar ao nome de um deles a expressão "e companhia" ou sua abreviatura.

Parágrafo único. Ficam solidária e ilimitadamente responsáveis pelas obrigações contraídas sob a firma social aqueles que, por seus nomes, figurarem na firma da sociedade de que trata este artigo.

Art. 1.158. Pode a sociedade limitada adotar firma ou denominação, integradas pela palavra final "limitada" ou a sua abreviatura.

§ 1º. A firma será composta com o nome de um ou mais sócios, desde que pessoas físicas, de modo indicativo da relação social.

§ 2º. A denominação deve designar o objeto da sociedade, sendo permitida nela figurar o nome de um ou mais sócios.

§ 3º. A omissão da palavra "limitada" determina a responsabilidade solidária e ilimitada dos administradores que assim empregarem a firma ou a denominação da sociedade.

(...).

Art. 1.164. O nome empresarial não pode ser objeto de alienação.

Parágrafo único. O adquirente de estabelecimento, por ato entre vivos, pode, se o contrato o permitir, usar o nome do alienante, precedido do seu próprio, com a qualificação de sucessor.

(...).

Art. 1.169. O preposto não pode, sem autorização escrita, fazer-se substituir no desempenho da preposição, sob pena de responder pessoalmente pelos atos do substituto e pelas obrigações por ele contraídas.

Art. 1.170. O preposto, salvo autorização expressa, não pode negociar por conta própria ou de terceiro, nem participar, embora indiretamente, de operação do mesmo gênero da que lhe foi cometida, sob pena de responder por perdas e danos e de serem retidos pelo preponente os lucros da operação.

(...).

Art. 1.175. O preponente responde com o gerente pelos atos que este pratique em seu próprio nome, mas à conta daquele.

(...).

Art. 1.177. Os assentos lançados nos livros ou fichas do preponente, por qualquer dos prepostos encarregados de sua escrituração, produzem, salvo se houver procedido de má-fé, os mesmos efeitos como se fossem por aquele.

Parágrafo único. No exercício de suas funções, os prepostos são pessoalmente responsáveis, perante os preponentes, pelos atos culposos; e, perante terceiros, solidariamente com o preponente, pelos atos dolosos.

Na mesma ordem de afirmação está o art. 1.178, acima transcrito.

Para finalizar este capítulo, cumpre apontar para os seguintes dispositivos do CTN, que não foram citados acima, mas que tratam de responsabilidade ou de sucessão, os quais continuam em pleno vigor, sem qualquer interferência do Código Civil: arts. 124 e 125, relativos à responsabilidade tributária solidária; 129, 130 e parágrafo único do art. 132, relativos à solidariedade por sucessão; 136, relativo à responsabilidade tributária objetiva; e 138, relativo à exclusão da responsabilidade tributária por denúncia espontânea.

V — A responsabilidade tributária face à desconsideração da personalidade jurídica

Não se pode encerrar este estudo deixando de aludir ao art. 50 do Código Civil de 2002, que diz *in verbis*:

Art. 50. Em caso de abuso da personalidade jurídica, caracterizado pelo desvio de finalidade, ou pela confusão patrimonial, pode o juiz decidir, a requerimento da parte, ou do Ministério Público quando lhe couber intervir no processo, que os efeitos de certas e determinadas relações de obrigações sejam estendidos aos bens particulares dos administradores ou sócios da pessoa jurídica.

A *disregard of legal entity doctrine*, desenvolvida no direito comparado, já vinha sendo aplicada no direito brasileiro independentemente de norma escrita, em casos de fraude à lei, simulação, abuso de direito e outras ilegalidades.

Em síntese, ela importa em se ignorar a estruturação jurídica de uma sociedade que tiver sido adotada com o fim de alcançar objetivo contrário a alguma norma legal, afastando a aplicação desta pela apresentação da pessoa jurídica que encobre a real participação de outras pessoas em determinadas relações jurídicas.

Nesses casos, levanta-se o véu da personalidade jurídica espúria para se expor a existência dos reais sujeitos de direitos ou de obrigações.

No terreno tributário, não são poucos os precedentes administrativos e judiciais que se valeram desse critério para combater práticas ilegais e anular os efeitos pretendidos por seus agentes.

Se antes de 2002 a desconsideração da personalidade jurídica derivava de princípios gerais e de um conjunto de disposições legais aplicadas sistemática e corretamente, a partir do novo Código Civil a matéria passou a contar com a explícita norma contida no seu art. 50, que lhe define os contornos circunstanciais precisos a partir dos quais ela pode ser aplicada e prescreve a respectiva cominação.

Destarte, doravante o art. 50 passa a comandar a desconsideração da personalidade jurídica sempre que houver abuso da mesma, o que se caracterizará por uma de duas circunstâncias nele expressas, isto é, pelo desvio de finalidade ou pela confusão patrimonial.

Verificada a ocorrência de qualquer uma dessas hipóteses legais, a conseqüência, também descrita na mesma norma, será que os efeitos obrigacionais de relações jurídicas, certa e determinadamente identificadas como falseadas pelo abuso da utilização da pessoa jurídica, serão estendidos aos bens particulares dos administradores ou sócios da pessoa jurídica.

Ante o que foi exposto nos capítulos precedentes, não há qualquer dúvida de que, quando forem de natureza tributária as obrigações afetadas pelo uso irregular e abusivo da pessoa jurídica, administradores ou sócios da sociedade cuja personalidade for desconsiderada responderão pelo cumprimento das mesmas com os seus bens particulares.

São Paulo, 10 de outubro de 2003.

CADERNOS DE DIREITO TRIBUTÁRIO

LA FISCALIDAD DE LAS EMISIONES ATMOSFÉRICAS EN ESPAÑA[1]

PABLO CHICO DE LA CÁMARA

Profesor Titular de Derecho Financiero y Tributario, Universidad Rey Juan Carlos

y

PEDRO MANUEL HERRERA MOLINA

Profesor Titular de Derecho Financiero y Tributario, Universidad Complutense de Madrid

"El que mira el viento, nunca siembra;
el que estudia las nubes, nunca siega"
(*Eclesiastés* 11,4)

1. Planteamiento. 2. Impuestos propios autonómicos e impuestos estatales cedidos a las Comunidades Autónomas: 2.1 Impuesto sobre la contaminación atmosférica de la Comunidad Autónoma de Galicia: 2.1.1 Normativa; 2.1.2 Naturaleza; 2.1.3 Objeto del impuesto; 2.1.4 Hecho imponible; 2.1.5 Sujetos pasivos; 2.1.6 Base imponible; 2.1.7 Cuota tributaria; 2.2 Canon sobre emisiones atmosféricas de la región de Murcia: 2.2.1 Normativa; 2.2.2 Naturaleza; 2.2.3 Hecho imponible; 2.2.4 Sujetos pasivos; 2.2.5 Base imponible; 2.2.6 Cuota tributaria; 2.3 Impuesto sobre determinadas actividades que inciden sobre el medio ambiente de la Comunidad Autónoma de Castilla-La Mancha: 2.3.1 Normativa; 2.3.2 Naturaleza; 2.3.3 Hecho imponible; 2.3.4 Sujetos pasivos; 2.3.5 Base imponible; 2.3.6 Cuota tributaria; 2.4 Impuesto sobre estancias en empresas turísticas de alojamiento de la Comunidad Autónoma de Baleares: 2.4.1 Normativa; 2.4.2 Naturaleza; 2.4.3 Hecho imponible; 2.4.4 Sujetos pasivos; 2.4.5 Base imponible; 2.4.6 Cuota tributaria; 2.5 Gravámen sobre actividades de riesgo de la Comunidad Autónoma de Cataluña: 2.5.1 Normativa; 2.5.2 Naturaleza; 2.5.3 Hecho imponible; 2.5.4 Sujetos pasivos; 2.5.5 Base imponible; 2.5.6 Cuota tributaria; 2.6 Impuesto sobre instalaciones que inciden en el medio ambiente de la Comunidad Autónoma de Extremadura: 2.6.1 Normativa; 2.6.2 Naturaleza; 2.6.3 Objeto del impuesto; 2.6.4 Hecho imponible; 2.6.5 Sujetos pasivos; 2.6.6 Base imponible; 2.6.7 Cuota tributaria; 2.7 Impuesto sobre las ventas minoristas de determinados hidrocarburos en la Comunidad Autónoma de Madrid: 2.7.1 Normativa; 2.7.2 Naturaleza; 2.7.3 Hecho imponible; 2.7.4 Sujeto pasivos; 2.7.5 Base imponible; 2.7.6 Cuota tributaria. 3. Implementación de beneficios fiscales en impuestos locales y estatales ordinarios: 3.1 Impuestos directos: 3.1.1 Impuestos sobre la renta; 3.1.2 Impuesto municipal sobre vehículos de tracción mecánica; 3.1.3 Impuesto sobre bienes inmuebles; 3.1.4 Impuesto sobre actividades económicas; 3.1.5 Impuesto sobre construcciones, instalaciones y obras; 3.2 Impuestos indirectos: 3.2.1 Impuesto sobre el valor añadido; 3.2.2 Impuesto sobre hidrocarburos; 3.2.3 Impuesto sobre determinados medios de transporte. 4. Conclusiones. 5. Bibliografía.

1. Planteamiento

Como es sabido, durante estas últimas décadas ha surgido un sentimiento profundo de preocupación no sólo entre la comunidad científica, sino también entre la opinión pública por la creciente contaminación ambiental producida entre otros factores por las emisiones a la atmósfera de dióxido de carbono, de azufre, o de otros gases de efecto invernadero (*v.gr.*, gas metano, etc.).[2] En particular, y sin ánimo de exhaustividad, podríamos apuntar dos de los principales efectos perversos de esta degradación en el ecosistema, como son los cambios climáticos por el "agujero de la capa de ozono",[3] o el fenómeno de la "lluvia ácida",[4] cuyo impacto sobre el ecosistema tiene repercusión directa principalmente en la degradación general de los lagos y ríos, los daños a los bosques, así como en la erosión superficial de los edificios.

Por ello, cualquier medida que se adopte en aras de proteger la atmósfera pasa por una reducción de la cantidad de contaminantes emitidos, y por la utilización de energías renovables.[5] Como analizaremos en este trabajo, el empleo de instrumentos fiscales para proteger el medio ambiente tiene una doble esfera de actuación:[6] mediante impuestos propios autonómicos e impuestos estatales cedidos a las Comunidades Autónomas que graven directamente energías contaminantes, o a través de la implementación de beneficios fiscales sobre impuestos locales o estatales ordinarios.[7]

Por razones didácticas no nos limitaremos a analizar los impuestos que inciden directamente sobre la contaminación atmosférica, sino que nos referiremos a los que recaen sobre objetos imponibles colaterales, como el impuesto turístico balear.

2. Impuestos propios autonómicos e impuestos estatales cedidos a las Comunidades Autónomas

2.1 Impuesto sobre la contaminación atmosférica de la Comunidad Autónoma de Galicia

2.1.1 Normativa

El impuesto gallego sobre la contaminación atmosférica está regulado por la Ley

1. La versión original de este trabajo ha sido elaborada para la obra dirigida por Miguel Buñuel González, *Tributación Medioambiental: Teoría, Práctica y Propuestas*. Los autores agradecen a Almudena Serna Rodríguez, Becaria de Investigación del Instituto de Estudios Fiscales, la cuidadosa revisión del texto original.

2. Así, la revista *Time* en el año 1987 mostraba ciertos síntomas de preocupación al afirmar que "hasta ahora, el clima de la Tierra ha sido una maquinaria notablemente estable y autocorrectora, que dejaba entrar la cantidad y tipo precisos de energía solar, y que ofrecía el equilibrio justo de temperatura y humedad que permitía mantener la vida. Los ciclos alternos de frío y de calor, así como las concentraciones mayores y menores de diversos gases, han causado la extinción de algunas especies. Lo irónico es que cuando hemos empezado a descifrar los ritmos climáticos que se han sucedido durante centenares de millones de años, es posible que hayamos empezado a alterarlos de forma irrevocable (...)"; vid. *Times*, 19.10.1987.

3. Nótese que la capa de ozono constituye un elemento esencial para la vida terrestre, pues protege de las radiaciones ultravioletas de la luz solar. Precisamente la reducción en la atmósfera de la cantidad de ozono da lugar a un incremento de la radiación ultravioleta en la zona próxima a la superficie terrestre originando cambios considerables en el ecosistema (*v.gr.*, aumento de las temperaturas del planeta, incremento de las precipitaciones, seísmos y fenómenos naturales, disminución de la producción de los cultivos, o el deterioro de la salud pública, como consecuencia de un incremento de enfermedades, como el cáncer de piel); cfr. Fraser (1988:121 y ss.).

4. Vid. sobre el particular los trabajos de Labandeira (1996:2 y ss.) y de Yabar (2000:125 y ss.).

5. Para R. Martín Mateo (1998:123), las energías renovables no podrán reemplazar íntegramente a las de origen fósil. A su juicio "es impensable que por estas vías podamos atender a las necesidades de una población mundial que duplicará en torno al 2050 sus actuales efectivos, y mucho menos si se pretende equiparar las condiciones de vida de todos los componentes de nuestra especie. Pero sí debe afirmarse que estas energías pueden ofrecer un alivio significativo para el equilibrio del balance energético de la Humanidad. Su potencialidad dista de estar acabada y se beneficiará notablemente de los progresos técnicos en curso". Sobre las medidas pioneras adoptadas en el derecho comparado en esta materia, cfr. Rosembuj (1995:98 y 99). En cuanto al caso español, cfr. Chico, Grau y Herrera (2003:9 y ss.).

6. Cfr. Jiménez (1998:221).

7. Cfr. entre los autores que consideran adecuada esta clasificación Villar (2002:404).

12/1995, de 29 de diciembre, del Parlamento Gallego (RCL 1996/1559), y en desarrollo de esta Ley, se dictó el Reglamento del Impuesto, aprobado inicialmente por el Decreto 4/1996, de 12 de enero (LG 1996,19), y posteriormente, por el Decreto 29/2000, de 20 de enero (LG 2000, 67, 127).

2.1.2 Naturaleza

Se trata de un impuesto propio de la Comunidad Autónoma gallega, y de naturaleza real.[8] El TSJ. de Galicia en la S. de 3 de julio de 2001 (*JT* 2001/1969) ha considerado que dicho impuesto creado por el Parlamento de Galicia, tiene su cobertura constitucional en los arts. 149.1.23, 148.19, 157.b) y 133.2 CE, siendo plenamente respetuoso con los principios de igualdad y de uniformidad en el ámbito tributario, en cuanto que si bien es cierto que la autonomía financiera de las Comunidades Autónomas, introduce, obviamente, dosis de desigualdad, la uniformidad no impone que todas las Comunidades Autónomas tengan que ejercer sus competencias de una manera o con un contenido y resultados idénticos o semejantes, tal como lo tiene proclamado el Tribunal Constitucional en las SS. 150/1990, de 4 de octubre; 37/1987, de 26 de marzo; así como 186/1993, de 7 de junio; pues a juicio del Alto Tribunal, resulta consustancial a nuestro sistema jurídico político que en atención al ejercicio de la potestad legislativa por parte de las Comunidades Autónomas, pueda ser distinta la posición jurídica de los ciudadanos en las distintas partes del territorio nacional.

2.1.3 Objeto del impuesto

Según la Exposición de motivos de la Ley, el impuesto no tiene como objeto recaudar un volumen determinado de ingresos tributarios, sino reducir la emisión de determinados gases a la atmósfera. La Comunidad Autónoma gallega es la región española con mayor nivel de emisiones de dióxido de azufre (30% del total de contaminación nacional), mientras que de dióxido de nitrógeno ocupa también un nivel preocupante (10% de las emisiones totales).[9] Esto explica que la Comunidad Autónoma gallega fuera por aquél entonces la Comunidad pionera en la creación de tributos de naturaleza ambiental, y que pasados ya más de ocho años de dicho evento, promulgue de nuevo una normativa con vocación de protección al medio ambiente, como es la Ley 8/2002, de 18 de diciembre, de protección de ambiente atmosférico de Galicia (DOG n. 252, martes de 31 de diciembre, de 2002), circunstancias éstas que acreditan la especial sensibilidad de esta Comunidad por mejorar el ecosistema. Así, el art. 1º de la Ley que regula precisamente el objeto del tributo, prescribe que dicho impuesto tiene como fin "contribuir a regular la utilización de los recursos naturales de Galicia, y de forma específica la emisión de sustancias contaminantes".

Para alcanzar dicho objetivo, el legislador implantará la tarifa siguiendo un *iter* temporal:

En una primera fase (ya en vigor), se implantan los tres primeros tramos de la tarifa. En este momento, el tributo opera como un instrumento de recuperación de los costes que comporta la política ambiental. Los tres tramos de la tarifa vienen a cumplir una función compensatoria o re-

8. Siguiendo a Alonso González (1995:9 y 10), puede afirmarse que el poder tributario de las Comunidades Autónomas ha encontrado en el terreno de la extrafiscalidad uno de los escasísimos campos a los que extenderse sin vulnerar el estrecho corsé que la Ley Orgánica de Financiación de las Comunidades Autónomas a éstas impone.

9. Cfr. Rozas (1997:946). Sin embargo, según la exposición de motivos de la Ley, la situación general del medio natural en Galicia es satisfactoria, a salvo la concentración de núcleos industriales en las áreas de La Coruña y de Pontevedra; estos grandes focos de contaminación generan un doble problema: vertidos industriales en aguas continentales y marítimas (combatidos con el canon de saneamiento aprobado por Ley 8/1993, de 23 de junio), y emisión de determinados gases a la atmósfera, objeto del presente impuesto).

paradora (compensa los costes que produce la contaminación).

En una segunda fase — aún sin regular — se introducirá en la tarifa un cuarto tramo con objeto de convertir al tributo en un auténtico instrumento regulador del efecto contaminante adquiriendo a partir de entonces el deseado fin extrafiscal (efecto disuasorio).[10] El art. 12.2 de la Ley prevé su implantación en un futuro (y nunca antes del año 2000 — tal como señalaba su Disposición Adicional). Como se ha señalado acertadamente por Baena Aguilar, dichas previsiones en ningún caso vinculan al legislador futuro, pero tal como se diseña el tributo en un principio, y como éste se encuentra actualmente configurado, su finalidad queda muy desdibujada y su justicia en entredicho, pues un impuesto como el que se analiza sin clara vocación extrafiscal debería responder en mayor medida al principio de capacidad económica. En efecto, "si el impuesto, en su configuración actual, carece de efecto regulador (por emplear el mismo término que el legislador) sobre las emisiones, ¿cuál es su finalidad extrafiscal?. Desde luego, no lo sería, la afectación de su recaudación a fines de política ambiental, ya que la justicia de un tributo no puede valorarse en función del destino de los ingresos que procura. Desprovisto de finalidad extrafiscal — concluye el autor —, el impuesto sólo puede explicarse desde el principio de capacidad económica; y, desde este punto de vista, la única vía para salvar la constitucionalidad de la Ley es ahondar en la relación, entre capacidad económica y el principio contaminador-pagador, a través de la calificación de la contaminación como índice imperfecto de capacidad económica, pero no más imperfecto que el consumo".[11]

En nuestra opinión, ni desde el punto de vista de la *distribución competencial* (apartados 2º y 3º del art. 6 LOFCA),[12] ni desde el ámbito de la *justicia tributaria* (art. 31 CE) existen vicios de inconstitucionalidad. No obstante, mayores críticas merece el gravamen indiscriminado que recae sobre las emisiones con independencia de que sean lícitas o ilícitas, aspecto éste que

10. A esta conclusión se llega de la Exposición de Motivos de la Ley, afirmando que "frente a la discontinuidad que comporta el esquema prohibición — sanción, un gravamen sobre las emisiones permite actuar continuamente a lo largo de todo el recorrido, esto es, desde el inicio de las emisiones contaminantes, y puede además, de forma progresiva, de manera que, en un primer tramo, el gravamen operará como un instrumento de recuperación de los costes que comporta la política medioambiental y los correspondientes controles y, más adelante, se convierte en un auténtico instrumento regulador que favorecerá la limitación de las emisiones, como sucede con una sanción".

11. Cfr. Baena (2002:214 y 215). Igualmente, para Alonso González (1996.a:186 y ss.) debería también articularse un cuarto tramo en su tarifa suficientemente efectivo como para no convertir tan brillante instrumento fiscal en un simple medio de financiación sectorial de la política ambiental de la Junta. Para García Novoa (2002:34), el TSJ. de Galicia en la S. de 3 de julio de 2001, asume la opinión de que la capacidad económica está presente en esta clase de impuestos a través de la mayor renta que se obtiene al hacer partícipes a la colectividad de unos costes de incidencia colectiva que el contribuyente no asumiría si no se le exigiese el impuesto. Costes que se provocan en una actividad que está orientada exclusivamente al beneficio particular del sujeto. Pero, "es evidente que aunque la provocación de costes medioambientales" puede indirectamente derivar en una mayor capacidad económica relativa, no es en sí misma un índice objetivo de riqueza, por lo que habrá que buscar otro fundamento para justificar la exigencia de un tributo a partir de la causación de esos costes. En el mismo sentido se pronuncia Fernández López (1996:35).

12. Precisamente en la S. TSJ. de Galicia de 3 de julio de 2001 (*JT* 2001/1969) se alegó sin éxito por los recurrentes el posible solapamiento de este impuesto con el hecho imponible del IVA y con la misma materia imponible del IAE tropezando con los arts. 6.2 y 6.3 de la LOFCA. Así también, para un sector doctrinal mayoritario, el citado impuesto no grava la mera titularidad lo que excluye cualquier superposición con el impuesto sobre bienes inmuebles, por lo que de ningún modo puede llegarse a la conclusión de que nos encontremos ante una situación coincidente con el impuesto balear declarado inconstitucional. Cfr. García Novoa (2002:32 y 33); Guervós Maíllo (2000:72); y González Méndez (2000:320 y 321). No comparte esta opinión Vaquera (1999:394), quien señala que podría producirse una superposición con el impuesto sobre sociedades y al IAE.

resulta más discutible desde el punto de vista del control constitucional.[13]

Entendemos que el impuesto analizado respeta el principio "quien contamina paga". No obstante, debe hacerse notar que sería deseable la regulación del cuarto tramo de la tarifa para producir un auténtico fin ambiental (desincentivar a los agentes a no contaminar). En esta línea, se manifiesta la STSJ. de Galicia de 22 de enero de 1999 (*JT* 1999/419) al afirmar que constituye un "impuesto de naturaleza mixta, al perseguir una finalidad extrafiscal consistente en limitar la emisión de ciertos gases contaminantes y responder al principio "quien contamina paga".[14] Así, señala la citada sentencia que el citado principio "significa que el que contamina debe sufragar los gastos que implican las medidas adoptadas por las autoridades públicas para reducir la contaminación, lograr una mejor distribución de los recursos y asegurar que el medio ambiente se encuentre en un estado aceptable" (FJ 6º).

Es de lamentar que hasta la fecha el legislador gallego — posiblemente por razones políticas — no haya tenido intención de regular el cuarto tramo de la tarifa en aras de alcanzar el deseado fin disuasorio que se pretende con la imposición del tributo.

13. Además, podría lesionarse el principio de capacidad económica en relación con las hipotéticas emisiones ilícitas, pues respecto de ellas el impuesto constituye una medida innecesaria. Cfr. Herrera (2000:286).

14. En la citada Sentencia, los recurrentes alegaron sin éxito la invasión por parte de la Comunidad Autónoma gallega de competencias de titularidad exclusiva del Estado para justificar su inconstitucionalidad, pues a juicio del Tribunal Superior de Justicia de Galicia "esta atribución es, sin duda, legítima, pues al precisar que el Estado tiene competencia exclusiva para la legislación básica sobre protección del medio ambiente, 'sin perjuicio de las facultades de las Comunidades Autónomas de establecer normas adicionales de protección', la Constitución no excluye la posibilidad de que las Comunidades Autónomas puedan desarrollar también, mediante normas legales o reglamentarias, la legislación estatal, cuando específicamente sus Estatutos les hayan atribuido esta competencia" (FJ 3º).

Por último, resulta también criticable la afectación de los ingresos a fines generales ambientales — sin concreción alguna a proteger la contaminación atmosférica — lo que abre la puerta a que se utilice con un fin claramente fiscal y no ecológico. Así, se establece que el 95% de la recaudación se destinará a cubrir los costes de gestión del tributo, y sólo el 5% restante se destina a cubrir un fondo de reserva para atender a daños extraordinarios y situaciones de emergencia causados por catástrofes ambientales hasta alcanzar la cuantía de 1.000 millones de ptas. (actualmente 6 millones de euros) — arts. 4 de la Ley, y 24 y 25 del Reglamento;[15] cantidad que se nos antoja insuficiente a la luz de las últimas catástrofes ecológicas.

2.1.4 Hecho imponible

Siguiendo al Profesor Sainz de Bujanda el hecho imponible puede estudiarse desde diversos aspectos que pasamos a continuación a analizar:

a) Aspecto material: Grava la emisión a la atmósfera de compuestos oxigenados de azufre y/o de nitrógeno (art. 6). Si partimos de un dato real y objetivo: la contaminación atmosférica tiene un coste elevado en términos de salud (el dióxido de nitrógeno y el dióxido de azufre liberados constituyen uno de los gases más perniciosos), tal vez hubiera sido posible que una gran parte de la recaudación del impuesto se afectara a la financiación de la sanidad, al igual que sucede en la Comunidad de Madrid con el denominado comúnmente "recargo sanitario del céntimo de euro".[16]

15. Así, el art. 24 del Reglamento establece que el Fondo del Impuesto sobre la Contaminación Atmosférica es un fondo de reserva adscrito a la *Consellería de Economía y Facenda* que se destinará a la atención de daños extraordinarios y situaciones de emergencia provocados por catástrofes medioambientales derivadas de emisiones atmosféricas o vertidos realizados sobre el suelo o aguas marítimas o continentales, ya sean superficiales o subterráneas, de carácter contaminante.

16. Ley 7/2002, de 22 de julio, de la Comunidad de Madrid por la que se crea el impuesto sobre

b) Aspecto espacial: Recae sobre las emisiones contaminantes producidas por focos situados en la Comunidad Autónoma gallega (art. 3).

c) Aspecto temporal: Se trata de un impuesto instantáneo, devengándose en el momento de la emisión de cualquiera de las sustancias contaminantes gravadas (art. 13), si bien es de liquidación periódica y anual (art. 8.2), atribuyéndose su gestión a la Consejería de Economía y Hacienda (art. 15).

d) Aspecto cuantitativo: El mínimo exento está fijado en 1.000 toneladas anuales — cuota de 0 euros. Por consiguiente, quedan exentas las primeras 1.000 toneladas de contaminación.

2.1.5 Sujetos pasivos

Los sujetos pasivos son las personas o entidades que son titulares de las instalaciones que emitan las sustancias contaminantes gravadas (art. 7).

Así, establecido el mínimo exento en una cantidad elevada (1.000 toneladas de contaminación), aunque teóricamente cualquier agente contaminante puede ser contribuyente, a efectos prácticos, son muy limitadas las entidades afectadas: Endesa, Unión Fenosa, Repsol Petróleo, Aluminio español, Alumina España y Encesa.

Precisamente esta circunstancia, fue uno de los motivos de impugnación presentados por Endesa y Unión Fenosa para recurrir el Reglamento del citado impuesto al afirmar que si la emisión a la atmósfera de dióxido de azufre o de nitrógeno produce externalidades negativas medioambientales que hay que desincentivar, dicha situación se produce desde el primer gramo de emisión de estas sustancias, por lo que el tributo se debe satisfacer desde el primer gramo contaminante. Así, resulta paradójico que de las 370 industrias contaminantes en Galicia que realizan en un principio el hecho imponible, tal como se configura la tarifa del impuesto, 364 empresas quedan al margen del tributo tropezando — a juicio del recurrente — con el principio de generalidad.[17] Sin embargo, el TSJ. de Galicia en la S. de 3 de julio de 2001 (*JT* 2001/1969) no ha apreciado la vulneración de este principio por entender que el legislador autonómico ha optado de forma justificada "por el establecimiento de una carga parafiscal que inicialmente tiene una función resarcitoria y desincentivadora respecto de las empresas más contaminadoras, cuya mayor progresividad se alcanzará una vez superado aquel período transitorio, actuando a modo de mecanismo de presión a fin de que los grandes emisores dejen de contaminar o, en su caso, pongan los medios necesarios para reducir la contaminación atmosférica que causen. Así — concluye el citado Tribunal —, se penaliza a las empresas que incurran en un objetivo y medible "exceso de contaminación", o lo que es lo mismo, a aquellas industrias insensibles en poner remedio a su actividad emisora de aquellas sustancias contaminadoras" (FJ 4º).

A este respecto, compartimos el parecer del Tribunal pues, como ha señalado García Novoa, "desde el punto de vista formal, la norma se aplica con estricta igualdad a todos los destinatarios de la misma, aunque sólo sea por sus atributos de generalidad y abstracción. No es una ley de 'caso

las ventas minoristas de determinados hidrocarburos. Cfr. sobre el particular el epígrafe 5.2.7 de este trabajo.

17. En efecto, según las dos empresas recurrentes (Endesa y Unión Fenosa) la regulación del impuesto "incurre en inconstitucionalidad, por atentar contra el principio de generalidad en la construcción de uno de sus elementos esenciales como es el tipo de gravamen, por cuanto la configuración de la tarifa del impuesto diseñada por el art. 12 de la Ley, *uti singuli*, contraría la prescripción contenida en el art. 31 de la CE, de interdicción de todo privilegio o áreas inmunes al pago de los tributos, conllevando un tratamiento discriminatorio y arbitrario en perjuicio de los llamados grandes emisores, especialmente de uno, y en beneficio de los que no encajaban en ese concepto, discriminación arbitraria en cuanto carecía de justificación desde el punto de vista de los fines perseguidos por dicho impuesto, adivinando otra finalidad que no era otra que la meramente recaudatoria" (FJ 2º).

único', ya que formalmente describe una hipótesis de incidencia abstracta, por lo que, también formalmente, respeta la esencia de la igualdad y generalidad (...). La lógica jurídica impone averiguar la 'igualdad material de la norma', la cual también se respeta en el caso del Decreto cuestionado a la hora de establecer el régimen del impuesto gallego sobre la contaminación".[18]

2.1.6 Base imponible

La base imponible se determina por la suma de las cantidades emitidas de cada una de las sustancias contaminantes, medida en toneladas (art. 8). Así, resulta respetuoso con el principio de capacidad económica al ser coherente con el hecho imponible.[19]

Por otra parte, la Ley del Impuesto permite emplear los tres métodos de determinación de la base imponible que regula la LGT:

a) Estimación Directa: Se trata del régimen general, para aquellos casos en los que las instalaciones incorporen sistemas de medida de la cantidad de sustancias contaminantes emitidas.

b) Estimación Objetiva: La estimación objetiva se emplea en los supuestos de focos emisores siempre que se den conjuntamente los dos requisitos siguientes: que no cuenten con aparatos de medición, y que al menos el 80 por 100 de los combustibles utilizados en sus instalaciones sean fluidos (art. 9 del Reglamento). En nuestra opinión, el hecho de que este segundo requisito no se recoja en la Ley del Impuesto (art. 10) podría plantear problemas en base al principio de legalidad, porque si bien es cierto que el § 2º del art. 10 establece la previsión de que "mediante Decreto, la Junta de Galicia *determine los supuestos en que sea de aplicación el régimen de estimación objetiva*, los índices o módulos a utilizar en cada caso así como su valoración", podríamos encontrarnos ante un supuesto de deslegalización de la determinación de la base imponible, materia cubierta por la reserva de ley tal como prescribe el art. 10 LGT.[20]

c) Estimación indirecta: La Ley permite la aplicación de la estimación indirecta (a la que denomina "sistema de oficio") para aquellos supuestos en que el sujeto pasivo incumpliendo las normas fiscales, hiciera imposible su determinación a través de las vías ordinarias.

En particular, el legislador establece una presunción *iuris tantum* de la existencia de emisión mientras las instalaciones emisoras no cesen en su actividad, y tal circunstancia sea puesta en conocimiento de la Administración (art. 6.2). En todo caso, el contribuyente podrá enervar la presunción, demostrando que se han paralizado las emisiones.

18. En efecto, "aunque el Tribunal Constitucional venga a decir en la S. 28/2000, de 30 de noviembre, que un impuesto medioambiental que grave una actividad contaminante debería someter a tributación todas las manifestaciones de la misma, ello no significa negar que el legislador, al igual que ocurre en los impuestos de cuño exclusivamente *fiscal* es libre de seleccionar los sujetos respecto a los cuales pretende que el impuesto incida de manera más intensa. Y que pueda configurar hechos imponibles que solo esos sujetos estén en condiciones de realizar, o excluir de la obligación de pago, mediante beneficios fiscales, a los que quiera dejar fuera de la incidencia del tributo. De ello — concluye el autor — hay multitud de ejemplos en el sistema tributario. La fórmula de un impuesto cuya cuantía se exija sólo a grandes contaminadores es igual de lícita que un modelo de imposición sobre el patrimonio que siga el modelo de *grandes fortunas* y que sólo se exija a grandes propietarios". Cfr. García Novoa (2002:38).

19. La base imponible del impuesto gallego resulta coherente con el hecho imponible, a diferencia de lo que sucedía con el impuesto balear sobre instalaciones que inciden en el medio ambiente declarado inconstitucional (en adelante, IBIMA), en cuanto que su base imponible (la capitalización de los beneficios de una empresa) no era congruente con el hecho imponible (la titularidad de instalaciones contaminantes). La necesaria congruencia entre el hecho imponible y la base imponible ha sido puesta de manifiesto por Cortés (1965:1037 y ss. y 1985 448 y ss.). En parecidos términos se pronuncia Ramallo (1978:662 y ss).

20. El art. 10 LGT establece que "se regularán, en todo caso, por Ley: a) La determinación del hecho imponible, del sujeto pasivo, *de la base*, del tipo de gravamen (...)".

2.1.7 Cuota tributaria

A la base imponible se le aplica una alícuota progresiva por escalones (los tipos se aplican sobre tramos de base) estructurada en una tarifa de tres tramos:

• Hasta 1.000 toneladas anuales: Tipo cero.

• > 1.000 toneladas anuales — 50.000 toneladas: 30 euros(5.000 ptas.)/tonelada

• > 50.000 toneladas: 33 euros (5.500 ptas.)/toneladas

Por otro lado, la obligación de declarar nace a partir de 800 toneladas anuales cumpliendo una función de control sobre aquellos focos que se encuentran en unos índices muy cercanos al segundo tramo de contaminación — a partir de 1.000 toneladas.

2.2 Canon sobre emisiones atmosféricas de la región de Murcia

2.2.1 Normativa

El canon sobre emisiones atmosféricas aparece regulado en el art. 45 de la Ley 1/1995, de 8 de marzo, de protección del medio ambiente (RCL 1995/1651).

2.2.2 Naturaleza

Se trata de un impuesto de la Región de Murcia, y de naturaleza real.

2.2.3 Hecho imponible

El impuesto grava las emisiones de gases contaminantes a la atmósfera (art. 45.2.b).[21] Desde el punto de vista de la distribución competencial no afecta al límite del art. 6.2 LOFCA al no coincidir el hecho imponible con ningún impuesto de naturaleza estatal.

2.2.4 Sujetos pasivos

Los sujetos pasivos son los titulares de las industrias y actividades contaminantes (art. 45.4). En nuestra opinión, resulta criticable el gravamen *per se* de la titularidad de bienes relacionados con la contaminación, ya que la propiedad, posesión o cualquier otra forma de titularidad, ni produce por sí misma degradación del medio ambiente, ni otorga posibilidad al agente contaminante para modificar la actitud ecológicamente nociva.[22]

2.2.5 Base imponible

La base imponible viene determinada por la carga contaminante expresada en unidades de emisiones contaminantes (toneladas).

2.2.6 Cuota tributaria

La cuota tributaria se determina a través del resultado de multiplicar la carga contaminante de las emisiones, expresada en unidades de contaminación, por el valor que se asigne a cada unidad (art. 45.5).

Desde el punto de vista de la justicia tributaria resulta en nuestra opinión acorde con el principio de capacidad económica, siendo también respetuoso con el principio "quien contamina paga".

Por último, la recaudación del tributo está afectada de una forma genérica a la preservación del medio ambiente. Así, el importe del canon se destina a actuaciones de saneamiento y mejora de la calidad ambiental de la atmósfera. El hecho de que el tributo se exija con independencia de que exista autorización administrativa o de que las emisiones sean lícitas o ilícitas podría

21. El presupuesto de hecho del impuesto se completa con la exacción de un canon por la producción y vertidos de residuos sólidos industriales (art. 45.a) y de un canon por vertidos de mar (art. 45.c).

22. En efecto, como ha señalado Jiménez (1998:309) en el supuesto de que la titularidad del patrimonio se refiera a bienes sumamente nocivos para el medio ambiente, no existe una relación directa entre ambos elementos, es decir, entre los mencionados índices de riqueza y la contaminación ambiental.

ser suficiente para que este tributo no superara el control de constitucionalidad.[23]

2.3 Impuesto sobre determinadas actividades que inciden sobre el medio ambiente de la Comunidad Autónoma de Castilla-La Mancha

2.3.1 Normativa

El Parlamento Autónomo de Castilla-La Mancha aprueba por Ley 11/2000, de 26 de diciembre, el impuesto sobre determinadas actividades que inciden sobre el medio ambiente.

2.3.2 Naturaleza

Se trata de un impuesto propio de la CCAA de Castilla-La Mancha, real, objetivo y periódico.

Además, se trata de un impuesto extrafiscal o de ordenamiento al disuadir conductas antiecológicas,[24] circunstancia que nos permite calificarlo de ambiental, en cuanto tiene un potencial recaudatorio decreciente a medida que se consiguen los fines ecológicos pretendidos y previene el daño ambiental en la medida en que su estructura grava a la persona que contamina.[25]

2.3.3 Hecho imponible

El citado impuesto grava la contaminación y los riesgos que se ocasionan en el medio ambiente por la realización en el territorio de Castilla-La Mancha de cualquiera de las siguientes actividades:

a) emisión a la atmósfera de dióxido de azufre, dióxido de nitrógeno o cualquier otro compuesto oxigenado;

b) producción termonuclear de energía eléctrica; y

c) almacenamiento de residuos radioactivos (art. 2).

Sin embargo, la Ley declara *exenta* la producción de energía eléctrica. Podría cuestionarse si existe discriminación entre empresas del sector eléctrico — ya que el gravamen incidiría sobre los costes de las empresas generadoras y de transporte de la energía eléctrica en función de la ubicación geográfica de sus instalaciones lesionando además, el art. 9.c) LOFCA como consecuencia del traslado de la carga tributaria a otras Comunidades Autónomas.[26] Sin embargo, parece difícil que tal argumento prospere dada la laxitud de la jurisprudencia constitucional, que viene otorgando primacía al principio de autonomía financiera.

Por otro lado, en dos de los presupuestos de hecho del impuesto (en particular, los que gravan la producción de energía eléctrica de origen termonuclear y el almacenamiento de residuos nucleares) se está sometiendo a gravamen en nuestra opinión, la misma materia imponible que se reserva a las Corporaciones Locales, en relación con el IAE (art.79.1 LRHL), lo que podría tropezar con el art. 6.3 LOFCA.

Así, en el epígrafe 151.3 de la Sección primera de las Tarifas reguladoras del impuesto se grava "la producción de energía electronuclear"; y en el epígrafe 143.3 de la Sección 1ª de la mismas tarifas se grava también "el almacenamiento de residuos radioactivos".

Respecto al restante presupuesto de hecho del impuesto: actividad de producción de electricidad, también se podría es-

23. Cfr. Herrera (2000:287).

24. Siguiendo a Arrieta (2001:39), el criterio de la finalidad del impuesto es irrelevante para emitir un juicio sobre su constitucionalidad, de manera que un impuesto es o no constitucional porque se adecua o no a la CE, o una vez analizada su estructura jurídico — interna, y no, desde luego, porque se llame "medioambiental" y no lo sea.

25. Cfr. Chico, Grau y Herrera (2003:9 y ss.).

26. Ibídem. Como ha señalado Jiménez (1998:310), ante el problema de la contaminación transfronteriza debe acudirse al principio de territorialidad como criterio de determinación del aspecto espacial del elemento objetivo del hecho imponible. Así, dicho aspecto, debe constituirse por la actividad contaminante y no por el *efecto* nocivo que ésta provoque, entendiéndose realizado el hecho imponible en el lugar en que se desarrolle la actividad contaminante.

tar solapando con el impuesto estatal sobre la electricidad, tropezando con la limitación establecida en el art. 6.2 LOFCA respecto a la financiación de las Comunidades Autónomas que prohíbe a estos Entes Territoriales la creación de un impuesto cuyo hecho imponible coincida con otro estatal.

Estos argumentos fueron suficientes para que el Tribunal Constitucional suspendiera en un primer momento la vigencia y aplicación del impuesto, para transcurridos unos meses levantar la suspensión a la espera de que dicho Alto Tribunal se pronuncie en un futuro sobre su adecuación a nuestra Carta Magna.[27]

2.3.4 Sujetos pasivos

Son sujetos pasivos del tributo, a título de contribuyente, las personas físicas o jurídicas, así como las entidades a que se refiere el art. 33 LGT que realicen el hecho imponible del impuesto (art. 4). En el segundo párrafo de este precepto, el legislador prohíbe a las entidades afectadas repercutir el impuesto (internalizar el coste) sobre el consumidor final, si bien esta disposición no deja de ser una mera declaración de intenciones de difícil control.

2.3.5 Base imponible

La base imponible se constituye por ciertas magnitudes que miden el grado de contaminación producida: importe anual de emisiones contaminantes de dióxido de azufre y de nitrógeno, medidas en toneladas métricas; producción bruta anual de electricidad, expresada en Kilovatios hora; o capacidad de los depósitos de residuos radiactivos a la fecha del devengo, expresada en metros cúbicos almacenados (art. 5.1).

Por otro lado, la Ley reconoce dos métodos para determinar la base imponible. Así, los contribuyentes determinarán el nivel de emisiones atmosféricas contaminantes mediante el método de estimación directa, siempre que haya sistema de medida en el foco emisor (art. 5.2); o bien, por estimación objetiva, en los restantes casos (es decir, cuando no exista sistema de medida), determinándose la base imponible — señala la Ley — mediante un método "*indirecto*" (tal vez hubiera sido deseable que la norma hubiera empleado el término de estimación "*objetiva*") por las cantidades emitidas por hora resultantes de la última medición oficial realizada por un organismo de control autorizado. Para calcular las cantidades emitidas en el período de imposición se considerará que el tiempo de emisión es de seis mil horas en el año natural (art. 5.2.b). La dureza de este precepto queda amortiguada por la Disposición adicional de la Ley: sin perjuicio de lo establecido en las disposiciones específicas sobre prevención y control de la contaminación, los sujetos pasivos podrán *solicitar*, durante el período impositivo, al centro directivo competente en materia de calidad ambiental, la realización de una nueva inspección oficial por un organismo de control autorizado, adicional a las obligatorias, cuando por los *cambios tecnológicos realizados en la instalación* les interese, a efectos del impuesto, la realización de una nueva medición. Ahora bien, la norma no otorga un auténtico derecho a que tal inspección adicional se realice. De este modo, si la Administración se demorase en practicarla, podría producirse una grave injusticia para los contribuyentes.[28]

2.3.6 Cuota tributaria

A la base imponible determinada mediante la estimación directa u objetiva (en su caso) se le aplicará un tipo de gravamen gradual en función de la actividad contaminante, estableciéndose distintos tipos en

27. Planteado recurso de inconstitucionalidad por el Presidente de Gobierno, el Tribunal Constitucional suspendió en un primer momento la vigencia y aplicación parcial de los arts. 2.1.b), 2.1.c), 2.2, 4.2, 5.1.b), 5.1.c), 6.b), 6.c) y 7.4 de la Ley del Impuesto. No obstante, el Auto de 18.9.2001 (RCL 2001/2434) ha levantado su suspensión.

28. Chico, Grau y Herrera (2003:20, nota 59).

función de que la actividad sea más o menos contaminante.

Así, en el supuesto de actividades emisoras de compuestos oxigenados del azufre o del nitrógeno, se aplicará la siguiente tarifa:

• > 0-1000 toneladas anuales: Cero euros por tonelada (tipo cero).

• > 1.001-50.000 toneladas anuales: 18,03 euros (3.000 ptas.) por tonelada.

• > 50.000 toneladas anuales: 21,04 euros (3.500 ptas.) por tonelada.

En el supuesto de centrales nucleares de producción de energía eléctrica, el tipo será de 0,0012 euros (0,2 ptas.) por Kilovatio hora producido.

Por último, en el caso de almacenamiento de residuos radiactivos, el tipo será de 601,01 euros (100.000 ptas.) por metro cúbico de residuos almacenado.

En nuestra opinión, este tipo gradual resulta acorde con la finalidad ambiental al estructurar la tarifa en función de que la actividad sea más o menos contaminante, a diferencia del desaparecido impuesto balear sobre actividades que inciden en el medio ambiente (IBIMA), en cuanto que su tipo de gravamen consistía en una alícuota proporcional, fijándose un porcentaje fijo (1%) sobre la base imponible.

2.4 Impuesto sobre estancias en empresas turísticas de alojamiento de la Comunidad Autónoma de Baleares

2.4.1 Normativa

El impuesto sobre estancias en empresas turísticas de alojamiento se aprueba a través de la Ley 7/2001, de 23 de abril, del Parlamento de Baleares. En desarrollo de esta Ley, se ha dictado el Decreto 25/2002, de 26 de febrero (BO de la Comunidad Autónoma de Baleares de 26 de febrero de 2002), así como tres Ordenes de la Consejería de Hacienda y Presupuestos de 3 de abril de 2002 (BO. de la Comunidad Autónoma de Baleares de 6 de abril de 2002).

La mal llamada *ecotasa,* se trata de una figura ya utilizada en el Derecho comparado. Así, existen varios precedentes en nuestro entorno jurídico de impuestos sobre el turismo como el creado por varios Länder austriacos, o el francés de la *taxe de séjour* (o tasa de estancia).[29]

2.4.2 Naturaleza

Nos encontramos ante un impuesto propio de la Comunidad Autónoma de Baleares. La Ley además califica dicho impuesto de *directo* (art. 5), al señalar que su objeto está constituido por las estancias que realicen las personas físicas en empresas de alojamiento. Por consiguiente, podemos ya hacer notar que el impuesto balear no grava de una forma directa sino potencial las emisiones contaminantes que se producen a la atmósfera.

Dicho impuesto, tal como se configura su hecho imponible, grava las estancias hoteleras, es decir, el consumo por parte del contribuyente, por lo que en puridad grava consumos específicos, configurándose como un impuesto real e indirecto desde un punto de vista económico y jurídico.[30] Tal vez el legislador pretenda con esta labor de "maquillaje" evitar su interrelación con otros impuestos indirectos que gravan el consumo como el IVA al objeto de evitar su posible inconstitucionalidad en atención al art. 6.2 LOFCA.[31]

Sin embargo, tal como se configura su hecho imponible, entendemos que existe cierto solapamiento con otros impuestos

29. Cfr. Lasarte, Eseverri, Adame y Martín (2001:39) y Bokobo (1999:243 y 2001:9 y ss.).

30. Desde un punto de vista económico, los impuestos pueden ser directos o indirectos en función de que graven la renta y el patrimonio, o el tráfico de bienes y servicios. Por su parte, desde un punto de vista jurídico, los impuestos indirectos se diferencian de los directos en que en los primeros cabe trasladar jurídicamente la cuota al consumidor del impuesto, es decir, se produce el denominado fenómeno de la repercusión.

31. El art. 6.2 LOFCA prohíbe a las Comunidades Autónomas crear tributos cuyo *hecho imponible* esté ya gravado por el Estado.

estatales indirectos que gravan el consumo. Así, el art. 11.9ª de la LIVA 37/1992, de 28 de diciembre, grava también el consumo de servicios hoteleros en fase minorista, lo que podría tropezar con el art. 6.2 LOFCA. En esta línea, podría también cuestionarse su compatibilidad de acuerdo al ordenamiento comunitario en cuanto que el art. 33 de la Sexta Directiva prohíbe que los Estados miembros establezcan impuestos sobre el volumen de ventas distintas del IVA. Sin embargo, la jurisprudencia comunitaria viene siendo especialmente tolerante con este tipo de impuestos,[32] prohibiéndolos únicamente cuando se cumplan conjuntamente las siguientes características:

a) En cuanto al objeto del tributo, ha de ser un impuesto general sobre el consumo. La mal llamada *ecotasa* no lo es, aplicándose sólo a determinadas actividades (de alojamiento).

b) Además, el gravamen ha de ser proporcional al precio de los bienes y servicios, cosa que no sucede con el impuesto balear. En efecto, éste se cuantifica atendiendo a la categoría del establecimiento y no el precio concreto del servicio.

c) En cuanto al tipo de repercusión, dicho impuesto ha de ser plurifásico, aplicándose en todas las fases del proceso productivo — *v.gr.*, como el IVA. Sin embargo el impuesto balear es monofásico (se aplica en una sola fase del proceso productivo[33]).

d) Por último, que permita al sujeto pasivo la deducción del IVA soportado. Sin embargo, el legislador del impuesto balear no ha previsto algún mecanismo de deducción del impuesto soportado.[34]

Por otro lado, consideramos que podría existir cierta fricción con el art. 6.3 LOFCA al gravarse en la sede municipal otro impuesto que incide en el ejercicio de la actividad económica.[35] Así, sucede con el epígrafe 68 de las tarifas reguladoras del IAE al gravarse bajo la rúbrica "Servicios de hospedaje" esta misma actividad económica.[36]

En cuanto a la clasificación de tributos que recoge el art. 26 LGT, entendemos que por sus caracteres singulares responde a una naturaleza impositiva. Así, pese a denominarse comúnmente por la opinión

32. En esta línea, apunta P. M. Herrera (2001.a:14) que el TJCE ha considerado el gravamen austriaco sobre el turismo plenamente compatible con el ordenamiento comunitario al no constituir un impuesto sobre el volumen de ventas prohibido por el art. 33 de la Sexta Directiva (STJCE de 8.6.1999, As. C-338/97, C-344/97 y C-390-97).

33. Así, *v.gr.*, el turoperador no repercute el impuesto al empresario del establecimiento hotelero para que éste a su vez lo repercuta al consumidor final, sino que directamente el empresario repercute dicho impuesto al contribuyente (turista), entrando en juego únicamente el turoperador como responsable del tributo en caso de impago del sujeto pasivo.

34. Cfr. P. M. Herrera (2001.a:14).

35. El art. 6.3 LOFCA impide a las Comunidades Autónomas crear tributos cuya *materia imponible* esté reservada a las Corporaciones Locales. Nótese que el apartado tercero del art. 6 LOFCA establece una limitación más amplia que la enunciada en el apartado segundo para las relaciones entre impuestos estatales y autonómicos.

36. Este mismo argumento ha sido también puesto de manifiesto por P. M. Herrera (2001.b:16) a la luz de la doctrina del Tribunal Constitucional por el que se declaró contrario a nuestro ordenamiento jurídico el IBIMA (impuesto balear sobre instalaciones que inciden en el medio ambiente) en cuanto que el objeto del impuesto sobre estancias hoteleras se superpone al objeto imponible del impuesto sobre actividades económicas, aunque su hecho imponible sea distinto (como sucedía con el IBIMA y el IBI): la prestación de servicios a los clientes será gravada por ambos tributos. En efecto, "si se admite que el impuesto turístico incide — aún de modo parcial — sobre el objeto imponible del IAE, el tributo autonómico sería inconstitucional por contrario al art. 6.3 LOFCA. Frente a ello no cabría alegar la pretendida naturaleza ecológica (extrafiscal) del impuesto turístico. Parafraseando la STC de 30 de noviembre de 2000 podría afirmarse que el impuesto turístico 'no se dirige, en sentido negativo, a disuadir el incumplimiento de ninguna obligación, pero tampoco busca, en sentido positivo, estimular las actuaciones protectoras del medio ambiente, en cumplimiento del art. 45 CE, desvinculándose así de la verdadera aptitud de cada sujeto para incidir en el medio en el que se desenvuelve'. La mera afectación de las sumas recaudadas constituye una circunstancia externa que no altera el objeto imponible". Vid. también el trabajo de Güervós (2000:165).

pública como *ecotasa*,[37] desde un punto de vista técnico carece de sentido pues ni responde a un fin ecológico, ni responde a la naturaleza de tasa. En efecto, se trata de un *impuesto* y que en nuestra opinión además, carece en puridad de un fin ecológico, es decir, de protección del medio ambiente, sino de un fin recaudatorio (fiscal). No obstante, debe reconocerse que está configurado como un impuesto afectado, puesto que su recaudación se destina a un Fondo para rehabilitación de espacios turísticos, cuyo fin, sí es el de preservar el medio ambiente. Obsérvese que la naturaleza ecológica de un impuesto no se construye por su afectación a un fin ambiental, sino por su estructura impositiva acorde con la finalidad ecológica al incentivar al agente económico a desarrollar conductas plenamente respetuosas con el medio ambiente.[38]

Así, podríamos resaltar la ausencia de relación causal y directa entre el hecho imponible y el objeto del tributo, pues no guarda relación directa y causal el hecho imponible del impuesto ("estancias en alojamientos turísticos") con su objeto imponible ("estimular un comportamiento ecológico más eficiente").

Estamos en definitiva, ante un impuesto *populista,* porque pese a que en un plano teórico está diseñado para que recaiga tanto sobre residentes como no residentes, en la práctica, tributarán generalmente los no residentes, por lo que el ejecutivo balear que es el que recauda el impuesto no recibirá un castigo político en unas elecciones autonómicas (aunque el impuesto ha recibido duras críticas por parte del sector hotelero).[39] Por el contrario, es un impuesto con

37. La denominación de la *ecotasa* entendemos que responde a una transposición literal de los términos francés de *ecotax*, e inglés de *ecological tax*.

38. Para que un impuesto pueda calificarse de "ambiental", "el elemento de protección ecológica debe estar presente *en su estructura,* y en ésta no representa ningún papel la actividad que se financie con los fondos recaudados; dicho de otro modo: no se transforma en *ambiental* un impuesto ordinario por el simple hecho de que su recaudación se afecte a la protección del entorno natural". En efecto, la afectación del tributo no indica ningún fin extrafiscal, como no se convertiría en extrafiscal el impuesto sobre la renta, por el hecho de que su recaudación se afectase a determinados fines. Si bien, como acertadamente apunta el citado autor — cuestión distinta sería el establecimiento de contribuciones especiales destinadas a financiar obras públicas que beneficiasen a las entidades hoteleras o a los propios turistas, pero no es ésta la opción que ha seguido el legislador del tributo (cfr. P. M. Herrera (2001.a:14). En efecto, siguiendo a Buñuel (2002:6) "no basta con que el uso que se dé a los ingresos sea medioambiental, sino que el mismo tributo ha de generar un incentivo que redunde en la consecución del fin medioambiental perseguido. De esta forma, quedan excluidos de la etiqueta de "medioambientales", "ecológicos", o "verdes" muchos tributos que reciben indebidamente esta apelación porque sus ingresos se destinan a fines medioambientales. Esta denominación tiene tanto fundamento como lo tendría denominar al IRPF como impuesto medioambiental si se pudiera afectar a fines medioambientales, un porcentaje de su recaudación".

39. Así, en nuestra opinión, resulta compatible con el principio comunitario de libertad de circulación de personas, pues el diseño de la Ley no establece limitaciones — al menos en el ámbito teórico — a los contribuyentes potenciales del tributo. En el mismo sentido, Lasarte, Eseverri, Adame y Martín (2001:35). Así las cosas, si un residente en la Comunidad balear se hospeda en un hotel pagará el tributo en las mismas condiciones que un no residente. Sin embargo, el TJCE en alguna ocasión ha puesto ciertas objeciones a la admisión por parte de los Estados miembros de gravámenes que puedan restringir aun de forma indirecta la libre circulación de bienes en el territorio comunitario. Así, este Tribunal en la S. de diciembre de 1995 (falta el día) (As. C-45/94) sobre el arbitrio sobre la producción e importación de mercancías en Ceuta y Melilla consideró contrario al Tratado de la Unión Europea el que "un Estado miembro recaude un arbitrio que, aunque presente la apariencia de un tributo interno, esté en realidad configurado de tal modo que, ya por el tenor de las normas que lo imponen, ya por el modo en que lo aplique la Administración, grave los productos importados o determinadas categorías de dichos productos, con exclusión de los productos locales de la misma categoría". Y también en esta misma línea se pronunció este mismo Tribunal en la S. de 15 de junio de 1999 (As. C-421/97, *Yves Tarantik*), al entender que el gravamen no puede graduarse en función de las características de los vehículos de modo que favorezca de hecho la producción nacional, aunque formalmente recaiga sobre los vehículos con independencia de su origen. Para Martin Fernández (cit. por Herrera (2001.a:13) esta doctrina podría trasladarse sin dificultad a la libre circulación de personas como sucede en el supuesto que analizamos.

etiqueta ecológica que — teóricamente — se *vende* bien al conjunto de la sociedad por pretender la protección del medio ambiente. Así, se ha justificado socialmente este impuesto porque la recaudación se va a destinar de forma íntegra a la mejora de las zonas turísticas y a la conservación de espacios naturales.

También merece la pena no perder de vista el complejo trasfondo político que subyace detrás de esta idea original. Por un lado, la Comunidad Autónoma de Baleares está actualmente gobernada por una coalición formada por el partido socialista, los verdes y los nacionalistas que son los defensores de la implantación del citado impuesto. Por otro, se encuentra el partido popular y las asociaciones de empresarios y turoperadores que rechazan frontalmente este impuesto, por entender, entre otras razones, que dicho gravamen frena el turismo en la zona. Precisamente, el partido popular presentó el 30 de julio de 2001 un recurso de inconstitucionalidad contra la Ley del Parlamento balear que crea este impuesto, solicitando la suspensión hasta que el Alto Tribunal enjuiciara sobre si existían o no vicios de inconstitucionalidad. Sin embargo, mediante el Auto n. 5, de 15 de enero de 2002, el Pleno del Tribunal acordó levantar la suspensión, y el 1 de mayo de este año entró en vigor este impuesto, a la espera de que en un futuro pueda fallar Nuestro Tribunal Constitucional a favor o en contra de su adecuación a nuestro ordenamiento jurídico. Por consiguiente, se trata de un impuesto que desde su entrada en vigor se encuentra envuelto en la polémica.

2.4.3 Hecho imponible

Dicho impuesto grava las estancias diarias en empresas turísticas de alojamiento, consideración que se atribuye a los hoteles, apartamentos hoteleros, apartamentos turísticos, residencias turísticas de vacaciones, *campings* o campamentos turísticos, hoteles rurales, establecimientos de turismo de interior y de agroturismo, y otros establecimientos a los que la Ley atribuye la condición de empresa turística de alojamiento, además de las personas físicas o jurídicas que arrienden bienes inmuebles prestando servicios complementarios propios de establecimientos hoteleros.

Quedan exentas las estancias de menores de hasta doce años y las estancias subvencionadas por programas sociales de Administraciones Públicas de cualquier Estado de la Unión Europea (art. 6).[40]

Así, tal como está configurado el hecho imponible del impuesto, el legislador somete a tributación una de las causas potenciales de contaminación ambiental que puede originarse no por el *alojamiento* de personas en un establecimiento turístico, sino por su *presencia* en el citado territorio. Por consiguiente, siendo generosos con la finalidad ambiental que se presume de este impuesto, el legislador somete a gravamen a uno de los agentes contaminantes (las personas que se alojan en estos establecimientos — principalmente turistas) liberando a otros: industrias y empresas con presencia en la zona. Sin embargo, en nuestra opinión esta circunstancia no resulta determinante para afirmar la inconstitucionalidad del tributo en base al principio de generalidad. Mayores problemas de constitucionalidad puede plantearse al discriminar el legislador intencionadamente entre las distintas formas de alojamiento en las Islas. Así, no existe en nuestra opinión una causa razonable y justificada (conforme con la capacidad económica, o en atención a fines de carácter extrafiscal) para que el legislador no someta a gravamen *v.gr.*, las estancias en las Islas Baleares de personas que alquilen una embarcación marítima — *v.gr.*, un yate —, o que se alojen en un apartamento alquilado directamente a un particular, o en

40. Como acertadamente apuntan Lasarte, Eseverri, Adame y Martín (2001:9 y 10), la exoneración de gravamen a los menores de doce años, constituye una excepción al principio de generalidad que resulta perfectamente ajustado a Derecho, aunque se haya fijado una edad convencional para diseñar el supuesto de exención.

un hostal, fonda, o pensión, en detrimento de los alojamientos en hoteles, apartahoteles o apartamentos turísticos, por citar algunos de los ejemplos que la Ley del Impuesto sí somete a tributación. Si la jurisprudencia constitucional fuese más estricta, esta circunstancia podría suponer cierta fricción con el principio de igualdad (art. 14 CE).[41]

2.4.4 Sujetos pasivos

Son contribuyentes del impuesto las personas físicas que realicen la estancia en las empresas de alojamiento (art. 8), atribuyéndose la condición de sustituto del impuesto al empresario del servicio de alojamiento (art. 9).

Por último, son responsables del tributo los intermediarios que contraten las estancias en los establecimientos de alojamiento turístico. La Ley guarda silencio sobre el tipo de responsabilidad que asume el intermediario (turoperador), por lo que habrá que estar a lo que establece el art. 37.2 LGT ("salvo precepto legal expreso en contrario, la responsabilidad será siempre subsidiaria"). Así las cosas, entendemos a falta de precepto legal en contrario, que el intermediario responde subsidiariamente de la deuda tributaria.[42]

2.4.5 Base imponible

La base imponible está constituida por el número de días (o fracción) que se prolongue la estancia (art. 13).

La Ley fija dos métodos de determinación de la base imponible:

El método de estimación directa, que constituye el régimen ordinario; y el de estimación objetiva, que se aplica de forma subsidiaria al anterior siempre que se cumplan determinados requisitos reglamentarios y el sustituto no renuncie al método directo (art. 13.b.1ª).[43]

El art. 12 del Decreto de 22 de febrero de 2002 establece los requisitos que ha de reunir el establecimiento turístico para la aplicación del método de estimación objetiva. En primer lugar, que el cómputo de todos los establecimientos turísticos en los que se desarrolle la actividad de alojamiento turístico no supere las 5.000 plazas de capacidad al cierre del ejercicio fiscal anterior o, en caso de inicio de actividad, al tiempo de la autorización de apertura otorgada por la Administración turística competente; y en segundo lugar, que más del 20 por 100 del total de las plazas contratadas a lo largo del ejercicio fiscal anterior lo haya sido por intermediarios, mayoristas u operadores turísticos.

Para la determinación de la base imponible mediante el método de estimación objetiva se toma como signo externo el número de estancias de cada establecimiento al que se le aplican una serie de índices correctores: en función del número de días de temporada, la localización geográfica del establecimiento, o del promedio de días de apertura del establecimiento al cierre del ejercicio fiscal.[44]

41. No obstante, debe reconocerse que este motivo de declararse inconstitucional, sería fácilmente subsanable por el Gobierno balear, sometiendo al tributo las otras formas de alojamiento en las Islas.

42. La cuestión sobre si nos encontramos ante un supuesto de responsabilidad solidaria o subsidiaria no es baladí, pues sólo se derivará la acción administrativa hacia el responsable subsidiario tal como prescribe el art. 37.5 LGT, previa declaración de fallido del deudor principal (el sustituto del impuesto, es decir, el empresario hotelero) y de los demás responsables solidarios (figura que no se contempla de modo específico en este impuesto, sin perjuicio de que puedan ser aplicables las hipótesis previstas en la LGT).

43. Los métodos de estimación objetiva responden por regla general, a la finalidad de simplificar las obligaciones formales del sujeto pasivo y el control administrativo. Sin embargo, en el impuesto objeto de análisis, "la primera finalidad brilla por su ausencia: no parece que resulte complejo para el establecimiento conocer el número total de días de estancia de sus clientes. Por tanto, la finalidad parece estar tan sólo en la simplificación del control administrativo (que tampoco parece excesivamente difícil en régimen de estimación directa) y, sobre todo, el deseo de contar con una recaudación estable y previsible" (P. M. Herrera (2001.a:12).

44. Art. 4 de la Orden de 3.4.2002.

La aplicación del método de estimación objetiva del impuesto puede derivar tanto efectos positivos como negativos para las entidades hoteleras (sujetos pasivos). Así, se ha señalado como efecto positivo el beneficio económico que se genera en la cuenta de resultados de la empresa turística cuantificado por la diferencia entre las cuotas repercutidas sobre sus clientes (contribuyentes) y el importe que corresponda ingresar como consecuencia de la aplicación del módulo (exceso). En todo caso, dicha diferencia estaría sujeta al impuesto que grave la renta (IS o IRPF) del titular del negocio.[45] Nótese que en el IRPF el exceso (o diferencia positiva) entre la renta real (obtenida por el margen de explotación) y la fiscal derivada de la aplicación mecánica del módulo en estimación objetiva no dará lugar a su sujeción en el citado impuesto como ganancia de patrimonio. Sin embargo, dicha exención está prevista para el exceso de renta en el IRPF, no para el excedente que traiga origen en otros impuestos de naturaleza *directa* o indirecta.

Por otro lado, la aplicación mecánica del método de estimación objetiva — tal como está diseñado actualmente el impuesto — genera efectos económicos negativos para las empresas turísticas que determinan su renta basándose en el módulo. Por desgracia, la Ley no ha previsto hasta la fecha la circunstancia de que los empresarios que hayan elegido el sistema de liquidación por módulos, tengan que realizar el abono sin tener en cuenta los supuestos de exención que prevé expresamente el art. 6 de la Ley del Impuesto (menores de doce años y personas subvencionadas por programas sociales — *v.gr.*, del Imserso — de Administraciones Públicas de cualquier Estado de la Unión Europea).[46] Según nos consta, el ejecutivo balear tiene previsto realizar una reforma normativa para corregir precisamente esta laguna legal.[47]

2.4.6 Cuota tributaria

A la base imponible se le aplica una cuota fija conforme a la siguiente tarifa que oscilará entre 0,25 y 2 euros por día de estancia, en función de la clase y categoría de establecimiento:

Clase de establecimiento y categoría	Euro/día estancia
Hoteles y hoteles-apartamentos de 5 estrellas	2
Hoteles y hoteles-apartamentos de 4 y 3 estrellas	1
Hoteles y hoteles-apartamentos de 2 y 1 estrellas	0,5
Apartamentos turísticos de 4 llaves	2
Apartamentos turísticos de 3 y 2 llaves	1
Apartamentos turísticos de 1 llave	0,25
Viviendas turísticas de vacaciones	1
Arrendamientos de bienes con servicios complementarios	1
Campings o campamentos de turismo	0,75
Hotel rural	1
Hotel de interior	1
Agroturismo	0,25

2.5 Gravamen sobre actividades de riesgo de la Comunidad Autónoma de Cataluña

2.5.1 Normativa

El gravamen sobre actividades de riesgo aparece regulado en el art. 58 de la Ley

45. Cfr. M. A. Herrera (2001:163 y ss.) y P. M. Herrera (2002:409).

46. Así, por falta de previsión normativa, puede suceder que el empresario turístico tenga que abonar la cantidad resultante de la aplicación del módulo, cuando únicamente haya alojado en su establecimiento a personas declaradas exentas por la misma Ley del tributo (*v.gr.*, personas acogidas a programas sociales del Imserso).

47. El diseño de esta reforma vendría a liquidar únicamente el 50 por 100 del resultado determinado por el módulo cuando el establecimiento hotelero hubiera contratado durante el año entre el 45 y el 85 por 100 de las habitaciones para el alojamiento de turistas integrados en programas sociales subvencionados por los países de la Unión Europea, estableciendo un tipo cero para porcentajes superiores al 85 por 100 de alojamiento en estas mismas circunstancias.

4/1997, de 20 de mayo, del Parlamento Catalán, de protección civil de Cataluña (RCL 1997/1678).

2.5.2 Naturaleza

Nos encontramos ante un tributo de naturaleza real creado por el Parlamento de la Comunidad Autónoma de Cataluña, y con carácter finalista — tal como proclama la Exposición de motivos de la citada Ley — al destinarse a financiar las actuaciones de protección civil, mediante una distribución solidaria de los costes de la protección civil entre los creadores de los riesgos. Así mismo, el art. 58.3 de la citada Ley, prescribe que el producto de la recaudación del gravamen debe destinarse íntegramente a financiar las actividades de previsión, prevención, planificación, información y formación en materia de protección civil. Sin embargo, y pese a encontrarnos ante un tributo afectado a un fin concreto, entendemos que dicho gravamen no responde a una finalidad ambiental, sino recaudatoria, pues no tiene un carácter desincentivador de comportamientos antiecológicos.

Por otro lado, entendemos que la creación de este gravamen no tropieza con el límite de distribución competencial recogido en el art. 6 (§§ 2º y 3º). Así, en cuanto que lo que grava es la creación de un riesgo que deriva de la titularidad de determinadas instalaciones y no la titularidad en sí misma, no se afecta a la materia reservada al IBI por las Corporaciones Locales.

Mayores dificultades nos encontramos para determinar su naturaleza tributaria de acuerdo al art. 26 LGT pues, pese a que formalmente se define como un impuesto, sus rasgos son más los propios de una contribución especial, en cuanto quedan sometidos al impuesto determinados sujetos especialmente afectados por la activación de un plan de protección civil.

2.5.3 Hecho imponible

Dicho tributo grava los elementos patrimoniales situados en el territorio de Cataluña y afectos a las actividades de las que pueda derivar la activación de planes de protección civil por ser consideradas actividades de riesgo:

a) las instalaciones industriales o los almacenes en los que se utilicen, almacenen, depositen o produzcan una o varias sustancias consideradas peligrosas;[48]

b) las instalaciones y estructuras destinadas al transporte de sustancias peligrosas;

c) los aeropuertos y aeródromos, así como instalaciones industriales anexas;

d) las presas hidráulicas;

e) las instalaciones y estructuras destinadas al transporte o suministro de energía eléctrica.

Quedan sin embargo exentos los siguientes supuestos:

a) instalaciones de gestión de residuos (reciclaje);

b) estaciones eléctricas que no sean susceptibles de crear riesgo;

c) elementos patrimoniales afectos a actividades desarrolladas por las distintas entidades de naturaleza pública; así como

d) el transporte de pequeñas cantidades de gas propano y gas natural.

El transporte de dichas sustancias no se somete a gravamen. De otro modo se habría podido generar un obstáculo al tráfico de bienes y servicios contrario al art. 9.c) LOFCA.[49]

2.5.4 Sujetos pasivos

Las personas que realizan actividades a las que están afectas elementos patrimoniales que implican un riesgo.

2.5.5 Base imponible

Se atiende al riesgo real y potencial de los costes de protección civil que se ge-

48. Son consideradas actividades peligrosas las reguladas en el anexo III del RD. 886/1988, de 15 de julio (RCL 1988/1740), o en el anexo II del RD. 952/1990, de 29 de junio (RCL 1990/1514).

49. Cfr. Chico, Grau y Herrera (2003:20).

nera. Así, en el supuesto de instalaciones industriales o almacenes de sustancias de riesgo potencial, se mide la cantidad media anual de sustancias en Kilogramos. En el supuesto de instalaciones destinadas al transporte de sustancias peligrosas se toma como referencia los metros lineales. Para los aeropuertos y aeródromos, se toma como referencia el número de vuelos. Para las presas hidráulicas el metro cúbico. En el supuesto de centrales nucleares, por la potencia nominal expresada en megavatios. Y por último, para las instalaciones y estructuras destinadas al transporte o suministro de energía eléctrica, en metros.

2.5.6 Cuota tributaria

Se determina la cuota en función de unos baremos objetivos que representan el riesgo derivado del funcionamiento de estas instalaciones. Así, a la base imponible determinada según los siguientes parámetros se le aplica el tipo de gravamen cuantificado en pesetas (actualmente en euros).

2.6 Impuesto sobre instalaciones que inciden en el medio ambiente de la Comunidad Autónoma de Extremadura

2.6.1 Normativa

El Parlamento de la Comunidad Autónoma de Extremadura, aprueba por Ley 7/1997, de 29 de mayo, de medidas fiscales sobre la producción y transporte de energía, el impuesto sobre instalaciones que inciden en el medio ambiente de Extremadura.

2.6.2 Naturaleza

El impuesto sobre instalaciones que inciden en el medio ambiente es un tributo propio de la Comunidad Autónoma de Extremadura, en virtud de los arts. 133.2 y 157.1.b) CE. Nótese que la citada Comunidad Autónoma ha asumido competencias normativas en materia de protección del medio ambiente (art. 8.9 del Estatuto de Autonomía de Extremadura) lo que explica — según la Exposición de motivos — el establecimiento de este tributo.

Por otro lado, la Ley 7/1997, califica dicho impuesto de *directo* y *real* (art. 1.1). Así, desde un punto de vista jurídico es directo, en cuanto que la citada normativa prohibe al sujeto pasivo repercutir el tributo sobre el consumidor (art. 5.2). Sin embargo, consideramos que dicho impuesto no es real, sino personal. Así, se ha señalado que un impuesto es real cuando puede ser pensado sin referencia a una persona determinada,[50] y de la definición del objeto del tributo (art. 1.2) y sobre todo del hecho imponible (art. 2) se desprende precisamente lo contrario. El impuesto extremeño grava la *titularidad por el sujeto pasivo* de los elementos patrimoniales objeto de gravamen, al igual que sucede con el impuesto sobre el Patrimonio, y no por ello, la Ley del citado tributo, se abstiene de calificarlo como de naturaleza *personal* (art. 1 LIP 19/1991, de 6 de junio).[51] Por otro lado, entendemos que dicho tributo grava la misma materia imponible sometida al impuesto sobre bienes inmuebles por lo que resultaría contrario al art. 6.3 LOFCA.[52] Este mismo argumento fue suficiente por nuestro Alto Tribunal para declarar inconstitucional el impuesto balear sobre instalaciones que inciden en el medio ambiente (en adelante IBIMA). En efecto, el Tribunal Constitucio-

50. Cfr. Saínz de Bujanda (1993:175).

51. Así también lo ha entendido Borrero (1998:100) al afirmar que según la redacción de la Ley del Impuesto, "lo que delimitaría la materia imponible, y por extensión, según se articula técnicamente el tributo, el hecho imponible, no sería tanto la afectación de dichos elementos patrimoniales a determinadas actividades, como su titularidad por parte de determinados elementos patrimoniales a determinadas actividades, como su titularidad por parte de determinados sujetos pasivos señalados específicamente en la Ley. La realidad del impuesto es totalmente la contraria: la existencia de determinados elementos patrimoniales afectos a actividades que incidan en el medio en los términos que recoge la ley es lo que determina la sujeción del titular de los mismos y no al contrario. En definitiva, lo personal sigue, en este caso, a lo real".

52. En este mismo sentido, Jiménez (1998:299).

nal, en la S. 289/2000, de 30 de noviembre, declaró inconstitucional y nulo el citado impuesto por incidir en el mismo objeto imponible ya gravado en la esfera municipal por el impuesto sobre bienes inmuebles.[53]

Además, nos encontramos ante un impuesto *objetivo,* al no tener en cuenta las circunstancias personales del sujeto pasivo; de liquidación *periódica,* devengándose anualmente (art. 10); y de carácter *proporcional*, al establecer un tipo de gravamen fijo o invariable.

2.6.3 Objeto del impuesto

Nos encontramos ante un tributo extrafiscal en cuanto pretende con su gravamen desincentivar determinadas actividades que perturban el medio de Extremadura o que comportan potenciales riesgos extraordinarios en su territorio.[54] En efecto, se someten a gravamen aquellas situaciones económicas que incidan sobre el medio de Extremadura, por el hecho de ocasionar, bien gastos a la Comunidad Autónoma en forma de establecimiento de necesarias políticas ambientales, encaminadas a proteger el medio; bien una merma de las condiciones ambientales en la que los ciudadanos de Extremadura desarrollan su existencia.[55]

2.6.4 Hecho imponible

El aspecto material del elemento objetivo del hecho imponible del impuesto es la titularidad por el sujeto pasivo, de los elementos patrimoniales situados en el territorio de la Comunidad Autónoma de Extremadura que se encuentren afectos a la realización de las actividades que integran el objeto del tributo (art. 2), como son las actividades de producción, almacenaje, transformación, transporte efectuado por elementos fijos del suministro de energía

53. "Debe concluirse que el IBIMA se configura como un impuesto sobre el patrimonio inmobiliario, que incide en la misma materia imponible que la del impuesto municipal sobre Bienes Inmuebles, incurriendo por ello en la prohibición prevista en el apartado 3 del art. 6 LOFCA" (STC. 289/2000, FJ 6º, *in fine*). Cfr. Albiñana García Quintana (2001) y Herrera (2001.b:28 y ss.). Para Adame (1996:242), "mientras el objeto del tributo sí que puede ocasionalmente coincidir en el IBI y en el IBIMA, el objeto — fin o riqueza que quiere gravar el legislador al establecer estos tributos difiere en ambos. En el IBI, la riqueza que se pretende gravar viene representada por la renta real o potencial que lleva aparejada la titularidad de los bienes inmuebles. En cambio, en el IBIMA, el objeto — fin — tal como puede deducirse del conjunto de la normativa reguladora del impuesto — está constituido por el valor patrimonial de las instalaciones de ciertas empresas que están afectas a la realización de determinadas actividades que la Ley considera que alteran el medio ambiente y el equilibrio ecológico, y repercuten negativamente en el conjunto de la sociedad que se ve en la obligación de soportar sus efectos externos".

54. Sin embargo, para Adame (1996:242), no nos encontramos ante un tributo extrafiscal, sino ante un impuesto sobre el patrimonio de las entidades gravadas, y debe tenerse en cuenta que el criterio de la capitalización — salvo que se considere como un mero artificio para enmascarar el objeto del tributo — determina el valor productivo de los bienes gravados.

55. Como ha apuntado Borrero (1998:99) el impuesto extremeño "es un tributo con finalidad extrafiscal. En este sentido, realiza fines tanto fiscales como extrafiscales. Los primeros son intrínsecos a su naturaleza tributaria y condición *sine qua non* para la consecución de los otros fines que se pretende alcanzar; los segundos justifican, e incluso, al concretarse en la estructura del tributo, coadyuva a legitimar el establecimiento del impuesto. Los fines extrafiscales se proyectan sobre la estructura técnica del tributo con la pretendida finalidad de orientar a éste hacia la protección del medio. Por ello, es necesario verificar en su articulación técnica si el principio de justifica que sintetiza jurídicamente la consecución de estos fines ambientales, en este caso el principio 'quien contamina paga', coadyuva a la configuración jurídica del impuesto, ya que de lo contrario dichas pretendidas finalidades ambientales desempeñarán el papel de salvoconducto de dicho tributo autonómico a la hora de instalarse legítimamente en el ordenamiento jurídico, sorteando los límites impuestos en el bloque de constitucionalidad al ejercicio de la potestad tributaria de las Comunidades Autónomas". En nuestra opinión se trata de un impuesto con un fin esencialmente fiscal, caracterizado por una estructura alambicada que encubre su verdadero objeto imponible (cfr. P. M. Herrera (2000:292). Téngase en cuenta que los tributos ambientales pueden perseguir, además de la finalidad extrafiscal que supone la preservación del medio ambiente, un fin fiscal "atenuado" (Jiménez (1998:305), es decir, pueden generar ingresos públicos, pero sin que éste sea su finalidad primordial.

eléctrica, así como los elementos fijos de las redes de comunicaciones telefónicas o telemáticas, que incidan en el medio de Extremadura.[56]

El legislador excluye de tributación declarando *no sujetas* aquellas instalaciones que se destinen a la producción y almacenaje de energía eléctrica para el autoconsumo (art. 3). Sin embargo, como acertadamente se ha señalado, su exclusión de gravamen obedecería más a su consideración como *exención*, pues se realiza el presupuesto de hecho, si bien por razones de política-económica el legislador lo excluye de tributación.[57] En nuestra opinión, esta exclusión de gravamen de forma intencionada resulta criticable, pues la degradación ambiental (objeto-fin del tributo) se produce de igual forma aunque la energía eléctrica se destine al autoconsumo.

La consideración técnica como supuesto de no-sujeción de la producción de las energías solar o eólicas resulta más acertada desde el punto de vista de su justificación en cuanto que dichas energías renovables no degradan el medio ambiente, "salvo que éstas como señala la Ley alteren de forma grave y evidente el medio ambiente". En todo caso, esta cláusula de cierre resulta criticable por la inseguridad jurídica que introduce en la regulación jurídica del tributo. En efecto, como acertadamente ha apuntado Borrero Moro, el inciso final del precepto es criticable por la inseguridad jurídica que introduce en la regulación jurídica del tributo (art. 9.3 CE), pues, ¿cómo se puede configurar un tributo en el que una actividad puede estar sujeta o no, sin especificar cuáles son las razones específicas que le hacen pasar de una situación de gravamen a una situación de no-sujeción?[58]

El aspecto espacial está constituido por la radicación de los elementos patrimoniales en el territorio de la Comunidad Autónoma de Extremadura, así como por la afectación de éstos a actividades que perturban el citado territorio. El art. 2.2 de la Ley del Impuesto establece que los bienes están radicados en Extremadura cuando concurra cualquiera de las siguientes condiciones:

• En cuanto a los bienes inmuebles y derechos sobre los mismos cuando aquellos estén situados en esta Comunidad.

• Respecto a los bienes muebles, cuando sean utilizados en factorías, obras o instalaciones situadas en Extremadura.

La Ley guarda silencio con relación al criterio que debe adoptarse para determinar que un elemento patrimonial afecta o perturba el citado territorio, por lo que cabe entender que los requisitos anteriores son también aplicables a este supuesto, a

56. Para Borrero (1998:106) "los términos con los que la Ley del Impuesto delimita las actividades que inciden en el medio ambiente son discriminatorios, al no ser objetivos ni razonables, ya que, partiendo del principio 'quien contamina paga', como delimitador del hecho imponible, acaba sujetando elementos patrimoniales afectos a actividades que no contaminan el medio ambiente (*v.gr.*, transporte efectuado por elementos fijos del suministro de energía eléctrica, o elementos fijos de las redes de comunicaciones telefónicas o telemáticas). Para el citado autor (1998:108), la circunstancia de que unas actividades integren el hecho imponible (redes de comunicaciones telefónicas o telemáticas) y otras no (energía eólica o solar), cuando ninguna de ellas degradan el medio, revela una proyección arbitraria del principio 'quien contamina paga', vulnerando asimismo, el principio de igualdad tributaria al materializarse éste sobre el elemento objetivo del hecho imponible del modo no objetivo, ni razonable". Sin embargo, en nuestra opinión, el legislador no sólo pretende corregir la contaminación atmosférica, sino también la degradación ambiental por la invasión de espacios naturales.

57. Para Borrero (1998:107) la razón que justifica su configuración como supuesto de exención, "se relaciona con el hecho de que la energía eléctrica producida o almacenada por dichas instalaciones y estructuras no se va a comercializar. Es decir, no va a producir beneficios procedentes de su venta al ciudadano. Esta diferencia entre actividades productoras de energía eléctrica para comercializarla o para utilizarla en su propia actividad económica o personal, parece justificar la articulación de la exención. El fundamento se encontraría en el principio de capacidad económica, al no relacionarse directamente éstas con la obtención del dinero".

58. Cfr. Borrero (1998:108).

fin de no tropezar con la prohibición constitucional de que las Comunidades Autónomas graven bienes situados fuera de su territorio (arts. 157. 2 CE y 9 LOFCA).

Por último, el aspecto temporal se regula en el art. 10 de la Ley del Impuesto, señalando que el citado tributo se devenga con carácter general el 31 de diciembre de cada año. No obstante, en el supuesto de que se cese en el ejercicio de la actividad antes de la citada fecha, el impuesto se devengará el último día de la actividad. La Ley no lo señala expresamente pero cabe entender que el período impositivo es anual: del 1 de enero al 31 de diciembre. Así, en cuanto exista un cambio de titular de la instalación contaminante debe entenderse que se produce un período impositivo corto tributando dicho sujeto *hasta el último día de la actividad* — tal como prescribe la Ley.[59]

2.6.5 Sujetos pasivos

Son sujetos pasivos, a título de contribuyentes, las personas físicas o jurídicas titulares de los elementos patrimoniales regulados en el art. 1º de la Ley (art. 5). No obstante, se consideran titulares de los elementos patrimoniales quienes realicen las actividades que integran el objeto del tributo (art. 6). Nótese que el legislador con buen criterio, considera contribuyente del tributo al agente contaminante, con independencia de que ostente o no el derecho de propiedad de la instalación (*v.gr.*, porque se encuentre arrendado). A estos efectos, el art. 6 *in fine* establece que cuando no resulte debidamente acreditada la titularidad de los elementos patrimoniales, la Administración tributaria tendrá derecho a considerar como titular a quien figure como tal en un registro fiscal u otros de carácter público, y en último extremo, al que aparezca como poseedor.

2.6.6 Base imponible

Constituye la base imponible del tributo el valor productivo de los elementos patrimoniales que dan lugar al nacimiento de la obligación tributaria (art. 7.1). Entendiéndose con carácter general, por valor productivo en el período tributario la expresión estimativa de la participación de los elementos patrimoniales sujetos en la composición de los precios de fabricación o costes de producción de los bienes, incluida la energía, o de las actividades, obras y servicios, cuya generación determina el origen del hecho imponible (art. 7.2).

Para la determinación del valor productivo de los elementos patrimoniales, la Ley en el art. 8 define dos bases imponibles distintas en función de la cuantificación de los elementos que conforman el hecho imponible:

a) procesos de producción de energía eléctrica, y

b) transporte de energía, telefonía o telemática.

En el primer caso, la valoración de los distintos elementos patrimoniales que integran la base imponible, realizada capitalizando al tipo del 40 por 100 el promedio de los ingresos brutos de explotación procedentes de la facturación del sujeto, en el territorio de la Comunidad Autónoma de Extremadura, durante los tres últimos ejercicios anteriores al devengo del impuesto, no computándose en el promedio de ingresos brutos determinadas partidas: subvenciones de explotación o de capital (públi-

59. Sin embargo, Borrero (1998:102) ha declarado la existencia de una laguna legal en aquellos casos en los que un sujeto sea titular de la instalación durante 364 días en el año, y el último día de éste transmita la propiedad de la instalación a un tercero, pues según el citado autor, el comprador quedaría sometido al impuesto, "con independencia de que el primero haya sido el que ha estado degradando el medio durante casi la totalidad del período impositivo". Sin embargo, en nuestra opinión, el término "cese" en las actividades debe interpretarse en un sentido amplio, comprendiendo tanto los supuestos de "cese" del ejercicio por disolución de la entidad, como de "transmisión jurídica" de la propiedad, por lo que tanto el vendedor como el comprador tributarán en el citado tributo por la parte proporcional de la titularidad en el ejercicio de la actividad contaminante.

cas y privadas); cantidades recibidas a título lucrativo; indemnizaciones recibidas de terceros por daños y perjuicios; los productos financieros obtenidos; cantidades obtenidas por la cesión a terceros de elementos patrimoniales de su titularidad; mayor valor de sus activos como consecuencia de regularizaciones, y las cantidades percibidas como consecuencia de la enajenación de bienes o derechos que formen parte del patrimonio. A esta cantidad habrá que deducirle determinados conceptos: IVA, y otros tributos indirectos, partidas incobrables y saldos de dudoso cobro, así como las partidas correspondientes a importes indebidamente facturados por error y que hayan sido objeto de anulación o rectificación (art. 8.1).

Junto a esta cantidad, que refleja el valor productivo de los elementos patrimoniales, habrá que calcular otra, que reflejará la producción bruta media de energía eléctrica, multiplicada por unos coeficientes: *de 7 en el caso de energía de origen termonuclear* (uno de los pocos incentivos "ambientales" del tributo), o de 5, en el caso de tener otro origen. La media aritmética de ambos valores determinará la base imponible de los procesos de producción de energía.

Entendemos que la determinación de la base imponible capitalizando al tipo del 40 por 100 el promedio de los ingresos brutos de explotación no resulta coherente con la finalidad medioambiental que se presume que tiene el tributo, pues dicha valoración no atiende al menos directamente al daño ambiental que produce la titularidad de dichas instalaciones contaminantes.[60] Así, como ya se ha señalado el hecho imponible de un tributo debe guardar una relación directa con la base imponible,[61] circunstancia que en nuestra opinión no concurre en el citado tributo. A esta misma conclusión, podría haber llegado nuestro Tribunal Constitucional para declarar contrario a derecho el impuesto balear sobre instalaciones que inciden en el medio ambiente (en adelante IBIMA) al afirmar que "la configuración de la base imponible a partir únicamente del volumen de ingresos brutos de explotación pone de relieve que el IBIMA no grava realmente la actividad contaminante, ya que la capacidad de contaminar no depende de la cuantía de los ingresos brutos, sino de otros factores como, por ejemplo, de las inversiones realizadas para evitar precisamente la afectación del medio ambiente" (FJ 6º). En efecto, en la STC 289/2000, de 30 de noviembre, el Alto Tribunal declaró la inconstitucionalidad y nulidad del impuesto balear, tributo que reúne numerosas semejanzas con el ahora analizado, por lo que — a nuestro juicio — el tribunal debería también declarar inconstitucional el impuesto extremeño.[62] No obstante, debe reconocerse que el Tribunal podría tener en cuenta la existencia de algunas exenciones ambientales y del coeficiente previsto para la producción de energía termonuclear para admitir la constitucionalidad del impuesto.

Por otra parte, en el supuesto de transporte de energía, telefonía y telemática, la base imponible "estará constituida por la extensión de las estructuras fijas expresadas en kilómetros y en números de postes o antenas no conectadas entre sí por cable" (art. 8.3). Por consiguiente, a diferencia del supuesto anterior, la base imponible viene determinada por una cantidad no monetaria, bien en Kilómetros, o bien, en su caso, en números de postes o antenas no conectadas

60. En esta misma línea, Jiménez (1998:294 y 295) ha señalado que de los dos criterios a tomar en cuenta para determinar la base imponible del tributo para los casos de producción de energía, sólo el segundo de los mencionados se puede calificar como elemento tendente a la pretendida finalidad ambiental del impuesto, ya que guarda una relación indirecta pero congruente con el daño causado al entorno natural; y del mismo autor (1999:115).

61. Cfr. Ramallo (1978:662 y ss.).

62. Vid. sobre el ya derogado impuesto Balear sobre instalaciones que incidan en el medio ambiente, los trabajos de Borrero (1998.a:467 y ss. y 1998.c:1270 y ss.); Falcón (2001:5 y ss.); Herrera y Serrano (1994.b:41 y ss.); Jiménez (1999:107 y ss.); Martínez Lago y Gómez Verdesoto (1996:83 y ss.); Güervós (2000:165 y ss.); y Ramírez y Segura (1995).

entre sí por cable. Debe entenderse — aunque no se diga expresamente — que este segundo criterio de medida sólo entra en juego a falta del primero (kilómetros).

2.6.7 Cuota tributaria

El tipo de gravamen previsto para determinar la cuota tributaria es diverso, según se aplique a las actividades de la producción de energía eléctrica o bien a las actividades de transporte, de acuerdo con las bases imponibles establecidas. En el supuesto de bases imponibles determinadas en relación con las actividades de producción de energía eléctrica, se prevé una alícuota del 3%.

Por su parte, en el supuesto de actividades de transporte, el tipo de gravamen será de 600 euros por Kilómetro de red o poste no integrado (art. 9).

2.7 Impuesto sobre las ventas minoristas de determinados hidrocarburos en Comunidad Autónoma de Madrid

2.7.1 Normativa

El Parlamento de la Comunidad de Madrid aprueba mediante Ley 7/2002, de 25 de julio, el tipo de gravamen autonómico del impuesto sobre ventas minoristas de determinados hidrocarburos en la Comunidad de Madrid. A su vez la Disposición Adicional 2ª de la citada Ley, autoriza a la Ley de Presupuestos de cada año a modificar los tipos impositivos.

A raíz del nuevo sistema de financiación de las Comunidades Autónomas aprobado por el Consejo de Política Fiscal y Financiera (Ley 21/2001, de 27 de diciembre), se crea un nuevo impuesto sobre las ventas minoristas de determinados hidrocarburos (art. 9 de la Ley 24/2001, de 27 de diciembre, de Medidas Fiscales, Administrativas, y del Orden Social, en adelante MFAOS). Y la Ley 30/2002, de 1 de julio, del régimen de cesión de tributos del Estado a la Comunidad de Madrid, hace efectiva la cesión a la Comunidad de Madrid desde el 1 de enero de 2002 del rendimiento del impuesto sobre las ventas minoristas de determinados hidrocarburos.

2.7.2 Naturaleza

Como establece el art. 9 de la Ley 24/2001, de 27 de diciembre, de MFAOS, nos encontramos ante un tributo (impuesto) de naturaleza indirecta que recae sobre el consumo. En puridad, se trata de un impuesto de naturaleza estatal, cuya recaudación se cede en parte a las Comunidades Autónomas asumiendo éstas competencias normativas sobre el tipo de gravamen en función de unos límites que establece el art. 44 de la Ley 21/2001, de 27 de diciembre, de medidas fiscales y administrativas del nuevo sistema de financiación de las Comunidades Autónomas.

Además, se trata de un tributo finalista, en cuanto que la recaudación en su tramo estatal queda afectado a la cobertura de los gastos en materia de sanidad, mientras que el tramo autonómico resulta afectado a actuaciones sanitarias o *medioambientales*.[63] Sin embargo, entendemos que el

63. La citada Ley en su exposición de motivos establece que dicho impuesto tiene como objeto principalmente mejorar las prestaciones que el sistema sanitario público madrileño ofrece a sus ciudadanos, a través de la puesta en marcha de un Plan de Calidad Integral de los Servicios Sanitarios que se articula en torno a un triple objetivo: adecuación de infraestructuras y procesos, servicios sanitarios de óptima calidad y promoción de las condiciones laborales del personal sanitario. Resulta curioso que la regulación tan detallada que realiza la Exposición de motivos del destino de la recaudación de este impuesto contrasta con la falta de información respecto a los fines medioambientales que se presume también que tiene dicho impuesto. Así, la única referencia a este último es la siguiente: (...) mientras que el tramo autonómico resulta afectado a actuaciones sanitarias o "*medioambientales*". Adviértase que la Exposición de motivos plantea la afectación de la recaudación a un fin ambiental como si fuera una disyuntiva, o se destina a actuaciones sanitarias "o" a fines ambientales. En nuestra opinión, sería deseable que el legislador autonómico empleara parte de esa recaudación a la protección ambiental de nuestro territorio. Así, parece también entenderlo el legislador estatal en la Ley 24/2001, de 27 de diciembre, de MFAOS, por el que se crea el impuesto sobre las ventas minoristas de determinados hidrocarburos

carácter finalista del tributo no lo convierte en ambiental, pues la estructura impositiva no incentiva comportamientos más respetuosos con el medio ambiente. De todos modos, por el momento la recaudación queda afectada en su totalidad a la financiación de gastos de naturaleza sanitaria, no de protección ambiental.

2.7.3 Hecho imponible

Están gravadas al impuesto las ventas minoristas así como el autoconsumo de determinados hidrocarburos (gasolinas, gasóleo de uso general y especial, fuelóleo, y queroseno de uso general y de calefacción).

Por otra parte, al encontrarnos ante un impuesto de naturaleza estatal si bien cedido en parte a las Comunidades Autónomas, no le resulta aplicable la prohibición específica para impuestos autonómicos propios prevista en los arts. 6.2 y 6.3 LOFCA.

2.7.4 Sujetos pasivos

Son sujetos pasivos del impuesto los propietarios de los productos gravados (hidrocarburos) que realicen las ventas minoristas.

2.7.5 Base imponible

La base imponible está constituida por el volumen de los productos objeto de gravamen, expresado en miles de litros, salvo el fuelóleo, que se mide en función del peso del producto expresado en toneladas métricas.

La base imponible se determina en régimen de estimación directa o indirecta en los supuestos que reconoce la Ley General Tributaria.

2.7.6 Cuota tributaria

La cuota tributaria se determina por la suma de la cuota estatal y autonómica. Así, la cuota tributaria será el resultado de aplicar a la base imponible los dos tipos de gravamen existentes: el estatal y el autonómico.[64]

El tipo de gravamen autonómico para el año 2002 es el siguiente:

a) Gasolinas: 10 euros por 1.000 litros.

b) Gasóleo de uso general: 10 euros por 1.000 litros.

c) Gasóleo de usos especiales y de calefacción: 2,50 euros por 1.000 litros.

d) Fuelóleo: 0,40 euros por tonelada.

e) Queroseno de uso general: 10 euros por 1.000 litros.

f) Queroseno de calefacción: 2,50 euros por 1.000 litros.

La denominación de "céntimo sanitario", responde precisamente al pago de un "céntimo de euro" por cada litro de gasolina o gasoil que se consume.

Para el año 2003 se incrementa el tipo de gravamen:

a) Gasolinas: 17 euros por 1.000 litros.

b) Gasóleo de uso general: 17 euros por 1.000 litros.

c) Gasóleo de usos especiales y de calefacción: 4,25 euros por 1.000 litros.

d) Fuelóleo: 0,70 euros por tonelada.

e) Queroseno de uso general: 17 euros por 1.000 litros.

64. El art. 44.1.3 de la Ley 21/2001 dispone que "los rendimientos que se deriven del presente impuesto quedarán afectados en su totalidad a la financiación de gastos de naturaleza sanitaria orientados por criterios objetivos fijados en el ámbito nacional". *No obstante lo anterior, la parte de los recursos derivados de los tipos de gravamen autonómicos podrá dedicarse a financiar actuaciones medioambientales que también deberán orientarse por idéntico tipo de criterios*: a) Gasolinas: 24 euros por 1.000 litros; b) Gasóleo de uso general: 24 euros por 1.000 litros; c) Gasóleo de usos especiales y de calefacción: 6 euros por 1.000 litros; d) Fuelóleo: 1 euro por tonelada; e) Queroseno de uso general: 24 euros por 1.000 litros; f) Queroseno de calefacción: 6 euros por 1.000 litros.

f) Queroseno de calefacción: 4,25 euros por 1.000 litros.

Para el año 2004 se incrementa de nuevo el tipo de gravamen:[65]

a) Gasolinas: 24 euros por 1.000 litros.

b) Gasóleo de uso general: 24 euros por 1.000 litros.

c) Gasóleo de usos especiales y de calefacción: 6 euros por 1.000 litros.

d) Fuelóleo: 1 euro por tonelada.

e) Queroseno de uso general: 24 euros por 1.000 litros.

f) Queroseno de calefacción: 6 euros por 1.000 litros.

3. Implementación de beneficios fiscales en impuestos locales y estatales ordinarios

3.1 Impuestos directos

3.1.1 Impuestos sobre la renta

La Ley 24/2001, de 27 de diciembre, de Medidas Fiscales, Administrativas y del Orden Social, modificó la regulación del art. 35.4 LIS estableciendo un beneficio fiscal para las empresas de reducida dimensión que resulta aplicable tanto al IS como al IRPF.[66]

En particular, desde el 1 de enero de 2002 resulta aplicable una deducción en la cuota íntegra del 10 por 100 del importe de las inversiones realizadas en bienes del activo material nuevos destinadas al aprovechamiento de fuentes de energías renovables consistentes en instalaciones y equipos con cualquiera de las finalidades siguientes:

a) aprovechamiento de la energía proveniente del *sol* (para su transformación en calor o electricidad);

b) aprovechamiento como combustible de *residuos sólidos urbanos* o de biomasa procedente de residuos de industrias agrícolas y forestales, y de cultivos energéticos (para su transformación en calor o electricidad);

c) Tratamiento de *residuos biodegradables* procedentes de explotaciones ganaderas, de estaciones depuradoras de aguas residuales de efluentes industriales o de residuos sólidos urbanos (para su transformación en biogás); y

d) Tratamiento de *productos agrícolas, forestales o aceites usados* (para su transformación en biocarburantes — bioetanol o biodiesel).

Como se ha señalado, la reforma de la Ley 24/2001, de 27 de diciembre, amplía el ámbito del beneficio fiscal.[67] Sin embargo, la reforma puede resultar perturbadora: la anterior redacción permitía entender que la deducción se extendía a las inversiones para favorecer energías renovables, pues éstas contribuyen generalmente a reducir la contaminación atmosférica y de las aguas, o a reducir o eliminar residuos industriales. Sin embargo, el texto actual limita el ámbito subjetivo del beneficio fiscal a las empresas de reducida dimensión en cuanto la inversión se materialice en activos relacionados con energías renovables.[68] En nuestra opinión, resulta criticable que el incentivo se limite a las empresas de reducida dimensión pudiendo resultar discriminatorio con otro tipo de empresas del sector con un volumen superior de facturación. Tal vez la justificación de esta medida se encuentre en que las empresas de reducida dimensión carecen de las economías de escala propias de las grandes empresas, por lo que necesitan de una pequeña *ayuda* para producir de forma más ecológica. Si esto fuera así, hubiera sido deseable no limitar la deducción a las energías renovables, sino al con-

65. La previsión de recaudación hasta el año 2004 es de 209 millones de euros.

66. El art. 55.2 Ley 40/1998, de 9 de diciembre, del IRPF, extiende a este último impuesto los incentivos y estímulos a la inversión empresarial establecidos en la esfera societaria.

67. Vid. sobre la regulación anterior a la reforma por la Ley 24/2001, de 27 de diciembre, el trabajo de Herrera y Serrano (1997:17 y ss.).

68. Cfr. Herrera (2002:414 y 415).

junto de las inversiones en bienes ambientales.

En todo caso, abogamos por el establecimiento de impuestos específicos medioambientales para dar cumplimiento a la teoría del doble dividendo, conforme a la cual, el establecimiento por la Administración de impuestos ecológicos supondrían una mejora ambiental, como primer dividendo, además, de utilizarse para reducir la presión fiscal de otros impuestos (principalmente directos), como segundo dividendo.[69]

3.1.2 Impuesto municipal sobre vehículos de tracción mecánica

El impuesto sobre vehículos de tracción mecánica pretende gravar el uso potencial del vehículo, que implica determinados gastos por parte de la entidad local (incluidos los que derivan de daños medioambientales). Por ello, el gravamen se limita a los vehículos aptos para circular y se cuantifica según criterios más o menos relacionados con su capacidad como medio de transporte, lo que justifica plenamente la introducción en la estructura del impuesto de determinados elementos de protección.[70]

Esto explica la nueva redacción del art. 96 LHL permitiendo que las Ordenanzas municipales regulen una bonificación de hasta un 75 por 100 (antes 50 por 100) de la cuota del impuesto:

a) En función de la clase de carburante que consuma el vehículo, y en razón de la incidencia de la combustión de dicho carburante en el medio ambiente; y

b) en función de las características de los motores de los vehículos y su incidencia en el medio ambiente.

El Ayuntamiento de Madrid contempla en su ordenanza municipal reguladora del impuesto sobre vehículos de tracción mecánica diversos incentivos fiscales en favor de las energías renovables.[71] Con carácter general, el beneficio se limita, de modo decreciente a los cuatro primeros años tras la matriculación del vehículo. Con buen criterio, las bonificaciones se reducen en función de la antigüedad del vehículo, pues cabe asumir — como mecanismo de simplificación — que el uso prolongado deteriorará sus condiciones ambientales, excluyendo los requisitos legales para el disfrute de la bonificación. El supuesto de hecho se completa con dos reglas especiales para el caso de vehículos híbridos (motor eléctrico-gasolina; eléctrico-diesel; o eléctrico-gas) al establecer una bonificación del 50 por 100 que se mantiene durante seis años, y para el supuesto de vehículos de motor eléctrico o de emisiones nulas, la bonificación del 50 por 100 puede disfrutarse de forma indefinida.[72]

3.1.3 Impuesto sobre bienes inmuebles

Está exenta del impuesto sobre bienes inmuebles "la superficie de los montes en que se realicen repoblaciones forestales o regeneración de masas arboladas sujetas a proyectos de ordenación o planes técnicos aprobados por la Administración forestal. Esta exención tendrá una duración de quince años, contados a partir del período impositivo siguiente a aquel en que se realice su solicitud" (art. 63.2 c) LHL). Debe tenerse en cuenta que las masas arboladas actúan como sumidero biológico de las emisiones de CO_2.

3.1.4 Impuesto sobre actividades económicas

Los municipios pueden establecer una bonificación de hasta el 50 por 100 de la cuota correspondiente para los sujetos pa-

69. Buñuel (1999); y más recientemente del mismo autor (2002:10 y 44).

70. Cfr. Chico, Grau y Herrera (2003:21).

71. Ordenanza Fiscal de 9.10.2001 (BO. Ayuntamiento de Madrid 22.11.2001, núm. 547, p. 3.825), modificada por Acuerdo Pleno de 19.12.2002, BOCM núm. 305 de 24.12.2002, p. 72.

72. Cfr. Herrera (2002:299).

sivos que tributen por cuota municipal cuando concurran ciertos requisitos relacionados directa o indirectamente con la reducción de emisiones atmosféricas:

a) La utilización o producción de energía a partir de instalaciones para el aprovechamiento de energías renovables o sistemas de cogeneración. A estos efectos, se considerarán instalaciones para el aprovechamiento de las energías renovables las contempladas y definidas como tales en el Plan de Fomento de las Energías Renovables. Se considerarán sistemas de cogeneración los equipos e instalaciones que permitan la producción conjunta de electricidad y energía térmica útil.

b) Realización de las actividades industriales, desde el inicio de su actividad o por traslado posterior, en locales o instalaciones alejadas de las *zonas más pobladas del término municipal* (donde existirá ya una notable acumulación de emisiones atmosféricas y se producirán mayores deseconomías externas sobre la población).

c) Establecimiento de un plan de transporte para sus trabajadores que tenga por objeto reducir el consumo de energía y las emisiones causadas por el desplazamiento al lugar del puesto de trabajo, fomentando el empleo de los medios de transporte más eficientes, como el transporte colectivo o el compartido (art. 89.2 LHL).

3.1.5 Impuesto sobre construcciones, instalaciones y obras

Las ordenanzas fiscales podrán regular "una bonificación de hasta el 95 por 100 a favor de las construcciones, instalaciones u obras en las que se incorporen sistemas para el aprovechamiento térmico o eléctrico de la energía solar para autoconsumo. La aplicación de esta bonificación estará condicionada a que las instalaciones para producción de calor incluyan colectores que dispongan de la correspondiente homologación de la Administración competente" (art. 104.2 b) LHL).

3.2 Impuestos indirectos

3.2.1 Impuesto sobre el valor añadido

Los tipos reducidos pueden fomentar determinadas actividades de interés ambiental. Así, el tipo reducido del IVA (7 por 100) se aplica, entre otros supuestos, a los servicios de recogida y tratamiento de desechos y residuos (art. 91.2.5º y 6º LIVA). Sin embargo, se echa en falta la inclusión de tipos reducidos para proteger la contaminación atmosférica. Así, desde un punto de vista de *lege ferenda* podrían incluirse tipos reducidos para la adquisición de automóviles con gas licuado de petróleo, con sistemas eléctricos o híbridos (eléctricos y con gas licuado).

3.2.2 Impuesto sobre hidrocarburos

A pesar del carácter eminentemente recaudatorio de este impuesto, el legislador ha dado ciertos pasos — si bien ciertamente tímidos — para corregir la contaminación medioambiental, tal vez para justificar la finalidad extrafiscal que se presume que tiene al servir como instrumento corrector de las externalidades negativas.[73]

Ante los problemas de derecho comunitario que originaba la normativa y la práctica española sobre la exención de biocarburantes (cfr. la ST Primera Instancia de 27.9.2000 sobre la normativa francesa), el legislador ha optado por establecer con carácter temporal un tipo de gravamen cero para los biocarburantes y restringir el ámbito de la exención para carburantes de origen agrícola o vegetal, precisando que "tendrán la consideración de proyectos piloto para el desarrollo tecnológico de productos menos contaminantes los proyectos de carácter experimental y limitados en el tiempo, relativos ala producción o utilización de los productos indicados y dirigidos a demostrar la viabilidad técnica o tecno-

73. Sobre los tributos como instrumentos correctores de las externalidades negativas, vid. Ayres y Kneese (1974:1974 y ss.).

lógica de su producción o utilización, con exclusión de su ulterior explotación comercial de los resultados de los mismos. Podrá considerarse acreditado el cumplimiento de estas condiciones respecto de los proyectos que afecten a una cantidad reducida de productos que no exceda de la que se determine reglamentariamente" (arts. 50-*bis* y 51.3 LIIEE, en la redacción establecida por el art. 8 de la Ley 53/2002, de Medidas Fiscales, Administrativas y del Orden Social).

Por otra parte, debe tenerse en cuenta que el nuevo modelo de financiación autonómica crea un nuevo impuesto sobre las ventas minoristas de determinados hidrocarburos cedido a las Comunidades Autónomas cuyo producto ha de destinarse a la financiación de la sanidad y, en su caso, a actuaciones de protección ambiental.

3.2.3 Impuesto sobre determinados medios de transporte

La Exposición de Motivos de la Ley 38/1992, pretendía justificar su imposición en los costes sociales específicos que provoca el uso de los vehículos "en el ámbito de la sanidad, las infraestructuras o el medio ambiente". Sin embargo, no debe perderse de vista que precisamente su implantación coincidió *curiosamente* en el tiempo con la eliminación del tipo de gravamen incrementado del IVA para productos suntuarios (*v.gr.*, vehículos automóviles, aeronaves, embarcaciones y buques de recreo, etc.).

En puridad, el único elemento ambiental del tributo se ha introducido a través del Plan Prever (antes Plan Renove), por el que se establece una deducción en la cuota de 480,81 euros (80.000 ptas.) siempre que concurran las dos circunstancias siguientes:

a) que el automóvil tenga una antigüedad igual o superior a diez años, contada desde la fecha en que hubiera sido objeto de su primera matriculación definitiva;

b) no haber sido dado de baja definitiva para desguace, y no haber transcurrido más de seis meses desde dicha baja hasta la matriculación del vehículo automóvil de turismo nuevo.

La DA. 33ª de la Ley 14/2000, de Medidas Fiscales, Administrativas, y del orden Social, reguló una nueva medida para la renovación del parque de vehículos automóviles de turismo equipados con motores no aptos para emplear gasolina sin plomo. Esta ayuda será de 721,21 euros (120.000 ptas.) en lugar de 480,81 euros, siempre que se cumplan los requisitos siguientes:

a) que el vehículo usado esté equipado con un motor de gasolina no apto para emplear gasolina sin plomo, y

b) que el vehículo nuevo esté equipado con un motor de gasolina provisto de catalizador.

Esta medida supone que la sustitución de vehículos antiguos por nuevos constituya una disminución de las emisiones contaminantes, pues los vehículos nuevos son más eficientes en el consumo de combustible empleado que los antiguos.

Es de lamentar que el legislador no aprovechara la ocasión para introducir medidas específicas en favor de las energías renovables — tal como sucede como veremos seguidamente en el impuesto municipal sobre vehículos de tracción mecánica.

4. Conclusiones

Primera. Cualquier medida encaminada a proteger la atmósfera vendrá presidida por una reducción de la cantidad de contaminantes emitidos y por la utilización de energías renovables. El empleo de instrumentos fiscales para proteger el medio ambiente tiene una doble esfera de actuación: mediante impuestos propios autonómicos e impuestos estatales cedidos a las Comunidades Autónomas que graven directamente energías fósiles contaminantes, o a través de la implementación de beneficios fiscales sobre impuestos locales o estatales ordinarios.

Segunda. El *impuesto gallego sobre la contaminación atmosférica* es respetuoso con el criterio de la distribución competencial del art. 6 LOFCA, así como con el principio de justicia tributaria (art. 31 CE). Pese a tener presente el principio "quien contamina paga", sería deseable que el legislador introduzca en la tarifa un cuarto tramo con objeto de convertir al tributo en un instrumento regulador y desincentivador del efecto contaminante configurándose entonces como un verdadero tributo de ordenamiento.

Tercera. El *impuesto castellano-manchego sobre determinadas actividades que inciden en el medio ambiente* podría tropezar con el art. 6.3 LOFCA al someter la misma materia imponible reservada a las Corporaciones Locales en relación con el impuesto sobre actividades económicas (art. 79.1 LRHL). Nótese que los epígrafes 143.3 y 151.3 de la Sección primera de las Tarifas reguladoras del impuesto gravan respectivamente el "almacenamiento de residuos radiactivos" y la "producción de energía electronuclear". Además, la actividad de producción de electricidad podría solaparse con el impuesto estatal sobre la electricidad entrando también en colisión con la limitación recogida en el art. 6.2 LOFCA.

Cuarta. El *impuesto balear sobre estancias en empresas turísticas de alojamiento* podría tropezar con el art. 6.2 LOFCA al recaer sobre presupuestos de hecho ya gravados a nivel estatal, como sucede con el consumo de servicios hoteleros en fase minorista (art. 11.9ª LIVA). Además, podría existir cierta fricción con el art. 6.3 LOFCA al gravar en sede municipal otro impuesto cuya materia imponible incide en el ejercicio de la actividad económica: servicios de hospedaje (epígrafe 68 de las tarifas reguladoras del IAE). En todo caso, la mal llamada *ecotasa*, desde un punto de vista técnico, ni responde a los caracteres de las tasas, ni tiene un fin de protección ambiental, cumpliendo claramente una finalidad recaudatoria. Por ende, el distinto gravamen entre las distintas formas de alojamiento en las Islas resulta en nuestra opinión discriminatorio por razones subjetivas lesionando el principio de igualdad tributaria (art. 14 CE).

Quinta. El *gravamen catalán sobre actividades de riesgo* responde a los caracteres singulares de una contribución especial, y no tiene una finalidad ecológica, sino recaudatoria, pues no tiene un carácter desincentivador de la contaminación ambiental.

Sexta. El *impuesto extremeño sobre instalaciones que inciden en el medio ambiente* podría resultar contrario al art. 6.3 LOFCA siguiendo la doctrina del Tribunal Constitucional (STC. 289/2000, de 30 de noviembre) al gravar la misma materia imponible sometida al impuesto municipal sobre bienes inmuebles. Además, la determinación de la base imponible capitalizando al tipo del 40 por 100 el promedio de los ingresos brutos de explotación no resulta respetuosa con el supuesto fin ambiental del tributo, pues dicha valoración no atiende al menos directamente al daño ambiental que produce la titularidad de dichas instalaciones contaminantes, por lo que en atención a un criterio de coherencia, nuestro más Alto Tribunal debería declarar de igual modo inconstitucional y nulo dicho impuesto basándose en los mismos argumentos ya declarados en su día en relación con el similar impuesto balear sobre instalaciones que inciden en el medio ambiente. Por último, en nuestra opinión, resultará difícil que el Tribunal Constitucional estime su posible incompatibilidad con el principio de capacidad económica, pues podría justificar el gravamen de las emisiones de gases sobre la base de una capacidad económica potencial, por constituir dicha emisión parte del proceso productivo de la entidad que produce dichas emisiones.

Séptima. El *impuesto madrileño sobre las ventas minoristas de determinados hidrocarburos* se trata de un tributo extrafiscal, pero no ecológico, pues el carácter finalista del impuesto (el tramo autonómico resulta afectado a actuaciones sanitarias "*o*" medioambientales), pues su tipo de gravamen no incentiva comportamientos más respetuosos con el medio ambiente.

Octava. El legislador del impuesto sobre sociedades ha introducido una nueva deducción en la cuota íntegra para incentivar las energías renovables. No obstante, resulta criticable que el incentivo se limite a las empresas de reducida dimensión pudiendo ser discriminatorio con otro tipo de empresas del sector con un volumen superior de facturación.

Novena. En la legislación del IVA y del impuesto sobre determinados medios de transporte se echa de menos la inclusión de tipos reducidos en favor de las energías renovables en aras de proteger la contaminación atmosférica.

Décima. La reforma de la Ley de Haciendas Locales ha previsto nuevos incentivos ambientales de carácter potestativo dirigidos — en su mayor parte — a reducir las emisiones de gases contaminantes.

Bibliografía

ADAME MARTÍNEZ, F. D. (1994.a) "El impuesto sobre instalaciones que incidan en el medio ambiente de la Comunidad Autónoma de Baleares", *Civitas, Revista Española de Derecho Financiero* 79, pp. 433 y ss.

______. (1994.b) "Consideraciones acerca del impuesto balear sobre instalaciones que incidan en el medio ambiente (comentarios a propósito de la Sentencia del TSJ. de Baleares de 4 de febrero de 1994)", *Crónica Tributaria* 71, pp. 123 y ss.

______. (1996) *Tributos propios de las Comunidades Autónomas*, Granada, Comares.

ALBIÑANA GARCÍA-QUINTANA, C. (2001) "Anotaciones a la Sentencia del Tribunal Constitucional de 30 de noviembre de 2000", *Impuestos* 5/2001.

ALONSO GARCÍA, E. (1993) *El Derecho Ambiental de la Comunidad Europea. El Marco Constitucional de la Política Comunitaria de Medio Ambiente, Aplicación de la Legislación Comunitaria de Medio Ambiente*, Madrid, Fundación Universidad Empresa-Civitas.

ALONSO GONZALEZ, L. M. (1995) *Los Impuestos Autonómicos de Carácter Extrafiscal*, Madrid, Marcial Pons.

______. (1996.a) "El impuesto sobre la contaminación atmosférica de Galicia", *Revista Gallega de Administración Pública* 12, 1996-1, pp. 161 y ss.

______. (1996.b) "Los impuestos especiales como tributos medioambientales", en la obra coordinada por J. Esteve Pardo, *El Medio Ambiente y las Corporaciones Locales*, Barcelona, Marcial Pons y Diputación de Barcelona.

ALVAREZ GARCÍA, S. y ALVAREZ VILLA, J. (2000) "Los impuestos especiales en la Unión Europea de una finalidad recaudatoria a la protección del medio ambiente", *Noticias de la Unión Europea* 183, pp. 88 y ss.

ARRIETA MARTÍNEZ DE PISÓN, J. (1999) *Técnicas Desgravatorias y Deber de Contribuir*, Madrid, MacGraw-Hill.

______. (2001) "El impuesto de Castilla-La Mancha sobre determinadas actividades que inciden en el medio ambiente en el marco de la financiación autonómica", *Justicia Administrativa* 13.

AYRES, R. U. y KNEESE, A. V. (1974) "Producción, consumo y externalidades", en la obra *Economía del Medio Ambiente*, Madrid, IEF.

BAENA AGUILAR, A. (1995) "Protección impositiva del medio natural", *Noticias de la Unión Europea* 122, pp. 11 y ss.

______. (2002) "La protección tributaria del medio ambiente en España", en la obra colectiva *La Protección Fiscal del Medio Ambiente*, Madrid, Marcial Pons, pp. 214 y 215.

BAYONA DE PEROGORDO, J. J. y SOLER ROCH, M. T. (1995) "Gasto público y medio ambiente", *Noticias de la Unión Europea* 122, pp. 25 y ss.

BOKOBO MOICHE, S. (1999) "La fiscalidad de las prestaciones turísticas. La posibilidad de que las Comunidades Autónomas establezcan la 'tasa turística'", *Civitas, Revista Española de Derecho Financiero* 102, pp. 243 y ss.

______. (2000) *Gravámenes e Incentivos Fiscales Ambientales*, Madrid, Civitas.

______. (2001) "Fiscalidad del turismo y ordenamiento comunitario", *Noticias de la Unión Europea* 193, pp. 9 y ss.

BORRERO MORO, C. (1998.a) "Acerca de la discutida constitucionalidad del impuesto balear sobre instalaciones que inciden en el medio ambiente", en la obra dirigida por A. Yabar Sterling, *Fiscalidad Ambiental*, Cedecs, Barcelona, pp. 467 y ss.

______. (1998.b) "El impuesto gallego sobre la contaminación atmosférica", *Civitas, Revista Española de Derecho Financiero* 248, pp. 1270 y ss.

______. (1998.c) "El impuesto sobre instalaciones que incidan en el medio de Extremadura: un tributo con algunos síntomas de inconstitucionalidad", *Impuestos* 18.

______. (1999) *La Tributación Ambiental en España*, Madrid, Tecnos.

BUÑUEL GONZÁLEZ, M. (1999) *El Uso de Instrumentos Económicos en la Política del Medio Ambiente*, Colección Estudios 75, Madrid, Consejo Económico y Social.

______. (2002) "El uso de instrumentos fiscales en la política del medio ambiente: teoría, práctica y propuesta preliminar para España", *Papel de Trabajo sobre Medio Ambiente y Economía* 1.

CALVO ORTEGA, R. (1999) "Prólogo" a la obra de A. Vaquera García, *Fiscalidad y Medio Ambiente*, Valladolid, Editorial Lex Nova, pp. 9 y ss.

CASADO OLLERO, G. (1991.a) *El Sistema Impositivo de las Comunidades Autónomas*, Granada, Publicaciones del Instituto de Desarrollo Regional, Universidad de Granada.

______. (1991.b) "Los fines no fiscales de los tributos", en la obra colectiva *Comentarios a la Ley General Tributaria y Líneas para su Reforma. Libro-Homenaje al Prof. Dr. D. Fernando Sáinz de Bujanda*, Madrid, IEF.

CORTÉS DOMÍNGUEZ, M. (1965) "El principio de capacidad contributiva en el marco de la técnica jurídica", *RDFHP* 60, pp. 1.037 y ss.

______. (1985) *Ordenamiento Tributario Español*, v. I, Madrid, Civitas.

CHECA GONZÁLEZ, C. (1983) "Los impuestos con fines no fiscales: notas sobre las causas que los justifican y sobre su admisibilidad constitucional", *Civitas, Revista Española de Derecho Financiero* 40, pp. 509 y ss.

______. (2002) *Los Impuestos Propios de las Comunidades Autónomas. Ensayo de Superación de las Fuertes Limitaciones Existentes para su Implantación*, Pamplona, Aranzadi.

CHICO DE LA CÁMARA, P.; GRAU RUIZ, M. A. y HERRERA MOLINA, P. M. (2003) "Incentivos a las energías alternativas como instrumento de desarrollo sostenible", *Quincena Fiscal* 2, 2003.

FALCÓN Y TELLA, R. (1996) "Las medidas tributarias medioambientales y la jurisprudencia constitucional", en la obra colectiva coordinada por J. Esteve Pardo, *Derecho del Medio Ambiente y Administración Local*, Madrid, Civitas y Diputación de Barcelona, pp. 674 y ss.

______. (1998) "Prólogo" a la obra de J. Jiménez Hernández, *El Tributo como Instrumento de Protección Ambiental*, Granada, Editorial Comares, pp. XXI y ss.

______. (2001) "La inconstitucionalidad declarada del impuesto balear sobre instalaciones que incidan en el medio ambiente y la previsible inconstitucionalidad del impuesto catalán sobre grandes superficies y del proyectado impuesto extremeño sobre el ahorro", *Quincena Fiscal* 5, pp. 5 y ss.

FERNÁNDEZ LÓPEZ, R. I. (1996) "La fiscalidad autonómica en materia ambiental: su aplicación a Galicia", *Crónica Tributaria* 80, pp. 9 y ss.

FERREIRO LAPATZA, J. J. (1998) "La clasificación de los tributos en impuestos, tasas y contribuciones especiales", *Civitas, Revista Española de Derecho Financiero* 100, pp. 549 y ss.

FRASER, P. J. (1988) *Environmental Health and Economic Implications of the Use of Chlorofluorocarbons as Aerosol Substitutes*, A joint Australian Environment Council/National Health and Medical Research Council Document, Canberra, Australia Government Publishing Service, pp. 121 y ss.

GAGO, A. y LABANDEIRA, J. (1996) "Instrumentos tributarios para las políticas de medio ambiente", *Palau* 14, n. 23, pp. 35 y ss.

GARCÍA NOVOA, C. (2002) "El Reglamento del impuesto gallego sobre contaminación atmosférica. Puntualización a la Sentencia del TSJ. de Galicia de 3 de julio de 2001", *Jurisprudencia Tributaria* 15.

GONZÁLEZ MÉNDEZ, A. (2000) "La configuración y determinación de la base imponible de los impuestos sobre las emisiones atmosféricas contaminantes y la medida del daño ambiental", *Impuestos* 21, pp. 14 y ss.

GÜERVOS MAÍLLO, M. A. (1999) "Elementos patrimoniales sujetos al impuesto balear sobre instalaciones que inciden en el medio ambiente (análisis jurisprudencial", *Jurisprudencia tributaria* 3, pp. 27 y ss.

______. (2000) *El Impuesto Balear sobre Instalaciones que Inciden en el Medio Ambiente*, Madrid-Barcelona, Marcial Pons.

HERRERA MOLINA, M. A. (2001) "Estudio sucinto sobre la fiscalidad del turismo en España: referencia a la Administración local", en la obra coordinada por J. Rodríguez Fernández y J. I. Gomar Sánchez, *Hacienda y Finanzas Municipales*, Madrid, Marcial Pons-UCCI, pp. 163 y ss.

HERRERA MOLINA, P. M. (1996) "Los tributos con fines ambientales: impuestos autonómicos sobre instalaciones contaminantes", en la obra colectiva *Derecho del Medio Ambiente y Administración Local*, Diputación de Barcelona, Civitas.

______. (2000) *Derecho Tributario Ambiental*, Madrid, Marcial Pons.

______. (2001.a) "El impuesto balear sobre estancias en empresas turísticas de alojamiento (problemas constitucionales y de Derecho comunitario)", *Temas Tributarios de Actualidad*, Informe 23.

______. (2001.b) "Inconstitucionalidad del impuesto balear sobre instalaciones que inciden en el medio ambiente", *El Fisco* 50, pp. 28 y ss.

______. (2002) "Anexo de actualización", en la obra colectiva *La Protección Fiscal del Medio Ambiente*, Madrid, Marcial Pons.

HERRERA MOLINA, P. M. y SERRANO ANTÓN, F. (1994.a) "Aspectos constitucionales y comunitarios de la tributación ambiental (especial referencia al impuesto sobre dióxido de carbono sobre la energía)", *Civitas, Revista Española de Derecho Financiero* 83.

______. (1994.b) "El tributo ecológico balear: ¿un impuesto sobre el volumen de ventas?", *Noticias de la Unión Europea* 119, pp. 41 y ss.

______. (1997) "La deducción por inversión en instalaciones ambientales", *Quincena Fiscal* 11, pp. 17 y ss.

JIMÉNEZ HERNÁNDEZ, J. (1996) "El tributo ecológico y su carácter extrafiscal. Un estudio de las figuras autonómicas", *Impuestos* 1, pp. 99 y ss.

______. (1998) *El Tributo como Instrumento de Protección Ambiental*, Granada, Editorial Comares.

______. (1999) "Comentarios acerca del impuesto sobre instalaciones que incidan en el medio ambiente de la Comunidad Autónoma de Extremadura", *Impuestos* 5.

LABANDEIRA VILLOT, X. (1996) "Instrumentos económicos para el control de fenómenos de lluvia ácida: una ilustración para el caso español", *Ponencia en el I Congreso internacional sobre Protección Fiscal del Medio Ambiente*, Madrid, Colegio de Abogados de Madrid, UCM.

LASARTE, J.; ESEVERRI, E.; ADAME, F. y MARTÍN, J. (2001) *Turismo y Financiación Autonómica y Local. Comentarios sobre la Llamada "Ecotasa" y otras Alternativas de Financiación*, Granada, Comares.

MAGADÁN DÍAZ, M. y RIVAS GARCÍA, J. (1997) "Los tributos medioambientales en el marco de la financiación autonómica", *Impuestos* 19, pp. 118 y ss.

______. (1998) *Fiscalidad Ambiental Autonómica*, Barcelona, Bosch.

MARTÍN MATEO, R. (1991) *Tratado de Derecho ambiental*, v. I, Madrid, Trivium.

______. (1992) *Tratado de Derecho Ambiental*, v. II, Madrid, Trivium.

______. (1998) "Medidas fiscales para apoyar las energías renovables", en la obra colectiva dirigida por A. Yabar Sterling, *Fiscalidad Ambiental*, Cedecs, Barcelona, pp. 121 y ss.

PÉREZ ARRAIZ, J. (1996) "La extrafiscalidad y el medio ambiente", *Revista de Haciendas Locales* 78, pp. 675 y ss.

RAMALLO MASSANET, J. (1978) "Hecho imponible y cuantificación de la prestación tributaria", *REDF* 20, pp. 662 y ss.

ROSEMBUJ, T. (1995) *Los Tributos y la Protección del Medio Ambiente*, Madrid, Marcial Pons, pp. 98 y 99.

ROZAS VALDÉS, J. A. (1997) "El impuesto gallego sobre la contaminación atmosférica", *Revista de Derecho Financiero y Hacienda Pública* 246, p. 946.

SAÍNZ DE BUJANDA, F. (1993) *Lecciones de Derecho Financiero*, Madrid, Servicio de Publicaciones de la Facultad de Derecho, UCM.

SÁNZ LARRUGA, F. L. (1997) *Derecho Ambiental de Galicia*, Fundación Caixa Galicia, A Coruña.

SARTORIO ALABAT, S. (1996) "Sistema fiscal y espacios naturales protegidos", en la obra colectiva dirigida por J. Esteve Pardo, *El Medio Ambiente y las Corporaciones Locales*, Madrid, Civitas, pp. 787 y ss.

VAQUERA, A. (1999) *Fiscalidad y Medio Ambiente*, Valladolid, Lex Nova.

VILLAR EZCURRA, M. (2002) "Los tributos ambientales en el marco de un desarrollo sostenible", en la obra colectiva dirigida por J. L. Piñar Mañas, *Desarrollo Sostenible y Protección del Medio Ambiente*, Madrid, Civitas.

YÁBAR STERLING, A. (2001) "La aplicación de los mecanismos derivados del Protocolo de Kioto para mitigar los efectos del cambio climático. Balance de situación en el mundo, en la Unión Europea y en España", *Noticias de la Unión Europea* 193, pp. 125 y ss.

______. (Dir.) (2002) *La Protección Fiscal del Medio Ambiente. Aspectos Económicos y Jurídicos*, Madrid, Marcial Pons.

CADERNOS DE DIREITO TRIBUTÁRIO

O PRINCÍPIO DA CAPACIDADE CONTRIBUTIVA E A SUBSTITUIÇÃO TRIBUTÁRIA

José Eduardo Soares de Melo
Professor Doutor da Universidade Católica de São Paulo. Consultor Tributário

I — Capacidade contributiva: 1. Considerações gerais; 2. Aplicação às espécies tributárias. II — Substituição tributária: 1. Considerações gerais; 2. Normas e tributos incidente; 3. Jurisprudência. III — Conclusões.

I — Capacidade contributiva

1. Considerações gerais

O princípio da capacidade contributiva, que se entrelaça com o princípio da vedação de confisco, representa um dos fundamentos basilares da tributação, como corolário do princípio da isonomia, verdadeiro sinônimo da justiça fiscal. Constitui o elemento básico de onde defluem as garantias materiais diretas, de âmbito constitucional, como a generalidade, igualdade e proporcionalidade.

É elementar que só cabe imposição tributária quando ocorrem fatos, atos, operações, situações e estados jurídicos, denotadores de fundamento econômico (riqueza), jamais tendo cabimento a incidência do tributo sobre qualidades pessoais, físicas, ou intelectuais.

Considerando-se que a tributação interfere no patrimônio das pessoas, de forma a subtrair parcelas expressivas de bens, não há dúvida de que será ilegítima (inconstitucional) a imposição de encargos superiores às forças desse patrimônio. Os direitos individuais compreendem o absoluto respeito à garantia de sobrevivência, devendo ser preservado um *quantum* para a subsistência de quaisquer categorias de contribuintes.

Embora sempre estivesse previsto (implícita ou explicitamente) o postulado da "capacidade contributiva" nos ordenamentos constitucionais anteriores, a Constituição Federal de 1988 estatuiu que "sempre que possível, os impostos terão caráter pessoal e serão graduados segundo a capacidade econômica do contribuinte, facultado à administração tributária, especialmente para conferir efetividade a esses objetivos, identificar, respeitados os direitos individuais e nos termos da lei, o patrimônio, os rendimentos e as atividades econômicas do contribuinte" (§ 1º do art. 145). O limite da tributação é, inexoravelmente, a capacidade econômica do contribuinte, um verdadeiro imperativo para os destinatários das normas, como o Legislativo, a Administração Pública e o Judiciário.

A expressa diretriz constitucional revela imprecisão, vaguiedade, e antagonismo; pois, embora seja determinante, apresenta condição que já traduz impossibilidade de difícil positivação.

Antes de tudo, convém traçar os lineamentos da capacidade econômica, como sendo a aptidão que determinadas pessoas têm para arcar com parcela do custo dos serviços públicos gerais, ou do fenômeno revelador da riqueza. Trata-se de tarefa difícil, pois o vocábulo "econômica" foge dos quadrantes do direito, além de não possuir a mesma natureza de capacidade contributiva "financeira", que representa a existência de numerário suficiente para arcar com o ônus fiscal, e que, de per si, não significa deva haver adequada mensuração do tributo em relação ao montante (implícito) de sua materialidade.

É imperioso haver uma correlação lógica, uma especial proporcionalidade entre a base de cálculo e a sua materialidade a ser suportada pelo contribuinte.

A inexistência de numerário (elemento financeiro) não eliminaria o dever imputado ao sujeito passivo da obrigação tributária. O contribuinte não deve arcar com determinado montante tributário simplesmente porque tem dinheiro para tanto; é imprescindível (e jurídico) que a exigência fiscal deva corresponder a uma parcela do fato imponível (traduzido monetariamente). Do mesmo modo, a capacidade econômica — que pode ser conceituada como a existência de um patrimônio abrangendo bens e direitos de qualquer natureza —, é também estranha à justa participação na carga fiscal.

A distribuição eqüitativa dos ônus tributários, como medida de necessidade (para o Estado) e justiça (para os contribuintes), não pode tomar em conta a riqueza (ou pobreza) das pessoas. É induvidoso que a participação das pessoas deve refletir ou representar uma parte das materialidades tributárias porque sempre traduzem — é bom repetir — fatos, atos, operações, estados e situações jurídica com substrato financeiro.

A questão complexa não se circunscreve à obrigação da pessoa de recolher dinheiro aos cofres públicos (tributo), em decorrência de ter sido eleito (legalmente) como seu sujeito passivo (contribuinte ou responsável). Impõe-se solucionar em que medida deva ocorrer essa obrigação, tendo em vista os aspectos pessoais vinculativos e a espécie de tributo que enseja tal graduação.

Hugo de Brito Machado analisou o aspecto *medida da capacidade contributiva*, tomando em conta os elementos consideráveis como "renda pessoal", "patrimônio", "renda monetária líquida", "consumo", todos eles insuficientes isoladamente para atingir o desiderato perseguido. Sublinhou que a "capacidade contributiva deve ser medida de diversas formas, tendo-se em vista esses distintos indicadores, razão pela qual afasta a idéia de um imposto único" (*Os Princípios Jurídicos da Tributação na Constituição de 1988*, Ed. RT, 1989, pp. 49-50).

A capacidade contributiva também é delineada pela aplicação dos princípios seguintes:

a) *progressividade*, que consiste na majoração das alíquotas na medida em que a base de cálculo é elevada, o que seria um ideal para todos os impostos para que não se mantivesse a neutralidade tributária.

A Constituição estabeleceu de modo expresso, preciso, limitado e categórico, as espécies de impostos cuja progressividade é obrigatória (IR, ITR e IPI), facultativa (ICMS e IPTU), e proibida (IPVA, ITBI, ISS);

b) *seletividade* em função da essencialidade dos produtos, mercadorias e serviços, será obrigatória para o IPI, consistindo na distribuição de cargas tributárias em razão de diferenciação desses bens, traduzidos basicamente em alíquotas descoincidentes.

Decorre de valores colhidos pelo constituinte, como é o caso do salário mínimo, que toma em consideração as necessidades vitais (moradia, alimentação, educação, saúde, lazer, vestuário, higiene, transporte e previdência), diante do que os produtos necessários à subsistência da população devem implicar menor tributação, ao passo que os produtos supérfluos e artigos de luxo podem sofrer carga tributária mais significativa.

A seletividade é facultativa para o ICMS.

2. Aplicação às espécies tributárias

A capacidade contributiva deveria ser considerada em qualquer tributo, e revelada mediante a consideração do valor do seu objeto (materialidade), e não ficar restrita unicamente aos impostos (§ 1º, art. 145, CF).

A tributação quantifica-se por uma base de cálculo (à qual se aplica uma alíquota), salvo os casos excepcionais de alíquota fixa; e como esta nada mais é do que o próprio valor da materialidade, sempre será possível medir a intensidade (econômica) de participação do contribuinte no montante do tributo.

Como a estrutura da norma jurídica tributária sempre revela a intensidade econômica do ônus imputado ao sujeito passivo, forçoso defluir o entendimento de que é possível apreender o caráter pessoal e a capacidade econômica do mesmo, ainda que possam ocorrer algumas dificuldades práticas.

Relativamente aos *impostos* pode ser que surja algum entrave para aferir o cunho pessoal ou a capacidade econômica, dependendo da vinculação da materialidade a características pessoais do contribuinte.

No imposto de renda é mais fácil medir a capacidade de contribuir pelo fato de tomar como fato imponível o acréscimo do patrimônio da pessoa dentro de um quadro comparativo no início e no fim de um determinado período de tempo, como também seria o caso do imposto sobre grandes fortunas, onerando o patrimônio das pessoas. Nessas espécies de impostos a condição pessoal do contribuinte é elemento significativo da regra de tributação.

Entretanto, nos denominados impostos indiretos ou objetivos (ICMS e IPI) — em que naturalmente se repassa a terceiros o respectivo encargo financeiro —, a aferição da riqueza não considera as peculiaridades da pessoa (sujeito passivo), mas as atividades envolvendo operações mercantis e com industrialização de produtos.

Considerando que os impostos incidem sobre negócios jurídicos, existem elementos (especialmente no caso das pessoas naturais) para se apurar a capacidade econômica no que pertine aos impostos de importação; exportação; operações de crédito, câmbio e seguro, ou relativas a títulos ou valores mobiliários; propriedades imobiliárias e sobre veículos automotores; prestações de serviços, e transmissões *causa mortis*, *inter vivos* imobiliárias, e doação.

É induvidoso que constitui difícil tarefa penetrar no universo das atividades empresariais dos contribuintes, conhecer complexos aspectos societários, ou sua intimidade, com o fito de avaliar a carga fiscal. É possível que nos lindes da economia, em um determinado momento histórico do país, seja possível aquilatar o limite máximo suportável financeiramente.

No que concerne às *taxas* há que se considerar os valores determinados pelo princípio da retributividade, e pelo princípio da observância ao mínimo indispensável à prover as necessidades básicas do contribuinte e sua família — "proteção do mínimo vital" — conforme argutamente observado (Alexsander Roberto Alves Valadão, *Capacidade Contributiva e Taxa*, Tese de Mestrado apresentada na Universidade Federal do Paraná, 2001, inédita).

Na *contribuição de melhoria* leva-se em conta a valorização imobiliária causada por obra pública, norteada pelo princípio da proporcionalidade, permitindo medir a capacidade do beneficiado pelo incremento patrimonial.

Embora as *contribuições sociais* tenham uma singularidade constitucional (destinação ou afetação a uma determinada entidade, órgão etc.), o seu peculiar regime jurídico é que norteará o modo como deverá ser apurada a capacidade econômica do contribuinte. As contribuições incidentes sobre negócios jurídicos (COFINS, PIS) caracterizam exação não-vinculada, seguindo a diretriz dos impostos; enquanto que as demais contribuições (previdenciárias dos trabalhadores) podem qualificar-se como vinculadas, observando-se os critérios das taxas; ou seguir uma dessas diretrizes (plano legal) no caso da CF não estabelecer as materialidades das contribuições (corporativas, interventivas no domínio econômico).

Considerando que o *empréstimo compulsório* poderá revestir a natureza de qualquer espécie tributária — em razão da CF não dispor sobre sua materialidade — as diretrizes pertinentes a imposto ou taxa dependerão da fisionomia que for dada pela lei instituidora da respectiva contribuição.

A expressão "sempre que possível" não pode significar uma porta aberta para o legislador e para o administrador fazendário que, num comportamento parcial, omisso, ou mesmo negligente, venha instituir tributos totalmente divorciados da específica realidade, sem qualquer vínculo ou conexão com o agente passivo, desprezando o efetivo gravame patrimonial.

"Sempre que possível" significa o ingente e exaustivo esforço do legislador para disciplinar com a maior segurança (possível) e com menor margem de engano (também possível) o ônus tributário, a fim de que o contribuinte participe das necessidades coletivas (interesse público), com suportável e equilibrada parcela de seu patrimônio.

O princípio que veda o confisco no âmbito tributário (art. 150, IV, CF) está atrelado ao princípio da capacidade contributiva, positivando-se sempre que o tributo absorva expressiva parcela da renda ou da propriedade do contribuinte, sendo aferido principalmente pelo exame da alíquota (no caso de imposto, empréstimo compulsório, contribuição de melhoria, e de determinadas contribuições), ou da base de cálculo (no caso da taxa e contribuições das pessoas físicas).

É tormentosa a tarefa de fixar o limite para o confisco, pois se uma alíquota de 30% pode não representar confisco para o contribuinte do imposto de renda, a alíquota de 20% sobre o valor venal do imóvel caracterizará confisco da propriedade; o mesmo ocorrendo com a estipulação de alíquota de 20% sobre o faturamento, ou 50% sobre o lucro.

A razão dessa aparente incongruência (alíquota menor representar confisco, enquanto que alíquota maior não implicar esse efeito) repousa na circunstância de que a renda deriva do produto do capital e do trabalho (ou da combinação de ambos), *ex vi* do art. 43, I, do CTN, representando parcela da riqueza produzida. Ao contrário, a propriedade imobiliária mantém-se estática (salvo os casos de locação em que se repassa ao locatário o encargo financeiro atinente ao IPTU), não gerando nova riqueza. Assim, à medida que a Municipalidade cobra o imposto sobre a propriedade, é subtraída uma parcela desse patrimônio, que será substancial quanto maior for o gravame tributário.

Preciosas as lições de Marçal Justen Filho: "Essa riqueza se encontra descrita na materialidade da hipótese de incidência. Ou seja, a potencialidade de a situação de riqueza produzir-se e se reintegrar. Tratando-se de riqueza 'não-renovável' tanto mais fácil verificar-se efeito confiscatório. Uma alíquota de 50% — admissível em certas hipóteses — poderá configurar-se como confiscatória quando, por exemplo, o tributo incidir sobre a propriedade. Já a tributação sobre a riqueza 'renovável' altera a configuração do problema. O desfalque da riqueza, produzido pela tributação, não caracteriza destruição ou apropriação integral por parte do Estado. Mesmo no tocante à riqueza 'renovável' impõe-se a distinção entre a 'essencialidade' da riqueza. Assim, a situação economicamente relevante deve ser distinguida conforme envolva titularidade jurídica de riqueza essencial à manutenção e sobrevivência. Afaste-se, desde logo, o sofisma que a 'essencialidade' da riqueza tributada depende da situação do titular. Evidentemente, a 'essencialidade' vincula-se a considerações objetivas, tendo em vista o risco de desnaturação da própria condição humana (ou societária)" ("Capacidade contributiva", *Caderno de Pesquisas Tributárias*, v. 17, Resenha Tributária, 1992, p. 366).

Alíquotas e bases de cálculo excessivas sobre as materialidades tributárias, representarão considerável (e condenável) subtração ao patrimônio dos contribuintes. Em muitos casos poderão prejudicar a livre atividade empresarial, ainda que os valores tributários sejam trasladados direta ou indiretamente a terceiros dentro de um ciclo negocial. Todavia, é difícil precisar o volume máximo da carga tributária, ou estabelecer um limite de intromissão patrimonial; enfim, estipular o montante que pode ser suportado pelo contribuinte.

O poder público há que se pautar pelo critério da razoabilidade a fim de evitar as insolvências, as quebras das pessoas jurídicas, bem como permitir a subsistência das pessoas físicas, posto que a tributação não pode cercear o pleno desempenho das atividades privadas e a dignidade humana.

II — Substituição tributária

1. Considerações gerais

O aspecto pessoal da hipótese de incidência tributária contempla os sujeitos da relação jurídica, inserindo-se no pólo passivo a figura do contribuinte, que mantém relação pessoal e direta com a respectiva materialidade e que, voluntariamente, realiza o fato imponível.

Normalmente, a Constituição não indica a pessoa que deve ser caracterizada como devedora do tributo, mas apenas contempla as materialidades suscetíveis de incidência, outorgando as respectivas competências às pessoas de direito público. Nessa situação, fora atribuído à lei complementar (art. 146) a competência para estabelecer normas gerais em matéria de legislação tributária, especialmente sobre "definição de tributos e de suas espécies, bem como, em relação aos impostos discriminados nesta Constituição, a dos respectivos fatos geradores, base de cálculo e contribuintes" (item III).

Evidente que a lei complementar poderá apenas explicitar o comando constitucional e especificar, como "contribuinte", a pessoa que esteja umbilicalmente ligada ao cerne do tributo e ao fato abstratamente posto na norma, uma vez que deve ser pessoa que mantenha conexão com a materialidade da norma. Numa fase pré-jurídica, o legislador colhe a pessoa intimamente vinculada à realização da materialidade do tributo, que se traduz num índice de capacidade contributiva.

A carga fiscal pode ser exigida de pessoa diversa daquela que pratica o negócio jurídico (com substrato econômico), devendo ser estabelecidos os critérios norteadores desses procedimentos, para que o hermeneuta e os destinatários da norma não se deparem com um verdadeiro caos tributário, implicando interpretações diferenciadas e equivocadas qualificações.

É compreensível que acontecimentos supervenientes ao nascimento da obrigação tributária podem impedir a liquidação do tributo pelo realizador (contribuinte) do fato imponível, sendo compreensível que a transferência da obrigação só deveria ocorrer em situações naturais, em se tratando de sucessão (morte, falência, insolvência ou transmissões societárias).

Não vejo com nitidez a possibilidade jurídica de contemplar-se a figura do devedor "solidário" como terceiro, porque, na verdade, sua qualificação é a de um obrigado original (caso de condomínio), colocado na situação de contribuinte.

Reputo estranha a exigência do tributo de terceiros, como é o caso das fontes pagadoras, pois acabam impossibilitando, ou mesmo eliminando, qualquer tipo de ação, participação ou ingerência do verdadeiro e autêntico contribuinte na liquidação do tributo.

A retenção e o recolhimento antecipado pela fonte pagadora podem revelar-se indevidos, no caso de ser determinada a retenção do imposto de renda em pagamento de dividendos auferidos por entidade assistencial imune, ou tributação exclusiva na fonte que impossibilite a aplicação de deduções (abatimentos) de conformidade com as características pessoais do contribuinte.

Não creio que o princípio da capacidade contributiva — imanente e adstrito ao realizador do fato imponível — compreenda e permita a distribuição de cargas tributárias estranhas ao fato imponível.

A transferência dos encargos tributários vem sendo efetuada por diversas modalidades (solidariedade, sucessão, e responsabilidade), sendo que a *substituição* concerne à imputação de responsabilidade por obrigação de terceiro, que não praticou o fato gerador, mas que tem vinculação indireta com o real contribuinte.

Há quase quatro décadas, Becker pugnara que "existe substituto legal tributário toda vez que o legislador escolher para sujeito passivo da relação jurídica tributária um outro qualquer indivíduo, em substituição daquele determinado indivíduo de cuja renda ou capital a hipótese é signo-presuntivo: o legislador escolheu para sujeito passivo da relação jurídica tributária um outro qualquer indivíduo que é substituto legal tributário" (*Teoria Geral do Direito Tributário*, Saraiva, 1963, pp. 502 e 503).

Ouso discordar do mestre gaúcho porque o sujeito passivo deve decorrer naturalmente do fato imponível, e da materialidade descrita (hipoteticamente) na norma jurídica. A referida "ficção" só pode estar situada pelo legislador dentro de uma realidade do sistema jurídico, permeada pelos princípios da segurança, certeza e do direito de propriedade, uma vez que o patrimônio das pessoas só pode ser desfalcado por fatos efetivamente realizados e que contenham ínsita a capacidade contributiva.

Na substituição — num plano pré-jurídico — o legislador afasta completamente o verdadeiro contribuinte, que realiza o fato gerador, prevendo a lei, desde logo, o encargo da obrigação a uma outra pessoa (substituto), que fica compelida a pagar a dívida própria, eis que a norma não contempla dívida de terceiro (substituto).

Johnson Barbosa Nogueira aponta que "a utilização da ficção pelo legislador tributário deve ser parcimoniosa, e, no caso de instituição de contribuinte substituto do imposto, há de respeitar o princípio da capacidade contributiva, e, conseqüentemente, a vinculação da pessoa eleita substituto à pessoa que seria o sujeito passivo natural (o substituído), de modo a permitir ao contribuinte repercutir o ônus do imposto até a pessoa do substituído" ("Contribuinte substituto no ICM", *RDT* 21-22/90-113).

Na *substituição regressiva* a lei atribui responsabilidade ao adquirente de uma determinada mercadoria, por razões de comodidade, praticidade ou pela circunstância de o verdadeiro contribuinte não manter organização adequada de seus negócios. Diversas atividades vêm sendo enquadradas nesta sistemática, como é o caso de operações realizadas com mercadorias diversas (café cru, cana de açúcar em caule, produtos *in natura*, sementes, insumos agropecuários, gado em pé, eqüino de raça, leite, pescado, resíduos de materiais e metal não ferroso).

Nas operações com sucata (restos, resíduos e fragmentos de metais, tecidos, vidro etc.) é comum exigir-se o ICMS do industrial que adquire tais mercadorias, ao invés do próprio sucateiro (verdadeiro contribuinte). Caracteriza-se o fenômeno do *diferimento*, compreendido como a postergação da exigência tributária para momento ulterior do ciclo mercantil, sendo aceitável a juridicidade desse expediente, uma vez que se verificaram concretamente todos os elementos componentes do fato gerador da obrigação.

Na *substituição progressiva* o legislador indica uma pessoa responsável pelo recolhimento de um determinado valor (referido como tributo), relativamente a fato futuro e incerto, com alocação de valor também incerto havendo definição, por antecipação, de sujeito passivo de uma obrigação não acontecida, que se presume venha a ser realizada no futuro.

Esta sistemática tem sido considerada para diversas espécies de mercadorias (combustível, lubrificante, álcool carburante, energia elétrica, fumo, cimento, refrigerante, cerveja, água mineral, sorvete, fruta, veículo novo, componentes de máquinas/aparelhos/equipamentos).

2. Normas e tributos incidentes

Na vigência da Constituição anterior, alguns diplomas jurídicos (CTN, art. 121, parágrafo único, II; Lei Complementar 44, de 7.12.1983, art. 6º, § 3º; e Convênio ICM-66, de 14.12.1988, art. 25, I, II), já haviam tratado da figura da substituição, tendo a Emenda Constitucional 3, de 17.3.1993, estabelecido o seguinte:

> Art. 1º. Os dispositivos da Constituição Federal abaixo enumerados passam a vigorar com as seguintes alterações:
>
> "Art. 150. (...).
>
> "(...).
>
> "§ 7º. A lei poderá atribuir a sujeito passivo da obrigação tributária a condição de responsável pelo pagamento de imposto ou contribuição, cujo fato gerador deva ocorrer posteriormente, assegurada a imediata e preferencial restituição da quantia paga, caso não se realize o fato gerador presumido."

Face à edição do citado preceito passaram a ser dirimidos todos os questionamentos acerca da substituição regressiva, e constitucionalizado o fato gerador presumido?

Entendo que não. O argumento capital para afirmar-se a injuridicidade e a ineficácia desse dispositivo (fundado na presunção e na ficção), é a circunstância de que o preceito revisor da Constituição de 1988 não se compadece com a própria CF, *verbis*:

> Art. 60. (...).
>
> (...).
>
> § 4º. Não será objeto de deliberação a proposta de emenda tendente a abolir:
>
> (...).
>
> IV — os direitos e garantias individuais.

Trata-se de *cláusula pétrea* prevista nos diversos incisos do art. 5º da Constituição, consubstanciando os princípios da segurança e da certeza do direito, não permitindo preceito que traduza fato gerador presumido, uma vez que sua aceitação acarretaria ruptura de todo um sistema harmônico e coerente, de princípios e normas. É inadmissível que, em nome de aparente constitucionalidade (fruto da malsinada Emenda 3/1993), se pretenda impor ônus tributários sobre riquezas inexistentes, fatos aleatórios, negócios jurídicos meramente presumidos, permitindo um disfarçado confisco de bens.

É induvidoso que a CF (EC 3/1993) não criou um modelo que pudesse permitir um disfarçado confisco de bens, estribado em negócios inexistentes, situações, circulações eventuais e imagináveis. Num Estado de Direito, plasmado por amplo quadro de princípios constitucionais, vetores da sistemática tributária, as figuras da presunção e ficção só teriam a remota condição serem aceitas com máxima cautela e absoluto rigor jurídico.

Sob esse prisma, argutamente fora ponderado que "se de um modo geral, as leis civis, comerciais, administrativas podem prudentemente estabelecer presunções e ficções, a Constituição veda que isso seja feito em matéria penal e tributária (*nullum crimen, nullum tributum sine lege*). Isto integra o art. 5º e está protegido pelo § 4º do art. 60" (Geraldo Ataliba e Aires Barreto, "Emenda 3/1993 à Constituição de 1988. Responsabilidade por fato futuro (§ 7º do art. 150)", *RTDP* 4/175).

As relações jurídicas devem ficar adstritas às imposições tributárias, quando ocorrer subsunção do fato imponível (situação concreta) à imagem normativa (situação abstrata), de conformidade com a tipicidade cerrada, compreendendo a enumeração exaustiva dos elementos da tributação (*numerus clausus*), exclusivismo (elemento suficiente), e determinação contida na lei tributária.

Inaplicável a figura da presunção com resultado de processo lógico, mediante o qual do fato conhecido, cuja existência é certa, infere-se o fato desconhecido e duvidoso, cuja existência é provável. Não se estará diante de uma autêntica presunção legal (*juris et de jure)* estabelecendo uma verdade jurídica, pois supor que um fato tributário acontecerá não é jamais o mesmo que tornar concreta sua existência, de modo a conferir segurança e certeza a uma exigência tributária.

É inconcebível a aplicação da pseudoregra constitucional em comento aos impostos sobre o patrimônio e a renda, isto é, cobrar IPTU antecipadamente, sobre os exercícios de 2002 a 2012, pois é possível que nos próximos dez anos o imóvel seja alienado. O mesmo se diga com relação ao IR, pois pode ocorrer a inexistência de renda ou o falecimento da pessoa física e falência da pessoa jurídica.

Também é inaceitável semelhante exigência nos tributos sobre a produção e circulação, uma vez que os industriais e comerciantes podem deixar de praticar os fatos geradores de IPI e ICMS por inúmeros motivos (insolvência, desistência, perdimento do bem). Não se pode ter certeza absoluta de que os produtos e mercadorias sejam objeto de futura circulação tributável.

Até mesmo com relação ao imposto de transmissão *inter vivos* (SISA) se pode cogitar da certeza do fato gerador (transmissão da propriedade), pois o fato de ser celebrado prévio compromisso de venda de imóvel não significa que venha a ser lavrada a decorrente escritura pública, ou mesmo o posterior registro imobiliário. Diversas circunstâncias (desistência, perda do bem, documentação defeituosa) podem impedir ou prejudicar o acontecimento concreto, real, efetivo, do fato imponível.

Se a presunção já é inadmissível, com mais forte razão é incabível a figura da "ficção", que significaria a instrumentalização (criação legal) de uma situação inverídica (falsa) de forma a impor uma certeza jurídica, ainda que não guardasse consonância com a natureza das coisas, ou mesmo alterando títulos, categorias, institutos e princípios de Direito.

No que concerne à *operacionalidade da substituição e a preservação do patrimônio*, ressalto que a engenhosa e cerebrina superação desse obstáculo constitucional — para mim, irremovível — obrigaria à adoção de inúmeros mecanismos legais, de cunho operacional, para evitar qualquer tipo de prejuízo ao contribuinte.

A expressão "assegurada a imediata e preferencial restituição da quantia paga", caso não se realize o fato gerador presumido (§ 7º, art. 150, CF) não tem plena condição de ser atendida.

Realmente, o contribuinte que sofre a cobrança (retenção) antecipada do ICMS incidente sobre venda que seria realizada no futuro, mas que não se concretizou (desistência do negócio, extravio do bem etc.), dificilmente terá condição de ressarcir-se do tributo "imediatamente", e ainda, com a devida atualização.

Em termos práticos, objetivos e concretos, é difícil conceber a presença do contribuinte prejudicado num guichê da repartição fazendária para receber, no mesmo dia, o valor indevidamente lançado ou recolhido. Pondere-se que a Fazenda deve promover a formação de um processo específico, proceder aos exames documentais, apurar valores etc., decidir, e restituir os valores indevidos.

Considerando o estreito âmbito deste despretensioso estudo, não é o caso de comentar mas apenas registrar a caudalosa e preciosa doutrina que combatera a substituição tributária em causa (Geraldo Ataliba e Cléber Giardino, "Substituição e responsabilidade tributária", *RDT* 49/73 e 75; Gilberto de Ulhôa Canto, "Princípios constitucionais tributários", *Caderno de Pesqui-*

sas Tributárias, v. 18, Resenha Tributária, 1993, p. 52; Marçal Justen Filho, "Princípios constitucionais tributários", *Caderno de Pesquisas Tributárias*, pp. 152, 155 e 158; Ricardo Mariz de Oliveira, *Repertório IOB de Jurisprudência*, v. 3/90, p. 42, Caderno 1, 1990; Ives Gandra da Silva Martins, *Repertório...*, v. 20/93, p. 408, Caderno 1; Hugo de Brito Machado, *Repertório...*, v. 22/93, pp. 448 e ss., Caderno 1; Roque Antonio Carrazza, *ICMS*, pp. 54-56, e Paulo de Barros Carvalho, "Sujeição passiva e responsáveis tributários", *Repertório...*, v. 11/96, pp. 255-256, Caderno 1).

Destaco o recente estudo científico sobre a matéria, concluindo serem "inconstitucionais todas as práticas legislativas atinentes ao regime de substituição tributária cujo objetivo seja: (i) instituição de tributação definitiva sobre o substituto, (ii) incidência de regimes tributários próprios sobre o substituto tributário, sem qualquer relação com o regime jurídico aplicável aos substituídos, (iii) impedimentos à restituição de diferenças de base de cálculo, quando a adotada para o substituto for maior do que a aplicada ao substituído, e (iv) tentativas de coibir o acesso dos substituídos ao Judiciário, pelas mais variadas formas" (Heleno Taveira Tôrres, "Substituição tributária. Regime constitucional, classificação e relações jurídicas. Materiais e processuais", *Revista Dialética de Direito Tributário* 70/108, jul. 2001).

No âmbito do *ICMS* a Lei Complementar 87, de 13.9.1996, estabeleceu o seguinte:

> Art. 6º. Lei Estadual poderá atribuir a contribuinte do imposto a depositário a qualquer título a responsabilidade pelo seu pagamento, hipótese em que o contribuinte assumirá a condição de substituto tributário.
>
> § 1º. A responsabilidade poderá ser atribuída em relação ao imposto incidente sobre uma ou mais operações ou prestações, sejam antecedentes, concomitantes ou subseqüentes, inclusive ao valor decorrente da diferença entre alíquota interna e interestadual nas operações e prestações que destinem bens e serviços a consumidor final localizado em outro Estado, que seja contribuinte do imposto.
>
> § 2º. A atribuição de responsabilidade dar-se-á em relação a mercadoria ou serviços previstos em lei de cada Estado.
>
> Art. 7º. Para efeito de exigência do imposto por substituição tributária, inclui-se, também, como fato gerador do imposto, a entrada de mercadoria ou bem no estabelecimento do adquirente em outro por ele indicado.

Patente a inconstitucionalidade de delegação de competência à lei ordinária, porque esta matéria só deveria ser veiculada por lei complementar, além do que as legislações estaduais deverão compatibilizar-se com a legislação nacional, devendo cada unidade federativa especificar as mercadorias e os serviços que serão objeto desta sistemática.

A LC 87/1996 dispõe (art. 8º) sobre a base de cálculo, especialmente sobre o "preço sugerido por fabricante ou importador", ou "usualmente praticados no mercado considerado", "levantamentos por amostragem"; e também os noticiados por "entidades representativas de setores", que estão longe de oferecer segurança e certeza aos verdadeiros valores (divorciados da lei da oferta e da procura) que deveriam ser objeto de tributação.

Imperioso destacar o seguinte:

> Art. 10. É assegurado ao contribuinte substituído o direito à restituição do valor do imposto pago por força da substituição tributária, correspondente ao fato gerador presumido que não se realizar.
>
> § 1º. Formulado o pedido de restituição e não havendo deliberação no prazo de noventa dias, o contribuinte substituído poderá se creditar, em sua escrita fiscal, do valor do objeto do pedido, devidamente atualizado segundo os mesmos critérios aplicáveis ao tributo.
>
> § 2º. Na hipótese do parágrafo anterior, sobrevindo decisão contrária e irrecorrível, o contribuinte substituído procederá ao estorno dos créditos lançados, tam-

bém devidamente atualizados, com o pagamento dos acréscimos legais cabíveis.

Ainda que se reconheça o direito do postulante de proceder ao crédito do valor pleiteado, atualizado, é possível que essa sistemática sequer atenda aos seus interesses, no caso de não ter efetiva condição de aproveitar o referido crédito (compensação na escrita ou transferência a terceiros).

No âmbito do *IPI*, a Lei Federal 9.430, de 27.12.1996, estabelecera o seguinte:

> Art. 31. O art. 35 da Lei 4.502, de 30 de novembro de 1964, passa a vigorar com a seguinte redação:
>
> "Art. 35. (...).
>
> "II — como contribuinte substituto:
>
> "(...).
>
> "c) o industrial ou equiparado, mediante requerimento, nas operações anteriores, concomitantes ou posteriores às saídas que promover, nas hipóteses e condições estabelecidas pela Secretaria da Receita Federal.
>
> "(...)
>
> "§ 2º. Para implementar o disposto na alínea *c* do inciso II, a Secretaria da Receita Federal poderá instituir regime especial de suspensão do imposto."

A responsabilidade por substituição veio a ser disciplinada no vigente Regulamento do IPI (Decreto Federal 2.637, de 25.6.1998, arts. 25, 26 e 43).

No âmbito das *contribuições*, a Medida Provisória 2.158-35, de 24.8.2001 (reiterando MPs anteriores), determinara o seguinte:

> Art. 5º. As unidades de processamento de condensado e de gás natural e os importadores de combustíveis derivados de petróleo, relativamente às vendas de gasolina automotiva, óleo diesel e GLP que fizerem, ficam obrigados a cobrar e recolher, na condição de condição de *contribuintes substitutos*, as contribuições para o PIS/PASEP e COFINS devidas pelos distribuidores e comerciantes varejistas, observadas as mesmas normas aplicáveis às refinarias de petróleo.
>
> (...).
>
> Art. 43. As pessoas jurídicas fabricantes e os importadores dos veículos classificados nas posições 8432, 8433, 8701, 8702, 8703 e 8711, e nas subposições 8704.2 e 8704.3, da TIPI, relativamente às vendas que fizerem, ficam obrigadas a cobrar e a recolher nas condições de *contribuintes substitutos*, a contribuição para o PIS/PASEP e COFINS, devidas pelos comerciantes varejistas.

Em face de expressa restrição constitucional (§ 7º, art. 150) a substituição tributária só poderá ser cogitada para "impostos e contribuições" afastando-se qualquer consideração e a total nulidade na sua estatuição para as demais espécies tributárias (taxas, contribuições de melhoria e empréstimos compulsórios).

3. *Jurisprudência*

As controvérsias jurídicas pertinentes ao *ICMS* levaram a um posicionamento do Judiciário, na forma seguinte:

Superior Tribunal de Justiça

> *Ementa*: Tributário. ICMS. Revenda de veículos automotores. Substituição tributária para frente. Legalidade.
>
> I — Não é ilegal a exigência do recolhimento antecipado, pela empresa fabricante, do ICMS incidente na revenda de veículos pela concessionária.
>
> II — A legislação infraconstitucional atinente à chamada "substituição tributária para frente", continua em vigor, hoje com endosso da Emenda Constitucional 3/1993.
>
> III — Constituição, art. 155, § 2º, XII, *b*; EC 3/1993; Decreto-lei 406/1968; Lei Complementar 44/8319; CTN, art. 128; Convênios 66/1988 e 107/1989.
>
> IV — Embargos de divergência conhecidos e recebidos (embargos de divergência no REsp 55.520-SP, 1ª Seção, j. 24.4.1996).

Supremo Tribunal Federal

> *Ementa*: Tributário. Estado de São Paulo. ICMS. Produtos derivados do pe-

tróleo. Comércio atacadista. Regime de substituição tributária.

O Plenário do STF, no julgamento do RE 213.396, Rel. Ministro Ilmar Galvão, concluiu pela constitucionalidade do regime de substituição tributária, relativamente à distribuição de veículos automotores, ainda que instituído antes do advento da EC 3/1993. Entendimento que, à ausência de peculiaridades relativamente à mencionada atividade, tem aplicação ao presente caso.

Acórdão que não dissentiu dessa orientação.

Recurso não conhecido (RE 202.715-4-SP, Rel. Ministro Ilmar Galvão, 1ª T., j. 26.10.1999, *DJU*-1 17.12.1999, p. 30).

Relativamente à diferença (a maior) apurada entre os valores tributários retidos e o ICMS praticado por ocasião da realização dos negócios mercantis, a jurisprudência tem sufragado os entendimentos seguintes:

Superior Tribunal de Justiça

Ementa: Tributário. ICMS. Substituição tributária. Fato gerador presumido. Venda efetivada mediante preço menor que o valor estabelecido em pauta fiscal. Direito à compensação.

É lícito ao contribuinte substituído efetuar compensação do tributo recolhido ao maior, em adiantamento, pelo substituto, quanto à venda geratriz do tributo tenha correspondido preço inferior àquele previsto na pauta fiscal (recurso em mandado de segurança 9.677-MS, Rel. Ministro Humberto Gomes de Barros, 1ª Seção, j. 14.2.2001, *DJU* 23.4.2001, p. 114).

Supremo Tribunal Federal

Agravo regimental em recurso extraordinário. Tributário. Substituição tributária. Legitimidade. Base de cálculo presumida e valor real da operação. Diferenças apuradas. Restituição.

É responsável tributário, por substituição, o industrial, o comerciante ou o prestador de serviço, relativamente ao imposto devido pelas anteriores ou subseqüentes saídas de mercadorias ou, ainda, por serviços prestados por qualquer outra categoria de contribuinte. Legitimidade do regime de substituição tributária declarada pelo Pleno deste Tribunal.

Base de cálculo presumida e valor real da operação. Diferenças apuradas. Restituição. Impossibilidade, dada a ressalva contida na parte final do art. 150, § 7º, da Constituição Federal, que apenas assegura a *imediata e preferencial restituição da quantia paga somente na hipótese em que o fato gerador presumido não se realize.*

Agravo regimental não provido (agrg. no RE 266.523-1-MG, Rel. Ministro Maurício Corrêa, j. 8.8.2000, *DJU*-1 17.11.2000, p. 27).

O objeto central da lide fora a negativa (por falta de previsão legal) de direito ao crédito de ICMS relativo às diferenças apuradas entre a base de cálculo presumida e o valor real das operações, para o fim de transferi-los ao fornecedor principal (substituto), que efetuaria a compensação desses valores em recolhimentos futuros do imposto devido à Fazenda.

Embora o acórdão tenha tratado de matéria de contorno jurídico diverso, asseverou que o preceito constitucional (§ 7º, art. 150) nada dispôs quanto ao fato de o valor real da operação final, efetivada pela substituída, ser inferior à base de cálculo presumida.

Outrossim, ressaltou a postura do STF (RE 213.396-5-SP) no sentido da legitimidade da antecipação tributária, *refutando ofensa ao princípio da capacidade contributiva*, e da não-cumulatividade, por tratar-se de operação preliminar do fato tributável (venda de mercadoria); assinalou que o contribuinte de fato é o consumidor final, e que o preço sugerido ao vendedor pela montadora está embutido unicamente no tributo devido na saída da mercadoria do seu estabelecimento, e na parcela incidente sobre o valor estimado, conforme se verifica nas operações regulares.

Ora, com o devido respeito, é fácil perceber que o preceito constitucional naturalmente cogita de presunção de inocorrência de posterior negócio mercantil (a ser realizado entre o substituído e o consumidor final), de modo a permitir o ressarcimento do ICMS antecipado e recolhido indevidamente. A restituição atende ao princípio que veda o enriquecimento ilícito (sem justa causa), diante da inexistência de materialidade do tributo.

Se é relativa a presunção de inocorrência do fato gerador futuro, com mais forte razão também deve ser considerada relativa a presunção de que a futura operação não seja realizada rigorosamente pelo mesmo valor considerado à época da antecipação tributária. Realmente, é natural a existência de oscilações de mercado, questões peculiares envolvendo vendedor e consumidor (descontos, liquidações etc.).

A descoincidência entre o valor real (efetiva operação realizada entre o substituído e o consumidor), e o valor presumido (anterior situação existente entre substituto e substituído) caracteriza uma base de cálculo fictícia, resultando num ICMS fictício, que não pode prevalecer diante dos princípios da segurança e certeza do crédito tributário.

Fato gerador presumido — na dicção constitucional (§ 7º, art. 150) — apto a permitir a restituição não significa somente a inexistência do fato, mas também a configuração "parcial" de seus elementos, especialmente a base de cálculo que compreende parte do fato gerador. Na medida em que se nega a restituição parcial dos valores antecipadamente recolhidos (a maior) estará sendo *violado o princípio da capacidade contributiva*, uma vez que a presumida riqueza do contribuinte (substituído) não veio ocorrer concretamente. Negada a restituição, o contribuinte estará arcando com tributo maior do que o efetivamente devido, porque o referido valor não integrara seu patrimônio, acarretando efeito confiscatório.

Entendo que a jurisprudência assentada para o ICMS não tem plena condição de ser considerada para o *IPI*, diante da lacunosidade dos preceitos federais (falta de qualificação dos sujeitos passivos, e de especificação dos produtos abrangidos; inexistência de operações posteriores sujeitas a esse imposto; ausência de previsão de base de cálculo; inexistência de regramento da restituição do excesso), acolhendo a ótica de Marco Aurélio Greco ("Substituição tributária. ICMS. IPI. PIS. COFINS", *IOB — Informações Objetivas*, pp. 168-173).

O ilustre jurista também questiona a aplicação da substituição tributária às *contribuições sociais*, diante da incompatibilidade com a antecipação/substituição, por entender que existe a possibilidade de ser qualificada uma fase preliminar do pressuposto de fato, para o fim de atrelar o dever de recolher os tributos (COFINS e PIS) relativo a fatos posteriores, uma vez que consideram "faturamento" (equivalente a receita bruta) dos empregadores (no caso do art. 195, I, CF — redação anterior à EC 20, de 15.12.1998). Embora decorram de operações com mercadorias ou prestações de serviços, não são as próprias operações ou prestações as realidades qualificadas pela CF, para o fim de definir a respectiva incidência, tendo concluindo o seguinte: "Portanto, não sendo o pressuposto de fato destas duas contribuições um ciclo econômico que tenha por objeto determinada realidade (mercadoria, produto, dinheiro), não cabe haver antecipação com substituição. De fato, quando uma empresa aufere uma determinada receita sujeita a PIS e COFINS, isto não é fase preliminar (o auferir receita) de outra receita que vá ser auferida pelo seu cliente. Falta o fio condutor que ligue as receitas como etapas sucessivas de uma mesma realidade (o ciclo)" (Marco Aurélio Greco, ob. cit., p. 176).

Diante das considerações expendidas e premissas apontadas, torna-se problemática a aplicabilidade da figura da substituição tributária (prevista no art. 150, § 7º, CF) a demais impostos, e contribuições, em razão de inexistir fatos geradores a ocorrerem posteriormente, e que estejam vinculados ao recolhimento antecipado.

III — Conclusões

a) o princípio da capacidade contributiva implica na necessária ocorrência do fato gerador do tributo (compreendendo todos os seus elementos integrantes), de natureza jurídica e com indispensável substrato econômico, para que parte desta riqueza possa ser destinada ao Erário;

b) essa capacidade tem a virtude de medir a intensidade da carga tributária e o comprometimento do patrimônio dos particulares, para que não haja prejuízo em suas necessidades vitais e profissionais;

c) a substituição tributária — técnica de imputação de responsabilidade a terceiros — só possui sustentação jurídica na medida em que já tenha ocorrido o fato gerador (qualificação das pessoas, materialidade e quantificação pela base de cálculo e alíquota), e devidamente dimensionada a capacidade contributiva;

d) a substituição tributária progressiva (antecipação de valores tributários em razão de fato gerador presumido) ofende direito e garantia individual, porque os ônus suportados pelo substituído não têm correspondência com a inexistente capacidade contributiva;

e) a legitimidade conferida à substituição tributária em situação específica de ICMS, não prejudica a imprescindível restituição de valores recolhidos (antecipados) a maior do que o imposto efetivamente apurado por ocasião do fato gerador realizado posteriormente;

f) a substituição tributária não pode ser aplicada ao IPI — diante da inexistência de todos os pressupostos legais (especificação de sujeitos passivos, produtos, base de cálculo e restituição); bem como aos demais impostos e contribuições sociais diante da impossibilidade de ocorrência de específico ciclo operacional pertinente às respectivas materialidades.

CADERNOS DE DIREITO TRIBUTÁRIO

BOCAGE E AS MEDIDAS PROVISÓRIAS: "A EMENDA PIOR DO QUE O SONETO"

JOSÉ ROBERTO VIEIRA

Professor de Direito Tributário da Universidade Federal do Paraná/UFPR e da Faculdade de Direito das Faculdades Integradas Curitiba/FIC (Graduação, Especialização, Mestrado e Doutorado). Mestre e Doutor em Direito do Estado – Direito Tributário (PUC/SP). Estudos pós-graduados no *Instituto de Estudios Fiscales* (Madri/Espanha). Ex-Membro do Conselho de Contribuintes do Ministério da Fazenda (Brasília/DF). Auditor da Receita Federal (Curitiba/PR)

1. Bocage. 2. Bocage e as medidas provisórias. 3. Emenda Constitucional 32/2001: 3.1 Primeira avaliação – 3.2 Aspectos positivos – 3.3 Aspectos negativos – 3.4 Medida provisória tributária. 4. Terrorismo constitucional.

1. Bocage

Manuel Maria Barbosa Du Bocage, o ilustre poeta português, nasceu em Setúbal, em 15.9.1765, vindo a falecer em 21.12.1805.[1] Nesses breves 40 anos, porém, sua fama de boêmio, seus versos eróticos e o folclore de suas piadas construíram "uma espécie de mito (...) quase uma metáfora: seu nome acoberta tudo o que de pornografia e libertinagem corre anônimo por aí".[2] No mesmo sentido, Esther de Lemos: "(...) para o povo inculto, para os que não lhe leram nunca os versos mais belos, para os que mal sabem quem ele foi – o nome de Bocage ficou sempre ligado à graça pesada e suja das anedotas que se vendem pelas ruas em folhetos mal impressos (...) imagem tosca fixada na tradição".[3] A essa imagem de um *Bocage popular* opõe-se tão enérgica e vigorosamente a figura do *Bocage literário*, que até mesmo Almeida Garrett, um dos mais destacados escritores lusitanos, sublinhou a enorme distância que os separa, registrando, no "Prefácio" da sua *Lírica de João Mínimo*: "O excêntrico, ininteligível, estapafúrdico (...)" Bocage "(...) dos cafés (...) não pode ser o mesmo que o tradutor de Ovídio, o autor do *Leandro e Hero*, de *Tritão* e de tanta cousa bela"[4] (*sic*).

1. Era filho de José Luís Soares de Barbosa, magistrado e depois advogado, e de Mariana Joaquina Lestoff Du Bocage, natural de Lisboa, mas filha de um francês – o que explica seu sobrenome e o do poeta.

2. Marisa Lajolo, "O mal-amado e desconhecido Bocage", in *Bocage*, Editora Abril, 1980, p. 97 (Literatura Comentada).

3. "Introdução", in Bocage, *Antologia Poética*, Lisboa, Verbo, 1972, p. 8 (Biblioteca Básica Verbo, n. 72).

4. *Apud* António Hernâni Cidade, *Bocage: a Obra e o Homem*, 3ª ed., Lisboa, Arcádia, 1978, p. 135.

Voltados para o Bocage literário, principiemos por frisar o "(...) modo de produção poética típico do século XVIII, quando os poetas, reunidos em academias, dependiam do financiamento dos ricos e poderosos, aos quais, em troca, cumpria dedicar versos elogiosos";[5] e versos que atendiam às rígidas lições dos clássicos gregos e latinos, adotavam-lhes o código mitológico, e caracterizavam-se pelo convencionalismo, pelo artificialismo e pelo formalismo – em verdade, "um excesso de forma sobre fundo".[6] Não foi diferente com Bocage, que, sob o nome poético de "Elmano Sadino", *integrou a Academia das Belas-Artes de Lisboa ou Nova Arcádia*; mas de cuja produção acadêmica veio a penitenciar-se mais tarde, em conhecido soneto: "Incultas produções da mocidade (...) versos (...) que foram (...) Escritos pela mão do Fingimento, Cantados pela voz da Dependência".[7]

Vivia-se, então, o que António Hernâni Cidade chamou de "*fase intercalar de duas culturas sucessivas*":[8] de um lado, os derradeiros estertores do mundo clássico, com sua vigorosa preocupação racional; de outro, os frêmitos inaugurais do mundo romântico, com seu intenso cuidado e desvelo para com o sentimento.

Embora um árcade – como o demonstra, por exemplo, sua métrica rigorosa –, Bocage foi também e sobretudo um *pré-romântico*, como o revela a sólida repercussão que sua vida e circunstâncias pessoais tiveram em sua obra; constituindo, de fato, uma rebelião pessoal, uma insurreição poética, um rompimento literário com a idade clássica. Afirma-o Maria Helena da Rocha Pereira: "um dos poucos setecentistas portugueses a merecer a designação de pré-romântico";[9] e o reafirma Guerreiro Murta: "Bocage foi, sem dúvida, no seu tempo, o poeta que mais contribuiu para a formação do Romantismo"[10] (*sic*); com o apoio de respeitados estudiosos, como Hernâni Cidade e Vitorino Nemésio.[11]

Com um pé no Arcadismo e outro no Romantismo, Bocage encontrava-se numa encruzilhada, em que conviviam o ambiente clássico, conseqüência da sua cultura, e as pulsações típicas do romântico, fruto de suas inclinações pessoais. Por isso Hernâni Cidade afirma que o poeta tem "a herança da serenidade clássica, misturada ao tumulto romântico".[12] Por isso, Maria Helena da Rocha Pereira compara-o a Ovídio, para descrevê-lo como "um poeta *entre dois mundos*"[13] (grifamos).

Embora tenha ganhado destaque também com suas traduções – "Bocage foi inexcedível na arte de traduzir"[14] –, é com seus versos que o pocta, dando livre curso às emoções, alça os vôos mais elevados. Não foram poucos os especialistas que o reconheceram e proclamaram, como Vitorino Nemésio – "um gênio (...) que está ao mesmo tempo ao nível e acima da emotividade de sua época"[15] (*sic*) – e como Esther de Lemos – "um dos maiores líricos portugueses, o maior do século XVIII".[16] Nenhum, todavia, foi tão eloqüente ao fazê-lo quanto o nosso Olavo Bilac: "Em Portugal, a arte de fazer versos chegou ao apo-

5. Marisa Lajolo, "O mal-amado ...", in *Bocage*, p. 98.

6. Vitorino Nemésio, "A poesia de Bocage", in Bocage, *Poesias Várias*, 2ª ed., Lisboa, Clássica, 1961, p. 15 (Clássicos Portugueses).

7. Bocage, *Poesias Várias*, 2ª ed., p. 7. Marisa Lajolo (org.), "Textos selecionados", in *Bocage*, p. 13 (Literatura Comentada).

8. *Bocage: ...*, 3ª ed., p. 122.

9. "Bocage e o legado clássico", in *Temas Clássicos na Poesia Portuguesa*, Lisboa, Verbo, 1972, p. 131.

10. "Prefácio", in Bocage, *Poesias*, 3ª ed., Lisboa, Sá da Costa, 1956, p. XLIV.

11. Hernâni Cidade, *Bocage: ...*, 3ª ed., p. 124; Vitorino Nemésio, "A poesia de Bocage", in Bocage, *Poesias Várias*, 2ª ed., p. 24.

12. *Apud* Maria Helena da Rocha Pereira, "Bocage e o legado clássico", in *Temas Clássicos ...*, p. 132.

13. Idem, ibidem, p. 172.

14. Guerreiro Murta, "Prefácio", in Bocage, *Poesias*, 3ª ed., p. XLIV.

15. "A poesia de Bocage", in Bocage, *Poesias Várias*, 2ª ed., p. 33.

16. "Introdução", in Bocage, *Antologia Poética*, p. 8.

geu com Bocage e depois dele decaiu. Da sua geração, e das que a precederam, foi ele o máximo cinzelador da métrica (...). Depois dele, Portugal teve talvez poetas mais fortes, de surto mais alto, de mais fecunda imaginação. Mas *nenhum o excedeu nem o igualou no brilho da expressão*"[17] (grifamos).

E, dentre todas as formas de expressão dos seus versos, decididamente foi privilegiada a do soneto, que flagela a tantos maus poetas, mas constitui "a síntese do belo", na boa definição de Solange Rech, o poeta catarinense.[18] Aliás, Bocage é amplamente reconhecido como *herdeiro direto do soneto camoniano*;[19] cujo modelo sempre o atraiu – fato fácil e abundantemente comprovável em sua obra[20] –, como o confessa expressamente o próprio poeta, auto-identificando-se com o autor de *Os Lusíadas*: "Camões, grande Camões, quão semelhante/Acho teu fado ao meu, quando os cotejo!" – para, ao fim, admitir: "Modelo meu tu és".[21] É nos sonetos que Bocage "patenteia as suas maiores virtudes líricas",[22] levando "essa forma poética a tal perfeição que fazia o que bem queria com o soneto",[23] sua "coroa de glória"[24] e "a *medida do seu génio*"[25] (*sic* – grifamos).

Versejador e sonetista de mão cheia, Bocage tornou-se popular, no entanto, por uma outra marca registrada: os seus *improvisos satíricos*.[26] Porque era dotado de uma "veia satírica incomparável"[27] e porque era capaz de lembrar-se dos seus improvisos, uma vez que "tudo lhe ficava para sempre registrado na memória", "em tal arte foi um prodígio".[28]

De passagem, *algumas ilustrações de suas sátiras*. Dirigiu, por exemplo, sua ironia contra Goa, onde viveu por mais de dois anos: "Das terras a pior tu és, ó Goa,/Tu pareces mais ermo, que cidade;/Mas alojas em ti maior vaidade/Que Londres, que Paris ou que Lisboa".[29] Os religiosos não escaparam de sua troça: "Se quereis, bom Monarca, ter soldados/Para compor lustrosos regimentos,/Mandai desentulhar esses conventos/Em favor da preguiça edificados".[30] Também aos médicos endereçou versos zombeteiros: "Uma terra dizem que há/Onde a fome acerba e dura/Cabo dos médicos dá./Por que é isto? É porque lá/ Pagam somente a quem cura".[31] Uma certa senhora D. Rita, que agredira fisicamente o pai, foi brindada com este mimo: "E tu, que pelas cãs paternas puxas,/Vais no centro voraz de acesas achas/Ver o trágico fim, que têm as bruxas!".[32] Alguém chamado Flávio, conhecido pela sofreguidão com que ia à mesa, e que costumava criticar o

17. *Apud* Guerreiro Murta, "Prefácio", in Bocage, *Poesias*, 3ª ed., pp. LIII e LIV (*apud* A. Hernâni Cidade, *Bocage:* ..., 3ª ed., p. 136). O texto é de uma conferência realizada no Teatro Municipal de São Paulo em 19.3.1917.

18. "Soneto", in *Sacerdócio Poético*, Editograf, 2004, p. 22.

19. Vitorino Nemésio, "A poesia de Bocage", in Bocage, *Poesias Várias*, 2ª ed., pp. 17-18; Marisa Lajolo, "O mal-amado ...", in *Bocage*, p. 97.

20. Maria Helena da Rocha Pereira, "Bocage e o legado clássico", in *Temas Clássicos* ..., p. 160.

21. Marisa Lajolo (org.), "Textos selecionados", in *Bocage*, p. 31; Bocage, *Poesias Várias*, 2ª ed., p. 6. Segundo Guerreiro Murta, outro dado curioso nessa identificação camoniana de Bocage é que, depois de desertar da sua função de guarda-marinha, na Índia, fugindo para Macau, em abril/1789, parece que seu barco teria sido atingido por um ciclone, e ele, a exemplo de Camões, teria salvado, a nado, parte das poesias do primeiro volume das suas *Rimas* ("Prefácio", in Bocage, *Poesias*, 3ª ed., p. XIX).

22. Guerreiro Murta, "Prefácio", in Bocage, *Poesias*, 3ª ed., p. XLI.

23. Deonísio da Silva, *A Vida Íntima das Frases*, São Paulo, A Girafa, 2003, p. 29.

24. L. A. Rebelo da Silva, *apud* Maria Helena da Rocha Pereira, "Bocage e o legado clássico", in *Temas Clássicos* ..., p. 139, nota 3.

25. Vitorino Nemésio, "A poesia de Bocage", in Bocage, *Poesias Várias*, 2ª ed., p. 17.

26. Deonísio da Silva, *A Vida* ..., p. 29.

27. Hernâni Cidade, *Bocage:* ..., 3ª ed., p. 24.

28. Guerreiro Murta, "Prefácio", in Bocage, *Poesias*, 3ª ed., p. L.

29. Marisa Lajolo (org.), "Textos selecionados", in *Bocage*, p. 33; Bocage, *Poesias Várias*, 2ª ed., p. 99.

30. Marisa Lajolo (org.), "Textos selecionados", in *Bocage*, p. 92.

31. Idem, ibidem, p. 61.

32. *Apud* Guerreiro Murta, "Prefácio", in Bocage, *Poesias*, 3ª ed., p. XLVII.

poeta, sofreu-lhe o sarcasmo: "Dizem que Flávio glutão/Em Bocage aferra o dente:/ Ora é forte admiração/Ver um cão morder na gente!".[33] Determinado cidadão cujo órgão nasal era particularmente volumoso não foi poupado da sua pena afiada: "Nariz, nariz e nariz,/Nariz, que nunca se acaba;/Nariz, que se ele desaba, Fará o mundo infeliz;/Nariz, que Newton não quis/Descrever-lhe a diagonal;/Nariz de massa infernal,/Que, se o cálculo não erra,/Posto entre o Sol e a Terra,/Faria eclipse total!".[34]

Mas sua pena nunca foi tão cortante, nem sua sátira tão satírica, como quando respondeu às investidas críticas do ex-frade José Agostinho de Macedo. Conta Hernâni Cidade que se encontrava Morgado de Assentiz a esperá-lo, no Botequim das Parras, quando surgiu Bocage, transtornado, num visível acesso de raiva, trazendo em mãos um exemplar amarrotado dos versos de José Agostinho, e intimou o amigo a tomar do lápis e do papel, para anotar-lhe a réplica, *em poesia, mas ferina e de escárnio como poucas*. Prossegue: "E emborcando copo sobre copo de genebra, fumando cigarros sobre cigarros (...) ditou, como se a arremessasse, de jacto, a 'Pena de Talião', diz-se (exagero de admirador?) que mal dando tempo a Assentis para escrever quanto lhe borbotava dos lábios (...)".[35] Vejamos um que outro trecho: "(...) teus lábios torpes,/Torpes do lodaçal, donde zunindo/ (...) te sobem trovas/À mente erma de idéias, nua de arte/(...) Repimpado nos púlpitos que aviltas/(...) Farisaica ironia em vão rebuças,/(...) Peçonhas de invectiva espremes d'alma,/(...) Sanguessuga de pútridos autores,/(...) Não sou, nem de improviso, o que és d'espaço!/(...) Teus uivos, teus latidos não me aterram;/(...) Arde, blasfema em vão (...) /(...) tu, dragão, que entornas peste,/(...) Indômito molosso,[36] ardido ex-frade,/(...) Serás qual és e morrerás qual vives (...)".[37]

2. *Bocage e as medidas provisórias*

E por que essas considerações literárias e poéticas na introdução de um trabalho jurídico acerca das medidas provisórias?! – recordamo-nos da indagação provocadora de Oscar Mendonça, hoje respeitado jurista e professor baiano, então companheiro de Mestrado, nos bancos da PUC/ SP, no final dos anos 80 do século passado.

Já nos seriam mais do que suficientes as *razões genéricas de Sassoferrato e Souto*. Bartolo Da Sassoferrato, que Alfredo Augusto Becker identifica como o maior jurista da Idade Média, ensinava: "Os que são meros juristas são puros asnos".[38] E José Souto Maior Borges, que o mesmo Becker identifica como alguém que "por onde caminha (...) deixa suas pegadas profundas no deserto deste mundo"[39] – seja no jurídico, seja fora dele, não hesitamos nós em adicionar –, ensina: "A Ciência Jurídica, sem o diálogo com outros saberes (...) se esteriliza (...) um caminho direto para a anestesia, senão o embrutecimento, da sensibilidade e da emoção, sem as quais não é possível construir nenhuma Ciência".[40]

33. Marisa Lajolo (org.), "Textos selecionados", in *Bocage*, p. 60.

34. Idem, ibidem, p. 66.

35. Hernâni Cidade, *Bocage: ...*, 3ª ed., pp. 96-97.

36. "Molosso": do Latim *molossus*, "espécie de cão do país dos molossos (...). Espécie de cão de fila (...)" (Laudelino Freire, *Grande e Novíssimo Dicionário da Língua Portuguesa*, 2ª ed., vol. IV, Rio de Janeiro, José Olympio, 1954, p. 3.474). Confirmam-no tanto o etimologista – Antônio Geraldo da Cunha, *Dicionário Etimológico Nova Fronteira da Língua Portuguesa*, 2ª ed., Rio de Janeiro, Nova Fronteira, 1996, p. 529 – quanto léxicos respeitados – Caldas Aulete, *Dicionário Contemporâneo da Língua Portuguesa*, 5ª ed., vol. IV, Rio de Janeiro, Delta, 1964, p. 2.658; e Cândido de Figueiredo, *Dicionário da Língua Portuguesa*, 12ª ed., vol. II, Lisboa/Rio de Janeiro, Bertrand/Jackson, [1949], p. 407.

37. Marisa Lajolo (org.), "Textos selecionados", in *Bocage*, pp. 48-56; Bocage, *Poesias Várias*, 2ª ed., pp. 222-234.

38. No original italiano: "I meri leggisti sono puri asini" (*Carnaval Tributário*, São Paulo, Saraiva, 1989, pp. V, VII, 36 e 46).

39. *Carnaval Tributário*, p. 37.

40. "Advertência prévia", in *Ciência Feliz: sobre o Mundo Jurídico e Outros Mundos*, Recife, Fundação de Cultura Cidade do Recife, 1994, p. 10.

Há *duas razões mais específicas*, porém.

A primeira relaciona-se com um curioso e interessante episódio da vida de Bocage, de que nos conta Deonísio da Silva.[41] Um aspirante a poeta entregou-lhe um soneto que escrevera, pedindo-lhe a apreciação valiosa e, mais, que assinalasse com cruzes os erros eventualmente detectados. Deve ter sido grande sua surpresa inicial quando, após a leitura, Bocage devolveu-lhe o poema sem qualquer marca. Mas deve ter sido maior ainda a frustração quando ouviu a explicação do poeta: seriam tantas as cruzes que *a emenda ficaria pior do que o soneto*![42]

Não logramos imaginar descrição melhor para o ocorrido com a emenda constitucional que tentou corrigir problemas do desenho normativo da medida provisória, como certamente restará claro das reflexões que nos encontramos a ponto de empreender. Tanto é verdade que adotamos a expressão no título deste trabalho.

Dentre as razões específicas, essa primeira é direta; há uma outra, no entanto, que, embora indireta, quiçá apresente maior peso. Não foram poucas as oportunidades em que já nos aventuramos, no passado, ao estudo desse instrumento normativo de governo; nunca nos furtando ao reconhecimento e à denúncia de que o seu uso – e especialmente o seu abuso – menospreza princípios constitucionais tributários, como os da legalidade e da anterioridade, e vilipendia princípios constitucionais gerais, a saber: República, democracia, tripartição de funções, moralidade pública e segurança jurídica.[43] De tanta monta são os vícios e de tal gravidade os pecados jurídicos cometidos pela via das medidas provisórias, tradição "zelosamente" mantida pela emenda constitucional que analisaremos, que necessitávamos ardentemente invocar uma atmosfera que aliasse à competência e precisão (aqui, científicas) uma linguagem vigorosa e penetrante. Ora, são raras as personagens históricas que, como Bocage, reúnem e harmonizam um talento (ali, poético, especialmente como sonetista) incontestável a uma linguagem cáustica e mordaz como a sua. Ou seja, carecíamos ardorosamente de *um clima bocagiano*! Foi o que tentamos, até aqui, conjurar e compor. É o que pretendemos sustentar e manter, adiante, no jurídico.

A passagem não foi reproduzida na edição mais recente da obra, na qual, entretanto, Souto segue criticando "o falso ideal de uma Ciência desprovida da emoção e sensibilidade do estudioso" ("Advertência prévia à 2ª Edição", in *Ciência Feliz ...*, 2ª ed., São Paulo, Max Limonad, 2000, p. 13).

41. Trata-se do ex-professor da Universidade Federal de São Carlos, escritor premiado de mais de 30 livros e colunista do *Jornal do Brasil* e da revista *Caras* (sic); que algum dia talvez venha a merecer clemência e alcançar indulto, por sujeitar-nos impiedosamente à aquisição semanal de um periódico de quase uma centena de páginas, de cujas duas ou três que pessoalmente entendemos aproveitáveis acabamos por ler apenas a sua, arremessando ao lixo considerável quantidade de papel, num irrecusável "crime ambiental", de que reconhecemos e confessamos a nossa autoria direta e imediata, mas que indubitavelmente envolve a figura da co-autoria, em que o escritor deve, penitente e contrito, assumir a sua evidente condição de autor intelectual – análise, essa, que tem o endosso tranqüilizador de Rodrigo Sánchez Rios, o penalista da PUC/PR.

42. Deonísio da Silva, *A Vida ...*, p. 29. O incidente também é referido por Reinaldo Pimenta, *A Casa da Mãe Joana*, Rio de Janeiro, Campus, 2002, p. 81.

43. "Princípios constitucionais e perspectivas de violação em matéria tributária", in Geraldo Ataliba e Antônio Roberto Sampaio Dória (coords.), *Princípios Constitucionais Tributários: Aspectos Práticos, Aplicações Concretas*, V Congresso Brasileiro de Direito Tributário, separata da *Revista de Direito Tributário*, São Paulo, Ed. RT/IDEPE, 1991, pp. 226-227; "Medidas provisórias em matéria tributária e segurança jurídica", *Anais das XVI Jornadas Latino-americanas de Derecho Tributario*, t. I, Lima/Peru, ILADT/IPDT, setembro/1993, pp. 435-462; "Majoração do IR por medida provisória: uma questão de civilização", *SESCAP Informa* 27/16, Curitiba, SESCAP, março/1994; "Medidas provisórias: *Quousque tandem*"?, in *O Estado do Paraná* 2.6.1996, "Caderno Direito e Justiça", Curitiba, p. 4; *Medidas Provisórias em Matéria Tributária: as Catilinárias Brasileiras*, Tese (Doutorado em Direito – PUC/SP), São Paulo, 1999, *passim*; "Legalidade tributária e medida provisória: mel e veneno", in Octávio Campos Fischer (coord.), *Tributos e Direitos Fundamentais*, São Paulo, Dialética, 2004, pp. 175-216.

3. *Emenda Constitucional 32/2001*

3.1 *Primeira avaliação*

Promulgada a Emenda Constitucional 32, de 11.9.2001, alterando dispositivos da Lei Maior relacionados com a medida provisória, a *imprensa nacional recebeu-a muito bem*, como uma "decisão do Congresso de limitar o uso de medidas provisórias", como "a Emenda Constitucional que coloca um freio nas medidas provisórias",[44] como "a Emenda que limita o uso de MPs, retirando poderes do presidente da República";[45] "(...) Emenda Constitucional 32, veiculada na mídia como espécie de *solução*, o remédio para pôr cobro aos abusos do Presidente da República, para resgatar o Estado Constitucional de Direito".[46]

Também foram bem recebidas as modificações da Emenda entre muitos juristas, colhendo-se algumas *manifestações de verdadeiro entusiasmo e exaltação*: "A Reforma Constitucional anunciada (...) é bem-vinda e, tal como está, representará grande avanço e será elemento de pacificação social";[47] "Promulgada a Emenda que acaba com as reedições! Esta foi a solene proclamação que se ouviu atentamente, para regozijo da Nação e do povo (...)";[48] "(...) passando o Congresso Nacional e o Supremo Tribunal Federal a ter a firmeza de exigir a observância dos limites impostos, é possível que em breve espaço de tempo o número de edições de medidas provisórias seja praticamente zero, sendo o instituto utilizado apenas em reais casos de urgência";[49] "Parece que se pode afirmar com tranqüilidade que, caso seja aprovada a Proposta de Emenda Constitucional (...) estarão resolvidos a grande maioria dos graves problemas envolvendo as sucessivas edições e reedições de medidas provisórias (...) não deverão ser enfrentados mais problemas sérios com a edição de medidas provisórias (...)"[50] (*sic*).

Outros juristas demonstraram *receptividade e acolhimento, mas desprovidos de exageros*: "A Emenda Constitucional foi promulgada com o propósito de restringir a utilização das medidas provisórias";[51] "(...) a Emenda (...) estabelecer regras mais rígidas e restritivas para sua utilização";[52] "A Emenda (...) teve como finalidade diminuir a excessiva discricionariedade na edição de medidas provisórias (...)";[53] "o legislador procurou limitar a atuação do Poder Executivo nas edições de medidas provisórias, o que vinha sendo clamado por toda a sociedade"; [54] "O novo texto legal constitui inegável avanço";[55] "O novo regime das medidas provisórias é positivo, apresenta-se, no geral, como um inegável avanço";[56] "(...) várias e salutares altera-

44. Maurício Correa e Anamaria Rossi, "Muitas articulações e mais MPs", *Gazeta Mercantil*, 10.9.2001, p. A-11.

45. Denise Madueño, "Emenda das MPs entra hoje em vigor", *Folha de S. Paulo*, 12.9.2001, p. A-32.

46. Joel de Menezes Niebuhr, *O Novo Regime Constitucional da Medida Provisória*, São Paulo, Dialética, 2001, p. 12.

47. Anderson Suzuki, Fábio Marques Dias e Marco Antônio Violin, "Constituição Federal e medidas provisórias", in Carlos Aurélio Mota de Souza (coord.), *Medidas Provisórias e Segurança Jurídica*, São Paulo, Juarez de Oliveira, 2003, p. 34.

48. Leon Frejda Szklarowsky, *Medidas Provisórias: Instrumento de Governabilidade*, São Paulo, NDJ, 2003, p. 97.

49. Édson Freitas de Oliveira, *apud* Anderson Suzuki, Fábio Marques Dias e Marco Antônio Violin, "Constituição Federal ...", in Carlos Aurélio Mota de Souza (coord.), *Medidas Provisórias* ..., p. 33.

50. Idem, ibidem, pp. 32-33.

51. Paulo Roberto Lyrio Pimenta, "As medidas provisórias em direito tributário: inovações da Emenda Constitucional 32/2001", *Revista Dialética de Direito Tributário* 77/101, São Paulo, Dialética, fevereiro/2002.

52. Eduardo Domingos Bottallo, *Lições de Direito Público*, São Paulo, Dialética, 2003, pp. 118-119.

53. Alexandre de Moraes, *Direito Constitucional*, 13ª ed., São Paulo, Atlas, 2002, p. 551.

54. Anna Paula de Oliveira Dala Déa, "Responsabilidade do Estado por danos causados pelas medidas provisórias", in Carlos Aurélio Mota de Souza (coord.), *Medidas Provisórias* ..., pp. 188-189.

55. Gilberto Pinto dos Santos, "Reedição de medidas provisórias", in Carlos Aurélio Mota de Souza (coord.), *Medidas Provisórias* ..., p. 138.

56. Marcelo Figueiredo, "Reflexões a respeito da medida provisória na Constituição", in Eros Ro-

ções propostas pela Emenda Constitucional (...)";[57]; "a Emenda (...) veio a restabelecer o equilíbrio do sistema";[58] "(...) a regulamentação necessária para evitar o abuso na sua utilização";[59] "A Emenda (...) tratou de limitar os abusos que até então vinham sendo cometidos pelo Poder Executivo";[60] "A Emenda (...) veio (...) procurando limitar os excessivos poderes usurpados pelo Presidente da República".[61]

Alguns promoveram uma *avaliação positiva, mas de forma sóbria e comedida*: "(...) o legislador realizou uma sistematização mais detalhada da matéria".[62] Às vezes, reconhecendo que a Emenda se encontra longe do ideal, mas defendendo-lhe um saldo positivo: "Dos males, o menor. Se não houve a extinção da medida provisória, o que seria salutar, ao menos procurou-se diminuir seu efeito nefasto dentro da sociedade".[63] Às vezes, centrando seus comentários na dificuldade de aprovação da Emenda e na crítica à sistemática ou à interpretação da sistemática anterior: "(...) a proposta somente foi aprovada, transformando-se na Emenda Constitucional 32/2001, após longos e extenuantes debates e tentativas de acordo entre Executivo e o Legislativo, tornando-se viável somente após concessões de ambas as partes. Era evidente o interesse do Governo em manter o *status quo* vigente, onde não havia controle algum sobre as limitações das edições e das matérias alcançadas pelas medidas provisórias (...) a pretensão era postergar a discussão e aprovação da proposta de Emenda (...)".[64]

Houve ainda aqueles que, *cautelosa e prudentemente, talvez em excesso, adiaram a avaliação*: "é muito cedo para aquilatar os méritos e deméritos da modificação".[65]

Mais adequada, contudo, parece-nos a posição assumida por aqueles juristas que, admitindo a presença de aspectos positivos na Emenda Constitucional 32/2001, não se omitem no apontar-lhe as deficiências, concluindo por *um balanço de saldo negativo*, em que os proveitos e benefícios cedem passo às perdas e danos, em que o lucro cede vez ao prejuízo. Comecemos por sublinhar a *timidez e pusilanimidade* da Emenda, bem apanhadas por Samuel Nobre Sobrinho: "(...) Emenda Constitucional (...) viria a restringir, embora de forma tímida, o pernicioso abuso de poder exercido pelo Presidente da República (...). Efetivamente, a Reforma Constitucional não atendeu ao que dela se esperava (...). Houve uma melhora substancial no instituto. No entanto, esta melhora está ainda muito aquém daquilo que a população e a democracia esperavam".[66] Sigamos por frisar a *indulgência e condescendência* da Emenda para com o Executivo, objeto da denúncia de Josaphat Marinho, o saudoso publicista e político: "A Emenda Constitu-

berto Grau e Sérgio Sérvulo da Cunha (coords.), *Estudos de Direito Constitucional em Homenagem a José Afonso da Silva*, São Paulo, Malheiros Editores, 2003, p. 399.

57. Alexandre de Moraes, *Direito Constitucional*, 13ª ed., p. 566.

58. Paulo de Barros Carvalho, *Curso de Direito Tributário*, 15ª ed., São Paulo, Saraiva, 2003, p. 72.

59. José Filomeno de Moraes Filho, "Separação de Poderes no Brasil pós-88: princípio constitucional e práxis política", in Cláudio Pereira de Souza Neto, Gilberto Bercovici, José Filomeno de Moraes Filho e outros, *Teoria da Constituição: Estudos sobre o Lugar da Política no Direito Constitucional*, Rio de Janeiro, Lumen Juris, 2003, p. 187.

60. Dalton Luiz Dallazem, "As medidas provisórias, a EC 32 e o depósito recursal administrativo", *Revista Dialética de Direito Tributário* 83/19, São Paulo, Dialética, agosto/2002.

61. Samuel Nobre Sobrinho, "Medidas provisórias: suas origens, deformação de seu uso e a nova regulamentação advinda da Emenda Constitucional 32/2001", in Carlos Aurélio Mota de Souza (coord.), *Medidas Provisórias* ..., p. 331.

62. Paulo Roberto Lyrio Pimenta, "As medidas provisórias em direito tributário: ...", *Revista Dialética de Direito Tributário* 77/101.

63. Samuel Nobre Sobrinho, "Medidas provisórias: ...", in Carlos Aurélio Mota de Souza (coord.), *Medidas Provisórias* ..., p. 336.

64. Idem, ibidem, pp. 330-331.

65. Manoel Gonçalves Ferreira Filho, *Do Processo Legislativo*, 5ª ed., São Paulo, Saraiva, 2002, p. 240.

66. "Medidas provisórias: ...", in Carlos Aurélio Mota de Souza (coord.), *Medidas Provisórias* ..., pp. 331 e 338.

cional 32/2001 corrigiu falhas da disciplina das medidas provisórias, deixou outras sem a revisão necessária e fez concessões inadmissíveis ao Poder Executivo".[67] E terminemos este passo pondo grifo no *desencanto e desalento* decorrentes dos novos estorvos trazidos para o instituto pela Emenda, na expressão de Joel de Menezes Niebuhr: "(...) apesar de alguns avanços periféricos, a Emenda Constitucional 32 amplia ainda mais os poderes do Presidente da República (...) reflete um esboço de reação do Congresso Nacional, certo inconformismo com o uso abusivo que o Presidente da República tem feito das medidas provisórias (...). A intenção talvez fosse realmente (...) pôr cobro aos abusos. No entanto (...) é claríssimo que tal intenção não vingou (...) porque (...) a aludida Emenda Constitucional resolve pouco (...) traz poucas soluções e muitos outros problemas".[68]

Deveras, com tal Emenda recebemos, ao invés da solução normativa desejada, novos surtos de *problemas normativos*; ao invés do remédio constitucional almejado, novos temores de *doença constitucional*; ao invés da cura cívica cobiçada, novas crises de *moléstia cívica*; ao invés do alívio do cidadão ansiado, novas convulsões de *enfermidade cidadã*.

3.2 Aspectos positivos

Debrucemo-nos, pois, sobre o texto da Emenda, identificando-lhe, de começo, os *aspectos positivos*.

E principiemos pelo estabelecimento de *restrições materiais negativas*, mediante uma lista de assuntos que não podem ser objeto de medida provisória (nova redação do art. 62, § 1º – art. 1º da Emenda), primeiro aspecto selecionado como positivo. Apesar do comentário freqüente de que essa providência reduziu o âmbito desse instrumento normativo (Miguel Reale, por exemplo[69]), devendo, inclusive, reduzir o número de medidas editadas (Júlio César Rossi e Maria Paula Cassone Rossi[70]), razão seja dada a Clélio Chiesa, no sentido de que: "Com relação a muitas matérias enumeradas no § 1º do art. 62 (...) não há qualquer inovação";[71] e já não havia antes qualquer sentido em que fossem versadas por esse ato de governo (Uadi Lammêgo Bulos[72]) – apresentando a Emenda, neste ponto, apenas caráter de explicitação (Clélio Chiesa[73]). A maior parte, se não todos os temas vedados à medida pela Emenda já não podiam ser objeto desse instrumento normativo, porque impedido seu acesso ao Executivo via lei delegada (art. 68, § 1º) ou porque integram o rol dos direitos e garantias individuais, constituindo cláusulas constitucionais intocáveis (art. 60, § 4º, IV).

Como segundo ponto positivo registremos a *limitação à possibilidade de reedição (prorrogação) a uma única*, na mesma sessão legislativa (art. 62, §§ 3º, 7º e 10). Essa limitação, tida pela doutrina como o "ponto culminante" da Emenda (por exemplo, Joel de Menezes Niebuhr[74]), por "acabar com a 'farra' das reedições infindáveis",[75] não implica a identidade entre a prorrogação da vigência e a reedição, como querem alguns (Paulo Roberto Lyrio Pimenta, por exemplo[76]). É preciso não con-

67. "Medidas provisórias e a Emenda Constitucional 32/2001", *Cadernos de Soluções Constitucionais 1*, São Paulo, Malheiros Editores/Associação Brasileira de Constitucionalistas Democratas, 2003, p. 122.

68. *O Novo Regime Constitucional* ..., pp. 12, 173-174 e 13.

69. "Subterrâneos da medida provisória", in *Filosofia e Teoria Política (Ensaios)*, São Paulo, Saraiva, 2003, p. 95.

70. "Medidas provisórias – Conversão em lei", in Carlos Aurélio Mota de Souza (coord.), *Medidas Provisórias* ..., p. 526.

71. *Medidas Provisórias: Regime Jurídico-Constitucional*, 2ª ed., Curitiba, Juruá, 2002, p. 76.

72. *Constituição Federal Anotada*, 4ª ed., São Paulo, Saraiva, 2002, p. 790.

73. *Medidas Provisórias:* ..., 2ª ed., p. 76.

74. *O Novo Regime Constitucional* ..., p. 137.

75. Clélio Chiesa, *Medidas Provisórias:* ..., 2ª ed., pp. 73-74.

76. "As medidas provisórias em direito tributário: ...", *Revista Dialética de Direito Tributário* 77/101.

fundi-las, como adverte Paulo de Barros Carvalho; primeiro, porque a reedição dependia da iniciativa do Executivo e a prorrogação se dá de forma automática – como, aliás, confirma o art. 10 da Resolução 1 do Congresso Nacional, de 8.5.2002;[77] segundo, porque na reedição o Executivo retirava e incluía dispositivos – providência impossível na prorrogação, que exige a manutenção do conteúdo original da medida.[78]

Outro aspecto positivo é a determinação expressa da *apreciação parlamentar dos seus pressupostos constitucionais*, antes do juízo de mérito (art. 62, § 5º). Quanto à ausência da disciplina constitucional desses pressupostos, Joel de Menezes Niebuhr registra que a Emenda "obrou em silêncio sepulcral";[79] fato que também surpreendeu a Josaphat Marinho, que o interpretou como uma "vacilação da Emenda", que "reflete capitulação do Legislativo à supremacia do Executivo", tendo bastado "que se exigisse *Exposição de Motivos*, definidora dos pressupostos de relevância e urgência".[80] Tal motivação, cuja necessidade "deflui do próprio contexto" constitucional – como bem percebe Leon Frejda Szklarowsky –, acabou determinada pela Resolução 1 do Congresso Nacional, que estabelece que, no dia da publicação da medida, seu texto será enviado ao Congresso "acompanhado (...) de documento expondo a motivação do ato" (art. 2º, § 1º);[81] e se o Plenário de qualquer das Casas do Congresso, na formação do juízo prévio fixado pela Emenda, concluir pelo não atendimento dos pressupostos constitucionais, arquivará a medida (art. 8º, parágrafo único).

E ainda outros pontos que ostentam positividade: a *aplicação às medidas provisórias da sistemática do regime de urgência* dos projetos de lei de iniciativa presidencial, do art. 64, §§ 1º e 2º (art. 62, §§ 6º e 8º); e a *inclusão automática das medidas em vigor na pauta das convocações extraordinárias* do Congresso Nacional (nova redação do art. 57, acrescido do § 8º – art. 1º da Emenda).

3.3 Aspectos negativos

Mais numerosos, contudo, são os seus *aspectos negativos*.

Alguns deles são de *baixa ou média negatividade*, como *o aumento do prazo da excepcionalidade* de 30 para 60 dias (art. 62, § 3º). O legislador da Emenda ignorou, aqui, o parâmetro constitucional do pressuposto da urgência, que só se aplica à medida que não possa aguardar o curso normal, ou de projeto de lei apresentado pelo Presidente da República com pedido de urgência (45 dias, normalmente, CF, art. 64, §§ 1º-3º). Nesse mesmo sentido, Alexandre Macedo Tavares.[82]

No mesmo patamar de negatividade, *a suspensão da contagem do prazo da excepcionalidade durante o recesso* do Congresso Nacional (art. 62, § 4º). O prazo dos 60 dias da medida, que pode ser prorrogado por mais 60, perfazendo 120 dias, pode ainda crescer mais, quando do recesso parlamentar. No período de 15 de dezembro a 15 de fevereiro (CF, art. 57) atingirá 180 dias. Daí o juízo adequado de Niebuhr: "Assim, a medida chamada de *provisória* adquiriu *status* semestral, protraindo-se excessivamente no tempo".[83]

E, para concluir o rol dos aspectos de baixa ou média negatividade: *o fim da con-*

77. *Curso* ..., 15ª ed., p. 66. Eis o texto do art. 10 da Resolução 1/2002 do Congresso Nacional: "Se a medida provisória não tiver sua votação encerrada nas duas Casas do Congresso Nacional, no prazo de 60 dias de sua publicação no *Diário Oficial da União*, estará automaticamente prorrogada uma única vez a sua vigência por igual período".

78. Carlos Aurélio Mota de Souza, "Introdução geral", in Carlos Aurélio Mota de Souza (coord.), *Medidas Provisórias* ..., p. XXXII.

79. *O Novo Regime Constitucional* ..., p. 98.

80. "Medidas provisórias ...", *Cadernos de Soluções Constitucionais 1*, p. 117.

81. *Medidas Provisórias:* ..., p. 119.

82. "Emenda Constitucional 32/2001: ..." , *Revista Dialética de Direito Tributário* 83/13, São Paulo, Dialética, agosto/2002.

83. *O Novo Regime Constitucional* ..., p. 90.

vocação extraordinária do Congresso Nacional, em cinco dias, para apreciar medida provisória editada no seu recesso (nova redação do art. 62, *caput*, em face da anterior); e a admissão expressa da *possibilidade de revogação de uma medida provisória por outra* (art. 2º da Emenda).

Outros aspectos negativos, porém, são de *alta ou altíssima negatividade*. Diante de um *rol de restrições materiais negativas, a possibilidade do seu entendimento como taxativo*, escancarando as portas a esse ato normativo de governo em todas as demais matérias, é o primeiro deles. Destaque-se o caráter não exaustivo da lista de assuntos interditados às medidas provisórias, restando ausentes temas relevantes como a matéria tributária, as providências de índole definitiva etc. Em casos que tais – como avisa Samuel Nobre Sobrinho[84] – sempre há o risco de uma interpretação assistemática e restritiva, como a de Gilberto Pinto dos Santos, para quem: "A Emenda Constitucional especifica quais as matérias em que é vedada a edição de medidas provisórias, por conseguinte sendo ela cabível nos demais casos".[85] Aí, precisamente, o motivo pelo qual Roque Antônio Carrazza conclui, acertadamente: "Foi uma forma ardilosa de, restringindo, ampliar".[86]

De igual negatividade a *admissão expressa de uma prorrogação da medida provisória* na mesma sessão legislativa (art. 62, §§ 3º e 7º). O aceitar explícito de uma prorrogação por parte da Emenda não significa, em absoluto, como querem alguns, que: "A discussão sobre a possibilidade ou não da reedição da medida provisória não cabe mais".[87] Do ponto de vista científico, entendemos questionável a Emenda neste particular, uma vez que seguimos plenamente convictos do direito parlamentar à rejeição tácita ou implícita, pelo decurso do prazo somado ao silêncio congressual, que significa, se não clara e nítida recusa, pelo menos inequívoca manifestação no sentido do desatendimento aos pressupostos da urgência e da relevância, além do desrespeito ao prazo constitucionalmente fixado – prazo, este, que, admitida a reedição, perde seu sentido.

No mesmo padrão de negatividade, a *admissão implícita da reedição de medida provisória tácita ou até mesmo expressamente rejeitada, na sessão legislativa seguinte* (art. 62, § 10). A proibição expressa de reedição "na mesma sessão legislativa" (art. 62, § 10) conduz ao entendimento de que ela seria possível na sessão legislativa seguinte – como consente, entre outros, Roque Antônio Carrazza;[88] providência, contudo, claramente inadmissível, em face da ausência, no caso, dos pressupostos constitucionais da urgência e da relevância (Leon Frejda Sklarowsky e Samuel Nobre Sobrinho[89]); além do frontal antagonismo, no caso das medidas expressamente rejeitadas, com um entendimento doutrinário e jurisprudencial que é absolutamente manso e pacífico.

De alta ou altíssima negatividade também *o estabelecimento da perda da eficácia não desde a edição* (art. 62, § 3º), *mas somente a partir da rejeição, para os casos em que não seja editado em 60 dias o decreto legislativo* que discipline as relações jurídicas decorrentes da medida provisória não convertida em lei (art. 62, § 11). Trata-se de "regra legitimando a omissão do Legislativo" – como admoesta Paulo Roberto Lyrio Pimenta[90] –, destinada "a causar celeuma jurídica e problemas práti-

84. "Medidas provisórias: ...", in Carlos Aurélio Mota de Souza (coord.), *Medidas Provisórias* ..., p. 331.

85. "Reedição ...", in Carlos Aurélio Mota de Souza (coord.), *Medidas Provisórias* ..., p. 139.

86. *Curso de Direito Constitucional Tributário*, 17ª ed., São Paulo, Malheiros Editores, 2002, p. 244.

87. Sidney Guerra e Gustavo Merçon, *Direito Constitucional Aplicado à Função Legislativa*, Rio de Janeiro, América Jurídica, 2002, p. 238.

88. *Curso* ..., 17ª ed., p. 244.

89. Leon Frejda Szklarowsky, *Medidas Provisórias: ...*, pp. 125-126; Samuel Nobre Sobrinho, "Medidas provisórias: ...", in Carlos Aurélio Mota de Souza (coord.), *Medidas Provisórias* ..., p. 333.

90. *As Medidas* ... , ob. cit., p. 102.

cos",[91] que é "de validade efêmera, como uma lei temporária ou passageira, mas que produzirá efeitos concretos duradouros".[92] Ora, tal determinação não só não é lógica – como acusa Josaphat Marinho –, mas – como assinala Niebuhr – "é inadmissível perpetuar os efeitos de medida provisória rechaçada pelo Congresso Nacional, sob pena de aniquilar a vontade deste".[93] E mais, e não menos relevante: essa modificação defronta direta e ousadamente a redação original do antigo parágrafo único do art. 62, no que tange à perda da eficácia "desde a edição", ampliando acintosamente a eficácia da excepcional atividade normativa do Executivo.

Semelhante é a negatividade da *extinção para o futuro do limite imposto às medidas provisórias que versassem temas objeto de emendas*, a partir de 1995 (nova redação do art. 246). As Emendas Constitucionais 6 e 7, de 15.8.1995 – curiosamente, ambas –, incluíram no Texto Maior esse dispositivo, proibindo o uso de provimentos provisórios "na regulamentação de artigo da Constituição cuja redação tenha sido alterada por meio de emenda promulgada a partir de 1995". Em face de algumas importantes e profundas modificações operadas por emendas, desde então, tratava-se de restrição significativa. "Tratava-se", uma vez que a Emenda, aqui, e lamentavelmente, fixou um termo final para essa restrição: a data da sua promulgação.

E, para concluir a relação dos aspectos de alta ou altíssima negatividade da Emenda 32/2001, mencione-se *a transformação de todas as medidas "provisórias" já editadas e vigentes na data da publicação da Emenda em medidas "permanentes"*, até a deliberação definitiva do Congresso Nacional ou até a sua revogação expressa (art. 2º da Emenda). A providência – que Paulo Roberto Lyrio Pimenta descreve como a "mais infeliz inovação da Emenda" – resulta na existência, hoje, de dois tipos de medidas provisórias: aquelas cujo prazo de vigência é determinado (editadas após a Emenda) e aquelas cujo prazo de vigência é indeterminado (em vigor na data da sua publicação).[94] Quanto a estas últimas, Dalton Luiz Dallazem, de modo analítico, explica o alcance do dispositivo: "O art. 2º da Emenda (...) tornou definitivas (...) situações que, dadas suas características, só provisoriamente, porque não poderiam aguardar o ocaso do processo legislativo normal ou urgente, permaneceriam sob a regência deste efêmero, excepcional e precário instrumento".[95] E Gilberto Pinto dos Santos o faz de forma sintética: "tal disposição empresta caráter definitivo (...) ao que por sua natureza é provisório".[96] Reconheça-se razão ao registro metafórico de Manoel Gonçalves Ferreira Filho: "o art. 2º da Emenda (...) praticamente converte em lei as medidas provisórias em vigor na data de sua publicação".[97] A referência do dispositivo às medidas em vigor na data da promulgação da Emenda deu azo a uma atitude oportunista e pouco louvável do Executivo, que se apressou a expedir novas medidas, entre a aprovação e a promulgação da Emenda, de modo a subtraí-las ao império das novas regras (Josaphat Marinho[98]). Tal comportamento presidencial censurável encontrou boa análise na pena de Samuel Nobre Sobrinho: "o despudor do Executivo é tamanho que, aprovada a

91. Alexandre Gir Gomes, "Medidas provisórias e Poder Legislativo", in Carlos Aurélio Mota de Souza (coord.), *Medidas Provisórias* ..., p. 353.

92. Samuel Nobre Sobrinho, "Medidas provisórias: ...", in Carlos Aurélio Mota de Souza (coord.), *Medidas Provisórias* ..., p. 335.

93. Josaphat Marinho, "Medidas provisórias ...", *Cadernos de Soluções Constitucionais 1*, p. 120; J. M. Niebuhr, *O Novo Regime Constitucional* ..., p. 191.

94. Paulo Roberto Lyrio Pimenta, "As medidas provisórias em direito tributário: ...", *Revista Dialética de Direito Tributário* 77/102.

95. "As medidas provisórias, a EC 32 ...", *Revista Dialética de Direito Tributário* 83/25.

96. "Reedição ...", in Carlos Aurélio Mota de Souza (coord.), *Medidas Provisórias* ..., p. 139.

97. *Do Processo Legislativo*, 5ª ed., p. 244, nota 88.

98. "Medidas provisórias ...", *Cadernos de Soluções Constitucionais 1*, p. 120.

Emenda Constitucional, em sua votação final pelo Senado, mas antes que fosse ela promulgada, veio ele, de forma sorrateira e abusiva, a editar uma publicação extraordinária do *Diário Oficial*, para emitir mais 10 medidas provisórias, de uma só vez, e que não serão alcançadas pelas novas normas da Reforma Constitucional. Teremos, portanto, um entulho autoritário que nos foi legado por um Governo que agiu de forma despótica e irresponsável".[99]

3.4 Medida provisória tributária

No que tange especificamente à *matéria tributária*, conquanto reconhecendo alguma positividade na submissão da instituição ou majoração de impostos à anterioridade não em relação à medida provisória que tomar a providência, mas em relação à lei em que se converter a medida provisória (art. 62, § 2º),[100] há que sublinhar a suprema negatividade, que raia pelo âmbito da insensatez e do *disparate constitucional*, da *admissão de medida provisória para instituição e majoração de impostos* (art. 62, § 2º).

Singular é a visão de Paulo Roberto Lyrio Pimenta, que admite a criação e majoração de tributos por medida provisória – entende com largueza a referência da Emenda a "impostos" –, salvo aqueles que exigem lei complementar para tal. Sua singularidade, porém, não se encontra tanto no conteúdo de sua posição, mas na seriedade do seu raciocínio. Peca, entretanto, pois aceita corretamente que a proibição de medida provisória em matéria penal se estende às infrações e sanções administrativas, inclusive tributárias, interpretando esse impedimento como "uma concretização do princípio da legalidade", e a expressão "direito penal" como abrangente de "todas as medidas restritivas de direitos fundamentais, tais como a liberdade, a propriedade ... etc.";[101] sensibilidade jurídico-constitucional, todavia, que não concebe a restrição contextual da medida provisória em matéria tributária como igual concretização da legalidade?! E que esquece que a tributação acutila diretamente os direitos à liberdade e à propriedade dos cidadãos, irrecusáveis direitos individuais, que inadmitem providências de caráter normativo do Executivo, seja pelo caminho da delegação legislativa (art. 68, § 1º, II), seja – com melhores motivos – pela senda da medida provisória. Alexandre Macedo Tavares também discorda da óptica de Lyrio Pimenta, embora apenas para acatar aquele uso das medidas provisórias para os impostos, e embora invocando outras – e, cremos, menos eminentes – razões.[102] Perspicaz e apurado o juízo de Josaphat Marinho, no tema: "A Emenda (...) é generosa com o Poder Executivo na franquia da competência para regular a grave matéria tributária. E temerária para os direitos dos cidadãos".[103] *Indubitável a patente inconstitucionalidade, no particular, da Emenda em questão* – no que contamos com o apoio, entre outros, de Clélio Chiesa, de Joel de Menezes Niebuhr e de Uadi Lammêgo Bulos.[104]

E seguem o destempero e o *desatino constitucional* da Emenda, em matéria tributária, pelo *esvaziamento do pressuposto material da urgência de tal medida provisória, ao submetê-la à anterioridade da lei em que vier a se converter* (art. 62, § 2º). A incongruência manifesta da medida provisória simultaneamente urgente e com sua

99. "Medidas provisórias: ...", in Carlos Aurélio Mota de Souza (coord.), *Medidas Provisórias* ..., p. 336.

100. V., a respeito, o belo trabalho de José Souto Maior Borges, "Limitações temporais da medida provisória: a anterioridade tributária", *RDTributário* 64/192-200, São Paulo, Malheiros Editores.

101. Paulo Roberto Lyrio Pimenta, "As medidas provisórias em direito tributário: ...", *Revista Dialética de Direito Tributário* 77/103-107.

102. Alexandre Macedo Tavares, "Emenda Constitucional 32/2001: ..." , *Revista Dialética de Direito Tributário* 83/17.

103. "Medidas provisórias ...", *Cadernos de Soluções Constitucionais 1*, p. 119.

104. Clélio Chiesa, *Medidas provisórias:* ..., 2ª ed., pp. 77-79; Joel de Menezes Niebuhr, *O Novo Regime Constitucional* ..., pp. 115-119; Uadi Lammêgo Bulos, *Constituição Federal Anotada*, 4ª ed., p. 793.

eficácia postergada é posta a nu com simplicidade por Paulo de Barros Carvalho, mestre consumado também em Lógica: "Abriga uma contradição de ordem semântica cogitar de medida provisória publicada, mas com prazo inicial de vigência fixado em tempo posterior. E a urgência?".[105] Por isso, Alexandre Macedo Tavares discorre sobre o que chama de uma "teratológica modalidade de medida provisória (...) com eficácia diferida em matéria fiscal", dizendo-a soar "como uma franca, nítida, sarcástica, irônica e degradante violação ao *imediatismo eficacial* ínsito das medidas provisórias".[106]

Felizmente, neste particular, trata-se apenas de uma mera tentativa plenamente infrutífera de alteração do Texto Máximo. Isso porque, a toda evidência, tais modificações se encontram despidas de qualquer eficácia, por sua *flagrante inconstitucionalidade*. E não se argumente com o fato de que essas medidas são oriundas de Emenda Constitucional, para defender sua pretensa constitucionalidade: "Não há dúvida de que (...) é o STF competente para, em controle difuso ou concentrado, examinar a constitucionalidade, ou não, de emenda constitucional" (ADIn 829-3-DF, rel. Min. Moreira Alves, acórdão de 14.4.1993).[107] Aliás, desde 1926 – como informa Gilmar Ferreira Mendes – já se reconheceu entre nós tal possibilidade; e o STF já chegou até mesmo a admitir a fiscalização de constitucionalidade de propostas de emenda à Constituição.[108]

São duas as *barreiras à utilização de medida provisória para instituição e majoração de tributos*: os princípios da legalidade tributária e da anterioridade tributária, ambos concretizadores do princípio da segurança jurídica; princípios, todos eles, incluídos no rol dos direitos e garantias individuais dos cidadãos – tema em relação ao qual estão severamente afastadas não só as emendas contrárias, mas inclusive aquelas que apenas lhes guardem tendência de contrariedade (art. 60, § 4º, IV), uma vez que cláusulas intocáveis da Lei Magna.

4. *Terrorismo constitucional*

Não obstante registrando e considerando alguns aspectos positivos da Emenda em questão (item 3.2), resta claro e incontestável que seus aspectos negativos (item 3.3) superam largamente os primeiros, tanto em quantidade como em qualidade, ensejando a conclusão – que já havíamos antes adiantado – de que, se a Emenda teve o saudável propósito de restringir os abusos "legislativos" do Executivo, pela via das medidas provisórias, quedou-se muito aquém de suas intenções, não só se revelando tímida nas providências e complacente com o Executivo, mas inclusive acrescentando novos embaraços ao esboço constitucional da medida provisória; redundando, assim, num balanço que acusa um saldo inequivocamente negativo. De sorte que, se, analogicamente, encararmos a configuração constitucional desse instrumento normativo como um soneto, *a emenda, com maiores perdas do que ganhos em relação ao texto original – e, portanto, "pior do que o soneto" –, corresponde exatamente àquele tipo de emenda ao qual se recusou Bocage*, a despeito da solicitação do pretenso candidato a poeta.

Aliás, promulgada em 11.9.2001 – mesma data dos ataques terroristas a Nova York e Washington –, quiçá pudéssemos identificá-la, em nova analogia, como *algo próximo de um ataque terrorista ao Estatuto Supremo*.

Ora, por trás das ações do terror contemporâneo, e no seu âmago significativo primordial, cremos poder divisar *o impulso presunçoso e arrogante de impor suas próprias idéias pelo simples e pré-históri-*

105. *Curso* ..., 15ª ed., p. 63.

106. "Emenda Constitucional 32/2001: ...", *Revista Dialética de Direito Tributário* 83/7, 9 e 15.

107. *Apud* Ivo Dantas, *O Valor da Constituição: do Controle de Constitucionalidade como Garantia da Supralegalidade Constitucional*, Rio de Janeiro, Renovar, 1996, pp. 181-182.

108. Gilmar Ferreira Mendes, *Jurisdição Constitucional*, São Paulo, Saraiva, 1996, p. 155.

co argumento da força. Idéias, essas, que, ao serem entronizadas como essenciais, relegam todas as demais, reduzidas à condição de contingentes, aos singelos e modestos patamares inferiores. Não parece ser outro o ponto de vista de Jean-Paul Sartre, o filósofo existencialista do século XX: "Para Sartre, quien elige la vía de la violencia como opción existencial afirma de este modo la inesencialidad de todo lo existente frente a la urgencia de su deseo concretado en determinado proyecto".[109] Por isso há quem fale de "la soberbía de la violencia".[110] Por isso há quem a defina como "un delirio impotente de omnipotencia".[111]

O terrorismo – qualquer terrorismo, incluindo o dos grupos organizados, os mais diversos, desde o dos ativistas bascos, que costumam anunciar seus atos, poupando os civis, até o da *Al Qaeda*, que se caracteriza como maciço e catastrófico, atingindo indiscriminadamente a população civil (José Arthur Giannotti[112]); e incluindo o terrorismo oficial dos Estados, que, sob a desculpa de combatê-lo, dele pode diferir pelo método ou pela intensidade, mas não qualitativamente (Fernando Savater[113]), oferecendo, inclusive, maior risco (Richard Rorty[114]), como o dos norte-americanos, com a sua "Lei Patriótica" (*Patriot Act*[115]); e o dos britânicos, com a sua "Lei de Segurança, contra o Terrorismo e o Crime" (*Anti-Terrorism, Crime and Security Act*) – *o terrorismo, dizíamos, implica necessariamente o repúdio à democracia*: quando oriundo dos grupos organizados, porque menospreza os caminhos oficiais de manifestação da vontade popular, abandonando não só a vontade da maioria, mas olvidando inclusive a voz das minorias, que, nas autênticas democracias, conservam seus direitos e formas de expressão;[116] e, quando oriundo das instituições estatais, pelos regimes de exceção que propõem e exigem, em nome do combate ao próprio terrorismo, como bem o ilustra Richard Rorty, o filósofo norte-americano e professor da Universidade Stanford, que chega a cogitar do fim do Estado de Direito e de uma "volta ao *ancien régime*".[117] Expressiva a metáfora irônica de Fernando Savater, o filósofo da Universidade Complutense de Madri, acerca da contribuição que a violência do terror traz para o processo democrático: "La violencia militar (sea reaccionaria o subversiva) contribuirá a la aceleración de este proceso en la misma medida en que la ingestión de una botella de coñac diaria suele servir para mejorar pronto del todo a un enfermo de cirrosis".[118]

Ora, do mesmo modo que o terrorismo real investe contra a democracia, o *ter-*

109. Fernando Savater, "Violencia y comunicación", in *Contra las Patrias*, 2ª ed., Barcelona, Tusquets, 1996, p. 137.

110. Jacobo Timermann, *apud* Fernando Savater, "Los argumentos de la violencia", in *Contra las Patrias*, 2ª ed., p. 113.

111. Fernando Savater, "Violencia y comunicación", in *Contra las Patrias*, 2ª ed., p. 138.

112. "A lógica ensandecida do terror", *Folha de S. Paulo*, edição de 4.4.2004, "Caderno Mais!", p. 12.

113. "Violencia y comunicación", in *Contra las Patrias*, 2ª ed., p. 138.

114. "Entre quatro paredes", *Folha de S. Paulo*, edição de 4.4.2004, "Caderno Mais!", p. 10: "A suspeita amplamente compartilhada de que a guerra contra o terrorismo é potencialmente mais perigosa do que o terrorismo em si me parece totalmente justificada" (*sic*).

115. Richard Rorty, "Entre quatro paredes", *Folha de S. Paulo*, edição de 4.4.2004, "Caderno Mais!", p. 10: "(...) *Patriot Act* [conjunto de medidas aprovado por maioria absoluta no Congresso no dia seguinte ao dos atentados e considerado um marco na violação dos direitos civis norte-americanos] (...)".

116. José Roberto Vieira, "República e democracia: óbvios ululantes e não ululantes", *Revista da Faculdade de Direito da UFPR* 36/157; *Revista da Academia Brasileira de Direito Constitucional* 4/94.

117. "Entre quatro paredes", *Folha de S. Paulo*, edição de 4.4.2004, "Caderno Mais!", p. 11: "(...) comprovo que as instituições democráticas, pelo menos em meu país, se tornaram muito frágeis. Temo que todos os precedentes criados pelo Governo Americano em relação ao 11 de Setembro influirão muito nos governos de outras democracias. Depois dos atentados em Madri, o cenário americano também poderia se repetir na Europa" (*sic*).

118. "Los argumentos de la violencia", in *Contra las Patrias*, 2ª ed., p. 118.

rorismo jurídico da Emenda Constitucional 32/2001, com seu flagrante menoscabo por numerosos dos mais eminentes princípios constitucionais, aliado ao prestígio que concede à vontade unipessoal do chefe do Executivo, responsável pela medida provisória, em detrimento da vontade dos nossos representantes eleitos para a Casa das Leis, desdenha olimpicamente a vontade popular, superiormente consagrada em nossa Carta Magna, e *igualmente acomete de modo manifesto e indefectível a democracia.*

Em resposta a esse terrorismo constitucional, é oportuno recordar François-René de Chateaubriand, que, mais do que um pré-romântico, como Bocage, foi o pioneiro do movimento na França, o grande nome da sua literatura na primeira metade do século XIX, e cuja pena, fluente e fogosa como a de Bocage, registrou, em suas conhecidas *Memórias de Além-Túmulo*: "(...) no conozco nada más servil, más despreciable, más cobarde, más obtuso que un terrorista".[119] *Aos terroristas constitucionais a quem se deve a Emenda em tela aplica-se como luva a sentença afiada de Chateaubriand*: *são obtusos*, pela falta de sutileza jurídica para perceber o contexto constitucional em que se move a medida provisória, esse instrumento normativo idealmente de alta excepcionalidade; *são covardes*, pela carência de altivez e brios para resistir aos constantes assaltos do Executivo à função legislativa, de propriedade quase exclusiva dos parlamentares; *são servis*, pela atitude timorata e acanhada dos que se curvam vergonhosamente aos anseios hegemônicos de um Executivo ávido de poder; e *são desprezíveis*, pela ausência de fidelidade ao compromisso constitucional do homem público, que, seja por miopia jurídica, seja por inconfessáveis interesses pessoais ou políticos, à vontade estável e permanente do Estado, expressa no texto constitucional, antepõem as conveniências circunstanciais e episódicas do governo de plantão.

Retomando a *imagem do perfil atual da medida provisória como um soneto*, e daqueles que projetaram, propuseram, defenderam, aprovaram e louvam a Emenda Constitucional 32/2001 como os supostos sonetistas, é fácil supor que *a tais arremedos de poeta Bocage destinaria o mesmo diagnóstico* que dirigiu aos componentes da Nova Arcádia, academia literária cujas entranhas conheceu muito bem: "(...) *corja vil, aduladora, insana*"; e *ao simulacro de soneto produzido pela Emenda* também é simples presumir que *Bocage endereçaria a mesma sentença* que reservou ao produto poético daqueles acadêmicos: "(...) *versos maus* (...) *trovas aleijadas* (...)".[120] Tal seria, no caso, *o veredicto jurídico-poético de Bocage.*

Curitiba, 11 de abril de 2004 – Dia de Santo Estanislau, destemido denunciante dos abusos do rei Boleslau II, da Polônia, no século XI.[121]

119. *Apud* Fernando Savater, *Perdonen las Moléstias*, Madri, Santillana, 2002, p. 9 (*Punto de Lectura*, n. 85).

120. Marisa Lajolo (org.), "Textos selecionados", in *Bocage*, pp. 37-38; Bocage, *Poesias Várias*, 2ª ed., p. 102.

121. Mario Sgarbossa, *Os Santos e os Beatos da Igreja do Ocidente e do Oriente*, trad. de Armando Braio Ara, Paulinas, 2003, p. 209.

CADERNOS DE DIREITO TRIBUTÁRIO

ELISÃO, SIMULAÇÃO E CRIMES CONTRA A ORDEM TRIBUTÁRIA

ELIANA CALMON
Ministra do Superior Tribunal de Justiça

I — Elisão. II — Simulação. III — Crimes contra a ordem tributária.

I — Elisão

Na doutrina brasileira é a *elisão* definida como uma conduta lícita do contribuinte, antes da ocorrência do fato gerador, sem envolver nenhuma prática simulatória, com o escopo de obter uma carga tributária menor, legalmente aceita.

A definição de elisão fiscal exclui a idéia de condutas infracionais, tais como sonegação, falsidade e outras práticas ilegais, consubstanciadas na adoção de opções fiscais menos onerosas.

Examinada a elisão sob a ótica do direito individual do contribuinte, com a garantia de se auto-organizar, temos prática inteiramente lícita. Se vista sob o enfoque social, pode-se até condenar aquele que se pretende beneficiar em detrimento do Estado. Segundo o Professor Marco Aurelio Greco, tem o tema o interesse dos juristas há pelo menos 650 anos.

O Estado procura dificultar as práticas elisivas do contribuinte, e cria normas proibitivas de certas e determinadas condutas, o que leva a uma proliferação e complexidade de normas, ensejadoras inclusive, do conflito da lei no tempo, porque as normas antielisivas dirigem-se para o futuro.

Ao se fazer abordagem sobre elisão, é preciso ter em mente a necessidade de abandonar os meros conceitos formais do Direito Tributário, e mergulhar nos aspectos substanciais das relações Estado *versus* contribuinte, regidos pelos princípios subjetivados, tais como: isonomia, capacidade contributiva, distorções da atividade empresarial etc. No Brasil, após a Constituição Federal de 1988, foi aguçada a sensibilidade para os aspectos subjetivados das relações.

Enfim, não se deve perder de vista que o direito individual de se auto-organizar e a liberdade de iniciativa, como todo direito individual, não são absolutos e encontram limites na medida em que são exercidos em detrimento do social.

Na avaliação da licitude ou ilicitude, exerce o Judiciário o grande papel de normatizar subjetivamente a conduta do contribuinte, dentro de limites além do formal e ingressa no exame do resultado do comportamento. Ademais, a LC 104, de 10.1.2001, ao introduzir o parágrafo único ao art. 116 do CTN, consagrou para os administradores e para o Judiciário a tarefa de interpretar os fatos sob o enfoque eminentemente substancial, o que despreza a idéia de o Direito Tributário ser interpretado como um direito formal.

O vazio legislativo da norma introduzida deixa para o legislador ordinário a tarefa de tratar com miudeza e casuísmo a questão hoje colocada: "A autoridade administrativa poderá desconsiderar atos ou negócios jurídicos praticados com a finalidade de dissimular a ocorrência do fato gerador do tributo ou a natureza dos elementos constitutivos da obrigação tributária, observados os procedimentos a serem estabelecidos em lei ordinária?" Traduzindo: na interpretação das normas que envolvem elisão fiscal, deve ter o Estado, seja administrador, seja juiz, a preocupação em fazê-la, e manter o equilíbrio entre o interesse individual e a finalidade social?

Por certo, em um Estado de Direito, a resposta só poderá ser afirmativa. Afinal, é o Estado fiador de princípios e valores contidos na Lei Maior, os quais não podem ser desatendidos sob pena de colocar em perigo a ordem jurídica estabelecida.

II — Simulação

Na execução de práticas elisivas, acaba o contribuinte extrapolando e caindo no terreno da simulação. Esta, diferentemente, é anti-social e antijurídica, merecendo reprimenda quando extrapola os limites do tolerável. Mas até onde vai a tolerância? Para saber o limite tolerável da simulação, mister se faz defini-la. Dentro de um critério simplista, pode-se dizer: simulação é utilizar meios aparentes para ocultar o que realmente é desejado.

No estudo da simulação, para melhor compreendê-la, é preciso se faça a distinção entre *causa* e *motivo*. A causa identifica-se com a finalidade visada pela lei, é objetiva, visível, e exposta no próprio perfil do negócio realizado.

O motivo, diferentemente, é de ordem subjetiva. Quando se fala em simulação, tem-se um negócio jurídico cuja causa não corresponde ao motivo. Tem-se a aparência de negócio, com a ocultação do realmente desejado. Em outras palavras, o negócio jurídico aparente não traduz o desejo do contratante, pois o negócio real é *dissimulado*.

Na simulação estão conjugados três elementos:

1. divergência entre a vontade interna e a vontade manifestada no negócio ostensivo;

2. acordo das partes quanto ao negócio dissimulado; e

3. intenção deliberada de enganar terceiras pessoas.

No campo do Direito Civil, a simulação acarreta a anulabilidade do negócio jurídico, pois se trata de um vício de vontade. Anula-se o negócio simulado, e permanece como bom o negócio até então dissimulado.

No campo do Direito Tributário, a simulação vem sendo questionada em relação aos negócios fiduciários, nos quais há um descompasso entre o contrato ostensivo e o fim objetivado pelo contribuinte. É o que acontece em relação ao contrato de arrendamento mercantil, ou *leasing*, típico contrato fiduciário.

O Superior Tribunal de Justiça, em matéria cível, fez editar interessante Súmula que atualmente está sendo questionada na Corte Especial. Diz o enunciado do verbete: *A cobrança antecipada do valor residual (VRG) descaracteriza o contrato de arrendamento mercantil, transformando-o em compra e venda a prestação* (Súmula 263/STJ).

O questionamento anunciado está na aplicabilidade ou não da Súmula em matéria tributária. Tenho entendimento, esposado em diversos julgados, no sentido de que o contrato de *leasing*, estruturado na disciplina da Lei 6.099, de 12.9.1974, com a redação dada pela Lei 7.132, de 20.10.1983, não mais enseja descaracterizações ao bel-prazer do Fisco.

O *leasing*, ou arrendamento mercantil, é hoje contrato nominado, definido como o negócio jurídico realizado entre pessoa jurídica, na qualidade de arrendadora, e pessoa física ou jurídica, na qualidade de arrendatária. O objeto é o arrendamento de bens adquiridos pela arrendadora, segundo especificações da arrendatária e para uso próprio desta (art. 1º, parágrafo único, Lei 6.099/1974, com redação da Lei 7.132/1983).

Entendo estar o Fisco impedido de descaracterizar o instituto ao seu talante, a partir do estabelecimento das hipóteses pelo art. 2º da Lei 6.099/1974, quando então deixou de gozar de tratamento de contrato nominado. Assim, somente a lei pode estabelecer a descaracterização do contrato de arrendamento mercantil. Nesse sentido é o REsp 268.005-MG, da 1ª Turma do STJ, relatado pelo Ministro José Delgado. Colhe-se do voto do relator trecho bem elucidativo: "Não havendo qualquer norma legal quanto ao valor específico de cada contraprestação, evidencia-se que a existência de valores distintos (crescentes ou decrescentes e até o valor simbólico) não justifica a descaracterização do contrato de *leasing*".

Nota-se a preocupação em não deixar por conta do Fisco a desqualificação de um contrato de *leasing* para considerá-lo diferente da avença ostensiva, senão quando grosseira se fizer a simulação.

III — Crimes contra a ordem tributária

A intervenção do Estado na economia é imprescindível para a preservação da ordem econômica, abalada por condutas abusivas. Porém, ela fez surgir os chamados delitos econômicos, neles incluídos a ampla gama de litígios que afetam as relações de índole econômica, excluindo-se do gênero apenas os delitos contra a propriedade.

Não escapam dessa rubrica, delitos econômicos, tipificações antigas da legislação penal, tais como a fraude fiscal, a gestão abusiva, a usura e a falência, dentre outros. Adquirem eles relevância no contexto dos chamados crimes contra a ordem tributária, espécie do gênero, chamados de Direito Penal Tributário, pois afetam sobretudo a capacidade de arrecadação: excluem dos cofres do Erário expressivos recursos e minguam a principal fonte de receita — a tributária. O dano social do delito é de grande alcance, visto estimar a Receita Federal que, no Brasil, somente ingressa nos cofres públicos metade do que por lei deveria ser recolhido.

Os crimes tributários, ou crimes de "colarinho branco", no Brasil, não se constituem em privilégio dos grandes empresários ou contribuintes de alta riqueza. Atestam os Tribunais a existência do tipo entre pequenos e médios empresários, o que não se constitui em excepcionalidade, tendo em vista o peso da altíssima carga tributária sobre as pessoas físicas ou jurídicas, estimada em cerca de 34% do PIB.

Há de ressaltar, ainda, a prática reiterada de sonegar receitas, seja com condutas elisivas que o Fisco tenta podar, seja com o cometimento de infrações à legislação tributária, mesmo enfrentando o risco de autuação, com pesadas multas.

O Fisco tem encetado como política arrecadatória a criminalização de condutas que não passam de ilícito administrativo-tributário, com o objetivo de coibir as práticas de sonegação. Chama a atenção o rigor formal do legislador, em defesa do Fisco, e em detrimento a um relevantíssimo aspecto: a natureza ontológica de um ilícito que se transforma em crime pela só vontade do Estado Legislador.

Observa-se, dentre as tendências do novo modelo social do Estado Moderno, a desregulamentação, a descentralização e a descriminalização de conduta, vertentes destinadas a tornar o Estado menos pesado, e a deixar para as regras sociais de conduta a incumbência de, por si só, comandarem a reprovabilidade.

Assim, repito, mercê da tendência à descriminalização, o Estado brasileiro, na contramão da história, tem tipificado como crime condutas que não passam de um ilícito tributário. A objetividade dos textos legislativos não deixa outra idéia senão a de ter o Estado, por escopo colocar em situação vexatória o contribuinte, para fazêlo pagar o débito cobrado como tributo.

Dentro de um universo rico em casuísmos, exceções e controvérsias doutrinárias destaco, nesta oportunidade, três questões ensejadoras de constantes demandas: a denúncia genérica nos crimes societários; a tipicidade nos crimes de sonegação fiscal; e, por fim, a apropriação indébita dos tributos indiretos, cujo mecanismo de arrecadação enseja a existência de dois contribuintes: o que paga, chamado de contribuinte de fato, e o que recebe para depois recolher aos cofres públicos, o contribuinte de direito.

Inicio pelo tema referente à precisão da denúncia nos chamados crimes societários. Em princípio, admitiu a jurisprudência a denúncia genérica. Esse entendimento levava, muitas vezes, à absolvição, pela dificuldade em se estabelecer, ao final, a autoria de cada uma das fases delitivas; por outro lado, facilitava o Ministério Público e dificultava sobremaneira a defesa.

Coube ao STJ inaugurar uma nova linha de entendimento, seguida pelo STF. Anote-se, dentre os primeiros julgamentos no STJ, o HC 8.258-PR, relatado pelo Ministro José Arnaldo da Fonseca, da 5ª Turma, *DJ* de 6.9.1999, do qual destaco:

> 1. Nos chamados crimes societários é imprescindível que a denúncia descreva, pelo menos o modo como os co-autores concorreram para o crime.
>
> 2. A invocação da condição de sócio, gerente ou administrador, sem a descrição de condutas específicas, não basta para viabilizar a peça acusatória, por impedir o pleno direito de defesa.

No STF, colhe-se adesão em inúmeros julgados, dos quais cito o HC 80.876-RJ, relatado pelo Ministro Ilmar Galvão:

> *Habeas corpus*. Paciente denunciado pela prática dos crimes dos arts. 4º e 5º da Lei 7.492/1986 (gerência fraudulenta e desvio de bens ou valores de instituição financeira). Indeferimento de *writ* por acórdão que teve por válida imputação genérica do crime, sem particularização da conduta dos agentes, co-autores e partícipes.
>
> Descabimento da acusação, se patenteado que o paciente jamais exerceu a gerência ou direção da empresa, de cujo quadro social nem sequer participava quando ocorreram os fatos delituosos. Inexistência, ademais, de qualquer prova de haver-se beneficiado do alegado desvio de recursos. *Habeas corpus* deferido para o fim de trancar a ação penal com relação ao paciente, por falta de justa causa.

Observa-se, pela evolução da jurisprudência, que o contribuinte tem obtido no Judiciário maior espaço para se defender de um Estado "guloso" e "teimoso" em não patrocinar a reforma tributária, além de impor um brutal arrocho fiscal, sob o signo da criminalização.

O segundo destaque a ser feito é para o crime de sonegação fiscal e sua tipicidade lógica. O questionamento reside, no tipo do art. 1º da Lei 8.137/1990; o agir do contribuinte, levado à suspensão ou redução do tributo, é crime de mera conduta ou crime de resultado?

Se de mera conduta, temos, independente do que se possa identificar como supressão ou redução no pagamento do tributo, a só intenção do contribuinte em agir com o intuito de não pagar é considerado crime.

Se crime de resultado, somente será possível imputar-lhe a autoria da sonegação, se efetivamente o seu proceder resultar em supressão ou redução no pagamento do tributo, conclusão só obtida quando da finalização do procedimento fiscal. Ademais, o art. 83 da Lei 9.430/1996 afirma: *o Ministério Público só pode ser noticiado pelo Fisco, para efeito de deflagração da ação penal, quando finalizada a apuração na esfera administrativa.*

Resiste o Ministério Público em aceitar a lei e a ordem natural das coisas, e sustenta ter criado o legislador condição de procedibilidade para o seu agir, o que é inadmissível. Considera o *parquet* que os intermináveis processos administrativos e seus inúmeros recursos levariam à impunidade, pela prescrição. Porém, este argumento não justifica a antecipada criminalização de conduta.

Há, em andamento, no Congresso, a PEC 175/1995, que prevê no § 4º do art. 1º: *ninguém será processado por crime contra a ordem tributária, antes de encerrado, na via administrativa, o processo respectivo*. O projeto, entretanto, não consegue prosperar.

Também aborda o mesmo tema o Projeto de Lei Complementar 646/1999 — Código de Defesa do Contribuinte —, cujo escopo é proteger o contribuinte da "gula" fiscal, repetindo princípios, direitos e garantias já previstos na Constituição e no próprio CTN, mas de interesse evidente para quem, se sentindo espoleado pelo Estado, tem relação desrespeitosa para como o aparelho arrecadador. O CDC seria uma espécie de resgate do respeito a quem sustenta a mais importante das receitas estatais, pela segurança quanto aos direitos do contribuinte, enquanto se limitaria à atuação fiscal.

A antiga jurisprudência do STJ chegou a ostentar julgados em favor do entendimento esposado nos projetos de lei. Todavia, voltou atrás, quando o Ministério Público Federal passou a se colocar sistematicamente contra o que chamou de condição de procedibilidade. Nesse aspecto, vem o contribuinte perdendo espaço para o Fisco.

O último questionamento diz respeito à extinção da punibilidade do crime de *apropriação indébita*, em razão do parcelamento. O art. 168-A da Lei 9.983/2000 introduziu um tipo específico ao crime de apropriação indébita, previsto no art. 168 do Código Penal, e denominou-o, apropriação indébita previdenciária. A partir de então, ficou evidenciado o uso da tipificação delitiva, pelo legislador, para o só efeito de arrecadação, visto que:

1. prevê a extinção da punibilidade pelo pagamento antes do início da ação fiscal (§ 2º, art. 168-A);

2. faculta ao juiz a não-aplicação da pena, se o pagamento foi posterior à instauração do procedimento fiscal, mas antes da denúncia (§ 3º, I, art. 168-A).

Assim, o art. 14 da Lei 8.137/1990, bem como o art. 34 da Lei 9.249/1995, têm ensejado questionamentos. Ambos falam em promover o pagamento. Mas, afinal, o que é promoção de pagamento? Para o STF, promover o pagamento não significa prometer pagar, e ostenta a posição de que o parcelamento não extingue a punibilidade. O STJ entendia que o parcelamento extinguia a punibilidade, depois, adotou a mesma posição do Supremo. Entretanto, bem recentemente, voltou atrás para adotar a posição inicial, em divergência, portanto, com a Corte Maior.

No RHC 11.598-SC, julgado pela 3ª Seção, em 8.5.2000, deu-se a mudança da jurisprudência, depois de acirrados debates, os quais levaram ao acórdão que recebeu a ementa seguinte:

> Criminal. Recurso em *habeas corpus*. Omissão de recolhimento de contribuições previdenciárias. Parcelamento anterior à denúncia. Desnecessidade do pagamento integral. Recurso provido.
>
> I — Uma vez deferido o parcelamento, em momento anterior ao recebimento da denúncia, verifica-se a extinção da punibilidade prevista no art. 34 da Lei 9.249/1995, sendo desnecessário o pagamento integral do débito para tanto.
>
> II — Recurso provido para conceder a ordem, determinando o trancamento da ação penal movida contra os pacientes.

Prevaleceu o entendimento de que a manifestação concreta do contribuinte, no sentido de reconhecer a sua obrigação e se dispor a saldá-la, mesmo de forma parcelada, única modalidade possível para ele, afasta a justa causa para uma ação penal.

Para o STJ, a expressão promover, usada pelo legislador, equivale à intenção concreta de pagar, e o parcelamento é a prova cabal desta intenção.

Na tentativa de justificar a posição, argumentou o Relator, Ministro Gilson Dipp, que o parcelamento consiste em uma espécie de novação, pois extingue a anterior obrigação, e faz surgir uma nova. Assim, altera a natureza jurídica da relação de tal forma a não mais se poder nela inserir o antigo conteúdo criminal oriundo da relação extinta. Resolve-se, a querela, daí por diante na esfera cível. Observa-se, no reforço argumentativo, a nítida intenção de conduzir o problema para o seu leito verdadeiro, ou seja, o afastamento da infração da esfera penal para a cível.

Aspecto relevante no precedente foi a posição assumida pelo Ministério Público. Em seu parecer, favorável ao contribuinte, enfatizou o *parquet* aspecto social da lei penal, cujo rigor não tem concorrido para melhorar as condições de vida da sociedade brasileira. Ora, o encarceramento de empresários em débito com o Fisco soa em descompasso numa comunidade que se sente agredida em sua cidadania, com criminalidade exacerbada na área da segurança pública. Afinal, pugna-se por um equilíbrio entre crime e castigo.

Outro aspecto destacado, com ênfase, no voto condutor do acórdão, foi a questão do REFIS da Lei 9.964/2000. Pela norma, o parcelamento suspende o processo até o cumprimento da obrigação por inteiro, o que pode ocorrer até o espaço de trinta anos. A lei mostra claramente a disposição do legislador em criminalizar para promover a cobrança, o que me parece uma demasia. Daí a intervenção do Poder Judiciário conduzindo os fatos para o seu caminho natural.

CADERNOS DE DIREITO TRIBUTÁRIO

LA DISTRIBUCIÓN DE LA CARGA DE LA PRUEBA EN DERECHO TRIBUTARIO*

DIEGO MARÍN-BARNUEVO FABO

Profesor Doctor Titular de Derecho Financiero y Tributario, Universidad Carlos III de Madrid

1. Introducción. 2. Cuestiones terminológicas previas: la consideración como "prueba en sentido estricto" de la actividad probatoria desarrollada en los procedimientos tributarios. 3. La distribución de la carga de la prueba.

1. Introducción

La actividad probatoria desarrollada en el ámbito de los procedimientos tributarios tiene una gran importancia jurídica, pues constituye la premisa necesaria para la aplicación de las normas que configuran la obligación tributaria principal. Sin embargo, el estudio de las aportaciones doctrinales sobre esta materia pone de manifiesto el escaso interés que ha suscitado en la doctrina y las divergencias que todavía existen en aspectos fundamentales de su régimen jurídico, como por ejemplo la distribución de la carga de la prueba.

Esa falta de unanimidad doctrinal en estas cuestiones capitales sobre la prueba en el ámbito tributario, y también el hecho de que su regulación jurídica haya tenido lugar por remisión a la contenida en el ámbito procesal civil — lo que podría llevar a entender que los estudios realizados en este ámbito del Derecho serían igualmente válidos en el Derecho Tributario — han propiciado la existencia de dudas y controversias en los operadores jurídicos en relación a este bloque de cuestiones. La pretensión del presente trabajo es, pues, contribuir a clarificar las dudas

2. Cuestiones terminológicas previas: la consideración como "prueba en sentido estricto" de la actividad probatoria desarrollada en los procedimientos tributarios

Como cuestión preliminar, y "para evitar que la terminología empleada pudiera distorsionar las ideas que seguidamente se recogen, parece oportuno exponer brevemente nuestra opinión sobre la conveniencia de diferenciar la actividad probatoria desarrollada en los procedimientos tributarios de la que tiene lugar en el proceso. Como es sabido, esta cuestión fue planteada hace algunos años en España por Palao Taboada, quien concluía afirmando que la

* Este trabajo fue publicado, con el mismo título y contenido esencialmente idéntico, en *Civitas Revista Española de Derecho Financiero* 94, abr.-jun. 1997.

actividad de la Administración en el procedimiento de liquidación es "*una actividad de comprobación y no de prueba en sentido técnico*".[1]

A través de esta afirmación, lo que pretendía el citado autor era destacar que cuando la Administración aplica una norma tributaria y exige el cumplimiento de obligaciones tributarias, no *prueba* (en el sentido que otorga el Derecho Procesal al término) los hechos que justifican el acto de liquidación, sino que se limita a *comprobar* su existencia. Por ello, la única actividad que podría merecer la consideración de prueba en sentido estricto es la que puede tener lugar en un momento ulterior, en una eventual revisión jurisdiccional de su actuación. Y así llega a la conclusión de que "*en el procedimiento administrativo sólo puede hablarse de prueba en sentido impropio*".[2]

En nuestra opinión la argumentación ofrecida por Palao resulta impecable, pues las singularidades del procedimiento tributario respecto del proceso judicial deben ser destacadas también en lo que a la actividad probatoria se refiere.[3] Especialmente porque la regulación jurídica de la actividad probatoria en los procedimientos tributarios tiene lugar por remisión a la del proceso, y si identificáramos plenamente ambas podríamos llegar a utilizar en el procedimiento algunos aspectos jurídicos del proceso que no son directamente extrapolables a aquél. Por ello se hace necesario *adecuar* las normas del proceso a los principios del procedimiento en que han de ser aplicadas.[4]

En este sentido, podemos señalar como principales particularidades de los procedimientos tributarios que pueden condicionar la aplicación de aquellas normas sobre la prueba las siguientes: la no-intervención de órganos jurisdiccionales en su realización, su parcial falta de alteridad, y la existencia de múltiples deberes de colaboración que recaen sobre diversos obligados tributarios.

La primera característica señalada está generalmente admitida, porque es evidente que los procedimientos de aplicación de los tributos se desarrollan sin la participación de ningún órgano jurisdiccional. Esta particularidad ha motivado, a su vez, que algunos autores rechazaran la naturaleza probatoria de esta actividad por considerar que la intervención en la misma de un órgano judicial, independiente e imparcial constituye una de las señas de identidad de *la prueba*.[5] En nuestra opinión, ese motivo no es suficiente para rechazar que la actividad desarrollada en el marco de los procedimientos sea asimismo *de prueba*, pues entendemos que el criterio funcional de la actividad es más importante que el orgánico en

1. Cfr. C. Palao Taboada, "Naturaleza y estructura del procedimiento de gestión tributaria en el Derecho español", Estudio Preliminar incluido en la traducción de la obra de A. Berliri, *Principios de Derecho Tributario*, v. III, Madrid, Editorial de Derecho Financiero, 1974, p. 25. Esta tesis es también seguida por L. Sánchez Serrano, en *AA.VV.*, *Comentarios a las Leyes Tributarias y Financieras*, t. II, Madrid, Editoriales de Derecho Reunidas, 1983, pp. 153 y ss. La discusión suscitada por dicha afirmación, a pesar de los años transcurridos, todavía no puede considerarse zanjada. Así se desprende de la posterior afirmación de C. Palao Taboada, "La prueba en el procedimiento de gestión tributaria", comentarios al artículo 114 LGT contenidos en *AA.VV.*, *Comentarios a la Ley General Tributaria y Líneas para su Reforma. Homenaje a Fernando Sáinz de Bujanda*, v. II, Madrid, Ed. Instituto de Estudios Fiscales, 1991, p. 1.449, cuando reconoce: "contesté negativamente a este interrogante hace algunos años, y esta contestación me sigue pareciendo que contiene un fondo de verdad". También Albiñana opina que el trabajo de Palao "no ha tenido la respuesta a que su talante universitario tácitamente invitaba" (C. Albiñana García-Quintana, "La prueba en el ordenamiento tributario español", en la revista *TAPIA* 74/7, año XIV, ene.-feb. 1994.

2. Cfr. C. Palao Taboada, "Naturaleza...", cit., p. 24.

3. Sobre la distinción entre proceso y procedimiento, vid. F. Sáinz de Bujanda, *Sistema de Derecho Financiero* I, v. 2º, Madrid, Ed. Facultad de Derecho de la Universidad Complutense de Madrid, 1985, pp. 713 y ss.

4. En este mismo sentido, vid. F. Escribano Lopez, *Nueva Enciclopedia Jurídica Seix*, t. XX, voz "Procedimiento Tributario", Madrid, 1994, p. 789.

5. Cfr. N. Gonzalez-Cuellar Serrano, en *AA.VV.*, *Derecho Procesal Administrativo*, Valencia, Ed. Tirant lo Blanc, 1991, p. 379.

orden a considerar que una determinada actividad merece dicha consideración.[6]

En todo caso, y dejando a un lado el problema de las categorías dogmáticas, lo cierto es que de dicha diferenciación derivan importantes consecuencias jurídicas. Así, por ejemplo, esta nota distintiva debe determinar la imposibilidad de utilizar de forma directa en los procedimientos tributarios los elementos propios de la prueba procesal en los que la intervención de un órgano jurisdiccional es decisiva para la configuración de su régimen jurídico. En efecto, aunque en principio la remisión de la Ley General Tributaria a las disposiciones del Código Civil y Ley de Enjuiciamiento Civil tiene lugar en bloque,[7] lo cierto es que los aspectos de esta regulación cuyo fundamento sea la participación directa de un órgano jurisdiccional en la práctica de la prueba no pueden ser directamente utilizados en los procedimientos tributarios.[8] Así, por ejemplo, puede afirmarse que resultan claramente inaplicables de forma directa en el ámbito de los procedimientos tributarios las normas que regulan la *confesión en juicio*,[9] o el *reconocimiento judicial*.[10]

La segunda particularidad importante de la actividad probatoria desarrollada en los *procedimientos tributarios* es su parcial falta de alteridad.[11] Como es sabido, la actividad de *prueba* se caracteriza por pretender lograr el convencimiento de un tercero sobre determinados hechos; sin embargo, en los procedimientos tributarios el sujeto al que se dirige la actividad probatoria es siempre la Administración, lo que determina que cuando la Administración deba asumir también la condición de sujeto activo de la actividad probatoria dicha actividad no sea desarrollada ante terceros, sino frente a sí misma. Esta peculiaridad es muy similar a la anteriormente señalada, pero sería incorrecto identificarlas sin más, pues existen supuestos en los que la actividad probatoria se proyecta ante un tercero que no tiene la condición de órgano jurisdiccional, como sucede en los tribunales de arbitraje o en los procedimientos en las reclamaciones económico-administrativas.

Por ello es posible afirmar que la Administración asume en los procedimientos tributarios la doble condición de juez y parte.[12] En efecto, aunque la dualidad de par-

6. Vid., en este mismo sentido, M. Fenech, *Derecho Procesal Tributario*, Barcelona, Ed. Librería Bosch, 1949 (vs. I y II) y 1951 (v. III), especialmente pp. 37 y ss. del v. I, y pp. 99 y ss. del v. III; V. Silva Melero, *La Prueba Procesal*, v. I, Madrid, Ed. Revista de Derecho Privado, 1963, p. 2; F. Carnelutti, *Sistema de Derecho Procesal Civil*, v. II, Buenos Aires, Ed. Uthea, 1964, pp. 399 y ss.

7. Allorio justifica este tipo de remisiones en materia probatoria porque "el derecho procesal civil tiene una clara prioridad histórica y secular: sólo en tiempos relativamente recientes se ha pensado que las controversias entre particulares y el Estado, de orden administrativo y tributario en particular, vengan también resueltas por medio de un proceso" (E. Allorio, *Diritto Processuale Tributario*, 5ª ed., Torino, Ed. UTET, 1969, p. 48).

8. En este sentido, C. Palao Taboada, "Naturaleza...", cit., p. 23.

9. Vid. arts. 579 y ss. Ley de Enjuiciamiento Civil, y 1.231 a 1.239 Código Civil, donde se aprecia que el régimen jurídico de dicho medio de prueba en el ámbito del Derecho Civil encuentra fundamento en la intervención directa de un órgano jurisdiccional en la práctica de la prueba, y en el principio de disponibilidad de derechos típico del Derecho Civil. Al no concurrir ninguna de esas notas en los procedimientos tributarios, resulta injustificado extrapolar a éstos ese régimen jurídico.

10. Vid. arts. 633 y ss. Ley Enjuiciamiento Civil (vid. también nota anterior).

11. Cfr. E. Simon Acosta, en "Recensión a la obra de Perezagua Clamagirand *La Prueba en Derecho Tributario*", en *HPE* 44/322, 1977, donde se afirma que "requisito mínimo para que pueda hablarse de prueba es la alteridad entre el que la propone y quien la valora. Probar es demostrar a otro la conformidad con la realidad de una afirmación sobre un hecho o cosa". También se refiere a la falta de alteridad C. Albiñana García-Quintana, "La prueba en el ordenamiento...", cit., p. 7.

12. Vid. H. Nawiasky, *Cuestiones Fundamentales de Derecho Tributario*, trad. española de Ramallo Massanet, Madrid, Ed. Instituto de Estudios Fiscales, 1982, p. 116; también E. Allorio, *Diritto Processuale Tributario*, cit., pp. 13 a 24. En la doctrina española, esta doble función de la Administración es reconocida explícitamente por J. R. Ruiz García, *La Liquidación en el Ordenamiento Tributario*, Madrid, Ed. Civitas, 1987, p. 203, quien hace referencia a dicha situación afirmando que la Admi-

tes presenta en este tipo de procedimientos unas singularidades que impiden su equiparación a la del procedimiento civil,[13] no puede desconocerse que, por un lado, la Administración es uno de los sujetos de la relación jurídica tributaria (en tanto ocupa la posición de acreedor de la deuda tributaria); y, por otro, tiene encomendada la función de dictar la resolución en la que se establecen las consecuencias jurídicas de unos hechos que se consideran acreditados, resolviendo las eventuales controversias que pudieran plantearse a través del enjuiciamiento del material probatorio que obra en el mismo y la interpretación de las normas jurídicas aplicables, basándose para ello en el llamado *principio de imparcialidad administrativa*.[14] Por tanto, aunque orgánicamente debe reconocerse que se trata de una sola persona, desde el punto de vista funcional es posible efectuar un desdoblamiento de la actividad realizada por la Administración que permite afirmar que *la Administración sí puede probarse algo a sí misma*,[15] en tanto que tiene encomendada la función de recabar las pruebas de los hechos que fundamentan su pretensión y también la de enjuiciar *objetivamente* su aptitud en orden a considerar suficientemente acreditados tales hechos.[16]

Finalmente, y como singularidad específica de los procedimientos tributarios en relación con los restantes procedimientos administrativos,[17] señalábamos en tercer lugar la existencia de múltiples deberes de colaboración que recaen sobre diversos obligados tributarios. El establecimiento de este bloque de deberes está motivado porque los hechos que determinan el nacimiento de obligaciones tributarias y que por tanto deben ser objetos de prueba no son conocidos directamente por la Administración,[18] que sólo puede alcanzar un conocimiento mediato de su realización;[19] por ello, y para evitar que ese distanciamiento con los hechos pudiera dar lugar a un incumplimiento de las obligaciones tributarias, se establece un complejo sistema de sanciones tributarias desincentivadoras de tales conductas[20] y múltiples obligaciones formales a diversos obligados tributarios

nistración aparece en el procedimiento de gestión "como señor del procedimiento (*Herr des Verfahrens*)".

13. Cfr. A. Hensel, *Diritto Tributario*, trad. ital. de Dino Jarach, Milano, Ed. Giuffrè, 1956, p. 239. Vid. también L. Sánchez Serrano, *La Declaración Tributaria*, Madrid, Ed. Instituto de Estudios Fiscales, 1977, p. 35.

14. Vid., por todos, A. Rodriguez Bereijo, *Introducción al Estudio del Derecho Financiero*, Madrid, Ed. Instituto de Estudios Fiscales, 1976, pp. 290 y ss.

15. Con estas consideraciones pretendemos rebatir la afirmación de E. Simon Acosta, "Recensión...", cit., p. 323, de que "la Administración no puede probarse a sí misma, sino que verifica, comprueba cuál es la realidad y si las declaraciones del contribuyente o sujeto pasivo se ajustan a ella".

16. En un sentido similar, vid. E. Blumenstein, *Sistema de Diritto delle Imposte*, trad. ital. Francesco Forte, Milano, Ed. Giuffrè, 1954, especialmente pp. 359 a 361, y 381 y ss., y Tipke/Kruse, *Kommentar zur Abgabenordnung und Finanzgerichtsordnung*, Köln, Ed. Otto Schmidt, § 88, actualización n. 64, oct. 1991, Tz. 3. También, en la doctrina española, Seminario de Derecho Financiero de la Universidad de Madrid, Director Sáinz de Bujanda, *Notas de Derecho Financiero*, t. I, v. 3º, editado por la Facultad de Derecho de la Universidad Complutense de Madrid, Madrid, 1975, p. 131; L. Sánchez Serrano, *La Declaración...*, cit., p. 267; J. R. Ruiz García, *La Liquidación...*, cit., p. 203.

17. Esta especialidad ya fue proclamada por F. Sáinz de Bujanda, *Sistema...*, v. 2º, cit., p. 800, para rebatir las propuestas de integrar el proceso tributario en el proceso administrativo, y ha sido confirmada por el legislador en la Ley 30/1992, de 26 de noviembre, de Régimen Jurídico de las Administraciones Públicas y Procedimiento Administrativo Común.

18. Cfr. L. Sánchez Serrano, *La Declaración...*, cit., p. 269; y F. Escribano Lopez, *Nueva Enciclopedia...*, cit., p. 789.

19. Vid. M. Pugliese, *La Prueba en el Proceso Tributario*, trad. esp. González Rodríguez, México, Ed. Jus, 1949, pp. 6 y 31.

20. Vid. L. Sánchez Serrano, *La Declaración...*, cit., pp. 39 y ss. Se trata de lograr la "prevención general a través de la coacción psicológica", que en nuestra doctrina ha sido expresamente comentada por F. Perez Royo, *Infracciones y Sanciones Tributarias*, Madrid, Ed. Instituto de Estudios Fiscales, 1972, pp. 131 y ss. y J. J. Zornoza Perez, *El Sistema de Infracciones y Sanciones Tributarias (Los Principios Constitucionales del Derecho Sancionador)*, Madrid, Ed. Civitas, 1992, p. 271.

establecidas con la finalidad de posibilitar a la Administración tomar conocimiento de los hechos de relevancia tributaria y obtener los medios necesarios para su prueba.[21]

Estos deberes de colaboración que, como señalara Hartmann, "*conducen a un conveniente reparto del trabajo entre la Administración y los obligados tributarios en la aclaración de los hechos*",[22] tienen especial incidencia en la distribución de la carga de la prueba, hasta el punto que algunos autores han llegado a confundir ambas instituciones, como más adelante veremos. Además, en función del su cumplimiento o no por los obligados tributarios pueden llegar incluso a alterar aspectos sustanciales del régimen probatorio, como sucede en la aplicación del régimen de estimación indirecta de bases imponibles.[23]

3. *La distribución de la carga de la prueba*

Una vez aclarado el sentido de los términos que utilizamos, puede ser conveniente recordar que las reglas sobre la carga de la prueba hacen referencia, en abstracto, a las instrucciones dadas al juez respecto del contenido de la sentencia que debe pronunciar cuando no alcance el convencimiento sobre las circunstancias de hecho afirmadas por las partes.[24] La operatividad de las mismas se circunscribe, por tanto, a aquellos supuestos en que la actividad probatoria ha sido insuficiente para convencer al órgano decisor de la existencia de unos hechos y, a pesar de ello, éste tiene la obligación de pronunciarse estimando o desestimando las pretensiones alegadas; esta circunstancia es la que ha llevado a algunos autores a referirse a esta institución como *la teoría de las consecuencias de la falta de prueba.*[25]

A partir de esta primera concepción de la carga de la prueba, la doctrina ha distinguido entre la *carga subjetiva y objetiva de la prueba.*[26] Una y otra se distinguen por las diversas consecuencias que se hacen derivar de su incumplimiento. La carga subjetiva de la prueba es la que soportan las partes en los procedimientos en los que rige el "principio de aportación de parte", en los que el órgano encargado de resolver no puede suplir la falta de actividad probatoria de los interesados y, por tanto, la insuficiente acreditación de los hechos que sustentan su derecho dará lugar a la desestimación de su pretensión.[27] Por el contrario, la carga objetiva de la prueba es la que hace referencia al interés que tienen las partes en suministrar las pruebas en los procedimientos de carácter inquisitivo, en los que el órgano decisor está facultado para proponer y recabar cuantas pruebas sean necesarias para alcanzar una resolución justa y, por tanto, la insuficiencia probatoria no implica necesariamente que los hechos afectados deban ser ignorados en el momento de resolver la controversia.[28]

21. Vid. Tipke/Lang, *Steuerrecht*, 13ª ed., Köln, Ed. Otto Schmidt, 1991, p. 687. La función de estos deberes de colaboración adquiere especial importancia en los procedimientos tributarios por tratarse de procedimientos de masas (vid. J. R. Ruiz García, *La Liquidación...*, cit., p. 270).

22. Cfr. B. Hartmann, "Beweiswürdigung und Beweislast im Besteurungsverfahren", *Wpg* 81, s. 167.

23. La incidencia que tiene en Derecho alemán el incumplimiento de los deberes de colaboración tributaria es todavía mayor que en Derecho español. Vid., al respecto, Tipke/Lang, *Steuerrecht*, cit., p. 734; J. Martens, "Die eigenartige Beweislast im Steuerrecht", *StuW* 1981, s. 328 y ss.

24. Cfr. L. Rosenberg, *La Carga de la Prueba*, trad. esp. Krotoschin, Buenos Aires, Ediciones Jurídicas Europa-América, 1956, p. 2.

25. En la doctrina española vid. M. Fenech, *Derecho Procesal Tributario*, v. III, cit., p. 298; L. Prieto-Castro Ferrandiz, *Derecho Procesal Civil*, 5ª ed., Madrid, Ed. Tecnos, 1989, p. 149.

26. Cfr. L. Rosenberg, *La Carga...*, cit., pp. 11 y ss.

27. Cfr. L. Rosenberg, *La Carga...*, cit., p. 20. Este principio sólo conocemos que sea de aplicación a los procesos contenciosos tributarios en Estados Unidos, según recoge D. Birk, "Effizienz im finanzgerichtlichen Verfahren. Überlegungen zum FGO-Änderungsgesetz 1993", en *StuW* 1993, pp. 299 y ss.

28. Cfr. L. Rosenberg, *La Carga...*, cit., p. 22.

Resulta evidente, pues, que en los procedimientos tributarios sólo tiene sentido hacer referencia a la *carga objetiva de la prueba*, pues su naturaleza inquisitiva determina que la Administración tenga un derecho/deber de apreciar todos los hechos de relevancia tributaria, hayan sido o no aportados por los obligados tributarios.[29] Por ello, en este tipo de procedimientos los interesados no se ven abocados a sufrir *inexorablemente* las consecuencias de su falta de actividad probatoria.[30]

Estas reflexiones preliminares tienen por objetivo destacar que sólo existe una discrepancia formal entre nuestra postura y la que mantiene un importante sector doctrinal que niega la existencia de reglas sobre la carga de la prueba en los procedimientos tributarios,[31] pues unos y otros reconocemos una misma realidad aunque utilizando términos distintos. En efecto, para alguno de estos autores resulta improcedente hablar de la existencia de reglas sobre la carga de la prueba en el ámbito tributario en *un sentido técnico*,[32] aduciendo que si bien la iniciativa de probar determinados hechos corresponde normalmente a quien tiene interés en que algunas circunstancias fácticas queden procesalmente fijadas, dicha actividad no es ejercida exclusivamente por las partes, ya que el órgano decisor tiene atribuida la potestad de intervenir en la prueba supliendo o complementando la actividad de parte.[33] Expresándolo con otras palabras, el argumento utilizado por quienes sostienen esta postura es que la insuficiencia probatoria de quien soporta el deber de acreditar los hechos en el ámbito tributario es posible que determine la falta de fijación de los hechos no probados, pero ello no es una *consecuencia inexorable*, porque la inactividad de los directamente interesados siempre puede ser suplida por el órgano encargado de resolver. Como puede fácilmente apreciarse la discrepancia es puramente nominal, pues estos autores manejan un concepto de carga de la prueba que se corresponde con el que nosotros atribuimos a la "carga subjetiva de la prueba".[34]

También se suele argumentar que en los procedimientos tributarios no rige la prohibición de *non liquet* de los procesos civil y penal,[35] lo que a su vez podría constituir un obstáculo al reconocimiento de reglas sobre la carga de la prueba.[36] En relación con esta tesis, es preciso señalar que utiliza como elemento de argumentación una premisa incorrecta, puesto que en los procedimientos tributarios sí existe un deber de resolver equiparable al que rige en el proceso.[37] Pero además creemos adver-

29. Vid., en este mismo sentido, F. Escribano Lopez, *Nueva Enciclopedia...*, cit., p. 790.

30. Vid., por todos, A. Hensel, *Diritto Tributario*, cit., p. 242; M. Fenech, *Derecho Procesal Tributario*, v. III, cit., p. 303.

31. Entre ellos cabe citar: M. Pugliese, *La Prueba...*, cit., p. 26; C. Albiñana García-Quintana, "La prueba en Derecho Fiscal", en *AA.VV.*, *Memoria de la Asociación Española de Derecho Financiero 1958*, Madrid, Editorial de Derecho Financiero, 1959, p. 138; E. Simon Acosta, "Recensión...", cit., p. 323; L. Sánchez Serrano, en *AA.VV.*, *Comentarios...*, cit., pp. 158 y ss.; J. Arias Velasco, *Procedimientos Tributarios*, Madrid, Ed. Marcial Pons, 1990, p. 79; J. M. Gonzalez Seijo, "La prueba y sus particularidades en el ámbito tributario", en *GF* 100/169, 1993.

32. Cfr. M. Pugliese, *La Prueba...*, cit., p. 26; C. Albiñana García-Quintana, "La prueba en Derecho...", cit., p. 138.

33. Cfr. M. Pugliese, *La Prueba...*, cit., p. 26.

34. Este problema terminológico es resuelto de forma distinta por T. Tomasicchio, *Manuale del Contenzioso-Tributario*, 2ª ed., Padova, Ed. Cedam, 1986, p. 301, para quien "más que la carga de la prueba subsiste un principio de 'interés en la prueba', por la especial importancia de la colaboración de los interesados en la constancia de la prueba, bien porque el juez podría olvidar la relevancia o existencia de cualquier dato, bien sobre todo porque ante la subsistencia de cualquier zona gris, la consecuencia de tal situación recaería sobre el sujeto interesado en ese punto".

35. Cfr. A. Hensel, *Diritto Tributario*, cit., p. 242.

36. Así lo afirman C. Palao Taboada, "Naturaleza...", cit., p. 23 (en su ulterior trabajo "La prueba...", cit., p. 1.454, dicha afirmación aparece matizada); L. Sánchez Serrano, en *AA.VV.*, *Comentarios...*, cit., pp. 127 y 160.

37. Vid. García de Enterría/Fernandez, *Curso de Derecho Administrativo*, v. I, 5ª ed., Madrid, Ed.

tir en los argumentos que la fundamentan un desafortunado entendimiento de las afirmaciones vertidas al respecto por Hensel, quien al afirmar que *la incertidumbre de un non liquet no existe en el procedimiento tributario*[38] sólo pretendía poner de manifiesto la vigencia en el mismo de una serie de especialidades en materia probatoria. En concreto, se refería a la facultad reconocida a la Administración de utilizar la estimación indirecta cuando tuviera constancia de la realización de un hecho imponible pero no estuviera en condiciones de *probar* los distintos elementos fácticos que permiten cuantificar con la mejor exactitud la obligación tributaria.[39] En nuestra opinión, sin embargo, la estimación indirecta es un sistema alternativo y subsidiario de determinación de la base imponible para cuya aplicación la Administración tiene que probar la existencia de los presupuestos de la imposición.[40] Por tanto entendemos que no contradice las reglas sobre la carga de la prueba, pues a pesar de que efectivamente atenúa notablemente el rigor probatorio exigible para la determinación del *quantum* de la obligación tributaria, no permite prescindir de la prueba del *an*.[41]

Por tanto, una vez clarificada nuestra postura sobre este extremo, procede sin más conocer la concreta regulación que de esta materia se lleva a cabo en el ámbito del Derecho Tributario. Ésta tiene lugar con carácter genérico en el artículo 114 LGT, en el que se establece que "*tanto en el procedimiento de gestión, como en el de resolución de reclamaciones, quien haga valer su derecho deberá probar los hechos normalmente constitutivos del mismo*".[42] El criterio de distribución de la carga de la prueba establecido en dicho precepto parece sencillo y fácilmente comprensible, sin embargo, el estudio de las distintas teorías formuladas al respecto pone de manifiesto la verdadera dificultad que entraña su determinación.

Así advertimos que, por un lado, se encuentra un grupo de autores que sostiene que la carga de la prueba recae en todo caso sobre los sujetos pasivos. El fundamento de esta primera teoría puede encontrarse, normalmente, o bien en una errónea interpretación de la presunción de legalidad,[43]

Civitas, 1990, pp. 94 y ss.; J. J. Zornoza Perez, *Las Consultas a la Administración en Materia Tributaria*, v. I, tesis doctoral (inédita), Madrid, 1983, p. 470. En contra de dicha consideración, y rechazando por tanto la existencia de ese deber de resolver, A. Duran-Sindreu Buxade, *Comprobación, Prueba, y Procedimientos Especiales de Liquidación Tributaria*, Barcelona, 1989, Ed. PPU, p. 97.

38. Cfr. A. Hensel, *Diritto Tributario*, cit., p. 242. Las remisiones a esta obra son explícitas en C. Palao Taboada, C., "Naturaleza...", cit., p. 23, y L. Sánchez Serrano, en *AA.VV.*, *Comentarios...*, cit., p. 160.

39. J. Martens, "Die eigenartige Beweislast...", p. 327, es uno de los autores que sostiene que la posibilidad de utilizar la estimación indirecta para determinar la base imponible en los procedimientos y procesos tributarios hace que no sean aplicables en los mismos las reglas sobre la carga de la prueba; ello, a pesar de que tiene constancia de que en tales supuestos no desaparece la obligación probatoria de la Administración, sino que las circunstancias determinan que los hechos sean acreditados mediante indicios en virtud de una atenuación del rigor probatorio (*Reduzierung des Beweismaßes*). En la doctrina española sigue esta misma interpretación A. M. Juan Lozano, *La Inspección de Hacienda ante la Constitución*, Madrid, Ed. Instituto de Estudios Fiscales/ Marcial Pons, 1993, p. 197,

40. En efecto, para aplicar el régimen de estimación indirecta la Administración deberá haber acreditado, en primer lugar, que el sujeto pasivo ha realizado el hecho imponible que determina el nacimiento de la obligación tributaria; y luego, además, deberá demostrar que han concurrido las circunstancias mencionadas en el artículo 50 LGT y que legitiman la utilización de dicho método extraordinario y subsidiario.

41. En este mismo sentido vid. B. Hartmann, "Beweiswürdigung...", cit., p. 171; Tipke/Kruse, *Kommentar...*, § 88, actualización n. 64, oct. 1991, Tz.1.

42. En el Proyecto de Ley General Tributaria, presentado al Congreso de los Diputados el 6.6.2003, se prevé una regulación muy similar de este precepto, pues el artículo 105 establece, en su primer apartado, que "en los procedimientos de aplicación de los tributos, quien haga valer su derecho deberá probar los hechos constitutivos del mismo".

43. Entre ellos, vid. M. Pugliese, *La Prueba...*, cit., pp. 32 y ss.; E. Gonzalez García, en *AA.VV.*, *Comentarios a las Leyes Tributarias y Financieras*, t. I, Madrid, Ed. Edersa, 1982, p. 84; Gonzalez García/Perez de Ayala, "Presunciones y ficciones en materia tributaria", en *CT* 61/84, 1992.

o bien en una desafortunada confusión entre deberes de colaboración de los obligados tributarios — a los que ya hicimos alusión — y carga de la prueba.[44] Por otro lado, y defendiendo una postura radicalmente opuesta a la que acabamos de exponer se encuentra la tesis de Palao, según la cual "*la carga de la prueba recae sobre la Administración tributaria*".[45]

En nuestra opinión, ninguna de las conclusiones expuestas es suficientemente satisfactoria, pues para distribuir la carga de la prueba es preciso atender, como establece el artículo 114 LGT, a *quien pretende hacer valer su derecho*. Ello significa que, en principio, no se puede atribuir taxativamente la carga de la prueba a ninguna de las partes de la relación jurídica tributaria, sino que su distribución deberá realizarse atendiendo a las características de cada procedimiento concreto, de tal modo que corresponda a la parte postulante de la pretensión la carga de la prueba de los hechos constitutivos de la misma y, a la otra parte, la prueba de los hechos que se consideren impeditivos, extintivos o excluyentes de aquélla.[46]

Por tanto, no puede afirmarse categóricamente que la carga de la prueba en los procedimientos tributarios recaiga sobre la Administración, pues existen algunos procedimientos de esta naturaleza en los que son los propios administrados quienes pretenden hacer valer un derecho y por tanto deben soportar la carga de la prueba.[47] Es más, ni siquiera en el procedimiento de liquidación puede afirmarse que la carga de la prueba recaiga íntegramente sobre la Administración, pues si bien es cierto que le corresponde la carga de la prueba de los hechos que generan derechos a favor de la Hacienda Pública, también es cierto que en la determinación de la obligación tributaria concurren pretensiones del acreedor y deudor, lo que determina que a éste último también le esté atribuida una parte de la carga de la prueba: la de aquellos hechos de los que pueden derivar derechos a favor del sujeto pasivo. Expresando estas ideas de forma sintética puede afirmarse que "*en los procedimientos de liquidación la carga de la prueba de los hechos que constituyen y aumentan la obligación tributaria corresponde a la Administración, mientras que la de los hechos que minoran la obligación tributaria corresponde al obligado tributario*".[48]

Ahora bien, una vez formulada la regla general que distribuye la carga de la prueba en los términos indicados, conviene preci-

44. Entre los autores que parecen asociar los deberes de información con la carga de la prueba, se encuentra C. Albiñana García-Quintana, "La prueba en Derecho...", cit., pp. 144 y 145, y, del mismo autor, "La prueba en el procedimiento de inspección y la estimación indirecta de bases (I)", en *Carta Tributaria*, Monografía 59/6, nov. 1987.

45. Cfr. C. Palao Taboada, "La prueba...", cit., p. 1.452. E incluso alude al "principio *in dubio contra fiscum*, derivado de la regla fundamental de la carga objetiva de la prueba" (p. 1.455). También atribuye la carga de la prueba a la Administración Heuer, "Die Beweislast im Steuerermittlungsverfahren und Steuersverfahren", en *Deutsche Steuer-Zeitung* 20/324, 1952; y F. Tesauro, "L'onere della prova nel processo tributario", en *RDFSF* I, 1986, p. 85.

46. Los procedimientos sancionadores plantean alguna especialidad en este punto, pues se ven afectados por el derecho a la presunción de inocencia reconocido en el artículo 24.2 CE (vid., ampliamente, S. Muñoz Machado, "La carga de la prueba en el contencioso-administrativo. Su problemática en materia de sanciones administrativas", en *REDA* 11/736, oct.-dic. 1976; L. Prieto Sanchis, "La jurisprudencia constitucional y el problema de las sanciones administrativas en el Estado de Derecho", en *REDC* 4/110 y ss., 1982; J. Garberi Llobregat, *La Aplicación de los Derechos y Garantías Constitucionales a la Potestad y al Procedimiento Administrativo Sancionador*, Madrid, Ed. Trivium, 1989, pp. 204 y ss.; J. J. Zornoza Perez, *El Sistema de Infracciones...*, cit., pp. 135 y ss.).

47. Piénsese, por ejemplo, en el procedimiento de devolución de ingresos indebidos (vid. artículo 155 LGT y RD 1.163/1990, de 21 de septiembre); o en el procedimiento para la concesión de la exención del Impuesto sobre la Renta de las Personas Físicas de determinados premios literarios, artísticos o científicos (vid. artículo 9 de la Ley 18/1991, de 6 de junio y Orden de 5.10.1992); o en los procedimientos de reclamación sobre repercusión o retención tributaria (artículos 122 y 123 RPREA).

48. Cfr. A. Hensel, *Diritto Tributario*, cit., p. 245; Tipke/Lang, *Steuerrecht*, cit., p. 734.

sar que su virtualidad en los procedimientos tributarios es sensiblemente diferente a la que tiene en el proceso civil. En efecto, como veíamos, la falta de alteridad de la actividad probatoria desarrollada en los procedimientos tributarios determina que la Administración desempeñe en ellos, simultáneamente, funciones de juez y de parte (en los términos expresados anteriormente); si a esta primera circunstancia añadimos que el procedimiento está regido por el principio inquisitivo, que la obligación tributaria es legal e indisponible, y que la Administración debe servir con objetividad los intereses generales, la conclusión resultante es que, junto a la específica carga de la prueba de los hechos que sustenten sus pretensiones que le puede corresponder en aplicación de la regla indicada, la Administración tiene una obligación genérica de aportar cuantas pruebas sean relevantes para el conocimiento de la verdad, con independencia de que la carga de su prueba le esté atribuida a ella misma o al obligado tributario.[49]

Es decir, que con independencia de que la carga de la prueba recaiga sobre la Administración o el administrado, aquélla tiene en todos los procedimientos tributarios una obligación probatoria de carácter genérico que se superpone a las derivadas de la carga de la prueba y que le impide inhibirse de la realización de actuaciones probatorias conducentes al conocimiento de la verdad,[50] lo que determina que en ningún caso corresponda al obligado tributario en exclusiva todo el peso de la actividad probatoria. Por tanto, la Administración debe siempre realizar todas las actuaciones posibles tendentes a esclarecer los hechos que hagan efectivo el principio de capacidad económica, con independencia de la distribución de la carga de la prueba.[51]

Pero una vez precisadas las reglas sobre la carga de la prueba todavía queda una cuestión más por resolver, y es la referente a la determinación de los medios de prueba que es necesario aportar para considerar suficientemente acreditados los hechos controvertidos, esto es, la fijación de una regla — si es que existe — que permita saber cuándo debe entenderse suficientemente probado un hecho. Esta última cuestión es, sin duda, una de las que más interesa a los operadores jurídicos, aunque también una de las más eludidas por quienes estudian estos temas, probablemente porque resulta imposible ofrecer un criterio único válido para todas las situaciones.

Y es que la prueba exigida para considerar acreditados los hechos puede variar de un supuesto a otro en función de las pruebas que razonablemente puedan ser exigidas a cada una de las partes en cada caso concreto, que dependerá lógicamente de los diversos medios de prueba que estén a su alcance.[52] Así, por poner sólo un ejemplo, la con-

49. En el mismo sentido, vid. Tipke/Lang, *Steuerrecht*, cit., p. 686; J. R. Ruiz García, *La Liquidación...*, cit., p. 204; F. Escribano Lopez, *Nueva Enciclopedia...*, cit., p. 791.

50. Cfr. A. Hensel, *Diritto Tributario*, cit., p. 241; Tipke/Kruse, *Kommentar...*, cit., § 88, actualización n. 64, oct. 1991, Tz.1; R. Seer, *Der Einsatz von Prüfungsbeamten durch das Finanzgericht: Zuläsigkeit und Grenzen der Delegation richterlicher Sachaufklärung auf nichtrichterliche Personen*, Berlin, Ed. Duncker & Humblot, 1993, p. 220; J. R. Ruiz García, *La Liquidación...*, cit., p. 204.

51. En este mismo sentido, F. Escribano Lopez, *Nueva Enciclopedia...*, cit., p. 791.

52. Resulta oportuno destacar que el Proyecto de Ley General Tributaria, presentado al Congreso de los Diputados el 6.6.2003, recoge alguno de estos matices a los que aludíamos y dispone, en su artículo 105.2 que "Los obligados tributarios cumplirán su deber de probar si designan de modo concreto los elementos de prueba en poder de la Administración Tributaria". Y seguidamente, en el artículo 106, establece: "1. En los procedimientos tributarios serán de aplicación las normas que sobre medios y valoración de prueba se contienen en el Código Civil, salvo que la Ley establezca otra cosa. 2. La Ley propia de cada tributo podrá establecer los requisitos formales de deducibilidad para determinadas operaciones que tengan relevancia para la cuantificación de la obligación tributaria. 3. Los gastos deducibles y las deducciones que se practiquen, cuando estén originados por operaciones realizadas por empresarios o profesionales, deberán justificarse, de forma prioritaria, mediante la factura entregada por el empresario o profesional que haya realizado la correspondiente

tabilidad como medio de prueba se considera en general insuficiente para acreditar la realidad de un gasto[53] y, sin embargo, sí que se considera medio de prueba idóneo a los efectos de considerar enervada la presunción de onerosidad.[54] Es por ello que la doctrina alemana hace referencia a un deber probatorio que comprende "*lo razonablemente exigible*",[55] que, en puridad, no es sino una regla deducida del principio de practicabilidad.[56] Por tanto, el *quantum* de la exigencia probatoria no se puede establecer de forma unitaria a través de una regla de carácter general, sino que dependerá de lo que pueda ser razonablemente exigible a las partes en cada caso concreto.[57]

operación o mediante el documento sustitutivo emitido con ocasión de su realización que cumplan los requisitos establecidos en la normativa tributaria".

53. Vid. Sentencia de la Audiencia Nacional de 1.2.1994; STJ de Baleares de 22.12.1993.

54. Vid. Sentencias del Tribunal Supremo de 7.12.1992 y 12.12.1994; Resoluciones del TEAC de 14.12.1994, 14.11.1987, 9.2.1987.

55. Vid. R. Seer, R., *Der Einsatz...*, cit., pp. 202 y ss.

56. Las referencias al principio de practicabilidad son cada vez más frecuentes en nuestra doctrina y jurisprudencia. Entre ellas cabe citar la de Rodriguez Bereijo, al afirmar que "el principio de practicabilidad que se proyecta sobre las construcciones jurídicas impone asimismo una apreciable restricción a la función positiva de los principios constitucionales en materia tributaria en cuanto límite jurídico al poder financiero" (cfr. A. Rodriguez Bejeijo, "El sistema tributario en la Constitución (los límites del poder tributario en la jurisprudencia del Tribunal Constitucional)", en *REDC* 36/23, sep.-dic. 1992). También la STC 214/1994, de 14 de julio, legitima la simplificación legislativa en este principio. Más ampliamente, vid. H. W. Arndt, *Praktikabilität und Effizienz. Zur Problematik gesetzesvereinfachenden Verwaltungsvollzuges und der "Effektuierung" subjektiver Rechte*, Köln, Ed. Peter Deubner, 1983.

57. J. Martens, "Die eigenartige Beweislast...", cit., p. 332, llega todavía más lejos en este punto y sostiene que "la carga de la prueba ya no se orienta conforme a los criterios tradicionales de fundamentación de la pretensión, sino que se distribuye en función de quien tiene mayor facilidad para su consecución".

CADERNOS DE DIREITO TRIBUTÁRIO

ARBITRAMENTO E NORMA ANTIELISÃO: DA ESTRITA LEGALIDADE AO DEVIDO PROCESSO LEGAL

FERNANDO FACURY SCAFF[1]

Doutor em Direito Econômico pela USP. Professor da Universidade Federal do Pará. Advogado

I — Arbitramento e lançamento: 1. O arbitramento como lançamento de ofício; 2. Pressupostos para o arbitramento; 3. Imprestabilidade "vs." vícios pontuais; 4. Arbitramento, "verdade material" e a estrita legalidade; 5. Arbitramento e penalidade. II — Arbitramento e processo: a norma antielisiva: 6. Conjugando os arts. 116, parágrafo único; 149, VII e 148 do CTN; 7. A busca da "verdade material" pelo devido processo legal. III — Semelhanças com outros procedimentos jurídicos: 8. No direito tributário: a questão do sigilo fiscal; 9. No direito penal: o inquérito; 10. No direito administrativo: a sindicância; 11. No direito econômico: o processo de averiguações preliminares; 12. Conclusões. Bibliografia consultada.

I — Arbitramento e lançamento

1. É de todos conhecido que existem três espécies de lançamento no Direito brasileiro: autolançamento (ou lançamento por homologação, regulado pelo art. 150 do CTN), por declaração (regulado pelo art. 147 do CTN) e de ofício (regulado pelo art. 149 do CTN).

Para efeito desta exposição, concentremo-nos no lançamento "de ofício".

Podemos dividir este tipo de lançamento no direito brasileiro em duas grandes hipóteses: a *primeira*, centrada no que estabelece o inc. I do art. 149 do CTN ao prever seu cabimento nos casos em que a lei assim o determinar; e a *segunda*, que alcança os demais oito incisos do art. 149 do CTN, em caso de inexistência ou imprestabilidade da documentação pertinente, ou no de recusa em sua apresentação.

Desta forma, podemos dizer que o lançamento do IPTU na quase totalidade dos Municípios brasileiros é uma hipótese de lançamento de ofício, pois a lei determina a forma de seu lançamento, que não se enquadra nas duas outras possibilidades. O IPVA segue a mesma natureza preconizada pelo inc. I do art. 149, CTN.

De outra banda, o lançamento de ofício, na situação estabelecida pelos incs. II a IX do art. 149 do CTN,[2] caberá sempre

1. *E-mail* <fernandoscaff@uol.com.br>.

2. CTN, "Art. 149. O lançamento é efetuado e revisto de ofício pela autoridade administrativa nos seguintes casos: (...) II — quando a declaração não

que os documentos e/ou informações solicitadas pelo Fisco ao contribuinte não forem apresentados, seja porque não existam, seja porque não mereçam fé.

Dentro desta linha de raciocínio, o lançamento de ofício, nesta segunda hipótese (incs. II a IX do art. 149, CTN) acarreta a efetivação de um arbitramento por parte das autoridades fiscais, visando identificar e quantificar a ocorrência do fato imponível que, caso tenha acontecido, terá feito surgir a obrigação tributária principal, obrigação de dar, de pagar tributo.

Assim, podemos dizer que o arbitramento é um procedimento que se encontra estritamente vinculado a esta segunda espécie de lançamento de ofício, que poderá ocorrer sempre que as informações e/ou documentos solicitados pelo Fisco não sejam apresentados ou não se revistam de credibilidade.

2. Alberto Xavier[3] indica a existência de três critérios para que o Fisco possa utilizar o arbitramento, quais sejam:

a) inexistência dos documentos e/ou da prestação dos esclarecimentos solicitados;

b) imprestabilidade dos documentos e/ ou da prestação dos esclarecimentos solicitados;

c) recusa na apresentação dos documentos e/ou na prestação dos esclarecimentos solicitados.

Estes três requisitos englobam as oito hipóteses previstas pelo art. 149, incs. II a IX do CTN, a saber:

> Art. 149. O lançamento é efetuado e revisto de ofício pela autoridade administrativa nos seguintes casos:
>
> I — (...).
>
> II — quando a declaração não seja prestada, por quem de direito, no prazo e na forma da legislação tributária;
>
> III — quando a pessoa legalmente obrigada, embora tenha prestado declaração nos termos do inciso anterior, deixe de atender, no prazo e na forma da legislação tributária, a pedido de esclarecimento formulado pela autoridade administrativa, recuse-se a prestá-lo ou não o preste satisfatoriamente, a juízo daquela autoridade;
>
> IV — quando se comprove falsidade, erro ou omissão quanto a qualquer elemento definido na legislação tributária como sendo de declaração obrigatória;
>
> V — quando se comprove omissão ou inexatidão, por parte da pessoa legalmente obrigada, no exercício da atividade a que se refere o artigo seguinte;
>
> VI — quando se comprove ação ou omissão do sujeito passivo, ou de terceiro legalmente obrigado, que dê lugar à aplicação de penalidade pecuniária;
>
> VII — quando se comprove que o sujeito passivo, ou terceiro em benefício daquele, agiu com dolo, fraude ou simulação;
>
> VIII — quando deva ser apreciado fato não conhecido ou não provado por ocasião do lançamento anterior;
>
> IX — quando se comprove que, no lançamento anterior, ocorreu fraude ou falta funcional da autoridade que o efe-

seja prestada, por quem de direito, no prazo e na forma da legislação tributária; III — quando a pessoa legalmente obrigada, embora tenha prestado declaração nos termos do inciso anterior, deixe de atender, no prazo e na forma da legislação tributária, a pedido de esclarecimento formulado pela autoridade administrativa, recuse-se a prestá-lo ou não o preste satisfatoriamente, a juízo daquela autoridade; IV — quando se comprove falsidade, erro ou omissão quanto a qualquer elemento definido na legislação tributária como sendo de declaração obrigatória; V — quando se comprove omissão ou inexatidão, por parte da pessoa legalmente obrigada, no exercício da atividade a que se refere o artigo seguinte; VI — quando se comprove ação ou omissão do sujeito passivo, ou de terceiro legalmente obrigado, que dê lugar à aplicação de penalidade pecuniária; VII — quando se comprove que o sujeito passivo, ou terceiro em benefício daquele, agiu com dolo, fraude ou simulação; VIII — quando deva ser apreciado fato não conhecido ou não provado por ocasião do lançamento anterior; IX — quando se comprove que, no lançamento anterior, ocorreu fraude ou falta funcional da autoridade que o efetuou, ou omissão, pela mesma autoridade, de ato ou formalidade especial".

3. "Pressupostos e limites do poder de arbitramento do lucro", *Estudos sobre o Imposto de Renda.*

tuou, ou omissão, pela mesma autoridade, de ato ou formalidade especial.

Em síntese: recusa, inexistência ou imprestabilidade dos documentos apresentados ou das informações prestadas, são os três requisitos para que possa haver o arbitramento.

3. Cumpre distinguir entre imprestabilidade e a existência de alguns vícios no fornecimento destas informações e/ou documentos, pois as conseqüências jurídicas para efeitos de lançamento são distintas.

Deve-se fazer observar que se o Fisco acata, mesmo que parcialmente, a documentação do contribuinte para proceder ao lançamento, é porque esta encontra-se apta a ser utilizada, inclusive para efeitos tributários. Logo, nesta hipótese, não se há de falar em imprestabilidade da documentação contábil, mas apenas, se tanto e quando muito, em vícios de certos lançamentos contábeis.

Alberto Xavier assim tratou a questão: "Na escrituração composta de dezenas, centenas ou milhares de lançamentos contábeis o vício de um ou mais não afeta por si só o valor probatório do conjunto. É, em matéria de escrituração mercantil, aplicação do velho brocardo *utile per inutile non vitiatur* que de há muito é critério pacífico na interpretação dos negócios jurídicos. Na teoria geral dos contratos o vício de uma cláusula não afeta necessariamente, a validade do todo. A não ser que se comprove a absoluta indivisibilidade do negócio. Paralelamente, no domínio do valor probatório da escrituração mercantil, os vícios dos lançamentos isolados em que ela se traduz só afetam o valor probatório do conjunto se forem suscetíveis de afetar a sua adequação ao objetivo principal que visa, ou seja, a determinação do lucro real. Torna-se, pois, necessário distinguir com o maior rigor os vícios dos lançamentos contábeis individualmente considerados da imprestabilidade da escrituração em seu conjunto".[4]

4. *Estudos sobre o Imposto de Renda*, cit., p. 50.

O 1º Conselho de Contribuintes labora neste sentido ao estabelecer que

> A desclassificação da escrita, é pacífico, somente deve ser adotada em casos extremos. No meu entender é a última das opções admissíveis ao Fisco que, ao contrário, deve se esforçar ao máximo para aproveitar aquilo que foi escriturado, sob o risco de, inclusive, no futuro 8 entre 10 escritas examinadas, serem totalmente desprezadas. (...) O arbitramento é mera forma de apuração de resultados, sem qualquer, mínimo que seja, conotação de penalidade ou castigo. Procura-se com a utilização deste instrumento apenas estabelecer ou apurar um resultado que, por meio de práticas censuráveis ou com a utilização de artifícios adotados por um determinado contribuinte, *torna-se impossível de ser conhecido*, daí inclusive a preocupação constante da lei em aproveitar ao máximo o resultado a ser apurado pelo arbitramento daquele que seria o normal ou compatível ao contribuinte, para o que, inclusive, nos diz legislação recente, devemos considerar várias particularidades de cada contribuinte. (...) Acato integralmente a opinião esposada nestes autos no sentido de que a desclassificação da escrita do contribuinte, para efeitos de arbitramento, medida extrema, excepcionalíssima, somente se justificando quando impossível, comprovadamente impraticável, a apuração dos resultados pelo lucro real, o que não é o caso dos autos. Aceitar o inverso é acatar situações cômodas, enaltecer as facilidades, desprezar o trabalho sério.[5]

Esta distinção entre imprestabilidade da documentação e a existência de vícios em suas partes é procedimento usualmente adotado no 1º Conselho de Contribuintes,[6]

5. Voto do Relator Conselheiro Fernando Cícero Velloso, referente ao Acórdão 01-0.017/79, da Câmara Superior de Recursos Fiscais, *apud* Alberto Xavier, ob. cit., pp. 52-53.

6. "*Omissão de receitas*. A diferença positiva existente entre a receita constante da escrituração fiscal e comercial, de um lado, e a indicação na declaração de rendimento, de outro, caracteriza declaração inexata e não omissão de receitas.Em conseqüência, no regime de lucro presumido, se não exce-

bem como no Superior Tribunal de Justiça[7] e no 1º Tribunal Regional Federal.[8] Vícios pontuais nas informações ou nos documentos apresentados, portanto, não acarretam o arbitramento; a imprestabilidade, sim.

4. Sendo uma forma de lançamento, o arbitramento se reveste da característica de ser uma busca pela *verdade material*, ou seja, pela real apreciação dos fatos ocorridos, que, por diversos motivos, não são revelados de forma direta.

É como se os agentes fiscais estivessem em uma busca pela descoberta da efetiva concretização da obrigação tributária. Uma névoa encobre os fatos; de sua existência não se pode ter certeza, apenas suposições. Daí que é o efetivo *descobrimento* da *verdade material* que *poderá gerar* a tributação. Diz-se "poderá gerar" porque o descobrimento da verdade material pode nos levar à certeza da inocorrência do fato imponível, o que frustrará a tributação pretendida. Portanto, a busca da *verdade material* é o despojamento da forma em prol da realidade ocorrida.

Assim, a busca pela *verdade material* será o centro das atenções no lançamento de ofício decorrente de arbitramento. Da *verdade* dos fatos é que se poderá constatar se ocorreu ou não a obrigação tributária; se o fato *desvelado* pelo arbitramento se enquadra na hipótese de incidência normativa, tornando-se um *fato imponível* ou se será apenas um *fato da vida*, sem maior importância para a análise jurídico-tributária. A adequação dos fatos à hipótese de incidência é que fará surgir a obrigação tributária. E esta, como é do conhecimento de todos, está circunscrita ao princípio da reserva legal (art. 150, I, CF), que estabelece somente ser possível a instituição ou o acréscimo de tributo decorrente de lei ordinária em sentido formal. A busca da *verdade material* é o procedimento de *revelação* dos fatos efetivamente acontecidos a fim de verificar sua adequação à hipótese de incidência tributária, circunscrita pelo princípio da reserva legal. Caso os fatos estejam adequados, se configurarão em *fatos imponíveis*, acarretando o surgimento da obrigação tributária. O instrumento de busca para o *descobrimento* destes fatos é o procedimento de arbitramento.

Fruto do exposto pode-se verificar que o lançamento por arbitramento deve ser decorrente de provas, e não apenas de indícios. Assim, presunções de fatos não geram tributação, o que ocorrerá apenas com a comprovação deles. Os indícios servem como *início de prova*, jamais como prova.

Diversos são os aspectos que podem ser relacionados a esta assertiva nos debates judiciais.

No âmbito do vetusto Tribunal Federal de Recursos, foi assentada a Súmula 182, cujo texto assegura ser "ilegítimo o lançamento do imposto de renda arbitrado com base apenas em extratos ou depósitos bancários". Logo, a singela movimentação bancária não pode servir para que o Fisco efetue o lançamento do imposto sobre a

dido o limite previsto no art. 389 do RIR/80, a diferença será tributada por essa forma; no regime de lucro real, não haverá repercussão na fonte" (ac. 1º CC, 101-79.401/89, *DO* 3.5.1990, *Regulamento do IR para 1995*, Alberto Tebechrani e outros, v. I, p. 390).

7. "*Tributário. Lançamento fiscal. Requisitos do auto de infração e ônus da prova.* O lançamento fiscal, espécie de ato administrativo, goza da presunção de legitimidade; essa circunstância, todavia, não dispensa a Fazenda Pública de demonstrar, no correspondente auto de infração, a metodologia seguida para o arbitramento do imposto — exigência que nada tem a ver com a inversão do ônus da prova, resultando da natureza do lançamento fiscal, que deve ser motivado. Recurso Especial não conhecido" (ac. REsp 48.516-SP, 2ª Turma, Rel. Ministro Ari Pargendler, *DJ* 13.10.1997, p. 51.553).

8. "*Tributário. Imposto sobre produtos industrializados (IPI). Valor tributável. Arbitramento. Critérios a serem adotados. Diferença em estoque de matéria-prima. Razoabilidade.* 1. Conquanto previsto no Código Tributário Nacional e no Regulamento do Imposto de Produtos Industrializados (RIPI), o arbitramento, como forma de apuração do valor tributável, em caso de omissão do contribuinte, não significa arbitrariedade, devendo situar-se nos limites do razoável (...)" (AC 95.01.21877-5-MG, 3ª Turma do TRF da 1ª Região, Rel. Juiz Osmar Tognolo, *DJ* 9.4.1999, p. 162).

renda, o que denota que desde aquela época — a Súmula foi assentada em 1985 —, este indício não pode servir como prova para efeito de arbitramento daquele imposto. É bem verdade que a Receita Federal tenta agora utilizar este mesmo indício, vinculado à CPMF, para obter provas de sonegação fiscal de imposto sobre a renda, mas tal fato deve ser provado, e não intuído. Aliás, este procedimento de arbitramento decorrente de movimentação bancária foi objeto de regulação específica pela Lei Complementar 105, ladeada pelo Decreto 3.724/2001, que adiante será melhor comentado, pois introduziu uma fase instrutória *anterior* ao lançamento de ofício visando obter a melhor determinação dos fatos envolvidos — sua existência e quantificação.

De todo modo, a excessiva movimentação bancária é apenas um indício, jamais uma prova de sonegação ou da concretização da hipótese de incidência.

Outro aspecto relevante diz respeito à atribuição de bases de cálculo fictícias de ICMS para efeito de pautas fiscais. O Supremo Tribunal Federal já repudiou este procedimento desde os idos de 1974,[9] através de decisões do Ministro Cordeiro Guerra, seguidas pelo Ministro Aliomar Baleeiro.[10] O Superior Tribunal de Justiça vem mantendo este entendimento.[11] A base de todos estes julgamentos é a mesma: deve-se buscar a *verdade material* aplicada à espécie, e não efetuar a tributação de forma aleatória. Pode-se verificar pela jurisprudência indicada que existe sempre uma remessa ao art. 148 do Código Tributário Nacional como sendo portador do *modus operandi* competente para dirimir o conflito. Este artigo, que adiante será melhor explicitado, estabelece uma espécie de procedimento contraditório para a apuração de divergências entre o Fisco e o contribuinte.

Outro aspecto a ser considerado é o que estabelece que os lucros arbitrados na pessoa jurídica devem ser automaticamente considerados como distribuição dos lucros às pessoas físicas dos sócios.

Sendo uma tributação fictícia, hipotética, imaginária, suposta, fruto do processo de arbitramento na pessoa jurídica, há clara violação ao *princípio da reserva legal tributária* insculpido no art. 150, I, da Constituição Federal.

A jurisprudência judicial pátria é assente neste sentido,[12-13-14] afastando as in-

9. "*ICM. Pauta fiscal.* A base de calculo do icm e o valor da operação de que decorrer a saída da mercadoria (art. 2º, I, do DL 406, de 1968). Não é licito ao legislador estadual inovar quanto a esse aspecto (art. 18, § 1º da EC 1, de 1969). A predeterminação de valor para as operações pode contrariar essa disposição, implicando, por outro lado, em majoração do imposto (art. 97, § 1º, do CTN). Aplicação do art. 148 do CTN. A pauta fiscal só se legitima quando, em processo regular, não ficar demonstrado o valor real da operação de que decorrer a saída da mercadoria" (RE 78577, 2ª Turma, Ministro Cordeiro Guerra, j. 13.12.1974).

10. "*ICM. Cálculo por pauta.* Não é legitimo o cálculo do ICM à base de valores fixados, pautas estabelecidas em portarias, fora dos casos especiais do art. 148 do Código Tributário Nacional. Assim já decidiu o Supremo Tribunal Federal" (RE 79.954, 1ª Turma, Ministro Aliomar Baleeiro, j. 18.2.1975).

11. "*Processual civil e tributário. ICMS. Comercialização de frangos. Base de cálculo. Pauta de valores com base na tabela da AVIMIG. Admissibilidade pelo tribunal 'a quo'. Recurso especial. Cerceamento de defesa. Inocorrência. Divergência jurisprudencial não configurada. Matéria probatória insuscetível de reexame (Súmula 7 do STJ). Inexistência de violação ao art. 148 do CTN. Improvimento do recurso.* I — Nos embargos à execução fiscal, em sede de apelação, inocorre cerceamento de defesa, se o tribunal *a quo* entende que a matéria versada nos autos é eminentemente documental, sendo desnecessária à produção de prova testemunhal. II — A fixação da base de cálculo do ICMS, com apoio em pautas fiscais de preços ou valores, é inadmissível, em regra geral, conforme jurisprudência pacífica do STJ. Permitir-se-á, contudo, nos termos do art. 148 do CTN, sempre que, mediante processo regular, o contribuinte seja omisso ou não mereçam fé suas declarações, esclarecimentos prestados ou documentos expedidos" (REsp 323.392-MG, Ministro Garcia Vieira, j. 26.6.2001).

12. "*Tributário. Imposto de renda. Lucro arbitrado e omissão da receita.* 2. A omissão de receita detectada pelo Fisco não leva a presunção de lucro para, em seguida, fazer incidir o imposto na fonte" (REO 0103171/92-BA, 4ª Turma, TRF 1ª Região, Rela. Juíza Eliana Calmon, *DJ* 26.5.1997, p. 25.632).

13. "1. Direito tributário. 2. Embargos a execução fiscal. Imposto de renda. Tributação reflexa

cidências tributárias baseadas em suposições, sem a busca da *verdade material*.

5. Como se verifica pela análise acima, a utilização do procedimento de arbitramento para efetuar o lançamento de ofício não é uma penalidade em razão da não-apresentação dos documentos solicitados, ou das informações que os agentes fiscais entendam necessárias, ou mesmo de sua apresentação de modo deficiente. Trata-se de efetivamente buscar o modo e a forma pela qual os fatos se deram, e daí constatar se houve o não o nascimento da obrigação tributária.

Penalidade possui outra característica pois surge em razão do descumprimento de uma obrigação (de dar ou de fazer), gerando uma outra obrigação, de pagar. Ou seja, é o passo seguinte à *descoberta* da existência da obrigação tributária e da constatação de seu descumprimento.

Uma vez afirmada a existência da obrigação tributária em razão do lançamento por arbitramento, e asseverado que não foi adimplida pelo pagamento, impõem-se o acréscimo de penalidade pecuniária em razão do descumprimento da obrigação principal.

Logo, é uma obrigação que surge em razão do inadimplemento de outra obrigação. A penalidade tem sua gênese no descumprimento de uma obrigação, ou em seu cumprimento em desconformidade com o nela estabelecido.

II — Arbitramento e processo: a norma antielisiva

6. É inegável, e até mesmo louvável, que se pretenda combater a *evasão* fiscal, pois esta se constitui em crime e prejudica aqueles contribuintes que cumprem com seus deveres para com o Estado brasileiro uma vez que aumenta a carga tributária dos pagantes.

Situação distinta é a do combate à *elisão* fiscal, pois esta se configura como um instrumento de planejamento e economia tributária, desde que revestida da forma e conteúdo previsto nas leis em vigor. Tal liberdade de organização negocial dentro dos limites legais é consagrada constitucionalmente no art. 170, que estabelece a liberdade de iniciativa como um dos fundamentos da ordem econômica, ao lado da valorização do trabalho humano; além de se inserir como um dos princípios fundamentais da República Federativa do Brasil. As fraudes, simulações e os abusos de direitos não devem ser acobertados pelos procedimentos fiscalizatórios, que devem coibi-las por força da lei e da moral.

Contudo, quais os limites à ação fiscal? Poderão as autoridades fiscais desconsiderar livremente todo e qualquer ato ou negócio jurídico que entendam estar sendo praticado "com a finalidade de dissimular a ocorrência do fato gerador do tributo ou a natureza dos elementos constitutivos da obrigação tributária"?

Por óbvio que não. Somente poderá fazê-lo nos casos em que houver dissimulação, considerada como vício jurídico pelo ordenamento civilista brasileiro pelo menos desde 1917. Observemos se a introdução em nosso sistema jurídico do parágrafo único do art. 116 do Código Tributário Nacional, efetuada pela Lei Complementar 104, trouxe alguma novidade.

Menciona o referido parágrafo que:

na pessoa física, dos lucros apurados na pessoa jurídica. 3. Em se tratando de lucro arbitrado da pessoa jurídica, é inadmissível a mera presunção de sua distribuição a pessoa física, pelo que se inviabiliza a tributação reflexa. 4. Apelação provida" (AC 0413969/91-RS, 3ª Turma, TRF da 4ª Região, Rel. Juiz Gilson Langaro Dipp, *DJ* 29.1.1992, p. 908).

14. "*Tributário. Imposto de renda. Lucro arbitrado da pessoa jurídica. Tributação do sócio por via reflexa. Ilegitimidade.* Em se tratando de lucro arbitrado de pessoa jurídica, é ilegítimo o lançamento a título de imposto de renda do sócio da empresa, a não ser na hipótese em que este venha lastreado na prova efetiva da distribuição do rendimento tributável, ou então em hipótese excepcional, com base em fundados indícios de ter ocorrido o fato gerador do tributo" (AC 0458156/95-PR, 2ª Turma, TRF da 4ª Região, Rel. Juiz Edgard Antonio Lippmann Júnior, *DJ* 2.10.1996, p. 74.495).

Art. 116. (...).

Parágrafo único. A autoridade administrativa poderá desconsiderar atos ou negócios jurídicos praticados com a finalidade de dissimular a ocorrência do fato gerador do tributo ou a natureza dos elementos constitutivos da obrigação tributária, observados os procedimentos a serem estabelecidos em lei ordinária.

Analiso a introdução deste preceito de forma conjugada com o art. 149, VII, e com o art. 148 do CTN, o que, segundo minha visão, faz criar no direito tributário brasileiro um novo procedimento fiscal de *averiguações preliminares*, que já existe no direito processual econômico deste país. Este deverá ser o sentido da regulamentação que vier a ser editada pela lei ordinária prevista na parte final do novel parágrafo único do art. 116 do CTN.

No âmbito material, será que o parágrafo único do art. 116, ora inserido no CTN pela LC 104, trouxe alguma novidade? Parece-me que não.

A possibilidade de desconsiderar atos ou negócios jurídicos realizados com dolo, fraude ou simulação já existia em nosso Código Tributário Nacional desde o início de sua vigência, no (já) remoto ano de 1967. Basta ver o que reza o art. 149, VII:

Art. 149. O lançamento é efetuado e revisto de ofício pela autoridade administrativa nos seguintes casos:

(...).

VII — quando se comprove que o sujeito passivo, ou terceiro em benefício daquele, agiu com dolo, fraude ou simulação.

E desde então é usual e cotidiano o afazer fiscal de desconsiderar atos ou negócios jurídicos que entendem terem sido realizados com os vícios acima referidos. O auto de infração era lavrado e através do processo administrativo fiscal o contribuinte se defendia expondo suas razões e demonstrando a improcedência daquela autuação. Isto quando não pagava o valor lançado, em razão de com ele anuir.

Logo, onde está a novidade da norma antielisiva criada pela LC 104?

Entendo que a novidade está nos seguintes itens:

a) A partir da introdução do referido parágrafo único em nosso sistema jurídico-tributário, será necessária a existência de uma lei ordinária que permita a fiscalização efetuar o arbitramento desconsiderando um ato ou um negócio jurídico. Não será mais possível efetuar este procedimento como dantes, de forma direta através de um lançamento de ofício.

b) E mais, enquanto não for editada a norma exigida pelo parágrafo único do art. 116, do CTN, o Fisco permanece impossibilitado, por falta de base legal, para efetuar o lançamento por arbitramento desconsiderando negócios jurídicos que entenda irregulares por terem sido supostamente realizados com simulação;

c) A lei que vier a regular este procedimento antielisivo, por ser ordinária, deverá obedecer integralmente ao que determina o CTN, norma com status de lei complementar. Desta forma, deverá obedecer inclusive ao que menciona o art. 148, que assim reza:

Art. 148. Quando o cálculo do tributo tenha por base, ou tome em consideração, o valor ou o preço de bens, serviços, direitos ou atos jurídicos, a autoridade lançadora, *mediante processo regular*, arbitrará aquele valor ou preço, *sempre que sejam omissos ou não mereçam fé as declarações e os esclarecimentos prestados, ou os documentos expedidos pelo sujeito passivo ou pelo terceiro legalmente obrigado,* ressalvado, em caso de contestação, avaliação contraditória, administrativa ou judicial (grifos apostos).

Ou seja, conjugando este artigo com os demais constata-se que a exigência constante do art. 148 do CTN de *processo regular* para arbitrar o valor ou o preço dos negócios jurídicos quando estes não mereçam fé, deverá ser implementada através de *lei ordinária*, de conformidade com o que exige o novel parágrafo único do art. 116

do CTN, por força da LC 104/2001. Assim, para desconsideração dos negócios jurídicos é imprescindível, por ser requisito legal criado pela LC 104, que haja um processamento prévio ao efetivo lançamento de ofício, que poderá vir a ocorrer na forma do art. 149, VII, do CTN.

Desta maneira, após o início do procedimento fiscal, através de qualquer ato de ofício praticado por servidor competente ou por qualquer das outras hipóteses do art. 7º do Decreto 70.235/1972, deverá surgir uma fase instrutória a fim de implementar o que estabelece o art. 148 do CTN, qual seja: a) verificar se os fatos efetivamente aconteceram fazendo surgir a obrigação tributária; e b) quantificar o montante de tributo a pagar. Tal processamento decorre da expressa determinação constitucional do *devido processo legal.*

Desta maneira, a única novidade que existe no novel preceito do parágrafo único do art. 116, CTN, no âmbito do direito material, decorre da necessária implementação deste *prévio procedimento de arbitramento* ao lançamento de ofício.

7. A Constituição Federal ampara esta interpretação em várias partes de seu texto, contudo, de forma mais acentuada no art. 5º, LV, que assim encontra-se lavrado:

> Art. 5º. (...).
>
> LV — Aos litigantes, em processo judicial ou administrativo, e aos acusados em geral, são assegurados o contraditório e a ampla defesa, com os meios e recursos a ela inerentes;

Neste caso estamos diante da implementação do prévio procedimento proposto, uma vez que o contribuinte que estiver sendo acusado de realizar atos com dissimulação, também estará sendo acusado de ter cometido um crime, sendo necessária a realização de uma fase instrutória ao lançamento de ofício, por arbitramento, que poderá também instrumentalizar eventual abertura de processo criminal.

É necessário que a autoridade administrativa esteja convencida da realização de um negócio jurídico simulado para que ocorra sua efetiva desconsideração, e tal somente poderá se dar através de um processo prévio ao lançamento de ofício, que deverá ser regulado pela lei ordinária inserida em nosso ordenamento no parágrafo único do art. 116 do CTN. Sem este processamento não poderá ser lançado de ofício o tributo, na forma do art. 149, VII, CTN.

Ou seja, até antes da introdução do parágrafo único do art. 116 do CTN, o arbitramento era efetuado *através* do lançamento de ofício. Após sua introdução, dever-se-á efetuar a busca da *verdade material* através de um procedimento próprio, a ser estabelecido por lei, que permitirá que *antes* da lavratura do auto de infração seja efetuada a busca da *verdade material.* O lançamento de ofício nas hipóteses do art. 149, II a IX, CTN, nas hipóteses de alegação de dissimulação, deverá ser *precedido* de um procedimento de busca da *verdade material*, sob pena de nulidade. Este procedimento deverá ser baseado no que estabelece o art. 148 do CTN ao mencionar que "a autoridade lançadora, *mediante processo regular*, arbitrará aquele valor ou preço".

Portanto, este *processo regular* é o *procedimento de arbitramento* que antecederá ao lançamento, caso este venha a ocorrer (uma vez que a busca da *verdade material* poderá indicar que o fato imponível não se fez presente).

III — Semelhanças com outros procedimentos jurídicos

8. No próprio Direito Tributário já existe um procedimento semelhante ao que ora é exposto. Trata-se do caso da quebra do sigilo fiscal implementada pela Lei Complementar 105, de 10.1.2001, e regulamentada pelo Decreto 3.724, também do dia 10.1.2001;[15] não por acaso, ambos da mes-

15. O art. 6º da LC 105, regulamentado pelo referido Decreto 3.724/2001 encontra-se *sub judice* através de ADIns no STF apenas no que se refere à possibilidade de quebra do sigilo fiscal pelo Fisco

ma data da Lei Complementar 104 que introduziu o parágrafo único ao art. 116 do CTN, ora sob comento.

No caso de quebra do sigilo fiscal por parte da Receita Federal, é imprescindível que *antes* da autuação seja efetuada a busca da *verdade material* por parte da fiscalização. Foi criado inclusive um instrumento denominado MPF — Mandado de Procedimento Fiscal, com regras próprias e que somente poderá ser manejado por servidores específicos, de conformidade com procedimentos e em caso de hipóteses restritas. Outro instrumento criado foi o RMF — Requisição de Informações sobre Movimentação Financeira, também prévio a qualquer lançamento de ofício.

No caso do sigilo bancário foi criada uma espécie de "fase instrutória" anterior à lavratura de eventual auto de infração (lançamento de ofício) pelo Decreto 3.724/2001. É algo semelhante ao que estabelece o parágrafo único do art. 116 do CTN, em análise conjunta com o art. 148 da mesma codificação.

9. Contudo, outras províncias do Direito também já se utilizam instrumento semelhante em busca da *verdade material.* A proposta de criação deste processo prévio à abertura de uma lide encontra paralelo em outras disciplinas jurídicas como no direito penal, no direito administrativo e também no direito econômico.

No *direito penal* é bem conhecida a figura do *inquérito policial*, onde se averigua a materialidade e a pessoalidade da ocorrência de um ato ilícito.

Pode acontecer do ato ilícito ter comprovadamente ocorrido, e não se saber quem foi que o realizou. Buscar-se-á, então a pessoalidade do ilícito; saber quem cometeu aquele ato contrário à lei. O inquérito também pode ser instaurado para buscar saber se existe efetivamente um ilícito, pois somente indícios de sua existência é que foram encontrados até então. Buscar-se-á elementos que comprovem sua existência, bem como a identificação dos causadores daquele evento danoso.

Em ambos os casos, a abertura de um inquérito é um procedimento administrativo anterior ao processo penal propriamente dito, que se caracteriza como uma fase instrutória à efetiva indicação da existência de uma irregularidade.

10. No mesmo sentido labora a *sindicância administrativa* para o *direito administrativo.* Caso não se saiba ao certo sobre a materialidade ou a pessoalidade do evento danoso, mas existam indícios sobre sua existência, cumpre a autoridade administrativa determinar a abertura de sindicância administrativa visando averiguar os fatos e chegar às conclusões que subsidiem a eventual abertura de um inquérito administrativo, quando então haverá uma lide entre a Administração Pública e o acusado daquela conduta irregular.

11. O processo administrativo econômico segue a mesma regra. A Lei 8.884/1996 menciona que toda vez que a Secretaria de Direito Econômico tomar conhecimento de uma irregularidade econômica que coloque uma empresa, ou grupo de empresas, em posição dominante, ou em situação de permita o controle dos mercados, deverá abrir um processo de *averiguações preliminares*, a fim de permitir que a suspeita seja ou não convolada em uma certeza, assumindo então a responsabilidade pelo processamento daquele agente econômico perante o CADE — Conselho Administrativo de Defesa Econômica.

IV — Conclusões

12. Feitas as considerações acima, deve-se finalizar o presente estudo de forma tópica, a fim de permitir a melhor compreensão dos diversos aspectos abordados:

independentemente de ordem judicial, o que violaria o *princípio da reserva de jurisdição.* Tal inconstitucionalidade, caso venha a ser proclamada pelo STF, não invalida o procedimento criado em busca da *verdade material*, que deverá ser mantido a despeito da Reserva de Jurisdição. Sobre este assunto, v. meu "Sigilo fiscal e reserva de jurisdição", *RDDT* 71.

a) O arbitramento possui os seguintes requisitos para ser utilizado: 1. inexistência dos documentos e/ou da prestação dos esclarecimentos solicitados; 2. imprestabilidade dos documentos e/ou da prestação dos esclarecimentos solicitados; e 3. recusa na apresentação dos documentos e/ou na prestação dos esclarecimentos solicitados; que correspondem as hipóteses dos incs. II a IX do art. 149 do CTN.

b) O arbitramento está umbilicalmente vinculado ao *princípio da estrita legalidade* (art. 150, I, CF), o que demanda a existência de *prova*, não cabendo sua implementação em caso de presunções ou de singelos indícios, pois tais situações não permitem comprovação efetiva do surgimento do fato imponível.

c) A busca da *verdade material* deve ser o principal objetivo do arbitramento, não podendo, em hipótese nenhuma, ser aplicado como uma penalidade ao contribuinte.

d) A introdução do parágrafo único ao art. 116 do CTN, pela Lei Complementar 104/2001, uma vez que praticamente reproduz o que menciona o art. 149, VII do CTN, apenas introduz um novo requisito: a exigência de lei ordinária para que possa haver o arbitramento em caso de "atos ou negócios jurídicos praticados com a finalidade de dissimular a ocorrência do fato gerador do tributo ou a natureza dos elementos constitutivos da obrigação tributária".

Esta fase instrutória, *anterior* à lavratura do auto de infração (lançamento de ofício) deverá obedecer ao estabelecido no art. 148 do CTN ao mencionar que "a autoridade lançadora, *mediante processo regular*, arbitrará aquele valor ou preço". O arbitramento deverá, portanto, preceder à lavratura do auto de infração.

e) Tal procedimento instrutório, anterior ao lançamento, existe no direito tributário pátrio para as hipóteses de violação de sigilo bancário, a teor do que estabelece o art. 6º da Lei Complementar 105/2001, e seu regulamento, o Decreto 3.724/2001.

Outros ramos do direito conhecem este tipo de instrução prévia, tal como o direito penal (inquérito policial), o direito administrativo (sindicância) e o direito econômico (processo de averiguações preliminares).

f) O processo de arbitramento deverá obedecer ao princípio da estrita legalidade (art. 150, I, CF); e em razão do advento do parágrafo único do art. 116, do CTN, quando esta conduta foi "procedimentalizada", passou a ser também rigidamente vinculada ao princípio do devido processo legal (art. 5º, LV, CF).

g) Por conseqüência lógica, enquanto não vier a ser editada a lei ordinária exigida pelo parágrafo único do art. 116 do CTN, ficará vedado aos agentes fiscais implementá-lo, ou seja, proceder ao arbitramento em caso de "atos ou negócios jurídicos praticados com a finalidade de dissimular a ocorrência do fato gerador do tributo ou a natureza dos elementos constitutivos da obrigação tributária".

Bibliografia consultada

CARVALHO, Paulo de Barros. *Curso de Direito Tributário*, São Paulo, Saraiva, 1999.

DERZI, Misabel Abreu Machado e COELHO, Sacha Calmon Navarro. *Direito Tributário Aplicado*, Belo Horizonte, Del Rey, 1997.

FERRAGUT, Maria Rita. *Presunções no Direito Tributário*, São Paulo, Dialética, 2001.

MAIA, Mary Elbe Gomes Queiroz. *Tributação das Pessoas Jurídicas*, Brasília, Ed. UnB, 1997.

PEREIRA, César Guimarães. *Elisão Tributária e Função Administrativa*, São Paulo, Dialética, 2001.

ROCHA, Valdir de Oliveira (coord.). *O Planejamento Tributário e a Lei Complementar 104*, São Paulo, Dialética, 2001.

ROLIM, João Dácio. *Normas Antielisivas Tributárias*, São Paulo, Dialética, 2001.

SCAFF, Fernando Facury. "Sigilo fiscal e reserva de jurisdição", *Revista Dialética de Direito Tributário* 71, São Paulo, jun. 2001.

TEBECHRANI, Alberto *et alii*. *Regulamento do IR para 1995*, São Paulo, Resenha Tributária, s/d.

VELLOSO, Carlos Mário. "O arbitramento em matéria tributária", *RDT* 63/177-186, São Paulo, Malheiros Editores, s/d.

XAVIER, Alberto. *Tipicidade da Tributação, Simulação e Norma Antielisiva*, São Paulo, Dialética, 2001.

______. *Estudos sobre o Imposto de Renda*, Belém, CEJUP, 1988.

______. *Do Lançamento*, São Paulo, Resenha Tributária, 1977.

______. *Conceito e Natureza do Ato Tributário*, Coimbra, Almedina, 1972.

CADERNOS DE DIREITO TRIBUTÁRIO

NORMAS GERAIS ANTIELISIVAS

RICARDO LOBO TORRES

Professor Titular de Direito Financeiro na Universidade do Estado do Rio de Janeiro (UERJ)

I – A Lei Complementar 104/2001. II – O fundamento metodológico das normas antielisivas: 1. As correntes teóricas básicas na interpretação do direito tributário: 1.1 A interpretação conceptualista – 1.2 A chamada "interpretação econômica" – 1.3 A interpretação valorativa – 2. A teoria da elisão fiscal. III – O princípio da transparência e a globalização: 1. A transparência fiscal e a sociedade de riscos – 2. A transparência na atividade financeira: 2.1 A responsabilidade fiscal – 2.2 O Código de Defesa do Contribuinte – 2.3 O combate à corrupção – 3. O princípio da transparência e os riscos fiscais provocados pelo contribuinte: 3.1 Normas anti-sigilo bancário – 3.2 A corrupção ativa do contribuinte – 4. A transparência fiscal e as normas antielisivas. IV – A norma geral antielisiva: 1. Características – 2. A norma antielisiva no Direito Alemão: proibição de abuso de forma jurídica – 3. Outros modelos estrangeiros: 3.1 Vedação de fraude à lei (Espanha) – 3.2 Desconsideração da personalidade jurídica (Argentina) – 3.3 Propósito mercantil (Estados Unidos, Canadá, Inglaterra, Austrália, Suécia) – 3.4 Disposições antielisivas do Direito Italiano – 3.5 Normas antiabuso em Portugal – 3.6 O modelo francês e sua recepção no Brasil. V – As normas antielisivas no Direito Brasileiro: 1. Cláusulas antielisivas no imposto de renda brasileiro – 2. A recepção do princípio "arm's length". VI – A norma antielisiva do art. 116, parágrafo único, do CTN: 1. Regra antielisiva ou antievasiva? – 2. A necessidade de se escandir a norma antielisiva: 2.1 "A autoridade administrativa (...)" – 2.2 "(...) poderá desconsiderar (...)" – 2.3 "(...) atos ou negócios jurídicos praticados (...)": 2.3.1 Requalificação dos fatos geradores concretos – 2.3.2 Dois exemplos de qualificação abusiva – 2.3.3 Elisão e simulação – 2.4 "(...) com a finalidade de dissimular (...)": 2.4.1 Dissimulação e simulação relativa – 2.4.2 Dissimulação e elisão – 2.5 "(...) a ocorrência do fato gerador do tributo ou a natureza dos elementos constitutivos da obrigação tributária, (...)" – 2.6 "(...) observados os procedimentos a serem estabelecidos na lei ordinária" – 3. A fenomenologia da norma antielisiva: 3.1 A contra-analogia – 3.2 A redução teleológica. VII – Conclusões. VIII – Bibliografia.

I – A LEI COMPLEMENTAR 104/2001

A Lei Complementar 104, de 10.1.2001, introduziu no art. 116 do CTN a norma geral antielisiva: "Parágrafo único. A autoridade administrativa poderá desconsiderar atos ou negócios jurídicos praticados com a finalidade de dissimular a ocorrência do fato gerador do tributo ou a natureza dos elementos constitutivos da obrigação tributária, observados os procedimentos a serem estabelecidos na lei ordinária".

O dispositivo transcrito vem despertando inúmeras dúvidas quanto à sua legitimidade e alcance.

Pretendemos examinar neste trabalho o fundamento metodológico (item II) e o princípio da transparência (item III) que postulam e justificam as regras antielisivas. Analisaremos, após, as cláusulas gerais antielisivas no Direito Estrangeiro e sua recepção no Brasil (itens IV e V). Finalmente, dedicaremos a atenção ao art. 116, parágrafo único, do CTN, procurando escandir-lhe o enunciado normativo e desvendar a fenomenologia da sua aplicação (item VI).

II – O Fundamento Metodológico das Normas Antielisivas

As normas antielisivas assumiram extraordinária importância no direito tributário durante a década de 90. O desenvolvimento da metodologia jurídica e da Teoria da Interpretação, com a superação dos Positivismos economicistas e conceptualistas, constituiu uma das principais causas para a nova visão da necessidade e da possibilidade de combate à elisão e ao planejamento abusivos.

1. As correntes teóricas básicas na interpretação do direito tributário

A interpretação do direito tributário se faz a partir das posições firmadas no campo da Teoria Geral da Interpretação: a jurisprudência dos conceitos, a jurisprudência dos interesses e a jurisprudência dos valores.

A jurisprudência dos conceitos projetou para o campo fiscal a interpretação formalista e conceptualista. A jurisprudência dos interesses transformou-se na "chamada" interpretação econômica do fato gerador. A jurisprudência dos valores, que nas últimas décadas passou a prevalecer em todas as Nações cultas, substituiu as duas outras ao atrelar a interpretação jurídica aos princípios éticos e jurídicos vinculados à liberdade, segurança e justiça.

1.1 A interpretação conceptualista

A interpretação fundada na jurisprudência dos conceitos parte da crença de que os conceitos e as categorias jurídicas expressam plenamente a realidade social e econômica subjacente à norma, de modo que ao intérprete não cabe se preocupar com os dados empíricos. Aparece muita vez como interpretação sistemática ou lógico-sistemática, segundo a qual os conceitos e institutos devem ser compreendidos em consonância com o lugar que ocupam ou com o sistema de que promanam.

A jurisprudência dos conceitos, com raízes no Pandetismo alemão, defende, no campo da fiscalidade, as teses do primado do direito civil sobre o direito tributário, da legalidade estrita, da ajuridicidade da capacidade contributiva, da superioridade do papel do legislador, da autonomia da vontade e do caráter absoluto da propriedade.

Corresponde, historicamente, ao apogeu do Estado Liberal, que cultiva o individualismo possessivo.

Seus grandes nomes no Direito Estrangeiro: Kruse[1] e A. D. Giannini.[2] No Brasil: Gilberto de Ulhôa Canto[3] e A. R. Sampaio Dória.[4]

1.2 A chamada "interpretação econômica"

A interpretação fundada na jurisprudência dos interesses, que se opôs aos postulados da jurisprudência dos conceitos, projetou-se para o campo da fiscalidade por meio da "consideração econômica do fato gerador" (*wirtschaftliche Betrachtungs-*

1. *Steuerrecht*, 1969.
2. *Istituzioni di Diritto Tributario*, 1948.
3. "Legislação tributária, sua vigência, sua eficácia, sua aplicação, interpretação e integração", *RF* 267/25-30.
4. *Elisão e Evasão Fiscal*, 1977.

weise), prevista no art. 4º do Código Tributário Alemão de 1919, por alguns apelidada, inclusive com sentido pejorativo, de "interpretação econômica". Despreocupou-se inteiramente dos conceitos e categorias jurídicas. Os italianos desenvolveram teoria semelhante sob a denominação de "interpretação funcional".

Suas teses principais: autonomia do direito tributário frente ao direito privado; possibilidade de analogia; preeminência da capacidade contributiva sacada diretamente dos fatos sociais; função criadora do juiz; intervenção sobre a propriedade e regulamentação da vontade.

Corresponde, historicamente, ao período do Estado de Bem-estar Social, que entrou em crise e se desestruturou a partir dos anos 70, também chamado de Estado-Providência ou Estado Intervencionista.

Seus grandes representantes são E. Becker,[5] na Alemanha; Griziotti,[6] na Itália; D. Jarach,[7] na Argentina. No Brasil destaca-se Amílcar de Araújo Falcão.[8]

1.3 A interpretação valorativa

As duas correntes teóricas acima referidas caminharam para a exacerbação de suas teses, petrificando-se em posições positivistas normativistas e conceptualistas, de um lado, ou positivistas historicistas e sociológicas, de outra parte. O Conceptualismo levou ao abandono da consideração da situação econômica e social e à convicção ingênua de que a letra da lei tributária capta inteiramente a realidade, posto que existe a plena correspondência entre linguagem e pensamento. Tal interpretação econômica transformou-se na defesa do incremento da arrecadação do Fisco, por se vincular à vertente da atividade arrecadatória do Estado.[9]

A partir da década de 70, pela enorme influência exercida no pensamento ocidental pelas obras de K. Larenz[10] e J. Rawls,[11] altera-se o paradigma na Teoria Geral Do direito, na Teoria da Justiça e na Teoria dos Direitos Humanos, abrindo-se o campo para a reformulação das posições básicas da interpretação do direito tributário.

A jurisprudência dos valores e a "virada kantiana", com reaproximação entre Ética e Direito sob a perspectiva do imperativo categórico, marcam o novo momento histórico da afirmação do Estado Democrático de Direito, que é o Estado da Sociedade de Riscos.[12]

Algumas teses pós-positivistas passam a ser defendidas para a superação do impasse a que fora levada a Teoria da Interpretação do direito tributário:

a) preeminência dos princípios fundantes do Estado Democrático de Direito, que no Brasil se expressam no art. 1º da CF – soberania, cidadania, dignidade humana, autonomia da vontade, valor do trabalho, pluralismo;

b) ponderação entre o princípio da capacidade contributiva, vinculado à idéia de justiça e obtido por argumentação democrática,[13] e o princípio da legalidade, vin-

5. "Zur Auslegung der Steuergesetze", *Steuer und Wirtschaft* 2/145-180.

6. *Principios de Política, Derecho y Ciencia de la Hacienda*, 1935.

7. "Hermenêutica no direito tributário", in Bernardo Ribeiro de Moraes e outros, *Interpretação no Direito Tributário*, pp. 83-102.

8. *Introdução ao Direito Tributário*, 1994.

9. Cf. Moris Lehner, "Consideração econômica e tributária conforme a capacidade contributiva. Sobre a possibilidade de uma interpretação teleológica de normas com finalidades arrecadatórias", in Luís Eduardo Schoueri e Fernando Aurélio Zilveti (coords.), *Direito Tributário: Estudos em Homenagem a Brandão Machado*, p. 148.

10. *Methodenlehre der Rechtswissenschaft*, 1983.

11. *A Theory of Justice*, 1980.

12. Cf. Ricardo Lobo Torres, "Legalidade tributária e riscos sociais", *Revista Dialética de Direito Tributário* 59/105.

13. Cf. Moris Lehner, "Consideração econômica e tributária ...", in Luís Eduardo Schoueri e Fernando Aurélio Zilveti (coords.), *Direito Tributário. ...*, p. 152: "Impondo uma diferenciação *humanamente justa*, o princípio da igualdade, na sua forma relevante para o direito tributário da capacidade contributiva, não se volta apenas ao legislador, mas

culado à segurança jurídica em sua configuração de "segurança da regra";[14]

c) equilíbrio entre os Poderes do Estado, com possibilidade de controle jurisdicional de políticas fiscais adotadas pelo legislador;[15]

d) harmonização entre Direito e Economia, tendo em vista que, além de a Economia viver *sub specie juris*, ambos exibem o coeficiente ético comum;

e) simbiose entre interpretação finalística e sistemática, eis que, de acordo com o pluralismo metodológico, o sistema jurídico já segrega a finalidade.

2. *A teoria da elisão fiscal*

O problema da elisão fiscal está intimamente ligado ao das posições teóricas fundamentais em torno da interpretação do direito tributário.

O Positivismo normativista e conceptualista defende, com base na autonomia da vontade, a possibilidade ilimitada de planejamento fiscal. A elisão, partindo de instrumentos jurídicos válidos, seria sempre lícita. Essa posição foi defendida com veemência por Sampaio Dória.[16]

O Positivismo sociológico e historicista, com sua consideração econômica do fato gerador, chega à conclusão oposta, defendendo a ilicitude generalizada da elisão, que representaria abuso da forma jurídica escolhida pelo contribuinte para revestir juridicamente seu negócio jurídico ou sua empresa. Amílcar de Araújo Falcão representou moderadamente no Brasil essa orientação.[17]

A jurisprudência dos valores e o Pós-Positivismo aceitam o planejamento fiscal como forma de economizar imposto, desde que não haja *abuso de direito*. Só a *elisão abusiva* ou o *planejamento inconsistente* se tornam ilícitos.[18] Autores de prestígio como K. Tipke,[19] K. Vogel[20] e Rosembuj,[21] defendem esse ponto de vista. Entre nós alguns trabalhos recentes de Marco Aurélio Greco[22] e de Hermes Marcelo Huck[23] também admitem o controle nos casos de abuso de direito.

III – O Princípio da Transparência e a Globalização

Outro dado fundamental para o aparecimento e a proliferação das normas an-

também ao aplicador da lei, o qual encontra nos 'fundamentos de peso' as premissas que devem guiar sua interpretação das normas com finalidade arrecadatória".

14. K. Tipke ("Rechtsetzung durch Steuergerichte und Steuerverwaltungsbehörden?", *Steuer und Wirtschaft* 58(3)/194) observa que é necessário existir "segurança diante da arbitrariedade da falta de regras" (*Sicherheit vor regelloser Wilkür*), pois a segurança jurídica é segurança da regra (*Rechtsicherheit ist Regelsicherheit*).

15. Klaus Tipke ("Uber Steuergesetzgebung und Verfassungsgerichtsbarkeit", *Steuer und Wirtschaft* 67(4)/321), depois de anotar que o Judiciário examina melhor o problema da justiça fiscal que o Parlamento, conclui que "a esperança permanece apenas no Tribunal Constitucional" (*Danach bleibt nur die Hoffnung in das Bundesverfassungsgericht*).

16. *Elisão ...*, p. 141.

17. *Introdução ...*, p. 81.

18. Há discussão em torno da expressão "elisão abusiva" ou "elisão ilícita". A doutrina italiana entende que a elisão é sempre ilícita – cf. Pietro Adonnino, "Parere del Ministero delle Finanze e del Comitato Consultivo per l'aplicazione delle norme antielusive e rilevanza penale dell'elusione", *Rivista di Diritto Tributario* XI(2)/242: "A distinção entre elisão lícita *[elusione lecita]* e elisão ilícita *[elusione illecita]* é um *non senso* porque o fenômeno elisivo, corretamente individualizado, é sempre ilícito. No caso em que não exista norma de contraste que seja violada não se pode falar de elisão". Nos países de língua inglesa emprega-se a expressão *abusive tax avoidance* para caracterizar a elisão ilícita, por oposição a *tax planning*, *tax minimization* ou *acceptable tax avoidance* (cf. Graeme S. Cooper, "Conflicts, challenges and choices – The rule of law and anti-avoidance rules", in Graeme S. Cooper (ed.), *Tax Avoidance and the Rule of Law*, p. 311).

19. *Steuerrechts*, p. 115.

20. "Steuerumghung nach innerstaatlichem Recht und nach Abkommensrecht", *Steuer und Wirtschaft* 62/371.

21. *La Simulación y el Fraude de Ley en la Nueva Ley General Tributaria*, p. 88.

22. *Planejamento Fiscal e Interpretação da Lei Tributária*, pp. 71 e ss.

23. *Evasão e Elisão. Rotas Nacionais e Internacionais do Planejamento Tributário*, pp. 141 e ss.

tielisivas foi a emergência do *princípio da transparência*, em íntima conexão com o processo de globalização.

1. A transparência fiscal e a sociedade de riscos

A transparência fiscal é um princípio constitucional implícito. Sinaliza no sentido de que a atividade financeira deve se desenvolver segundo os ditames da clareza, abertura e simplicidade. Dirige-se assim ao Estado como à sociedade, tanto aos organismos financeiros supranacionais quanto às entidades não-governamentais. Baliza e modula a problemática da elaboração do orçamento e da sua gestão responsável, da criação de normas antielisivas, da abertura do sigilo bancário e do combate à corrupção.

O Estado Democrático de Direito vai se afirmando, cada vez mais, como Estado Subsidiário. No Brasil essa característica fica muito clara a partir das reformas constitucionais da década de 90. O Estado Subsidiário reflete um novo relacionamento entre Estado e sociedade, no qual a sociedade tem a primazia na solução dos seus problemas, só devendo recorrer ao Estado de forma subsidiária.

A sociedade deve agir de tal forma transparente que no seu relacionamento com o Estado desapareça a opacidade dos segredos e da conduta abusiva fundada na prevalência da forma sobre o conteúdo dos negócios jurídicos.

O Estado, por seu turno, deve revestir sua atividade financeira da maior clareza e abertura, tanto na legislação instituidora de impostos, taxas, contribuições e empréstimos como na feitura do orçamento e no controle da sua execução.

O Estado Subsidiário é o Estado da Sociedade de Risco, assim como o Estado de Bem-estar Social, na expressão de Ernst Forsthoff,[24] foi o Estado da Sociedade Industrial, que entrou em crise pela voracidade na extração de recursos financeiros da sociedade para financiar as políticas desenvolvimentistas e o pleno emprego. Não se cuida de um Estado Pós-Moderno, que passe a se conduzir pelos mecanismos da deslegalização, da desregulamentação ou da auto-regulação,[25] mas de um Estado Pós-Positivista, ainda no âmbito da Modernidade, que procura pautar suas ações com base no princípio da transparência, para superar os *riscos sociais*.

A sociedade de riscos caracteriza-se por algumas notas relevantes: a ambivalência, a insegurança e o redesenho do relacionamento entre as atribuições das instituições do Estado e da própria sociedade.

A *ambivalência* aparece diante da impossibilidade de que da execução de políticas públicas surja sempre o consenso por parte dos cidadãos. Há uma distribuição não só de benefícios, como se pretendia ao tempo do Estado de Bem-estar Social, mas também de malefícios, como se dá, por exemplo, na construção de vias expressas ou de instalações nucleares. O sociólogo Ulrich Beck disserta: "Administrações de todos os níveis vêem-se em confronto com o fato de que o que planejam ser um benefício para todos é percebido como uma praga por alguns e sofre a sua oposição. Por isso tanto eles quanto os especialistas em instalações industriais e os institutos de pesquisa perderam sua orientação. Estão convencidos de que elaboraram esses planos 'racionalmente', com o máximo do seu conhecimento e de suas habilidades, considerando o 'bem público'. Nisso, no entanto, eles descuram a ambivalência envolvida. Lutam contra a ambivalência com os velhos meios da não-ambigüidade".[26]

24. *El Estado de la Sociedad Industrial*, 1975.

25. Cf. Norbert Reich, "Intervenção do Estado na Economia. Reflexões sobre a Pós-Modernidade na Teoria Jurídica", *RDP* 94/280.

26. "A reinvenção da Política: rumo a uma teoria da modernização reflexiva", in A. Giddens, U. Beck e S. Lash, *Modernização Reflexiva*, p. 42. Cf. também Raffaele de Giorgi, *Direito, Democracia e Risco. Vínculos com o Futuro*, p. 192: "(...) a estrutura da sociedade moderna é paradoxal e esta paradoxalidade pode ser assim indicada: na sociedade

Da *ambivalência* e do caráter paradoxal da sociedade de risco decorre a modificação do próprio conceito de *segurança*. A idéia de *segurança jurídica*, prevalecente no Estado Liberal Clássico, que tinha por objetivo a proteção dos direitos individuais do cidadão, começa a ser contrabalançada no Estado de Bem-estar Social com a de *segurança social* (*rectius*: seguridade social)[27] e culmina, no Estado Subsidiário, com a de *seguro social* e da *segurança internacional*. Os riscos e a insegurança da sociedade hodierna não podem ser eliminados, mas devem ser aliviados por mecanismos de segurança social, econômica e ambiental. A solidariedade social e a solidariedade do grupo passam a fundamentar as exações necessárias ao financiamento das garantias da segurança social.[28] Habermas chega a falar em uma nova dimensão estatal, a do Estado de Segurança (*Sicherheitsstaat*), fundado no princípio da solidariedade.[29]

Uma outra característica marcante da sociedade de risco é que nela as *instituições políticas* e *as instituições sociais* entram em novo relacionamento. O Ministério Público e o Judiciário passam a exercer papel mais ativo na defesa dos direitos difusos, em cooperação com as instituições sociais, afastando-se da missão neutra que desempenhavam na sociedade industrial.[30] A sociedade de riscos, com a pluralidade de interesses em jogo, é necessariamente uma sociedade litigiosa.[31]

A *transparência* é o melhor princípio para a superação das ambivalências da sociedade de risco. Só quando se desvenda o mecanismo do risco, pelo conhecimento de suas causas e de seus efeitos, é que se supera a insegurança.

O mesmo raciocínio vale para os *riscos fiscais*. Só a transparência na atividade financeira e na conduta do cidadão pode superá-los. O risco fiscal na atividade financeira surge do descontrole orçamentário, da gestão irresponsável de recursos públicos, da corrupção dos agentes do Estado etc.; a Lei de Responsabilidade Fiscal e o Código de Defesa do Contribuinte – este último em andamento no Congresso Nacional – têm o objetivo de prevenir os riscos fiscais na vertente do Estado. O risco fiscal pode decorrer também da conduta do contribuinte, pelo abuso da forma jurídica no planejamento dos seus negócios ou na organização de sua empresa, pela sonegação e pela corrupção no trato com os funcionários da Fazenda. As normas antielisivas e anti-sigilo, que foram introduzidas em di-

contemporânea reforçam-se simultaneamente segurança e insegurança, determinação e indeterminação, estabilidade e instabilidade. Ou pode-se mesmo dizer: nesta sociedade há, simultaneamente, mais igualdade e mais desigualdade, mais participação e menos participação; mais riqueza e, ao mesmo tempo, mais pobreza".

27. Cf. Josef Isensee, *Das Grundrecht auf Sicherheit. Zu den Schutzpflichten des freiheitlichen Verfassungsstaates*, p. 22: "Também a segurança social *[soziale Sicherheit]* possui elementos do *status positivus*; entretanto se afasta da segurança física, da cidadania. Não se dirige à incolumidade dos direitos, mas à auto-afirmação econômica na sociedade. Não se relaciona com as violações do direito (*Rechtsverletzungen*), mas com os riscos da vida (*Lebensrisiken*), que ameaçam a necessidade de proteção social contra a doença, acidentes, velhice e desemprego".

28. Cf. Ricardo Lobo Torres, "Solidariedade e justiça fiscal", in *Estudos em Homenagem à Memória de Gilberto de Ulhôa Canto*, pp. 299-306.

29. *Faktizität und Geltung. Beiträge zur Diskurstheorie des Rechtsund des demokratischen Rechtsstaat*, p. 525.

30. Cf. U. Beck, "A reinvenção da Política: ...", in A. Giddens, U. Beck e S. Lash, *Modernização Reflexiva*, p. 29: "A ordem judicial não estimula mais a paz social, pois sanciona e legitima as desvantagens juntamente com as ameaças e assim por diante".

31. Cf. Diogo de Figueiredo Moreira Neto, *O Sistema Judiciário Brasileiro e a Reforma do Estado*, p. 45: "(...) o ressurgimento do Estado Liberal se caracteriza pelo primado das manifestações de liberdade da sociedade e pela acolhida das fontes alternativas de Direito por ela geradas para a proteção das novas configurações de interesses, o que justifica a ênfase na construção do Estado Democrático. São eles, certamente, tanto a consciência das novas manifestações de liberdade quanto essas novas considerações de interesses, fatores ponderáveis que vêm atuando para inundar de demandas os sistemas judiciários onde tais mudanças vieram ou estão a ocorrer".

versos países na década de 90 e que começam a chegar ao Brasil, representam a tentativa do legislador no sentido de prevenir os riscos fiscais provocados pelo contribuinte.

2. *A transparência na atividade financeira*

Os riscos fiscais inerentes à atividade financeira do Estado devem ser evitados pela adesão ao princípio da transparência, que inspira a elaboração do orçamento, o controle das renúncias de receita, a gestão orçamentária responsável, a Declaração de Direitos do Contribuinte e o combate à corrupção.

2.1 *A responsabilidade fiscal*

O princípio da transparência aparece também amalgamado ao da responsabilidade fiscal (*accountability*),[32] constituindo, mesmo, um subprincípio deste.

O princípio da responsabilidade, de longa tradição no direito orçamentário anglo-americano, adquire extraordinária relevância nos últimos anos na legislação da Nova Zelândia e de outros países da OCDE. Começa a ingressar no Brasil por intermédio da Lei de Responsabilidade Fiscal (Lei Complementar 101, de 4.5.2000).

2.2 *O Código de Defesa do Contribuinte*

A aprovação de uma lei geral que contenha a "Declaração de Direitos do Contribuinte" ou o "Código de Defesa do Contribuinte" encontra sua justificativa na necessidade de transparência nas relações entre o Fisco e o contribuinte, coibindo os abusos cometidos pela Fazenda Pública contra os direitos constitucionalmente assegurados ao sujeito passivo da obrigação tributária. Começa a aparecer em diversos países, como contraponto às medidas que visam a estabelecer a transparência na conduta do contribuinte, como sejam as normas antielisivas e anti-sigilo bancário. Só a garantia do processo fiscal administrativo transparente pode justificar a exigência de transparência na conduta do contribuinte.

A legislação ordinária brasileira recente passa a se preocupar em proteger o contribuinte, ao mesmo tempo em que procura combater a fraude e a evasão. O princípio da moralidade administrativa, incluído na Constituição, serve de fonte de inspiração para diversas medidas de proteção da confiança do contribuinte. A Lei 9.430, de 27.12.1996, por exemplo, autorizou o Executivo a disciplinar a abstenção de lançamento, a declaração de extinção do crédito e a desistência das ações nos casos de pacificação da jurisprudência dos Tribunais Superiores contrária à Fazenda (art. 77), bem como coibiu a desigualdade de respostas nas consultas fiscais (art. 48, §§ 5º, 6º e 9º). A Lei 9.532, de 10.12.1997, também trouxe inúmeros dispositivos de natureza processual que fortaleceram a defesa do sujeito passivo da obrigação tributária. Mas não se chegou ainda à elaboração de um documento legislativo único que possa consubstanciar todo o *status* jurídico do contribuinte, o que está em vias de acontecer com o Projeto de Lei Complementar 646, do Senador Bornhausen, em andamento no Congresso Nacional.

Nos Estados Unidos foi sancionada pelo Presidente Clinton, em 30".7.1996, a "Declaração de Direitos do Contribuinte II" (*Taxpayer Bill of Rights II*), com o objetivo de emendar o Código das Rendas Internas (*Internal Revenue Code of 1986*) e aumentar a proteção do contribuinte.

Na Espanha aprovou-se a *Ley de Derechos y Garantías de los Contribuyentes* – LDGC (n. 1/1998, de 26 de fevereiro), que "regula los derechos y garantías básicas de los contribuyentes en sus relaciones con las Administraciones Tributarias".

32. Cf. David Brin, *The Transparent Society. Will Technology Force us to Choose Between Privacy and Freedom?*, p. 156; Diogo de Figueiredo Moreira Neto, "A Lei de Responsabilidade Fiscal e seus princípios jurídicos", *RDA* 221/92: "(...) a sindicabilidade da *responsabilidade* dependerá também da qualidade do que se tem denominado de *transparência* da gestão administrativa financeiro-orçamentária".

Na "Exposição de Motivos" que acompanhou a *Ley* 1/1998 ficou esclarecido, com vistas à preservação da idéia de cidadania fiscal como complexo de direitos e deveres, que "la presente Ley, que recoge en un solo cuerpo normativo los principales derechos y garantías de los contribuyentes, no hace referencia alguna, sin embargo, a las obligaciones tributarias, ya que éstas aparecen debidamente establecidas en los correspondientes textos legales y reglamentarios". A LDGC contém extenso catálogo dos direitos gerais dos contribuintes.

Na Itália o Senado aprovou, em 22.4.1998, o projeto de lei do Governo em matéria de estatuto do contribuinte, que, entre outros, estampou o princípio da clareza e transparência dos dispositivos tributários, a proibição de retroatividade, a vedação de instituição de novos tributos por decreto-lei, a simplificação dos atos da Administração Financeira e a proteção da boa-fé.

2.3 O combate à corrupção

O combate à corrupção dos agentes do Fisco insere-se no quadro das medidas tendentes a assegurar a transparência.

No Brasil o problema é particularmente grave, tendo em vista que não conseguimos, nem mesmo com as reformas constitucionais da década de 90, proceder ao desmonte do Estado Patrimonial. E, como se sabe, o Patrimonialismo gera uma ética própria, preocupada com a salvação da alma e com a felicidade garantida pelo Estado, inteiramente divorciada das questões da fiscalidade e do orçamento.

Algumas medidas de defesa da transparência administrativa e de combate à corrupção começam a ser adotadas, como acontece com as normas sobre a ética na Administração. Na "Exposição de Motivos" encaminhada ao Presidente da República[33] pelo Ministro-Chefe da Casa Civil com a proposta do Código de Conduta da Alta Administração Pública Federal observou-se que "o setor público passou a depender cada vez mais do recrutamento de profissionais oriundos do setor privado, o que exacerbou a possibilidade de conflito de interesses e a necessidade de maior controle sobre as atividades privadas do administrador público"; e que "grande parte das atuais questões éticas surge na zona cinzenta – cada vez mais ampla – que separa o interesse público do interesse privado". Norma de grande relevância no Código de Conduta da Alta Administração é a que proíbe a aceitação de presentes,[34] tendo em vista que a distinção entre *suborno* e *presente* é um dos problemas mais graves no campo da corrupção governamental.[35]

Claro que o problema não é exclusivamente brasileiro, nem a corrupção aparece apenas como "mal latino".[36] A Alemanha de hoje, que tanto nos influencia, está às voltas com a "intransparência" do orçamento e com as transferências substanciais de recursos públicos para os políticos;[37] o Tribunal de Contas Alemão tem sido instado a tomar atitudes mais eficientes no combate à corrupção.[38]

33. "Exposição de Motivos 37, de 18.8.2000, aprovada em 21.8.2000", *RDA* 221/343, 2000.

34. "Art. 9º. É vedada à autoridade pública a aceitação de presentes, salvo de autoridades estrangeiras nos casos protocolares em que houver reciprocidade.

Parágrafo único. Não se consideram presente para os fins deste artigo os brindes que:

"I – não tenham valor comercial; ou

"II – distribuídos por entidades de qualquer natureza a título de cortesia, propaganda, divulgação habitual ou por ocasião de eventos especiais ou datas comemorativas, não ultrapassem o valor de R$ 100,00 (cem reais)."

35. Cf. Susan Rose-Ackerman, *Corruption and Government. Causes, Consequences and Reform*, p. 5: "O que para algumas pessoas é suborno para outras é presente" (*One person's bribe is another person's gift*).

36. Cf. Mariano Grondona, *La Corrupción*, p. 211.

37. Cf. H. H. von Arnim, *Der Staat als Beute. Wie Politiker in eigener Sache Gesetze machen*, p. 295.

38. Cf. Ina-Marie Blomeyer, "Eignung der Rechnungshöfe von Bund und Ländern zur Unterstützung der Strafverflegsbehörden bei der Korrup-

Observa-se presentemente, até mesmo por influência da globalização, a tendência de se levar ao plano supranacional o combate à corrupção. As próprias quantias pagas pelas empresas multinacionais nas concorrências e vendas internacionais causam desequilíbrio aos países que as sediam, pela impossibilidade de se deduzir do imposto de renda, em alguns deles, a importância correspondente ao suborno.[39] Algumas declarações proferidas em reuniões internacionais vêm denunciado a corrupção: no *Comunicado de Brasília*, assinado no dia 1º de setembro na Reunião de Presidentes da América Latina, os Chefes de Estado coincidiram em que a Democracia deve ser reforçada com "a transparência das instituições públicas e dos processos de definição de políticas públicas" e com o "combate à corrupção, por meio de medidas legais, administrativas e políticas".[40]

3. *O princípio da transparência e os riscos fiscais provocados pelo contribuinte*

Os riscos das finanças públicas podem ser provocados também pela conduta opaca e camuflada dos contribuintes. O princípio da transparência aponta, para evitar esses riscos, no sentido do combate à elisão fiscal abusiva, ao sigilo bancário encobridor de sonegação de tributos e à corrupção ativa.

3.1 Normas anti-sigilo bancário

A transparência fiscal é proporcionada também pelas normas anti-sigilo bancário, que vêm proliferando no Direito Estrangeiro e que ainda encontram dificuldade de aclimatação entre nós.

Com efeito, no Brasil a doutrina e a jurisprudência vinham fechando a possibilidade de desvendamento do segredo bancário pela própria autoridade fiscalizadora. Qualquer necessidade de conhecimento das transações bancárias do contribuinte só poderia ser suprida pelo juiz, conforme fixara o STJ ao interpretar restritivamente o art. 38, § 5º, da Lei 4.595/1964.[41] A doutrina, muita vez, radicava o sigilo bancário no art. 5º, XII, da CF, que declara ser inviolável o sigilo de dados; a interpretação não se sustenta pelo fato de a Constituição Federal, naquele inciso, apenas autorizar o levantamento do sigilo no caso das comunicações telefônicas, o que inviabilizaria toda a disciplina infraconstitucional do sigilo bancário.[42] O STF vincula o segredo bancário ao *direito à intimidade* proclamado no art. 5º, X, da CF, mas reconhece que não é direito absoluto, podendo ser excepcionado pela lei.[43]

tionsbekämpfung", *www.transparency.org/documents*.

39. Cf. Michael H. Wiehen, "Convention on Combating Bribery of Foreign Public Officials in International Business Transactions (OECD). Evaluation of implementation by Germany", *www.transparency.org/documents*.

40. *www.mre.gov.br/cimeira*.

41. 1ª T., REsp 37.566-5-RS, rel. Min. Demócrito Reinaldo, j. 2.2.1994, *DJU* 28.3.1994 (*RDA* 197/174): "Tributário – Sigilo bancário – Quebra com base em procedimento administrativo-fiscal – Impossibilidade. O sigilo bancário do contribuinte não pode ser quebrado com base em procedimento administrativo-fiscal, por implicar indevida intromissão na privacidade do cidadão, garantia esta expressamente amparada pela Constituição Federal (art. 5º, inciso X). Por isso, cumpre às instituições financeiras manter sigilo acerca de qualquer informação ou documentação pertinente à movimentação ativa e passiva do correntista/contribuinte, bem como dos serviços bancários a ele prestados. Observadas tais vedações, cabe-lhes atender às demais solicitações de informações encaminhadas pelo Fisco, desde que decorrentes de procedimento fiscal regularmente instaurado e subscritas por autoridade administrativa competente. Apenas o Poder Judiciário, por um de seus órgãos, pode eximir as instituições financeiras do dever de segredo em relação às matérias arroladas em lei. Interpretação integrada e sistemática dos arts. 38, § 5º, da Lei n. 4.595/1964 e 197, inciso II, e § 1º, do CTN. Recurso improvido, sem discrepância".

42. Cf., por todos, Ives Gandra da Silva Martins, "Direitos fundamentais do contribuinte", in Ives Gandra da Silva Martins (coord.), *Direitos Fundamentais do Contribuinte, Pesquisas Tributárias Nova Série* 6, p. 65.

43. 2ª T., RE 219.780, rel. Min. Carlos Velloso, j. 13.4.1999, *DJU* 10.9.1999.

Mas a recente Lei Complementar 105, de 10.1.2001, veio autorizar a abertura do sigilo em assuntos fiscais a pedido da Administração.[44] Também circula pelo Congresso a PEC 175/95, que prevê a abertura do sigilo.[45] A Lei 10.174, de 9.1.2001, por seu turno, autorizou o levantamento do sigilo no caso de discrepâncias entre pagamento da CPMF e do imposto de renda. O importante no caso brasileiro, a exemplo do que já acontece no Direito de outros povos, é que o sigilo possa ser desvendado pela própria autoridade administrativa indicada na lei, o que permitiria a agilização do processo e a eficácia da fiscalização. De notar que não se advoga, aqui, a extensão da ação administrativa para o rastreamento generalizado das situações bancárias dos contribuintes, mas sua limitação aos casos sob suspeita de sonegação e que sejam objeto de procedimento administrativo. Inexiste razão para se manter o tabu do sigilo bancário e sua elevação a direito da liberdade; o princípio constitucional da intimidade cede o lugar ao princípio da transparência no jogo de ponderação de interesses.

No Direito Estrangeiro o sigilo bancário frente às questões fiscais perdeu muito do seu *status* na década de 90. Aliás, nos Estados Unidos a matéria jamais foi alçada a direito fundamental, e a Administração Fiscal sempre teve a possibilidade de ampla investigação. Na Alemanha o sigilo bancário não é protegido nem pela Constituição nem pelas leis ordinárias; a abertura da conta pode ser pedida pelas autoridades fiscais no exercício de atividade fiscalizadora regular, nos procedimentos de investigação e nos procedimentos criminais.[46] Na Áustria o art. 38 da Lei Bancária prevê o levantamento do segredo no caso de razoável suspeita de "lavagem" de dinheiro ou de pedido de autoridade administrativa nos casos de violações fiscais. Na Itália havia o tabu do segredo bancário, que aos poucos começou a ser desmistificado, diante da necessidade de acertar o passo com as outras Nações da União Européia e da pressão da opinião pública contra o crescimento da evasão fiscal; as Leis 825/1971 e 516/1982 adotaram as primeira providências; posteriormente, a Lei 413, de 30.12.1991, e a decisão da Corte Constitucional de 18.2.1992, que proclamou não ser o segredo bancário um fim em si mesmo, pelo quê não poderia representar um obstáculo às investigações sobre as violações tributárias, permitiram que a abertura do sigilo fosse requerida pelas seguintes repartições e autoridades: departamentos de fiscalização do IVA; departamentos do Ministério das Finanças; Guarda de Finanças; inspetores centrais; comissões tributárias regionais e provinciais.

3.2 A corrupção ativa do contribuinte

A corrupção ativa do contribuinte, principalmente na via do suborno e das propinas nos processos de licitações de compra de mercadorias e serviços ou durante as ações de fiscalização da renda pública, também passa a ser combatida em nome da transparência.

Tal tipo de corrupção é muito difícil de ser detectada, pois as próprias ONGs interessadas na defesa da transparência omitem, como se viu, a indicação dos nomes dos agentes econômicos corruptos, principalmente as empresas multinacionais.

44. "Art. 6º. As autoridades e os agentes fiscais tributários da União, dos Estados, do Distrito Federal e dos Municípios somente poderão examinar documentos, livros e registros de instituições financeiras, inclusive os referentes a contas de depósitos e aplicações financeiras, quando houver processo administrativo instaurado ou procedimento fiscal em curso e tais exames sejam considerados indispensáveis pela autoridade administrativa competente." O dispositivo transcrito foi regulamentado pelo Decreto 3.724, de 10.1.2001.

45. O substitutivo do Relator, deputado Mussa Demes, à PEC 175/1995 traz a seguinte previsão (art. 145, § 3º): "É facultado à autoridade tributária requisitar às instituições financeiras, na forma prevista em lei complementar, informações sobre as operações do contribuinte".

46. Cf. Michael Oppenhoff, "Germany – The legal framework concerning bank secrecy, money laundering and insider trading", *World Reports* IX(1), abril de 1997 – *www.hg.org*.

A corrupção por parte das empresas envolvidas no comércio internacional vem crescendo nos últimos anos, principalmente em razão da globalização, dos vultosos interesses econômicos em jogo e da dificuldade da conceptualização jurídica do ato de corrupção, muitas vezes interpretado como prática comercial legítima.[47]

4. A transparência fiscal e as normas antielisivas

O princípio da transparência, em síntese, significando clareza, abertura e simplicidade, vincula assim o Estado que a sociedade e se transforma em instrumento importante para a superação dos riscos fiscais provocados pela globalização. Só a transparência na atividade financeira, consubstanciada na clareza orçamentária, na responsabilidade fiscal, no respeito aos direitos fundamentais do contribuinte, no aperfeiçoamento da comunicação social e no combate à corrupção dos agentes públicos, em contraponto à transparência na conduta do contribuinte, garantida pelas regras anti-sigilo bancário e pelo combate à corrupção ativa, pode conduzir à minimização dos riscos fiscais do Estado Subsidiário. A falta de equilíbrio entre os termos da equação da transparência pode conduzir à perpetuação da opacidade: a exacerbação do controle da responsabilidade fiscal e dos meios de defesa do sujeito passivo da obrigação tributária, sem a contrapartida representada pela minimização dos riscos por ele provocados, leva ao *paraíso fiscal*; a aplicação das normas antielisivas e o desvendamento do sigilo fiscal, sem a salvaguarda de um Código de Defesa do Contribuinte e da responsabilidade dos agentes públicos, pode gerar a servidão fiscal e a morte da própria galinha-dos-ovos-de ouro.

As normas antielisivas, como se passa a examinar, surgem também no contexto da globalização, fortalecem-se no âmbito do direito comunitário (União Européia e Mercosul) e refletem a influência do princípio da transparência fiscal.

IV – A Norma Geral Antielisiva

1. Características

O controle da elisão abusiva deixa um certo desconforto no intérprete, diante dos aspectos metodológicos extremamente polêmicos em que assenta. A subsunção malograda e a analogia forçada pelo contribuinte postulam, em nome da igualdade, a norma geral antielisiva e contra-analógica. Ainda assim a norma geral antielisiva não conseguirá coartar todas as dúvidas nem fechar os conceitos, de modo que continuam a carecer de complementação pelas normas específicas antielisivas.

As normas antielisivas vão entrando no direito tributário sob diferentes configurações, a depender do ambiente cultural dos países que as adotam. Analisaremos a seguir algumas experiências colhidas no Direito Comparado.

2. A norma antielisiva no Direito Alemão: proibição de abuso de forma jurídica

A construção alemã é extremamente importante, em vista da duração, das vicissitudes e da eficácia das normas escritas antielisivas.

O Código Tributário de 1919 (*Reichsabgabenordung* – RAO), elaborado por Enno Becker sob a influência das idéias desenvolvidas pela jurisprudência dos interesses, trouxe, nos arts. 4º e 5º, normas sobre a consideração econômica do fato gerador. Acrescentou, ainda, uma regra específica antielisiva no art. 6º.

Essas regras receberam nova redação na RAO de 1931.

47. Cf. Susan Rose-Ackerman, *Corruption and Government*. ..., p. 178; Pierre Abramovici, "Corrupção. Jogos perigosos", *Le Monde Diplomatique*, edição brasileira, n. 10, *www.diplo.com.br*: "Em 1977, para compensar a falta de competitividade de suas empresas nos mercados estrangeiros, o Governo Francês autorizou a prática da corrupção, oficialmente denominada 'comissão', desde que a quantia envolvida fosse para pagar a um funcionário estrangeiro".

Com a Lei de Adaptação Tributária (*Steueranpassungsgesetz*), de 16.10.1934, foram introduzidas várias modificações:

a) o art. 1º, I, declarou que "as leis fiscais devem ser interpretadas de acordo com a visão do mundo nacional-socialista";[48]

b) o art. 1º, II, mandava observar na interpretação "a concepção popular, a finalidade e o significado econômico da lei tributária e o desenvolvimento das circunstâncias";[49]

c) o art. 1º, III, determinou prevalecer a mesma coisa para a "apreciação dos fatos geradores";[50]

d) o art. 6º continha a norma antielisiva, que previa: "Através do abuso da forma ou da aparência do direito civil não pode a obrigação tributária ser fraudada ou diminuída".[51]

Após a II Guerra Mundial foi revogado o art. 1º, I, da Lei de Adaptação Tributária, permanecendo os demais em vigor até o advento do Código Tributário de 1977 (AO77), que revogou os dispositivos referentes à consideração econômica e deu nova redação à norma antielisiva: "Art. 42. A lei tributária não pode ser fraudada através do abuso de formas jurídicas. Sempre que ocorrer abuso, a pretensão do imposto surgirá, como se para os fenômenos econômicos tivesse sido adotada a forma jurídica adequada".[52]

A interpretação do art. 42 da AO77 se fez de forma diferente da que antes prevalecia, em razão do desaparecimento de regras explícitas sobre a consideração econômica e do aprofundamento da metodologia da Ciência do Direito, esta última sobretudo pela enorme influência exercida pela obra de Larenz a partir de meados da década de 60,[53] especialmente pelo novo enfoque dado à questão dos princípios jurídicos.

A doutrina alemã dividiu-se quanto à natureza do art. 42 da AO77. Alguns autores, de orientação positivista, defendiam a *natureza constitutiva* da regra, que quebrava a proibição de analogia prevalecente no direito tributário.[54] Outros juristas, que aceitavam a possibilidade de analogia no direito tributário, manifestaram-se no sentido da *natureza declaratória* da norma antielisiva.[55]

Mas a doutrina, majoritariamente, entendeu como constitucional a regra do art. 42 da AO77.[56]

Relevante para o tema foi a decisão do Tribunal Constitucional da Alemanha de 27.12.1991 que afirmou a autonomia do direito tributário frente aos conceitos do direito civil, reconhecendo a precedência, mas não o primado, do direito privado: "Direito tributário e direito civil são ramos jurídicos da mesma estatura, regrados um ao lado do outro, que à mesma situação de

48. "Die Steuergesetze sind nach nationalsozialistischer Weltanschauung auszulegen."

49. "Dabei sind die Volksanschauung der Zweck und die wirtschaftliche Bedeutung der Steuergesetze und die Entwicklung der Verhältnisse zu berücksichtigen."

50. "Entsprechends gilt für die Beurteilung von Tatbeständen."

51. "Durch Missbrauch von Formen und Gestaltungsmöglichkeiten des bürgerlichen Rechts kann die Steuerpflicht nicht umgangen oder gemindertwerden."

52. A tradução é de Alfred J. Schmdt e outros, *Código Tributário Alemão*, p. 17. A redação original é a seguinte: "Durch Missbrauch von Gestaltungsmöglichkeiten des Rechts kann das Steuergesetz nicht umgangen werden. Liegt ein Missbrauch vor, so entsteht der Steueranspruch so, wie er bei einer den wirtschaftlichen Vorgängen angemessenen rechtlichen Gestaltung entsteht".

53. Ricardo Lobo Torres, *Normas de Interpretação e Integração do Direito Tributário*, p. 34.

54. Cf. Moris Lehner ("Nationalberichterstatter" – Relatório Nacional da Alemanha, *Cahiers de Droit Fiscal Internacional* XXXVII/196) classifica o art. 42 da AO77 como autêntica exceção, embora limitada, da proibição de analogia; Martin Klein, *Die nicht angemessene rechtliche Gestaltung in Steuerumgehungstatbestand des § 42 AO*, p. 10.

55. Cf. Klaus Tipke, *Die Steuerrechtsordnung*, v. 3, p. 1.326.

56. Cf., por todos, Klaus Tipke, *Die Steuerrechtsordnung*, v. 3, p. 1.332: "O § 42 AO é constitucional (*ist verfassungsmässig*). A Constituição não cuida apenas do Estado de Direito formal, ela quer também realizar o Estado de Direito material ou o Estado de Justiça (*den materialen Rechtsstaat oder Gerechtigkeitsstaat*)".

fato se aplicam sob uma outra perspectiva e sob outros pontos de vista valorativos (*Wertungsgesichtspunkten*)".[57]

O Tribunal Financeiro Federal (*Bundesfinanzhof*) tem aplicado a norma antielisiva a número crescente de casos. Segundo estatística divulgada,[58] a média de acórdãos por ano foi a seguinte: no período de 1919 a 1944 – 0,6; de 1950 a 1978 – 1,9; de 1979 a 1982 – 4,75; de 1983 a 1986 – 11; de 1987 a 1990 – 18; de 1991 a 1994 – 19; de 1995 a 1998 – 12. Tipke atribuiu o fenômeno ao incremento da atividade de planejamento fiscal e à melhor fundamentação teórica do Tribunal para enfrentar o problema, observando, ainda, que o art. 42 "é um dos dispositivos do Código Tributário mais aplicados".[59]

3. *Outros modelos estrangeiros*

Sob o impacto da globalização, do crescimento e sofisticação do planejamento tributário, do empobrecimento das Fazendas Nacionais frente ao novo relacionamento das empresas multinacionais e sob a influência do princípio da transparência fiscal, diversas normas surgem na década de 90 e no início do século XXI, no âmbito da União Européia e do Mercosul, para coibir o abuso de direito e a elisão fiscal abusiva.

3.1 Vedação de fraude à lei (Espanha)

A luta contra a elisão na Espanha se faz sobretudo através da cláusula que permite à Administração declarar a fraude à lei tributária e exigir o imposto elidido. O conceito de *fraude à lei* ganhou contorno mais nítido com a nova redação dada pela *Ley* 25/1995 ao art. 24 da *Ley General Tributaria*: "Para evitar el fraude de ley se entenderá que no existe extensión del hecho imponible cuando se graven hechos, actos o negocios jurídicos realizados en el propósito de eludir el pago del tributo, amparándose en el texto de normas dictadas con distinta finalidad, siempre que produzcan un resultado equivalente al derivado del hecho imponible".

O dispositivo revogado não produzira qualquer processo durante mais de 15 anos de sua vigência.[60] A nova redação do art. 24 da LGT representou um avanço no campo das normas antielisivas, mas exibe dificuldades na aplicação e desperta perplexidades na doutrina, principalmente a de manter, para o combate a essa forma de elisão, o recurso à analogia[61] ou, segundo os mais formalistas, à interpretação extensiva.[62]

57. *Steuer und Wirtschaft* 1992/186.

58. Cf. Dong-Sik Lee, *Methoden zur Verhinderung der Steuerumgehung und ihr Verhältnis zweinander*, p. 1.

59. *Die Steuerrechtsordnung*, v. 3, p. 1.325.

60. Cf. Narciso Amorós Rica, "O conceito de fraude à lei no Direito Espanhol", in Brandão Machado (coord.), *Direito Tributário: Estudos em Homenagem ao Professor Ruy Barbosa Nogueira*, p. 442.

61. Tulio Rosembuj, *La Simulación* ..., p. 76: "El Legislador, como hasta ahora, utiliza la analogía como técnica de corrección del fraude de ley manteniendo uno de los principales equívocos de la norma de la LGT sustituida, cual es la de enlazar estructural y funcionalmente la extensión por analogía con el fraude de ley, puesto que ambos conceptos pueden coincidir, pero no son mutuamente necesarios". Cf. também Eusebio González García e Ernesto Lejeune, *Derecho Tributario I*, p. 362 ("El art. 24 de la Ley General Tributaria, aunque notablemente mejorado en su nueva redacción, es de difícil utilización como instrumento de lucha contra el fraude a la ley"); José Luiz Perez de Ayala e Eusebio González García, *Curso de Derecho Tributario*, v. 1, p. 347 ("Dentro de esta perspectiva, suele ser práctica habitual en la doctrina española dividir el estudio del art. 24 siguiendo su configuración positiva. De este modo, se considera en primer lugar el problema de la analogía dentro del derecho tributario, y en un segundo momento se examina el papel que corresponde a la analogía como instrumento técnico de lucha contra el fraude a la ley tributaria"); Pedro M. Herrera Molina, "Aproximación a la analogía y el fraude de ley en materia tributaria", *RDTributário* 73/67 ("Puede sostenerse que se trata de una integración analógica de la ley eludida (es decir una excepción a la prohibición de analogía del art. 23 LGT)").

62. Cf. Tulio Rosembuj, *El Fraude de Ley, la Simulación y el Abuso de las Formas en el Derecho Tributario*, p. 113.

3.2 *Desconsideração da personalidade jurídica (Argentina)*

As normas que autorizam o Fisco a desconsiderar a personalidade jurídica do contribuinte para atingir as relações econômicas efetivamente realizadas constituem autênticas normas antielisivas. Procuram normatizar a teoria do *disregard of legal entity* ou *lifting the corporate veil*, isto é, autorizam o levantamento do véu da personalidade da empresa para que se possa atingir a substância do negócio jurídico e a responsabilidade dos sócios.

Como tal pode ser classificado o art. 2º da Lei Argentina 11.683, na ordenação dada pelos Decretos 821/1998 e 1.334/1998 (antes aparecia como art. 12),[63] que ficou conhecida como *doctrina de la penetración*. Carlos M. Giuliani Fonrouge e Susana Camila Navarrine[64] ensinam que a Corte Suprema, há quase 20 anos, estabeleceu que na determinação do fato imponível se deve atender à substância, e não às formas jurídicas externas dos atos, ou seja, que os artifícios usados pelos contribuintes não devem prevalecer sobre a realidade que encobrem; depois o Tribunal aplicou explicitamente a doutrina da penetração, ou do órgão, ou do *disregard* (casos *Park Davis* e *Mellor Goodwin*), para estabelecer que uma sociedade quase inteiramente dominada por outra não autoriza a reconhecer a existência de convenções entre elas, porquanto deve prevalecer a razão de direito sobre o ritualismo jurídico formal, apreendendo a realidade jurídica objetiva; finalmente, no caso *Kellogg* a Corte Suprema de Justiça coartou a indevida e indiscriminada aplicação do critério de *penetración* a todas as relações entre empresas vinculadas, reservando-a aos atos antijurídicos que importem *abuso de derecho*.

3.3 *Propósito mercantil (Estados Unidos, Canadá, Inglaterra, Austrália, Suécia)*

Desenvolveu-se em diversos países (Estados Unidos, Canadá, Inglaterra, Austrália, Suécia – entre outros) a doutrina do "propósito mercantil" (*business purpose*), que sinaliza no sentido de que se caracteriza a elisão abusiva (*abusive tax avoidance*) quando o contribuinte se afasta do propósito mercantil de suas atividades para procurar predominantemente obter benefícios na área fiscal.[65] O combate à elisão se fez através de normas antielisivas (*anti-avoidance rules*), que seguiram dois caminhos principais: normas judiciais antielisivas (*judicial anti-avoidance rules*), resultantes das decisões do Judiciário, sistema que prevalece nos Estados Unidos e na Inglaterra; normas legais antielisivas (*statutory anti-avoidance rules*; *general anti-avoidance rules* – GAAR), aprovadas pelo Parlamento, adotado no Canadá, Austrália e Suécia.[66] Interessam-nos, aqui, as normas legais antielisivas.

No Canadá houve uma longa construção jurisprudencial das normas antielisivas, até que se transformassem em texto legal. Prevalece um certo consenso no sentido de

63. "Art. 2º. Para determinar la verdadera naturaleza del hecho imponible se atenderá a los actos, situaciones y relaciones económicas que efectivamente realicen, persigan o establezcan los contribuyentes. Cuando éstos sometan esos actos, situaciones o relaciones a formas o estructuras jurídicas que no sean manifiestamente las que el derecho privado ofrezca o autorice para configurar adecuadamente la cabal intención económica y efectiva de los contribuyentes se prescindirá, en la consideración del hecho imponible real, de las formas y estructuras jurídicas inadecuadas, y se considerará la situación económica real como encuadrada en las formas o estructuras que el derecho privado les aplicaría con independencia de las escogidas por los contribuyentes o les permitiría aplicar como las más adecuadas a la intención real de los mismos."

64. *Procedimiento Tributario y de la Seguridad Social*, pp. 84 e ss. Cf. também Fernando Daniel García, "El denominado principio de la realidad económica en las legislaciones argentina y española", *Boletín de la Asociación Argentina de Estudios Fiscales – Doctrina* 1994-1998, pp. 295-302; Sergio Le Pera e Pedro Lessa, "Relatório Nacional da Argentina", *Cahiers de Droit Fiscal Internacional* LXXIVa/157-168.

65. Cf. Victor Uckmar, *Princípios comuns de Direito Constitucional Tributário*., p. 28.

66. Cf. Brian Arnold, "The Canadian General Anti-Avoidance Rule", in G. S. Cooper (ed.), *Tax Avoidance and the Rule of Law*, p. 226.

que o teste do propósito (*purpose test*) só se aplica aos casos em que ocorre uma "elisão abusiva" (*abusive tax avoidance*).[67] As regras principais aparecem na Seção 245 da legislação do imposto de renda (*Income Tax Act*). No item 3 define-se a transação elisiva como qualquer transação ou parte de uma série de transações que possam resultar, direta ou indiretamente, em um benefício fiscal, a menos que a transação possa razoavelmente ser considerada como organizada para propósitos de boa-fé, inconfundíveis com benefícios fiscais.[68] No item 2 a cláusula geral antielisiva (*general anti-avoidance provision*) autoriza que quando a transação seja elisiva as conseqüências fiscais para a pessoa sejam determinadas razoavelmente no sentido de denegar os benefícios fiscais resultantes direta ou indiretamente daquela transação.[69]

Na Austrália as normas antielisivas se estampam na Seção 177 da parte IVA da legislação do imposto de renda (*Income Tax Assessment Act*). Caracteriza-se a elisão quando as pessoas envolvidas em negócios jurídicos (*schema*) tenham o propósito dominante de permitir que o contribuinte obtenha um benefício.[70] Nessa hipótese, quando o propósito dominante não for comercial o Fisco pode alterar o lançamento e requalificar a posição tributária das partes envolvidas.

A Suécia instituiu normas gerais antielisivas a partir de 1980. Segundo informa Leif Mutén os critérios em vigor são os seguintes: a) o ato a ser desconsiderado é parte de um procedimento do qual resulta vantagem tributária relevante para o contribuinte; b) tal vantagem pode ser entendida como a principal razão para que o ato tenha sido praticado; c) a tributação com base naquele ato seria violação do propósito da legislação.[71] A doutrina sueca tem levantado a suspeita de inconstitucionalidade da norma geral antielisiva, que implicaria analogia não permitida pelo princípio da legalidade; mas a Corte Suprema Administrativa declarou constitucional a medida.[72]

3.4 Disposições antielisivas do Direito Italiano

Na Itália surgiram nos últimos anos diversas disposições "antielisivas", que são cláusulas gerais com campo específico de incidência, em geral o imposto de renda.[73]

O art. 10 da Lei 408/1990, modificada pela Lei 724/1994, estabeleceu que a Administração Financeira pode desconhecer a vantagem tributária conseguida em operação de fusão, concentração, transformação, cessão de crédito, valoração de participação social e valores mobiliários "obtida sem razão econômica válida e com a finalidade exclusiva de obter fraudulentamente uma economia de imposto".[74]

O art. 7º do Decreto Legislativo 358, de 8.10.1997, inseriu no DPR 600/1973 um art. 37-*bis*, que estabelece não serem oponíveis à Administração Financeira os atos,

67. Idem, ibidem, p. 238.

68. "**Avoidance transaction**. An avoidance transaction means any transaction: (a) that, but for this Section, would result, directly or indirectly, in a tax benefit unless the transaction may reasonably be considered to have been undertaken or arranged primarily for bona fide purpose other than to obtain the tax benefit; or (b) that is part of a series of transactions, which series, but for this Section, would result, directly or indirectly, in a tax benefit, unless the transaction may reasonably be considerer to have been undertaken or arranged primarily for bona fide purposes other than to obtain the tax benefit."

69. "**General anti-avoidance provision**. Where a transaction is an avoidance transaction, the tax consequences to a person shall be determined as is reasonable in the circumstances in order to deny a tax benefit that, but for this Section, would result, directly or indirectly, from that transaction or from a series of transactions that includes that transaction."

70. Cf. Jeffrey Waincymer, "The Australian tax avoidance experience and responses: a critical review", in G. S. Cooper (ed.), *Tax Avoidance* ..., p. 285.

71. "The Swedish experiment with a general anti-avoidance rule", in G. S. Cooper (ed.), *Tax Avoidance* ..., p. 312.

72. Idem, ibidem, p. 320.

73. Cf. Augusto Fantozzi, "L'esperienza italiana", in Adriano Di Pietro (ed.), *L'Elusione Fiscale nell'Esperienza Europea*, p. 253.

74. "Poste in essere senza valide razioni economiche e allo scopo esclusivo di ottenere fraudolentamente un risparmio d'imposto."

fatos e negócios destituídos de válida razão econômica, com o objetivo de contornar a obrigação ou a proibição prevista no ordenamento tributário e obter redução de imposto ou restituição de indébito.[75]

Algumas outras normas recentes cuidam também das medidas antielisivas.[76]

3.5 Normas antiabuso em Portugal

O art. 38, n. 2, da Lei Geral Tributária Portuguesa, introduzido pela Lei 100, de 26.7.1999, estabelece: "São ineficazes os atos ou negócios jurídicos quando se demonstre que foram realizados com o único ou principal objetivo de redução ou eliminação dos impostos que seriam devidos em virtude de atos ou negócios jurídicos de resultado equivalente, caso em que a tributação recai sobre estes últimos".

A lei processual tributária portuguesa criou um processo especial para lidar com a aplicação das normas antiabuso.[77] O art. 63 do CPPT dispõe:

"1. A liquidação de tributos com base em quaisquer disposições antiabuso nos termos dos Códigos e outras leis tributárias depende de abertura para o efeito de procedimento próprio.

"2. Consideram-se disposições antiabuso, para os efeitos do presente Código, quaisquer normas legais que consagrem a ineficácia perante a Administração Tributária de negócios ou atos jurídicos celebrados ou praticados com manifesto abuso de formas jurídicas de que resulte a eliminação ou redução dos tributos que de outro modo seriam devidos.

"3. O procedimento referido no número anterior pode ser aberto no prazo de 3 (três) anos após a realização do ato ou da celebração do negócio jurídico objeto da aplicação das disposições antiabuso.

"4. A aplicação das disposições antiabuso depende da audição do contribuinte, nos termos da lei."

3.6 O modelo francês e sua recepção no Brasil

Na França o art. 1.741 do *Code Général des Impôts* cria sanções para quem tenha "volontairement dissimulé une part des sommes sujettes à l'impôt". O art. 64 do *Livre des Procedures Fiscales* cuida da repressão ao abuso de direito (*répression des abus de droit*), ao prever que não podem ser opostos à Administração dos impostos os atos que dissimulam a verdadeira compreensão de um contrato ou de uma convenção ("qui dissimulent la portée véritable d'un contrat ou d'une convention"). A Administração fica autorizada a requalificar os fatos ("L'Administration est en droit de restituer son véritable caractère à l'opération litigieuse").

O art. 116, parágrafo único, do CTN, na redação dada pela Lei Complementar 104/2001, recepcionou o modelo francês de norma antielisiva.

Não é aqui o lugar apropriado para se discutir as vantagens e os deméritos da recepção dos paradigmas estrangeiros. Seja como for, não se pode deixar de anotar que a grande modificação do direito financeiro por que passa o país nos últimos anos tem fonte estrangeira inspirada no *princípio da transparência*: a Lei de Responsabilidade Fiscal (Lei Complementar 101/2000) é cópia do *Fiscal Responsibility Act* da Nova Zelândia; as normas anti-sigilo bancário (Lei Complementar 105/2001) coincidem com as alterações introduzidas na década de 90 nos países europeus; o Código de Defesa do Contribuinte, em discussão no Congresso Nacional (Projeto de Lei 646, do Senado), deixa entrever a influência do *Taxpayer Bill of Rights II*, dos Estados Unidos (1996), e

75. Cf. Pasquale Russo, "Brevi note in tema di disposizioni antielusive", *Rassegna Tributaria* 1/68; Pietro Adonnino, "Parece del Ministero delle Finanze ...", *Rivista di Diritto Tributario* XI(2)/243.

76. Art. 16 do Decreto Legislativo 74, de 10.3.2000; art. 11, § 6º, do *Statuto del Contribuente* (Lei 212/2000).

77. Cf. Vasco Branco Guimarães, "Elisão fiscal no ordenamento jurídico interno. A experiência portuguesa", *Seminário Internacional sobre Elisão Fiscal*, Brasília, ESAF, mimeo, 2001, p. 15.

da *Ley de Derechos y Garantías del Contribuyente*, da Espanha (1998). Importante, no momento da recepção da norma estrangeira, é não escamotear sua origem, evitando-se a tentativa de cuidar do dispositivo como se fora regra tupiniquim, como muitas vezes se fez no passado recente, de que foram exemplos a legislação do ICMS e a regra da interpretação do art. 109 do CTN.

V – As Normas Antielisivas no Direito Brasileiro

1. Cláusulas antielisivas no imposto de renda brasileiro

Inexistindo uma norma geral antielisiva no Direito Brasileiro, resolveu o legislador do imposto de renda criar algumas regras específicas para combater a elisão. Assim aconteceu com o art. 51 da Lei 7.450/1985: "Ficam compreendidos na incidência do imposto de renda todos os ganhos e rendimentos de capital, qualquer que seja a denominação que lhes seja dada, independentemente da natureza, da espécie ou da existência de título ou contato escrito, bastando que decorram de ato ou negócio que pela sua finalidade tenha os mesmos efeitos do previsto na norma de incidência do imposto de renda". A Lei 7.713/1988 estabeleceu, no art. 3º, § 4º, que "a tributação independe da denominação dos rendimentos, títulos ou direitos, da localização, condição jurídica ou nacionalidade da fonte, da origem dos bens produtores da renda e da forma de percepção das rendas ou proventos, bastando para a incidência do imposto o benefício do contribuinte por qualquer forma e a qualquer título". Estes dispositivos, pela generalidade e abrangência, *resvalam para a analogia*, como acontece com qualquer outra cláusula antielisiva. É interessante observar que Gilberto de Ulhôa Canto[78] e Brandão Machado,[79] autores de índole positivista, opinaram pela inconstitucionalidade do art. 51 da Lei 7.450/1985, justamente porque teria autorizado o emprego da analogia; já Alberto Xavier,[80] também fiel às doutrinas sobre a legalidade absoluta e tipicidade fechada, mas atento às modificações do direito tributário, conclui pela legitimidade do dispositivo, que não constituiria "recurso à analogia", mas mero "alargamento do tipo legal", sem "qualquer ofensa ao princípio da tipicidade" – o que, sem dúvida, devido à impossibilidade de distinção segura entre analogia e interpretação extensiva, representa hábil recurso retórico do competentíssimo tributarista.

A Lei Complementar 104/01 introduziu no art. 43 do CTN a seguinte norma antielisiva (ou de interpretação extensiva?): "§ 1º. A incidência do imposto independe da denominação da receita ou do rendimento, da localização, condição jurídica ou nacionalidade da fonte, da origem e da forma de percepção".

2. A recepção do princípio "arm's length"

O Brasil não participa da OCDE. Nada obstante, recepcionou o princípio *arm's length* ao regular os preços de transferência na Lei 9.430, de 27.12.1996.

Embora não seja signatário da Convenção-Modelo da OCDE, o Brasil assinou inúmeros tratados de bitributação que repetem o dispositivo do art. 9º da OCDE, o que deixa fora de dúvida sua recepção no Direito pátrio. Além disso, a Lei 9.430/1996 tem, inequivocamente, o objetivo de criar a possibilidade de tributação sobre os preços de mercado nas operações entre empresas associadas, o que coincide, na essência, com o modelo globalizado. Divergências metodológicas não afastam o princípio, até porque são inerentes à temática dos preços de transferência.

78. "Elisão e evasão", *Caderno de Pesquisas Tributárias* 13/98.

79. "Cisão de sociedade de capital estrangeiro e imposto de renda", *Repertório de Jurisprudência IOB* 17/250.

80. *Direito Internacional Tributário do Brasil*, p. 297.

VI – A Norma Antielisiva do Art. 116, Parágrafo Único, do CTN

1. Regra antielisiva ou antievasiva?

Assim que publicada a Lei Complementar 104/2001 surgiu a dúvida por parte da doutrina brasileira: tratava-se de regra antielisiva ou antievasiva (anti-simulação)?

Coube a Alberto Xavier lançar, de modo mais articulado, a tese de que se cuidava de norma antievasiva: "O novo parágrafo único do art. 116 do CTN estabelece que a autoridade administrativa 'poderá desconsiderar atos ou negócios jurídicos viciados por simulação'".[81] Além da afirmação de que a dissimulação significa *simulação relativa*, que examinaremos adiante (item 2.4.1), Xavier lança mão do argumento de que, se interpretada como norma antielisiva, a nova regra seria inconstitucional, pois conflitaria com os princípios da legalidade estrita e da tipicidade fechada, afrontaria a proibição de analogia estabelecida no art. 108, § 1º, do CTN e recorreria às teorias da fraude à lei e do abuso do direito, inaplicáveis no direito tributário.[82]

A outra corrente de idéias, à qual nos filiamos,[83] defende a constitucionalidade da Lei Complementar 104/2001 e a possibilidade e a conveniência das normas antielisivas.[84]

Além da análise da norma do art. 116, parágrafo único, do CTN, que faremos adiante (item 2.2), e do aspecto contra-analógico de que se reveste (item 3.1), podemos alinhar os seguintes argumentos gerais no sentido de que a Lei Complementar 104/2001 trouxe uma verdadeira *norma antielisiva*, influenciada pelo modelo francês, e não uma norma *antievasiva* ou *anti-simulação*:

a) não tem peso argumentativo concluir-se que o Congresso Nacional, legitimamente eleito, teria se reunido para votar lei inócua, que repetiria a proibição de simulação já constante do Código Tributário Nacional (arts. 149, VII, e 150, § 4º);

b) não faz sentido admitir-se que a lei inócua foi votada por engano ou por ignorância, já que a mensagem que encaminhou o projeto se referia expressamente à necessidade de introdução da regra antielisiva no ordenamento jurídico brasileiro;[85]

c) não pode haver incompatibilidade alguma da norma antielisiva com o Estado de Direito, senão até que se tornou necessidade premente nas principais Nações democráticas na década de 90;

d) em nenhum país democrático levantou a doutrina a tese da inconstitucionalidade, e muito menos a declararam os Tribunais Superiores;

e) quando muito se encontra a afirmativa de que certas Nações não estão "maduras" para a prática das normas antielisivas,

81. *Tipicidade da Tributação, Simulação e Norma Antielisiva*, p. 68. No mesmo sentido se manifestaram os seguintes autores: Ives Gandra da Silva Martins, "Norma antielisão", in Valdir de Oliveira Rocha (coord.), *O Planejamento Tributário e a Lei Complementar 104*, pp. 117-128; Gabriel Lacerda Troianelli, "O parágrafo único do art. 116 do CTN como limitação do poder na administração", in Valdir de Oliveira Rocha (coord.), *O Planejamento Tributário* ..., pp. 85-102; Misabel de Abreu Machado Derzi, "A desconsideração dos atos e negócios jurídicos dissimulatórios, segundo a Lei Complementar 104, de 10.1.2001", in Valdir de Oliveira Rocha (coord.), *O Planejamento Tributário* ..., pp. 205-232.

82. *Tipicidade da Tributação*, ..., pp. 19, 98, 102 e 138.

83. Cf. Ricardo Lobo Torres, "A chamada 'interpretação econômica do direito tributário', a Lei Complementar 104 e os limites atuais do planejamento tributário", in Valdir de Oliveira Rocha (coord.), *O Planejamento Tributário* ..., pp. 233-244.

84. Cf. Marco Aurélio Greco, "Constitucionalidade do parágrafo único do art. 116 do CTN", in Valdir de Oliveira Rocha (coord.), *O Planejamento Tributário* ..., pp. 181-204; Aurélio Pitanga Seixas Filho, "A interpretação econômica no direito tributário, a Lei Complementar 104/2001 e os limites do planejamento tributário", in Valdir de Oliveira Rocha (coord.), *O Planejamento Tributário* ..., pp. 7-19.

85. Para o histórico dos trabalhos preparatórios da Lei Complementar 104/2001: Grabriel Lacerda Troianelli, "O parágrafo único do art. 116 ...", in Valdir de Oliveira Rocha (coord.), *O Planejamento Tributário* ..., pp. 87 e ss.

como acontece naquelas em que o planejamento tributário se tornava freqüentemente abusivo;[86]

f) as teses da legalidade "estrita" e da tipicidade "fechada" têm conotação fortemente ideológica e se filiam ao Positivismo formalista e conceptualista;[87]

g) as normas antielisivas equilibram a legalidade com a capacidade contributiva;[88]

h) as normas antielisivas no Direito Comparado têm fundamento no combate à fraude à lei (Alemanha, Espanha, Portugal), ao abuso de direito (França) ou ao primado da substância sobre a forma (Estados Unidos, Inglaterra, Canadá etc.), e não há motivo para que tais fundamentos não possam ser invocados no Brasil.[89]

2. *A necessidade de se escandir a norma antielisiva*

É necessário escandir-se a norma do art. 116, parágrafo único, do CTN, para que se analisem todos os seus elementos e se verifique o alcance do seu comando.

2.1 *"A autoridade administrativa (...)"*

Diz o dispositivo legal que a autoridade administrativa pode desconsiderar os atos ou negócios jurídicos praticados.

"Autoridade administrativa", aí, é a autoridade da Administração Fazendária incumbida do lançamento.

A elisão fiscal abusiva só pode ser combatida pela legislação, através do fechamento dos conceitos jurídicos, ou pela Administração, mediante a requalificação dos atos e negócios jurídicos praticados pelo contribuinte.[90] Sobre a autoridade administrativa recai o ônus da prova.[91]

O Judiciário não tem competência para desconsiderar o ato ou negócio, ao contrário do que prevê o projeto de Lei de Defesa do Contribuinte, em exame no Senado Federal, relativamente à desconsideração da personalidade jurídica da sociedade.[92] Ao Judiciário, entretanto, compete o controle do ato de requalificação levado a efeito pela Administração.

2.2 *"(...) poderá desconsiderar (...)"*

A desconsideração operada pela autoridade significa requalificação, isto é, uma qualificação jurídica diferente daquela praticada pelo contribuinte na elisão, que terá sido abusiva.

Sabe-se que o fato gerador concreto não é objeto de interpretação, mas de qualificação. Absolutamente impróprio cogitar-se de uma interpretação do fato. Só se interpreta o fato gerador abstrato ou a norma tributária.[93] Mas o fato gerador concre-

86. Pasquale Russo, "Brevi Note ...", *Rassegna Tributaria* 1/68: "A primeira reflexão a fazer é que o ordenamento italiano, pela tradição e tendo em vista a situação concreta da Administração Financeira, não está ainda maduro (*non è ancora maturo*) para a introdução de uma *General-Klause* antielisiva do tipo das vigentes em outros países (Alemanha, Áustria, Argentina)".

87. Cf. Ricardo Lobo Torres, "Legalidade tributária ...", *Revista Dialética de Direito Tributário* 59/95-112.

88. Cf. Marco Aurélio Greco, "Constitucionalidade ...," in Valdir de Oliveira Rocha (coord.), *O Planejamento Tributário* ..., p. 188: "(...) o parágrafo único do art. 116 prestigia a legalidade e a tipicidade, pois estas cercam a qualificação dos fatos da vida para dar-lhes a natureza de fato gerador do tributo".

89. Cf. Marco Aurélio Greco, "Constitucionalidade ...," in Valdir de Oliveira Rocha (coord.), *O Planejamento Tributário* ..., pp. 199-200.

90. Cf. K. Tipke, Die *Steuerrechtsordnung*, v. 3, p. 1.332: "O combate à elisão fiscal é uma tarefa constitucional da legislação e da Administração" ("Die Bekämpfung der Steuerumgehung ist daher eine verfassungsmässige Aufgabe von Gesetzgebung und Verwaltung").

91. Idem, ibidem, p. 1.345. Cf. também Marco Aurélio Greco, "Constitucionalidade ...," in Valdir de Oliveira Rocha (coord.), *O Planejamento Tributário* ..., p. 189.

92. Cf. Projeto de Lei Complementar 646/1999, art. 10.

93. Cf. Larenz, *Methodenlehre* ..., p. 299: "Objeto da interpretação é o texto da lei" (*Gesetztext*); Friedrich Klein, "Zur Auslegung von Steuergesetzen durch des Bundesverfassungsgericht", in Gerard Thoma e Ursula Niemann (eds.), *Die Auslegung der Steuergesetze in Wissenschaft und Praxis*, p. 140:

to não é interpretado nem valorado enquanto fato.[94] O fato concreto apenas é *valorado* de acordo com a lei,[95] ou qualificado segundo as categorias estabelecidas pela norma;[96] ou, como prefere Reale, é objeto de uma "qualificação normativa".[97] Se a aplicação do Direito reveste sempre a forma de silogismo, subsume-se o fato em uma das interpretações possíveis da norma.[98] Entre a interpretação da norma e a qualificação do fato há, por conseguinte, uma relação de subsunção, que não é meramente lógica formal, mas também valorativa.[99]

A *desconsideração* do ato ou negócio praticado, ou seja, a sua *requalificação*, nada tem que ver com as conseqüências da *simulação*, a saber: a anulação prevista no art. 147, II, do CC[100] e a revisão do lançamento de que cuida o art. 149, VII, do CTN.

Pelo contrário. Visa apenas a reaproximar a qualificação do verdadeiro conteúdo material do ato decorrente do desenho da hipótese de incidência. Como observa P. Adonnino, a norma antielisiva investe a Administração no poder de "proceder à requalificação jurídica formal da relação, fazendo-a coincidir com a realidade substancial, trazendo a conseqüência ao plano do fato gerador do tributo".[101]

2.3 *"(...) atos ou negócios jurídicos praticados (...)"*

A desconsideração refere-se aos atos ou negócios jurídicos praticados – ou seja, requalificam-se os fatos geradores concretos.

2.3.1 Requalificação dos fatos geradores concretos

A metodologia jurídica incumbiu-se de esclarecer que a aplicação da lei reveste sempre a forma de silogismo, em que a premissa maior é a *hipótese* descrita na lei; a premissa. menor é o *fato* a se subsumir na descrição legal; e a conseqüência, o resultado da inferência.[102] Esse esquema metodológico adapta-se com sucesso ao direito tributário.[103] Do

"O problema da interpretação se reduz ao fato gerador da regra jurídica" (*Tatbestandteil der Rechtssätze*); Heinz Paulick, *Lehrbuch des allgemeinen Steuerrechts*, p. 137.

94. Cf. Tipke, *Steuerrecht*, 6ª ed., p. 97: "Uma valoração do fato por si mesmo não é possível" ("Eine Beurteilung des Sachverhalts aus sich selbst ist nicht möglich").

95. Cf. Tipke, *Steuerrecht*, 6ª ed., p. 97 ("A valoração econômica *[wirtschaftliche Beurteilung]* só pode ser dirigida pela lei"); Heinrich Beisse, "O critério econômico na interpretação das leis tributárias segundo a mais recente jurisprudência alemã", in Brandão Machado (coord.), *Direito Tributário: Estudos em Homenagem ao Professor Ruy Barbosa Nogueira*, p. 29 ("O completo significado do critério econômico se revela, portanto, apenas na interpretação da lei, embora os efeitos deste método se reflitam sobre a apreciação dos fatos").

96. Cf. Philippe Marchessou, *L'Interpretation des Textes Fiscaux*, Paris, Economica, 1980, e Berlim, Duncker & Humblot, 1976, p. 5; Alberto Xavier, *Direito Tributário ...*, p. 143.

97. *O Direito como Experiência*, p. 205.

98. Cf. Tipke *Steuerrecht*, 6ª ed., p. 98 ("A valoração jurídica do fato concreto *[rechtliche Beurteilung des Sachverhalts]* é, de acordo com a metodologia jurídica, subsunção na lei"); Paulick, *Lehrbuch ...*, p. 137; Engisch, *Introdução ao Pensamento Jurídico*, p. 79 ("São subsumidos conceitos de fatos a conceitos jurídicos"); Beisse, "O critério econômico ...", in Brandão Machado (coord.), *Direito Tributário. ...*, p. 30 ("... a espécie e a forma da valoração dos fatos concretos da vida resultam das regras da lógica da subsunção"). Contra: Kruse, *Steuerrecht*, p. 76, que defende a possibilidade da valoração antes da subsunção.

99. Cf. Larenz, *Methodenlehre ...*, p. 204; Josef Isensee, *Die typisierende Verwaltung*, p. 65; Tipke, *Steuerrecht*, 6ª ed., p. 97 ("A interpretação da lei (*Gesetzauslegung*) e a valoração do fato (*Sachverhaltsbeurteilung*) não são dois processos diferentes, mas dois aspectos do mesmo processo"); Zippelius, *Juristische Methodenlehre*, p. 92; A. Castanheira Neves, *Questão-de-Facto – Questão-de-Direito ou O Problema Metodológico da Juridicidade*, v. 1, p. 207.

100. *Nota da Redação*: cf. art. 167 e 171, II, do novo CC

101. "Parece del Ministero delle Finanze ...", *Rivista di Diritto Tributario* XI(2)/242. Cf. também Giuliani Fonrouge e Susana Navarrine, *Procedimiento Tributario ...*, p. 82: "(...) el Fisco puede prescindir de esas apariencias y determinar la obligación tributaria según la realidad oculta, sin necesidad de demonstrar la nulidad del acto jurídico aparente".

102. Cf., por todos, K. Larenz, *Methodenlehre ...*, p. 261.

103. Cf. Tipke, *Steuerrecht*, p. 96; Paulick, *Lehrbuch ...*, p. 116; Rudolf Weber-Fas, *Grundzüge*

ponto de vista *lingüístico* a distinção mais clara fazem-na os alemães, que têm termos diferentes para significar o suporte legal ou a hipótese de incidência (*Tatbestand*) e o fato concreto (*Sachverhalt*).[104] Mas em Francês (*fait générateur*), em Italiano (*fattispecie*), em Espanhol (*hecho imponible*) e em Português (fato gerador) o mesmo significante expressa os dois significados – o que tem levado, entre nós, alguns juristas a se esforçarem na busca de nova terminologia, sem, contudo, superarem as dificuldades semânticas, como é o caso de Geraldo Ataliba,[105] que propõe as expressões *hipótese de incidência* (= descrição genérica e hipotética de um fato) e *fato imponível* (= fato concretamente ocorrido no mundo fenomênico, empiricamente verificável). Não obstante a opulência da língua alemã, o próprio art. 1º, III, da Lei de Adaptação Tributária, inspirador do art. 118 do CTN, não conseguiu escapar da ambigüidade e da imprecisão, ao utilizar o termo *Tatbestand* (ao revés de *Sachverhalt* ou *Lebensachverhalt*) para se referir ao fato gerador concreto.[106]

A norma antielisiva do art. 116, parágrafo único, do CTN, portanto, visa à desconsideração ou à requalificação do fato gerador concreto.

Na elisão, afinal de contas, ocorre um abuso na subsunção da norma tributária ao fato. Como lembra Paul Kirchhof, a elisão é sempre uma subsunção malograda (*ein fehlgeschlagener Subsuntionsversuch*).[107]

des allgemeinen Steuerrechts der Bundesrepublik Deutschland, p. 82. Entre nós passou a ser adotado por influência dos normativistas: Paulo de Barros Carvalho, *Teoria da Norma Tributária*, p. 60; Geraldo Ataliba, *Hipótese de Incidência Tributária*, p. 67; Sacha Calmon Navarro Coêlho, *Teoria Geral do Tributo e da Exoneração Tributária*, p. 109.

104. Cf. Larenz, *Methodenlehre* ..., p. 261; Tipke, *Steuerrecht*, p. 96.

105. *Hipótese* ..., p. 75.

106. Cf. Tipke, *Steuerrecht*, 6ª ed., p. 102; Paulick, *Lehrbuch* ..., p. 137; Ottmar Bühler, *Steuerrecht*, p. 69; Kruse, *Steuerrecht*, p. 76.

107. "Steuerrungehung und Auslegungsmethoden", *Steuer und Wirtschaft* 60/131, 1983.

2.3.2 Dois exemplos de qualificação abusiva

É importante, neste passo, recorrer a alguns casos clássicos de elisão fiscal através da fraude à lei e do abuso da forma jurídica.

O exemplo clássico de *fraude à lei* é o que nos vem do Direito Alemão. Para pagar menos imposto, determinada pessoa, ao revés de vender o bem, preferiu fazer contrato de locação, de tal forma que no prazo previsto os aluguéis chegariam aproximadamente ao mesmo valor da venda, sujeitando-se a imposto menor; ao adquirente era garantida a preferência para a aquisição do bem por preço determinado ao fim do contrato. Quer dizer: o ato praticado era lícito, mas se utilizou para qualificar o negócio uma norma de cobertura que não lhe era adequada. Houve o desencontro entre a *intentio facti* e a *intentio juris*.

Outro exemplo de elisão, sob a veste de *abuso de forma jurídica*, é o caso da *Grendene*, que foi objeto de decisão do antigo TFR.[108] Os sócios da empresa criaram oito sociedades de pequeno porte com o objetivo de manipular o preço das mercadorias aproveitando-se da diferença no regime tributário do tributo federal. O Tribunal desconsiderou o fracionamento da empresa para efeitos de pagamento do im-

108. 6ª T., Ap. cível 115.478-RS, rel. Min. Américo Luz, j. 18.2.1987, *RTFR* 146/217, 1987:

"Legitimidade da atuação do Fisco, em face dos elementos constantes dos autos.

"Constituídas foram, no mesmo dia, de uma só vez, pelas mesmas pessoas físicas, todas sócias da autora, oito sociedades com o objetivo de explorar comercialmente, no atacado e no varejo, calçados e outros produtos manufaturados em plástico, no mercado interno e no internacional.

"Tais sociedades, em decorrência de suas características e pequeno porte, estavam enquadradas no regime tributário de apuração e resultados com base no lucro presumido, quando sua fornecedora única, a autora, pagava o tributo de conformidade com o lucro real.

"Reconhece-se à recorrente, apenas, o direito de compensação do imposto de renda pago pelas aludidas empresas.

"Reforma parcial da sentença."

posto de renda, embora não tivesse desconstituído os atos jurídicos.

2.3.3 Elisão e simulação

Vê-se, nesses exemplos, que a elisão se refere a fatos realmente acontecidos, que tiveram a subsunção malograda.

Na simulação, pelo contrário, o fato ou não existiu (exemplo: compra e venda sem entrega de dinheiro), ou só parcialmente era verdadeiro (exemplo: compra e venda por baixo preço, que é doação).

Na elisão o *fingimento* não ocorre com relação ao *fato concreto*, mas com referência ao *fato gerador abstrato* definido na lei, que é destorcido na subsunção. Tipke observa, com precisão: "Fingida é apenas a forma jurídica correspondente, não o fato econômico".[109]

2.4 "(...) com a finalidade de dissimular (...)"

O art. 116, parágrafo único, do CTN acrescenta à expressão "a autoridade administrativa poderá desconsiderar atos ou negócios jurídicos" a frase "com a finalidade de dissimular a ocorrência do fato gerador do tributo ou a natureza dos elementos constitutivos da obrigação tributária (...)".

Interessa-nos, aqui, examinar o sentido e o alcance da expressão "(...) com a finalidade de dissimular (...)".

A *dissimulação* poder ser tomada em dois sentidos: a) como mecanismo da simulação, como fizeram os juristas de índole formalista; b) como ingrediente da elisão, na linha do modelo francês, que adotamos.

2.4.1 Dissimulação e simulação relativa

A teoria do direito civil considera a dissimulação como forma de simulação relativa. Trata-se de ponto de vista teórico, que não se positiva no direito civil brasileiro, o qual cuida simplesmente da simulação (art. 102 do CC; art. 167, § 1º, do novo CC).

Explica Roberto de Ruggiero que na simulação ocorre a desconformidade consciente e querida da declaração com a vontade, mas é preordenada com a parte à qual a declaração se dirige e acordada com ela, a fim de enganar terceiros: "Se o acordo cria um negócio que não era querido (simulamos uma venda, mas não queremos nem vender nem criar qualquer outra relação jurídica), a simulação é *absoluta*. Outras vezes se cria um negócio distinto daquele que em realidade se quer (encobrimos em uma venda uma doação), ou se declara o querido, mas um dos sujeito é distinto (declaro dar a Caio para ocultar a doação feita a Maria), ou é diverso o objeto (declaramos na compra e venda um preço diferente do real), ou algum outro elemento; a simulação nestes casos é *relativa*, porque um negócio é querido, mas resulta dissimulado sob falsas aparências, e, portanto, ao lado do negócio verdadeiro (dissimulado) se coloca o aparente (dissimulado)".[110]

Washington de Barros Monteiro adverte: "Cumpre não confundir simulação com dissimulação. Distinguiu-as Ferrara, nos seguintes termos: na simulação faz-se aparecer o que não existe, na dissimulação oculta-se o que é; a simulação provoca uma crença falsa num estado não-real, a dissimulação oculta ao conhecimento dos outros uma situação existente (...). Mas em ambas o agente quer o engano: na simulação quer enganar sobre a existência de uma

109. *Die Steuerrechtsordnung*, v. 3, p. 1.344 ("Fingiert wird ... nur die angemessene Rechtsgestaltung, nicht der wirtschaftliche Sachverhalt)". Observa P. Herrera Molina ("Aproximación a la analogía ...", *RDTributário* 73/67): "Mediante el fraude de ley se realiza verdaderamente el acto o negocio jurídico manifestado por los interesados – lo que diferencia esta figura de la simulación –, aunque con una finalidad atípica y artificiosa".

110. *Instituciones de Derecho Civil*, v. I, p. 258. Logo depois repisa Ruggiero: "Na simulação relativa, havendo-se querido um negócio e realizado outro distinto, o negócio simulado é nulo, devendo considerar existente o dissimulado, que é o realmente querido (*plus valet quod agitud quam quod simulate concipiten*)" (p. 262).

situação não-verdadeira; na dissimulação, sobre a inexistência de situação real. Se a simulação é um fantasma, a dissimulação é uma máscara".[111]

A dissimulação referida no art. 116, parágrafo único, do CTN foi interpretada nesse sentido de *simulação relativa* pela doutrina normativista e conceptualista, que sempre defendeu o primado da forma sobre a substância.[112]

Não nos parece que assim seja, tendo em vista que a desconsideração da autoridade administrativa refere-se a ato ou negócio jurídico realmente acontecido, sem qualquer simulação, absoluta ou relativa, porque, como já vimos, na elisão o fato gerador concreto é verdadeiro. Ademais, não existe outra pessoa envolvida na realização do fato gerador, como acontece na simulação.

Nos exemplos utilizados no item 2.3.2 nem a locação do bem nem o fracionamento do capital social da empresa foram simulados, eis que a situação econômica realmente ocorreu, malogrando-se apenas a subsunção.

2.4.2 Dissimulação e elisão

Pelo contrário, a dissimulação prevista na Lei Complementar 104/2001 referese apenas à *hipótese de incidência* ou ao *fato gerador abstrato*, o que caracteriza a elisão, e jamais a simulação.

A legislação brasileira, diante de vários modelos estrangeiros de melhor qualidade, preferiu optar pela solução francesa, que estabelece que "não podem ser opostos à administração dos impostos os atos que dissimulam a verdadeira compreensão de um contrato ou de uma convenção" ("... qui dissimulente la portée veritable d'un contrat ou d'une convention").

Quando o art. 116, parágrafo único, do CTN diz que "a Administração pode desconsiderar atos ou negócios praticados com a finalidade de dissimular a ocorrência do fato gerador tributário", está se referindo à *dissimulação do fato gerador abstrato*, e não à *simulação do fato gerador concreto*. O ato ou negócio praticado (fato gerador concreto) não é dissimulado, mas *dissimulador* da verdadeira compreensão do fato gerador abstrato – o que, sem dúvida, é uma das características da elisão. Nos exemplos fornecidos no item 2.3.2 – ou seja, na fraude à lei e no abuso de forma jurídica – a dissimulação ocorre relativamente à norma de cobertura ou ao tipo descrito na regra de incidência.

No Direito Alemão a elisão se chama *Steuerumgehung*, que literalmente significa "contornar", "ladear", "circular", "envolver" ou "dar a volta" em torno da lei do imposto. Tipke[113] explica que para se caracterizar a elisão "uma lei tributária deve ser contornada. O art. 42 do Código Tributário fala do contorno da lei tributária".

2.5 *"(...) a ocorrência do fato gerador do tributo ou a natureza dos elementos constitutivos da obrigação tributária, (...)*

De feito, a nova cláusula geral antielisiva trazida pela Lei Complementar 104/2001 nada tem que ver com a simulação, porque atua no plano abstrato da definição do fato gerador e dos elementos constitutivos da obrigação tributária (sujeito passivo, tempo, base de cálculo, alíquota etc.), impedindo que seja dissimulada sua ocorrência mediante interpretação abusiva do texto da lei tributária. Opera, portanto, no

111. *Curso de Direito Civil – Parte Geral*, pp. 209 e ss.

112. Cf. Alberto Xavier, *Tipicidade da Tributação* ..., p. 54 ("Na simulação relativa existem dois negócios jurídicos: o *negócio simulado*, correspondente à vontade declarada enganadora, e o contrato, por baixo dele oculto ou encoberto – o negócio *dissimulado*, correspondente à vontade real dos seus autores"); Misabel Derzi, "A desconsideração dos atos e negócios jurídicos dissimulatórios, ...", in Valdir de Oliveira Rocha (coord.), *O Planejamento Tributário* ..., p. 212.

113. *Die Steuerrechtsordnung*, v. 3, p. 1.342: "Es muss ein Steuergesetz umgangen werden. § 42 AO spricht von Umgehung "des Steuergesetzes".

plano da *mens legis*, distorcendo seu sentido para dissimular a ocorrência do fato gerador apropriado.

Retornando às lições de Tipke, observa o jurista germânico que "a elisão da lei tributária pressupõe um abuso da possibilidade formal do Direito, que se apega não à finalidade, mas à letra da lei".[114] Marco Aurélio Greco apreende muito bem a fenomenologia da norma antielisiva: "Para que ocorra a hipótese de incidência da norma autorizadora da desconsideração é indispensável: 1) que exista a definição legal desse fato gerador, tipicamente descrito; e 2) que, materialmente, ele ocorra, embora dissimuladamente".[115]

Interpretando o Direito Francês, G. Gest e T. Tixier assim se manifestam: "Trata-se de atos ou de montagens jurídicas (*montages juridiques*) que, sem ser fictícios, apresentam caráter muito artificial, e não têm outra motivação que a de contornar (*contourner*) uma regra fiscal cogente".[116]

Ao analisar o Direito Italiano, que proíbe a "finalidade exclusiva de obter fraudulentamente uma economia de imposto", observa Raffaelo Lupi que o termo "fraudulentamente" não deve ser interpretado no sentido do direito penal, mas "como a utilização de uma escapatória, de uma construção juridicamente artificiosa, um rodeio *[aggiramento]* do tratamento fiscal normal de um fenômeno"; acrescenta em nota de rodapé que a *fraudolenza* aponta para o artifício e a *capziosità* jurídica, que instrumentaliza a imperfeição normativa ao construir astutamente, ainda que à luz do sol, um regime jurídico de favor".[117]

114. *Die Steuerrechtsordnung*, v. 3, p. 1.324 ("Die Umgehung des Steuergesetzes setzt einen Missbrauch von Gestaltungsmöglichkeiten des Rechts voraus, der zwar nicht am Gesetzeszweck, wohl aber am Gesetzeswortlaut vorbeizielt").

115. "Constitucionalidade ...", in Valdir de Oliveira Rocha (coord.), *O Planejamento Tributário* ..., p. 187.

116. *Manuel de Droit Fiscal*, p. 323.

117. *Diritto Tributario – Parte Generale*, p. 94.

2.6 *"(...) observados os procedimentos a serem estabelecidos na lei ordinária"*

Resta saber se o art. 116, parágrafo único, do CTN, trazido pela Lei Complementar 104/2001, é de aplicação imediata.

Parece-nos que fica na dependência de normas federais, estaduais ou municipais de caráter procedimental para que possa ser aplicado. Tendo surgido a norma antielisiva por lei complementar federal, a regra procedimental ordinária correspondente não será apenas federal, mas deverá operar no âmbito do processo administrativo fiscal da União, dos Estados e dos Municípios. Se as legislações desses entes da Federação já possuírem regras de procedimento administrativo que permitam a aplicação da norma antielisiva, nada obsta à incidência imediata do art. 116, parágrafo único, do CTN. Afinal de contas, a Lei Complementar 104/2001 não está introduzindo uma novidade no Direito Brasileiro, senão que veio explicitar o que já era aplicado pelos Tribunais sob a forma de combate à fraude à lei ou ao abuso de forma jurídica.

Outro problema a se esclarecer é o da aplicação da multa. Na Alemanha não se aplicam penalidades.[118] As normas brasileiras ulteriores teriam que definir a possibilidade de aplicação de sanções, ainda mais diante da ilicitude presente na elisão abusiva.

3. *A fenomenologia da norma antielisiva*

Na prática da elisão fiscal o contribuinte opera além da possibilidade expressiva da letra da lei (*mögliche Wortsinn*), para empregar novamente a expressão de Larenz;[119] isto é, monta seu negócio ou estrutura sua empresa ultrapassando os limites da interpretação jurídica,[120] caindo, abu-

118. Cf. Tipke, *Die Steuerredhtsordnung*, v. 3, cit., p. 1.345.

119. *Methodenlehre* ..., p. 329.

120. Cf. Rafaello Lupi, "Elusione. Esperienze europee. L'uso e l'abuso del diritto tributario", in Adriano di Pietro (ed.), *L'Elusione Fiscale nell'Esperienza Europea*, p. 268: "L'elusione comincia laddove finisce l'interpretazione".

sivamente, no campo da lacuna[121] ou da analogia.[122]

Por isso mesmo a elisão não pode ser combatida pela *interpretação*,[123] mas apenas *integração jurídica*, mormente pela contra-analogia e pela redução teleológica, ínsitas nas normas antielisivas.

3.1 A contra-analogia

O mecanismo integrativo de combate à elisão é a analogia ou a contra-analogia, já que, como vimos, o planejamento abusivo resvala para a analogia praticada pelo contribuinte. Tipke percebeu, excelentemente, que o combate à elisão pode desembocar no emprego da analogia, inclusive pela jurisprudência, disfarçadamente.[124] Mas a analogia se torna inevitável – anota o ex-catedrático de Colônia[125] – diante da indeterminação dos próprios princípios fundamentais da tributação.

No combate à fraude à lei é visível o argumento contra-analógico. No exemplo dado no item 2.3.2 o contribuinte buscou, pela analogia com a locação, transformar as prestações de uma compra e venda em aluguéis. A contra-analogia consistiu na desconsideração, por parte do Fisco, da subsunção operada pelo contribuinte e na requalificação da locação como compra e venda.

3.2 A redução teleológica

Em outros casos de abuso de forma jurídica o mecanismo antielisivo é a *redução teleológica*, que, operando no campo da integração, reduz o sentido possível da letra da lei à finalidade econômica da norma. Explica Larenz que a *teleologische Reduktion* opera nos casos de lacuna encoberta (*verdeckte Lücke*), que é a aquela que não permite a aplicação da regra a uma série de casos, em virtude do seu sentido e finalidade.[126] Pela redução teleológica reduz-se o campo de aplicação da norma à possibilidade expressiva das palavras da lei (*mögliche Wortsinn*).[127] A interpretação conforme à Constituição (*verfassungskonforme Anslegung*), hoje tão empregada pelo STF, emprega a redução teleológica, eis que, sem reduzir o texto legal, limita os sentidos possíveis da norma ao que for mais adequado a sua finalidade.[128]

A redução teleológica é a técnica utilizada nos casos de abuso da forma jurídica. Sem alterar a letra da lei, o aplicador reduz seu alcance à finalidade econômica da norma, sempre que o contribuinte tiver ampliado desmesuradamente seu sentido.[129]

No exemplo da *Grendene*, que antes utilizamos,[130] o TFR empregou a redução teleológica. Concluiu no sentido de que o texto da lei do imposto de renda, que ou-

121. Cf. Tipke, *Die Steuerrechtsordnary*, v. 3, p. 1.329: "O art. 42 do Código Tributário procura o fechamento da lacuna jurídica".

122. Kirchhof ("Steuerrungehung und Auslegungsmethoden", *Steuer und Wirtschaft* 60/176) localiza o problema da elisão na procura da regra concorrente (*Konkurrenzrecht*). Cf. também T. Rosembuj, *La Simulación ...*, p. 88: "No son, pues, los resultados económicos de los hechos bajo cobertura los que sirven para el mínimo de semejanza buscado, sino que es el efecto derivado de la aplicación del hecho imponible contenido en la ley eludida el que sirve para su extensión analógica sobre los resultados económicos de los hechos o comportamientos elusivos".

123. Cf. R. Lupi, "Elusione. ...", in Adriano di Pietro (ed.), *L'Elusione Fiscale ...*, p. 268: "Em suma, uma interpretação em molde antielisivo pode impedir que a elisão se verifique, mas, uma vez que seja verificada, não serve para eliminá-la".

124. *Steuerrecht*, p. 115.

125. *Die Steuerrechtsordnung*, v. 3, p. 1.329: "A elisão começa além da interpretação da lei, no campo da lacuna. Por isso a analogia, como meio de evitar os efeitos da elisão, é indispensável" ("Die Umgehung beginnt erst jenseits des ausgelegten Gesetzes, im Lückenbereich. Daher ist die Analogie als Mittel, die Folgen der Umgehung zu Vermeiden, unentbehrlich").

126. *Methodenlehre ...*, p. 362.

127. Idem, p. 376.

128. Idem, p. 326.

129. Cf. Michael Heinrich Neuhausen, *§ 42 AO und das Erbschaft – und Schenkungsteuerrecht – eine Untersuchung missbrauchverdächtiger Gestltungen*, p. 19.

130. V. nota 107.

torgava certo tratamento tributário às empresas de pequeno porte, não alcançaria as sociedades que, sem nenhuma finalidade econômica ou negocial, viessem a ser criadas com o único intuito de pagar menos imposto.

VII – Conclusões

O art. 116, parágrafo único, do CTN, introduzido pela Lei Complementar 104, de 10.1.2001, é uma autêntica norma geral antielisiva, e não uma regra antievasiva.

As normas antielisivas, que apareceram principalmente a partir da década de 90 nos países da União Européia, do Mercosul e da América do Norte, encontraram clima propício no aperfeiçoamento dos pressupostos metodológicos do Direito e na emergência do princípio da transparência fiscal.

Do ponto de vista metodológico a ciência do direito tributário ultrapassou, a contar dos anos 70 do século XX, as visões radicais da jurisprudência dos conceitos, com a tese da preeminência do direito civil sobre o fiscal e da jurisprudência dos interesses, com a defesa da autonomia do direito tributário e da chamada "interpretação econômica". Passa a prevalecer a jurisprudência dos valores, com a preeminência dos princípios, o equilíbrio entre os Poderes do Estado e a harmonização entre Direito e Economia. A conseqüência natural na teoria da elisão fiscal foi a superação das teses extremadas no sentido da sua ilicitude generalizada ou da licitude permanente, exsurgindo a idéia de que o planejamento fiscal é forma legítima de economizar imposto, desde que não haja abuso de direito. Por outro lado, a globalização, com toda sua ambivalência e concentração de riquezas, trouxe a necessidade de adesão ao princípio da transparência fiscal, que sinaliza no sentido de que a atividade financeira deve se desenvolver segundo os ditames da clareza, abertura e simplicidade. O princípio da transparência, para coartar os riscos fiscais do mundo globalizado, inspirou, em diversos países, as Leis de Responsabilidade Fiscal, os Códigos de Defesa dos Contribuintes, as regras de combate à corrupção dos funcionários da Fazenda e dos contribuintes, as normas anti-sigilo e, afinal, as normas antielisivas.

As normas antielisivas surgiram, principalmente a partir dos anos 90, sob diferentes configurações: proibição de abuso de forma jurídica, na Alemanha (art. 42 AO77); vedação de fraude à lei, na Espanha (art. 24 do Código Tributário, alterado em 1995); desconsideração da personalidade jurídica, na Argentina (art. 2º da Lei 11.683, alterado em 1998); prevalência do propósito mercantil, nos Estados Unidos, Inglaterra, Canadá e Suécia; normas antielisivas, na Itália; norma antiabuso, em Portugal (art. 38, n. 2, da LGT, de 1999); proibição de dissimulação das somas sujeitas ao imposto, na França (*Code Général des Impôts*).

O Brasil já vinha adotando nos últimos anos algumas normas antielisivas, como as relativas ao imposto de renda (art. 51 da Lei 7.450/1985 e art. 3º, § 4º, da Lei 7.713/1988) e o princípio *arm's length* (Lei 9.430/1996).

A nova regra do art. 116, parágrafo único, do CTN, na redação da Lei Complementar 101/2001, é autêntica norma antielisiva, que recepcionou o modelo francês. Nada tem que ver com a norma antisimulação, que já existia no Direito Brasileiro (art. 149, VII, do CTN) e que tem outra estrutura e fenomenologia. A recente regra antielisiva tem as seguintes características: permite à autoridade administrativa requalificar os atos ou negócios praticados, que subsistem para efeitos jurídicos não-tributários; atinge a dissimulação do fato gerador abstrato, para proceder à adequação entre a *intentio facti* e a *intentio juris*, o que é característica da elisão, na qual o fingimento se refere à hipótese de incidência, e não ao fato concreto, como acontece na simulação relativa ou dissimulação no sentido do direito civil. A nova norma antielisiva opera por contra-analogia ou por redução teleológica e introduz uma exceção ao art. 108, § 1º, do CTN, que proíbe a analogia para a criação da obrigação tributária. A regra antielisiva é meramente declaratória, e por isso só necessita de complementação na via ordinária nos casos em que o Estado-membro ou Município não possua legislação segura sobre o processo administrativo tributário; para a União, que já o disciplinou, a regra é auto-executável.

VIII – Bibliografia

ABRAMOVICI, Pierre. "Corrupção. Jogos perigosos". *Le Monde Diplomatique* 10ª ed. brasileira.

ADONNINO, Pietro. "Parece del Ministero delle Finanze e del Comitato Consultivo per l'applicazione delle norme antielusive e rilevanza penale dell'elusione". *Rivista di Diritto Tributario* XI(2)/239-259. 2001.

AMORÓS RICA, Narciso. "O conceito de fraude à lei no Direito Espanhol". In: MACHADO, Brandão (coord.). *Direito Tributário: Estudos em Homenagem ao Professor Ruy Barbosa Nogueira*. São Paulo, Saraiva, 1984 (pp. 425-443).

ARNIM, H. H. von. *Der Staat als Beute. Wie Politiker in eigener Sache Gesetze machen*. Berlim, Knaw, 1993.

ARNOLD, Brian. "The Canadian General Anti-Avoidance Rule. In: COOPER, Graeme S. (ed.). *Tax Avoidance and the Rule of Law*. Amsterdã, IBFD, 1997 (pp. 221-245).

ATALIBA, Geraldo. *Hipótese de Incidência Tributária*. São Paulo, Ed. RT, 1973; 6ª ed., 3ª tir. São Paulo, Malheiros Editores, 2002.

BECK, Ulrich. "A reinvenção da Política: rumo a uma teoria da modernização reflexiva". In: GIDDENS, A., BECK, U., e LASH, S. *Modernização Reflexiva*. São Paulo, UNESP, 1997 (pp. 12-71).

———, GIDDENS, A., e LASH, S. *Modernização Reflexiva*. São Paulo, UNESP, 1997.

BECKER, E. "Zur Auslegung der Steuergesetze". *Steuer und Wirtschaft* 2/145-180. 1924.

BEISSE, Heinrich. "O critério econômico na interpretação das leis tributárias segundo a mais recente jurisprudência alemã". In: MACHADO, Brandão (coord.). *Direito Tributário: Estudos em Homenagem ao Professor Ruy Barbosa Nogueira*. São Paulo, Saraiva, 1984 (pp. 1-39).

BLOMEYER, Ina-Marie. "Eignung der Rechnungshöfe von Bund und Ländern zur Unterstützung der Strafverflegsbehörden bei der Korruptionsbekämpfung". *www.transparency.org*.

BRIN, David. *The Transparent Society. Will Technology Force us to Choose Between Privacy and Freedom?*. Massachusetts, Perseus Books, 1998.

BÜHLER, Ottmar. *Steuerrecht*. Wiesbaden, Th. Gabler, 1951.

CANTO, Gilberto de Ulhôa. "Elisão e evasão". *Caderno de Pesquisas Tributárias* 13/1-111. 1988.

———. "Legislação tributária, sua vigência, sua eficácia, sua aplicação, interpretação e integração". *RF* 267/25-30. Rio de Janeiro, Forense, 1979.

CARVALHO, Paulo de Barros. *Teoria da Norma Tributária*. São Paulo, Ed. RT, 1981.

COÊLHO, Sacha Calmon Navarro. *Teoria Geral do Tributo e da Exoneração Tributária*. São Paulo, Ed. RT, 1982.

COOPER, Graeme S. "Conflicts, challenges and choices – The rule of law and anti-avoidance rules". In: COOPER, Graeme S. (ed.). *Tax Avoidance and the Rule of Law*. Amsterdã, IBFD, 1997 (pp. 13-50).

——— (ed.). *Tax Avoidance and the Rule of Law*. Amsterdã, IBFD, 1997.

DANIEL GARCÍA, Fernando. "El denominado principio de la realidad económica en las legislaciones argentina y española". *Boletín de la Asociación Argentina de Estudios Fiscales – Doctrina 1994-1998* (pp. 295-302).

DERZI, Misabel de Abreu Machado. "A desconsideração dos atos e negócios jurídicos dissimulatórios, segundo a Lei Complementar 104, de 10.1.2001". In: ROCHA, Valdir de Oliveira (coord.). *O Planejamento Tributário e a Lei Complementar 104*. São Paulo, Dialética, 2001 (pp. 205-232).

DI PIETRO, Adriano (ed.). *L'Elusione Fiscale nell'Esperienza Europea*. Milão, Giuffrè, 1999.

DÓRIA, A. R. Sampaio. *Elisão e Evasão Fiscal*. São Paulo, Bushatsky, 1977.

ENGISCH, Karl. *Introdução ao Pensamento Jurídico*. Lisboa, Calouste Gulbenkian, 1968.

FALCÃO, Amílcar de Araújo. *Introdução ao Direito Tributário*. Rio de Janeiro, Forense, 1994.

FANTOZZI, Augusto. "L'esperienza italiana". In: DI PIETRO, Adriano (ed.). *L'Elusione Fiscale nell'Esperienza Europea*. Milão, Giuffrè, 1999 (pp. 251-260).

FONROUGE, Carlos M. Giuliani, e NAVARRINE, Susana Camila. *Procedimiento Tributario y de la Seguridad Social*. Buenos Aires, Depalma, 1999.

FORSTHOFF, Ernst. *El Estado de la Sociedad Industrial*. Madri, Instituto de Estudos Políticos, 1975.

GEST, G., e TIXIER, T. In: *Manuel de Droit Fiscal*. Paris, Litec, 1986 (p. 323).

GIANNINI, A. D. *Istituzioni di Diritto Tributario*. Milão, Giuffrè, 1948.

GIDDENS, A., BECK, U., e LASH, S. *Modernização Reflexiva*. São Paulo, UNESP, 1997.

GIORGI, Raffaele de. *Direito, Democracia e Risco. Vínculos com o Futuro*. Porto Alegre, Sérgio Antônio Fabris, 1998.

GONZÁLEZ GARCÍA, Eusebio, e LEJEUNE, Ernesto. *Derecho Tributário I*. Salamanca, Plaza Universitaria, 1997.

__________, e PEREZ DE AYALA, José Luis. *Curso de Derecho Tributario*. v. 1. Madri, Edersa, 1989.

GRECO, Marco Aurélio. "Constitucionalidade do parágrafo único do art. 116 do CTN". In: ROCHA, Valdir de Oliveira (coord.). *O Planejamento Tributário e a Lei Complementar 104*. São Paulo, Dialética, 2001 (pp. 181-204).

__________. *Planejamento Fiscal e Interpretação da Lei Tributária*. São Paulo, Dialética, 1998.

GRIZIOTTI, Benvenuto. *Principios de Política, Derecho y Ciencia de la Hacienda*. Buenos Aires, Depalma, 1935.

GRONDONA, Mariano. *La Corrupción*. Buenos Aires, Planeta, 1993.

GUIMARÃES, Vasco Branco. "Elisão fiscal no ordenamento jurídico interno. A experiência portuguesa". *Seminário Internacional sobre Elisão Fiscal*. Brasília, ESAF, 2001 (mimeo).

HABERMAS, Jürgen. *Faktizität und Geltung. Beiträge zur Diskurstheorie des Rechtsund des demokratischen Rechtsstaat*. Frankfurt, Suhrkamp, 1992.

HERRERA MOLINA, Pedro M. "Aproximación a la analogía y el fraude de ley en materia tributaria". *RDTributário* 73/60-75. São Paulo, Malheiros Editores.

HUCK, Hermes Marcelo. *Evasão e Elisão. Rotas Nacionais e Internacionais do Planejamento Tributário*. São Paulo, Saraiva, 1997.

ISENSEE, Josef. *Die typisierende Verwaltung*. Berlim, Duncker & Humblot, 1976.

__________. *Das Grundrecht auf Sicherheit. Zu den Schutzpflichten des freiheitlichen Verfassungsstaates*. Berlim, Walter de Gruyter, 1983.

JARACH, D. "Hermenêutica no direito tributário". In: MORAES, Bernardo Ribeiro de, e outros. *Interpretação no Direito Tributário*. São Paulo, EDUC/Saraiva, 1975 (pp. 83-102).

KIRCHOF, Paul. "Steuerrungehung und Auslegungsmethoden". *Steuer und Wirtschaft* 60.

KLEIN, Friedrich. "Zur Auslegung von Steuergesetzen durch des Bundesverfassungsgericht". In: THOMA, Gerard, e NIEMANN, Ursula (eds.). *Die Auslegung der Steuergesetze in Wissenschaft und Praxis*. Köln, O. Schmidt, 1965 (pp. 139-151).

KLEIN, Martín. *Die nicht angemessene rechtliche Gestaltung in Steuerumgehungstatbestand des § 42 AO*. Köln, Dr. Otto Schmidt, 1994.

KRUSE. *Steuerrecht*. Munique, C. H. Beck, 1969.

LARENZ, Karl. *Methodenlehre der Rechtswissenschaft*. Berlim, Springer-Verlag, 1983.

LASH, S., BECK, U., e GIDDENS, A. *Modernização Reflexiva*. São Paulo, UNESP, 1997.

LE PERA, Sergio, e LESSA, Pedro. "Relatório Nacional da Argentina". *Cahiers de Droit Fiscal Internacional* LXXIVa/157-168. 1989.

LEE, Dong-Sik. *Methoden zur Verhinderung der Steuerumgehung und ihr Verhältnis zweinander*. Herdecke, GCA Verlag, 2000.

LEHNER, Moris. "Consideração econômica e tributária conforme a capacidade contributiva. Sobre a possibilidade de uma interpretação teleológica de normas com finalidades arrecadatórias". In: SCHOUERI, Luís Eduardo, e ZILVETI, Fernando Aurélio (coords.). *Direito Tributário: Estudos em Homenagem a Brandão Machado*. São Paulo, Dialética, 1998 (pp. 143-154).

__________. "Nationalberichterstatter" (Relatório Nacional da Alemanha). *Cahiers de Droit Fiscal Internacional* LXVIIIa/193-207. 1983.

LEJEUNE, Ernesto, e GONZÁLEZ GARCÍA, Eusebio. *Derecho Tributario I*. Salamanca, Plaza Universitaria, 1997.

LESSA, Pedro, e LE PERA, Sergio. "Relatório Nacional da Argentina". *Cahiers de Droit Fiscal Internacional* LXXIVa/157-168. 1989.

LUPI, Raffaelo. *Diritto Tributario – Parte Generale*. Milão, Giuffrè, 1995.

__________. "Elusione. Esperienze europee. L'uso e l'abuso del diritto tributario". In: DI PIETRO, Adriano (ed.). *L'Elusione Fiscale nell'Esperienza Europea*. Milão, Giuffrè, 1999 (pp. 261-292).

MACHADO, Brandão. "Cisão de sociedade de capital estrangeiro e imposto de renda". *Repertório de Jurisprudência IOB* 17. 1988.

__________ (coord.). *Direito Tributário: Estudos em Homenagem ao Professor Ruy Barbosa Nogueira*. São Paulo, Saraiva, 1984.

MARCHESSOU, Philippe. *L'Interpretation des Textes Fiscaux*. Paris, Economica, 1980. Berlim, Duncker & Humblot, 1976.

MARTINS, Ives Gandra da Silva. "Direitos fundamentais do contribuinte". In: MARTINS, Ives Gandra da Silva (coord.). *Direitos Fundamentais do Contribuinte. Pesquisas Tributárias Nova Série* 6. São Paulo, CEU/Ed. RT, 2000 (pp. 45-81).

__________. "Norma Antielisão". In: ROCHA, Valdir de Oliveira (coord.). *O Planejamento Tributário e a Lei Complementar 104*. São Paulo, Dialética, 2001 (pp. 117-128).

__________ (coord.). *Direitos Fundamentais do Contribuinte. Pesquisas Tributárias Nova Série* 6. São Paulo, CEU/Ed. RT, 2000.

MONTEIRO, Washington de Barros. *Curso de Direito Civil – Parte Geral*. São Paulo, Saraiva, 1989.

MORAES, Bernardo Ribeiro de, e outros. *Interpretação no Direito Tributário*. São Paulo, EDUC/Saraiva, 1975.

MOREIRA NETO, Diogo de Figueiredo. "A Lei de Responsabilidade Fiscal e seus princípios jurídicos". *RDA* 221/71-93. 2000.

__________. *O Sistema Judiciário Brasileiro e a Reforma do Estado*. São Paulo, Celso Bastos Editor, 1999.

MUTÉN, Leif. "The swedish experiment with a general anti-avoidance rule". In: COOPER, Graeme S. (ed.). *Tax Avoidance and the Rule of Law*. Amsterdã, IBFD, 1997 (pp. 307-324).

NAVARRINE, Susana Camila, e FONROUGE, Carlos M. Giuliani. *Procedimiento Tributario y de la Seguridad Social*. Buenos Aires, Depalma, 1999.

NEUHAUSEN, Michael Heinrich. *§ 42 AO und das Erbschaft – und Schenkungsteuerrecht – eine Untersuchung missbrauchverdächtiger Gestaltungen*. Köln, Hundt Druck, 1999.

NEVES, A. Castanheira. *Questão-de-Facto — Questão-de-Direito ou O Problema Metodológico da Juridicidade*. v. 1. Coimbra, Livraria Almedina, 1967.

OPPENHOFF, Michael. "Germany – The legal framework concerning bank secrecy, money laundering and insider trading". *World Reports* IX(1). Abril de 1997. *www.hg.org*.

PAULICK, Heinz. *Lehrbuch des allgemeinen Steuerrechts*. Köln, Carl Heymanns Verlag, 1997.

PEREZ DE AYALA, José Luis, e GONZÁLEZ GARCÍA, Eusebio. *Curso de Derecho Tributario*. v. 1. Madri, Edersa, 1989.

RAWLS, John. *A Theory of Justice*. Cambridge, Harvard University Press, 1980.

REALE, Miguel. *O Direito como Experiência*. São Paulo, Saraiva, 1968.

REICH, Norbert. "Intervenção do Estado na Economia. Reflexões sobre a Pós-Modernidade na Teoria Jurídica". *RDP* 94/265-282. 1990.

ROCHA, Valdir de Oliveira (coord.). *O Planejamento Tributário e a Lei Complementar 104*. São Paulo, Dialética, 2001.

ROSE-ACKERMAN, Susan. *Corruption and Government. Causes, Consequences and Reform*. Nova York, Cambridge University Press, 1999.

ROSEMBUJ, Tulio. *El Fraude de Ley, la Simulación y el Abuso de las Formas en el Derecho Tributario*. Madri, Marcial Pons, 1999.

__________. *La Simulación y el Fraude de Ley en la Nueva Ley General Tributaria*. Madri, Marcial Pons, 1996.

RUGGIERO, Roberto de. *Instituciones de Derecho Civil*. v. I. Madri, Reus, s/d.

RUSSO, Pasquale. "Brevi note in tema di disposizioni antielusive". *Rassegna Tributaria* 1/68-78. 1999.

SCHMDT, Alfred J., e outros. *Código Tributário Alemão*. Rio de Janeiro/São Paulo, Forense/IBDT, 1978.

SCHOUERI, Luís Eduardo, e ZILVETI, Fernando Aurélio (coords.). *Direito Tributário: Estudos em Homenagem a Brandão Machado*. São Paulo, Dialética, 1998.

SEIXAS FILHO, Aurélio Pitanga. "A interpretação econômica no direito tributário, a Lei Complementar 104/2001 e os limites do planejamento tributário". In: ROCHA, Valdir de Oliveira (coord.). *O Planejamento Tributário e a Lei Complementar 104*. São Paulo, Dialética, 2001 (pp. 7-19).

THOMA, Gerard, e NIEMANN, Ursula (eds.). *Die Auslegung der Steuergesetze in Wissenschaft und Praxis*. Köln, Otto Schmidt, 1965.

TIPKE, Klaus. *Die Steuerrechtsordnung*. v. 3. Köln, Otto Schmidt, 1993.

__________. "Rechtsetzung durch Steuergerichte und Steuerverwaltungsbehörden?". *Steuer und Wirtschaft* 58(3)/189-200. 1981.

__________. *Steuerrechts*. Köln, Otto Schmidt, 1985; 6ª ed., 1978.

__________. "Uber Steuergesetzgebung und Verfassungsgerichtsbarkeit". *Steuer und Wirtschaft* 67(4)/308-321. 1990.

TIXIER, T., e GEST, G. In: *Manuel de Droit Fiscal*. Paris, Litec, 1986 (p. 323).

TORRES, Ricardo Lobo. "A chamada 'interpretação econômica do direito tributário', a Lei Complementar 104 e os limites atuais do planejamento tributário". In: ROCHA, Valdir de Oliveira (coord.). *O Planejamento Tributário e a Lei Complementar 104*. São Paulo, Dialética, 2001 (pp. 233-244).

__________. "Legalidade tributária e riscos sociais". *Revista Dialética de Direito Tributário* 59/95-112. 2000.

__________. *Normas de Interpretação e Integração do Direito Tributário*. Rio de Janeiro, Renovar, 2000.

__________. "Solidariedade e justiça fiscal". *Estudos em Homenagem à Memória de Gilberto de Ulhôa Canto*. Rio de Janeiro, Forense, 1998 (pp. 299-306).

TROIANELLI, Gabriel Lacerda. "O parágrafo único do art. 116 do CTN como limitação do poder na Administração". In: ROCHA, Valdir de Oliveira (coord.). *O Planejamento Tributário e a Lei Complementar 104*. São Paulo, Dialética, 2001 (pp. 85-102).

VOGEL, Klaus. "Steuerumghung nach innerstaatlichem Recht und nach Abkommensrecht". *Steuer und Wirtschaft* 62/369-381. 1985.

WAINCYMER, Jeffrey. "The Australian tax avoidance experience and responses: a critical review". In: COOPER, Graeme S. (ed.). *Tax Avoidance and the Rule of Law*. Amsterdã, IBFD, 1997 (pp. 247-306).

WEBER-FAS, Rudolf. *Grundzüge des allgemeinen Steuerrechts der Bundesrepublik Deutschland*. Tübingen, Mohr, 1979.

WIEHEN, Michael H. "Convention on Combating Bribery of Foreign Public Officials in International Business Transactions (OECD). Evaluation of implementation by Germany". *www.transparency.org/documents*.

XAVIER, Alberto. *Direito Tributário Internacional do Brasil*. Rio de Janeiro, Forense, 1998.

__________. *Tipicidade da Tributação, Simulação e Norma Antielisiva*. São Paulo, Dialética, 2001.

ZILVETI, Fernando Aurélio, e SCHOUERI, Luís Eduardo (coords.). *Direito Tributário: Estudos em Homenagem a Brandão Machado*. São Paulo, Dialética, 1998.

ZIPPELIUS, R. *Juristische Methodenlehre*. Munique, C. H. Beck, 1985.

ESTUDOS & COMENTÁRIOS

A RETRIBUIÇÃO AOS MUNICÍPIOS PELA UTILIZAÇÃO DO SUBSOLO URBANO

AUTA ALVES CARDOSO

Mestre em Direito Tributário — PUC/SP. Advogada em São Paulo

I — Introdução. II — Da competência municipal para onerar o subsolo urbano. III — Do subsolo urbano — Natureza jurídica do bem público em tela. IV — Da possibilidade da remuneração aos Municípios pela utilização do subsolo urbano. V — Da impossibilidade da cobrança de tributos pela utilização do subsolo por particulares: A) Da impossibilidade da aplicação do regime jurídico tributário para que seja auferida contraprestação municipal pela utilização do subsolo urbano por particulares; B) Da natureza da contraprestação pretendida pelos Municípios pela utilização do subsolo por particulares. VI — Da onerosidade excessiva na prestação de serviços públicos — Ilegalidade. VII — Conclusão. Bibliografia.

I — Introdução

Contemporaneamente, a utilização do subsolo urbano, por empresas particulares, concessionárias ou permissionárias de serviços públicos, tem causado acirradas discussões doutrinárias e provocado manifestações judiciais. Isto é assim, porque pretendem os Municípios receberem contraprestações — cuja natureza jurídica é tormentosa — pela utilização do subsolo urbano, quando usado para suportar as instalações de infra-estrutura, indispensáveis à prestação dos serviços de abastecimento de água, telecomunicações, energia elétrica, escoamento e abastecimento nacional de petróleo, gás e derivados, por meio de oleodutos e gasodutos.

O tema comporta investigação destacada dos seguintes aspectos, a saber: 1) a competência municipal para onerar o subsolo urbano; 2) a natureza jurídica do bem público subsolo urbano; 3) da possibilidade da remuneração aos Municípios pela utilização do subsolo urbano ; 4) da impossibilidade da contraprestação pela utilização do subsolo urbano dar-se por meio do regime jurídico tributário; 5) da onerosidade excessiva na prestação de serviços públicos e serviços tidos, legalmente, como de utilidade pública.

Iniciemos, as nossas reflexões, portanto.

II — Da competência municipal para onerar o subsolo urbano

Por mais que a nossa Constituição Federal proclame a forma federativa de Estado e a autonomia municipal, é ranço cultural do povo brasileiro, fruto da sua formação autoritária, entender que todos os direitos, na condução dos assuntos públicos, estão sob a égide do poder central, federal, que tem primazia sobre as necessidades dos Estados e sobretudo dos Municípios, estes mais próximos dos reclamos da população que os habita. Tal ranço não está apenas no intérprete do direito — que tudo permite à União Federal, justificando a sua primazia na condução de todos os assuntos públicos, por meio de normas gerais, cujo objeto desconhecem — mas também a própria Magna Carta está permeada de veios autoritários, quando atribui à União, por exemplo, competência tributária privativa e residual; quando permite ao chefe do Poder Executivo Federal alterar as alíquotas dos tributos aduaneiros, IPI e IOF; quando determina que apenas dois tributos federais submetam-se ao principio da anterioridade e assim por diante.

Não poderia ser diferente a discussão no que atine a exploração econômica do subsolo urbano. A própria União Federal, confunde os contratos de concessão, para a prestação de serviços públicos, que constitucionalmente lhe cabe prestar, regular, fiscalizar etc. com a utilização do subsolo urbano municipal para a implementação da infra-estrutura que permitirá a prestação de tais serviços.

Embora assista razão aos Municípios, no que concerne a sua competência para regularizar a utilização do subsolo urbano, equivocam-se as municipalidades, criando perplexidades jurídicas inúteis, no que atine à forma de contraprestação, como a seguir demonstraremos.

Analisando, sistematicamente, nosso direito positivo, verificamos que a Constituição Federal não tratou o subsolo como bem da União, apenas reservou para Esta a exploração dos recursos minerais, existentes no subsolo. O art. 20, da Magna Carta confirma a assertiva, quando reserva à União os recursos minerais, inclusive os do subsolo. O art. 176 do Texto Supremo, dispõe que as jazidas, em lavra ou não, e demais recursos minerais e os potenciais de energia elétrica, constituem propriedade distinta da do solo, para efeito de exploração ou aproveitamento e pertencem à União. Logo, o subsolo em que não haja recursos minerais, lavra e potenciais de energia elétrica pertencem aos Municípios.

Por sua vez o art. 30 do Texto Supremo, em seu inc. VIII, determina que cabe aos Municípios promover o adequado ordenamento territorial, mediante planejamento e controle do uso, do parcelamento e da ocupação do solo urbano. Em sendo assim, impunha-se procurar, no sistema de direito positivo, o conceito jurídico de solo.

O art. 1.229 do Código Civil dispõe que o solo abrange o espaço aéreo e o subsolo correspondente em altura e profundidade úteis ao seu exercício. Logo, o subsolo está contido no conceito jurídico de solo, portanto, dentro das atribuições municipais de controle e uso do aludido bem.

No mesmo sentido dispõe a Lei 10.257, de 10.7.2001, que ao criar o Estatuto da Cidade, determina, que compete aos Municípios o planejamento da cidade, por meio do Plano Diretor, dispondo sobre o parcelamento, uso e ocupação do solo. Prevê, ainda, em seu art. 21, o denominado direito de superfície, pelo qual o proprietário urbano poderá conceder a outrem o direito de superfície do terreno, que se traduz no direito de utilizar o solo, o subsolo e o espaço aéreo, relativo ao imóvel (art. 21).

Junta-se a tais comandos de direito positivo, a autonomia municipal, expressamente consagrada em nossa Magna Carta, traduzindo-se na prerrogativa de autogoverno e no exercício da função legislativa, para assuntos de interesse local.

Logo, a competência municipal para disciplinar a utilização econômica do subsolo urbano é amplamente prestigiada em nosso direito positivo. Firmada esta premissa, passemos à investigação da natureza do bem público subsolo urbano.

III — Do subsolo urbano — Natureza jurídica do bem público em tela

Dispõe o art. 99 do Código Civil, que são bens públicos *os de uso comum do povo*, tais como rios, mares, estradas, ruas e praças; *os de uso especial*, tais como edifícios ou terrenos destinados a serviço ou estabelecimento da administração federal, estadual, municipal, ou territorial, inclusive os de suas autarquias; *os dominicais*, que constituem o patrimônio das pessoas jurídicas de direito público, como objeto de direito pessoal ou real, de cada uma dessas entidades.

Dentre essas três classificações legais, a doutrina, é unânime, ao entender que o subsolo urbano pertence à categoria de bem de uso comum do povo, porém utilizado pelas concessionárias de serviços públicos federais, de modo especial.

Ensina-nos Celso Antônio Bandeira de Mello[1] que

"(...) podem ocorrer hipóteses em que alguém necessite ou pretenda fazer usos especiais, ou seja, que se afastem das características dantes apontadas, por implicarem sobrecarga do bem, transtorno ou impedimento para a concorrente e igualitária utilização de terceiros ou ainda por demandarem até mesmo o desfrute de uma exclusividade no uso sobre parte do bem.

"Em tais condições, ora será indispensável (a) a prévia manifestação administrativa concordante (autorização de uso ou permissão de uso), ora será necessário (b) dar prévia ciência à Administração de que se pretende fazer determinada utilização de um certo bem público de uso comum, para que o Poder Público possa vetá-la, se for o caso."

Os particulares poderão utilizar os bens de uso comum, em finalidades especiais, mediante a obtenção, junto à Administração Pública, de permissão ou concessão de uso, que poderá, nos termos da lei civil aqui citada, ser gratuita ou onerosa.

1. Celso Antônio Bandeira de Mello, *Curso de Direito Administrativo*, p. 794.

Neste ponto, vale lembrar que o art. 103 do Código Civil prevê que o uso comum de bens públicos pode ser gratuito ou retribuído, conforme for estabelecido legalmente pela entidade a cuja administração pertencem.

Não obstante as lições do grande mestre, aqui transcritas, no XV Congresso Brasileiro de Direito Tributário, realizado pelo IDEPE, foram apresentadas duas análises jurídicas sobre o tema, chegando a diferentes conclusões, a saber:

A) Os Municípios não fazem jus a qualquer retribuição econômica pela utilização do subsolo por particulares, para a instalação de infra-estrutura que viabilize a prestação de serviços públicos — Tal entendimento foi sustentado por Betina Grupenmacher,[2] sob os seguintes fundamentos: a) os bens de uso comum do povo não podem ser explorados, nem cedidos; b) as empresas de telecomunicação, saneamento básico e energia elétrica possuem, para a execução das suas atividades, uma permissão de uso de bem comum; c) a instalação de infra-estrutura necessária à prestação do serviço público, não dever ser alvo de qualquer pagamento, visto que onerará o próprio serviço que cabe ao Estado prestar; d) os Municípios devem suportar a instalação das infra-estruturas referentes à prestação de serviços públicos, porque isso não interfere na disciplina do uso do solo e do subsolo; não causa prejuízo para o Município, porque não embaraça a utilização do uso de bem comum; os Municípios podem cobrar taxa de polícia em razão da fiscalização da instalação da infra-estrutura voltada à prestação dos serviços públicos.

Em que pese o brilho de tal entendimento, dele discordamos no que atine a impossibilidade do aproveitamento econômico de bens de uso comum do povo, desde que não haja prejuízo à fluência da sua utilização normal pela população. Atende ao interesse público que particulares, que auferem vantagem econômica, utilizando-se para tanto de bens públicos, recolham ao

2. *RDT* 85/19.

erário uma retribuição, ajustada ao benefício por eles auferido.

Junta-se a isso o fato de que tanto a concessão como a permissão de uso, por expressa disposição legal, podem dar-se a título oneroso. O que merece ser observado, na análise deste tema, é a onerosidade excessiva incidente sobre a prestação de serviços públicos, que cabe ao Estado diretamente prestar ou então por meio de concessionárias.

No momento oportuno tal tema será investigado, agora voltaremos a analisar a possibilidade de retribuição pela utilização econômica dos bens de uso comum do povo por particulares.

No aludido Congresso de Direito Tributário, a Secretária de Assuntos Jurídicos do Município de São Paulo, Anna Emília Cordelli Alves,[3] sustentou que o subsolo é bem de uso comum do povo, mas que pode ser onerado por meio de preço, porque no caso da utilização do subsolo, os bens de uso comum, tais como ruas e rodovias, não estão sendo utilizados na sua destinação normal. Em sendo assim, o Município pode valer-se do instituto da permissão de uso e cobrará preço público como retribuição econômica.

Tal entendimento também parece-nos não estar adequado à solução do problema, porque a permissão de uso é concedida a título precário, podendo ser usada, portanto, em negócios onde não haja grande dispêndio de capital; onde a instalação da infra-estrutura, indispensável à prestação do serviço público, não fique agregada ao solo; os ganhos imediatos do permissionário justificam a precariedade do instrumento contratual escolhido pela municipalidade.

Para os de serviços de telecomunicações, saneamento básico, oleodutos e gasodutos, energia elétrica, a permissão de uso não se mostra como o instituto apropriado, em razão da sua precariedade e do grande volume de investimentos que a prestação de tais serviços públicos requer.

3. *RDT* 85/24.

Além disso, não foi tratada a natureza da contraprestação pretendida, já que preço público não possui natureza jurídica própria.

IV — Da possibilidade da remuneração aos Municípios pela utilização do subsolo urbano

Face ao exposto, não há qualquer impeditivo jurídico para que os Municípios possam onerar a utilização do subsolo urbano por particulares, tampouco nada os impede de ajuizar ações reparatórias dos bens públicos por eles lesados. Atualmente, reclamam os Municípios que os concessionários de serviços públicos estragam o asfalto da cidade, fazendo buracos por toda parte, deixando apenas sobre o asfalto uma chapa metálica, remanescendo às tais pessoas políticas o reparo das ruas.

Neste tema, há que se distinguir as obrigações de natureza civil, indenizatórias, reparatórias de danos causados ao patrimônio coletivo, das obrigações de natureza pública, tais como as concessões e permissões de uso em foco. Ou seja, não se pode colocar sob o mesmo pálio, duas obrigações de natureza jurídica distinta, a saber: o reparo das ruas, que o poder público deve obrigar o utente do bem de uso comum do povo a fazê-lo, valendo-se das ações de natureza civil e outra regida pelos mandamentos do direito público, quando há o fenômeno da permissão ou concessão de uso.

O discurso doutrinário apresenta-se confuso, pois para a preservação das vias públicas, para evitar os buracos que ficam eternamente sem conserto, ou seja, para reparar dano, cogitam da cobrança de tributos ou preço público dos particulares, concessionários de serviços públicos, gerando uma confusão ímpar. Tomam uma coisa pela outra e o discurso torna-se prolixo.

Para nós, os danos ao patrimônio público devem ser reparados pelas ações civis pertinentes. O problema agora é enfrentar qual a natureza jurídica da contraprestação do particular em decorrência da permissão ou concessão de uso de bem de uso comum do povo. Também deve-se considerar se a onerosidade excessiva, imposta pelo Poder Público, aos concessionários e permissionários, prestadores de serviços públicos, atende ao regramento constitucional e legal para a prestação de tais serviços à comunidade, cuja obrigação, por determinação constitucional, pertence ao próprio Estado.

V — Da impossibilidade da cobrança de tributos pela utilização do subsolo por particulares

A) Da impossibilidade da aplicação do regime jurídico tributário para que seja auferida contraprestação municipal pela utilização do subsolo urbano por particulares

O regime jurídico tributário é totalmente inaplicável para onerar a utilização do subsolo urbano por particulares, concessionárias ou permissionárias de serviços públicos, já que nenhuma espécie tributária pode, por vedação constitucional, prestar-se a tanto.

A Constituição Federal, em seu art. 145, estabelece que as espécies tributárias são: impostos, taxas e contribuições.

No regime jurídico constitucional brasileiro, no que atine aos impostos, a sua instituição e cobrança depende da competência tributária que foi conferida ao ente impositor pela Magna Carta. Para a distribuição das competências tributárias escolheu o político condutas lícitas e repartiu-as entre as pessoas políticas. Assim, basta a simples leitura do art. 156 da Constituição Federal para verificar-se que os Municípios não possuem competência para instituírem qualquer imposto pela utilização do subsolo urbano.

Juntam-se a isso dois outros fatos, saber: a) os impostos são tributos completamente desvinculados de qualquer atuação estatal, que tenha referibilidade imediatamente relacionada ao contribuinte; b) a única pessoa política que poderia instituir tal imposto — se o subsolo urbano lhe pertencesse — seria a União Federal. Neste caso, tal pessoa política poderia instituir um imposto onerando a utilização por particulares do subsolo urbano, fazendo uso da sua competência residual, podendo delegar aos Municípios, se assim o desejasse, o exercício da capacidade tributária ativa. Mas como o subsolo urbano pertence ao Município, a União não pode instituir qualquer imposto que o onere, por expressa vedação constitucional (art. 150, VI, *a*, da Constituição Federal).

Assim, está afastada a possibilidade jurídica da instituição de impostos para gravar a utilização do subsolo urbano.

Também o regime jurídico das taxas deve ser afastado. Isto é assim, porque as taxas de serviço só podem ser cobradas se o Poder Público disponibilizar ou efetivamente prestar aos administrados serviços públicos, específicos e divisíveis, o que não se adequa a hipótese em comento, visto que almejam as municipalidades onerar a utilização de um bem público. Já as taxas de polícia poderão ser cobradas toda vez que a Administração Pública realizar o seu poder-dever de fiscalização, atenta, obviamente, aos princípios constitucionais que regem a tributação.

As contribuições só podem ser exigidas se, de uma atuação estatal, indiretamente, sobrevir uma especial vantagem a uma certa categoria de contribuintes, o que também não se aplica à pretensão das municipalidades.

Logo, o regime jurídico tributário não dá guarida à pretensão municipal.

B) Da natureza da contraprestação pretendida pelos Municípios pela utilização do subsolo por particulares

No caso em análise, não há qualquer dúvida de que, em pretendendo as municipalidades onerarem a utilização do subsolo urbano, devem valer-se dos institutos da concessão ou permissão de uso, que como vimos de ver, podem dar-se a título oneroso.

Entendem os administrativistas, entre eles, Celso Antônio Bandeira de Mello[4] e Maria Sylvia Zanella Di Pietro,[5] que dada a precariedade do contrato de permissão, se o particular tiver que despender gastos significativos para o desempenho dos seus misteres, o correto seria a utilização do contrato de concessão.

São expressivas a respeito as lições de Celso Antônio Bandeira de Mello,[6] pelas quais: "Pelo seu caráter precário, caberia utilizá-la normalmente, quando; a) o permissionário não necessitasse alocar grandes capitais para o desempenho do serviço; b) poderia mobilizar, para diversa destinação e sem maiores transtornos, o equipamento utilizado ou, ainda, quando; c) o serviço não envolvesse implantação física de aparelhamento que adere ao solo, ou, finalmente, quando; d) os riscos de precariedade a serem assumidos pelo permissionário fossem compensáveis seja pela extrema rentabilidade do serviço, seja pelo curtíssimo prazo em que se realizaria a satisfação econômica almejada".

Assim, caberá à Administração Pública, juntamente com os administrados, discutir a melhor opção para a exploração do subsolo urbano, notadamente quando forem necessários grandes investimentos e lapsos de tempo prolongados para recuperá-los.

Embora todos sejam concordes de que tanto a concessão como a permissão de uso são contratos administrativos, regidos, portanto, pelo regime jurídico de Direito Público, a doutrina, difere quanto às formas de contraprestação, a saber: preço, tarifa, preço público a até mesmo taxa!

Alguns administrativistas, entendem que as tarifas são contraprestação pecuniária que os particulares, diretamente, pagam aos permissionários ou concessionários, pelos serviços públicos que, em nome do Estado, estes prestam à comunidade. Assim, os concessionários ou permissionários podem receber toda a contraprestação pelos serviços que prestam, diretamente dos usuários do serviço, por meio de tarifas e ainda podem obter outras receitas repassadas pelo próprio Estado.

O tema pertinente às tarifas ainda é completamente confuso na doutrina e jurisprudência. Ora, porque não definem a natureza jurídica de tal contraprestação, ora porque a entendem como sinônimo de preço. A título de ilustração alinharemos alguns entendimentos doutrinários, a saber:

Caio Mário da Silva Pereira,[7] ensina que: "uma modalidade de fixação do preço é o tarifamento, realizado mediante a intervenção da autoridade pública, que ora estabelece o limite máximo, ora atribui à coisa o preço inarredável da venda (...). *A tarifa, portanto, é o cerne da relação jurídica contratual que vincula o poder público à concessionária*, não afetando o usuário do serviço concedido. O preço, portanto, é gênero, do qual a tarifa é a espécie (...)".

Para Antônio Carlos Cintra do Amaral:[8] "Não há, pois, como confundir taxa e tarifa. Assim como não se pode confundir esses dois tipos de remuneração com o preço. Abstraindo os rótulos, e concentrando atenção nos conceitos, tanto a taxa quanto a tarifa são pagas pelo usuário do serviço público, diretamente ao Poder Público (taxa), ou à concessionária (tarifa). Preço é a contraprestação paga uma das ´partes contratantes à outra, em decorrência de um contrato, quer contrato privado, quer administrativo, que tenha por conteúdo uma obrigação de dar ou de fazer (...)".

O autor, ainda, sustenta a existência jurídica de preço semiprivado ou quase-

4. Celso Antônio Bandeira de Mello, ob. cit., p. 674.

5. Maria Sylvia Zanella Di Pietro, *Direito Administrativo*, p. 448.

6. Celso Antônio Bandeira de Mello, ob. cit., p. 672.

7. Caio Mário da Silva Pereira, *Instituição de Direito Civil*, v. III, p. 124.

8. Antônio Carlos Cintra do Amaral, *Concessão de Serviços Públicos*, p. 119.

privado, como remuneração paga pela concessionária ao poder concedente pela outorga da concessão. O mesmo entendimento é adotado por Hely Lopes Meirelles[9] (*Direito Municipal Brasileiro*, p. 146).

Lúcia Valle Figueiredo[10] pronunciou-se sobre a tarifa nos seguintes termos: "Tarifa para nós é a mesma coisa que preço público". Já para Bernardo Ribeiro de Moraes "público é adjetivo que faz referência à natureza da entidade ou pessoa que recebe o preço. Quando o credor, na venda, de bens imateriais, acha-se ligado ao Poder Público (Estado, órgão estatal, empresa associada, concessionária ou permissionária), o preço é denominado preço público".

Para Roque Antonio Carrazza[11] ensina que na concessão ou permissão de serviço público, a "política tarifária, a qual alude o art. 175, parágrafo único, III, do Diploma Fundamental, deve ser realizada não pelo utente do serviço, mas pela pessoa política que o concedeu ou permitiu. Melhor dizendo, o destinatário imediato desta norma constitucional não é o fruidor do serviço púbico concedido, mas o Poder Público concedente ou permitente".

Geraldo Ataliba,[12] fazendo citação de Greco e Souza ensina que: "Atualmente, o discrímen entre taxa e preço é fornecido pelo Texto Maior na medida em que separa os campos próprios da atuação pública ou do particular, reservando à primeira o instrumento gerador de receitas que é a taxa" (ob. cit., p. 110).

E prosseguem: "Portanto, toda a discussão doutrinária a respeito da distinção entre taxa e preço público não pode mais calcar-se na compulsoriedade ou facultatividade da figura, pela simples razão que a decisão que a discussão tinha origem em um dispositivo constitucional que não mais existe (...).

9. Hely Lopes Meirelles, *Direito Municipal Brasileiro*, p. 146.

10. Lúcia Valle Figueiredo, *Curso de Direito Administrativo*, p. 115.

11. Roque Antonio Carrazza, *Curso de Direito Constitucional Tributário*, p. 298.

12. Geraldo Ataliba, ob. cit., p. 169.

"Destarte na Constituição vigente o critério para identificar a taxa e o preço não mais é a compulsoriedade ou a facultatividade, mas o tipo de atividade exercida. Se for uma atividade econômica, tal como previsto no Título III da Constituição Federal, haverá preço; se for uma atividade própria do Estado teremos taxa" (p. 111).

Enumeradas todas estas manifestações doutrinárias, concluímos que a tarifa não é um instituto jurídico, por não possuir um regime jurídico próprio,que a distinga dos preços e taxas. O mesmo ocorre com o preço público ou semiprivado.

Na verdade, a discussão sobre a contraprestação aos Municípios pela utilização do subsolo urbano, só pode ser enfrentada, no direito brasileiro positivo brasileiro, sob dois aspectos, a saber: ou é preço ou subsume-se ao regime jurídico tributário.

Como ficou demonstrado, linhas atrás, a contraprestação pretendida não pode dar-se por meio de tributos porque não se trata de prestação de serviço público específico e divisível, a ser contraprestado por meio das taxas, e nem de serviço público específico e indivisível, a ser custeado pelos impostos.

Vale reforçar que os Municípios não possuem competência tributária para instituírem impostos sobre a exploração econômica do subsolo urbano.

Assim, a retribuição aos Municípios deve dar-se por meio de preço, a ser convencionado no contrato de concessão ou permissão. O sistema tarifário a que se refere a Constituição Federal, em seu art. 175, bem como as tarifas de que trata a Lei 8.987, de 13.2.1995, devem ser interpretados como preço, visto que tarifa, repetimos, não possui regime jurídico próprio. As tarifas, geradoras de tantas confusões doutrinárias, atendem apenas às necessidades das concessionárias e permissionárias de serviços públicos, que não desejam submeter-se ao regime jurídico tributário para o aumento das contraprestações que lhes são devidas, visto que tal regime prevê a legalidade, anterioridade, investigação de capacidade contributiva, entre outros princípios, para o aumento da carga fiscal.

Não nos esqueçamos que no transporte coletivo há o preço pactuado entre a Administração Pública e o concessionário ou permissionário de tal serviço, sendo que os usuários do mesmo, nada deveriam pagar pelo transporte, porque as municipalidades, neste caso, devem ressarcir-se por meio das receitas oriundas dos impostos. Isto é assim, porque transporte coletivo é serviço público, específico e indivisível, só podendo, portanto, ser contraprestado por meio dos impostos. Os usuários não podem pagar taxa, porque ausente o requisito da divisibilidade (o preço cobrado pelo transporte é igual para todos os usuários, independentemente das distâncias percorridas); não pode pagar preço, porque não realizou nenhuma avença com o permissionário, prestador do serviço público. Também não que se cogitar de tarifa, já que esta é sinônimo de preço.

Investigações em nosso direito positivo confirmam o entendimento de que tarifa é sinônimo de preço, visto que se prende às relações contratuais, entre o Poder Público e o concessionário. Saquemos alguns artigos da Lei 8.987/1995, que trata do regime de concessões e permissões a que alude a Constituição Federal em seu art. 175, que comprovam tais alegações, a saber: a tarifa do serviço público concedido será fixada pelo preço da proposta vencedora da licitação e preservada pelas regras e revisão previstas nesta Lei, no edital e no *contrato* (art. 9º); os *contratos* poderão prever mecanismos de revisão das tarifas, a fim de manter-se o equilíbrio econômico-financeiro (art. 9º, § 2º); a criação de novos tributos, após a apresentação das propostas, implicará na revisão das tarifas para mais ou para menos, conforme o caso (art. 9º, § 3º); em havendo alteração unilateral do *contrato*, que afete o seu inicial equilíbrio econômico-financeiro, o poder concedente deverá restabelecê-lo concomitantemente à alteração (art. 9º, § 4º); o Poder Público poderá prever, em favor do concessionário, no edital de licitação, outras fontes provenientes de receitas alternativas, com vistas a favorecer a modicidade das tarifas (art. 11).

Logo, é indisputável que as denominadas tarifas são decorrentes de relação contratual, e que possuem a natureza jurídica de preço.

É importante observar que além de contraprestação contratual, por meio de preço (tarifa), a Lei em comento ainda prevê outras fontes de receita que asseguram a modicidade dos preços nas contraprestações de serviços públicos, de serviços essenciais ou nos declarados de utilidade pública.

Isto posto, e para concluir, afirmamos que: a) entre a concessionária ou permissionária de serviços públicos e o Poder Público, existe um regime contratual, cuja forma de remuneração é preço, o que se aplica não só a prestação de serviços públicos, mas também a retribuição econômica que pretendem auferir os Municípios pela utilização do subsolo urbano. Entretanto, a remuneração dos serviços públicos, só pode dar-se por meio do regime tributário. Se o serviço público for específico e divisível, impõe-se a cobrança de taxa. Se o serviço público for específico, porém indivisível (transporte coletivo, por exemplo), deve o Estado prestar tal serviço valendo-se da receita oriunda dos impostos. Não poderia, por falta de amparo legal, ser cobrado do usuário.

O regime de preços também se aplica quando o Estado exerce a exploração direta de atividade econômica (art. 173 da CF).

VI — Da onerosidade excessiva na prestação de serviços públicos — Ilegalidade

O direito positivo brasileiro autoriza a utilização de bem de uso comum do povo, por meio de concessão ou permissão à particulares, a título oneroso, para a prestação de serviços públicos que cabe ao Estado prestar. Permite, ainda, em nome da supremacia dos interesses públicos, a exploração de bens públicos por particulares, a título oneroso, desde que não haja o comprometimento da fruição natural do bem pelo povo, tal como a locomoção nas praças e ruas.

Quando a exploração subterrânea de bem de uso comum do povo for feita por particulares, em exercício de atividade econômica privada, em benefício próprio, nada obsta que tal utilização seja onerosa. Ao contrário, o princípio da supremacia dos interesses públicos, impõe a eficiência na gestão dos interesses coletivos, cabendo ao mandatário do povo assegurar a melhor utilização do patrimônio que administra.

A questão é discutível quando a utilização do subsolo urbano destina-se a abrigar infra-estrutura indispensável à prestação de serviços públicos.

Neste ponto vale lembrar o conceito de serviço público e os princípios que informam a sua prestação. Segundo as lições de Celso Antônio Bandeira de Mello,[13] "serviço público é toda atividade de oferecimento de utilidade ou comodidade material fruível diretamente pelos administrados, prestado pelo Estado ou por quem lhe faça as vezes, sob um regime de Direito Público (...) portanto, instituído pelo Estado em favor dos interesses que houver definido como próprios do sistema normativo".

E prossegue o grande mestre ensinando os princípios que norteiam a prestação de serviços públicos, a saber: "Cabe em seguida arrolar alguns princípios de Direito Público reportados notadamente ao serviço público: (1) o do inescusável dever do Estado de prestá-lo ou promover-lhe a prestação, sob pena de responsabilidade perante os administrados; (2) o princípio da adaptabilidade, ou seja, de sua atualização e modernização, conquanto, como é lógico, dentro das possibilidades econômicas do Poder Público; (3) o princípio da universalidade, por força do qual o serviço tem que ser indistintamente aberto à generalidade do público; (4) o princípio da impessoalidade, do que decorre a inadmissibilidade de discriminações entre os seus usuários; (5) o princípio da continuidade, significando isto a impossibilidade de sua interrupção e o pleno direito dos administrados a que não seja suspenso ou interrompido, do que decorre a impossibilidade do direito de greve em tais serviços; e (6) *o princípio da modicidade das tarifas* — deveras, se o Estado atribui tão assinalado relevo à atividade a que conferiu tal qualificação, por considerá-la importante para o conjunto de membros do corpo social, seria rematado dislate que os integrantes desta coletividade a que se destina devessem, para desfrutá-la, pagar importâncias que os onerassem excessivamente e — pior que isto — que os marginalizassem".

Converge para o princípio da moralidade pública, cânone constitucional explícito (art. 37 da CF), o princípio da modicidade das tarifas, porque se o serviço é público, é de vital importância para a coletividade, cabendo ao Poder Público prestá-lo, sob pena de responsabilidade, não pode, esse mesmo Poder Público, tolerar ou permitir contraprestações de valor elevado que vede a fruição do bem ou do serviço pela comunidade.

Assim, partilhamos da opinião dos que entendem que quando o subsolo urbano for utilizado por concessionárias ou permissionárias de serviços públicos, para a prestação de tais serviços, os Municípios não poderão cobrar o preço pela utilização do subsolo urbano, sob pena de tornar excessivamente onerosos os serviços que cabem ao próprio Poder Público prestar. Tal atitude seria ilegal, por ferir os ditames do art. 11 da Lei 8.987/1995, como relatado, linhas atrás.

E não só os serviços públicos, por definição legal, mas também os serviços públicos por afetação e ainda, os que integram o exercício da atividade econômica pelo Estado, nos termos do art. 173 da Constituição Federal. Saquemos o exemplo do petróleo seus derivados, gás natural e seus

13. Celso Antônio Bandeira de Mello, ob. cit., p. 587.

derivados, que tanto influenciam os índices inflacionários; que são produtos disputados no mundo inteiro; que são vitais ao desenvolvimento econômico; à prestação de serviços de transporte coletivo à população carente; abastecimento de gás para uso industrial e domiciliar e à estabilidade de inúmeros negócios jurídicos.

Cônscio de tal realidade, o legislador constituinte, atento à importância social de tais produtos e a modicidade do preço consignou, no art. 155, § 3º da Constituição Federal, que: "À exceção dos impostos de que tratam o inc. II do *caput* deste artigo e o art. 153, I e II, nenhum outro imposto poderá incidir sobre as operações relativas à energia elétrica, serviços de telecomunicações, derivados de petróleo, combustíveis e minerais do País". Mais adiante, ao tratar do ICMS, inseriu no Texto Constitucional que o aludido tributo "não incidirá sobre operações que destinem a outros Estados petróleo inclusive lubrificantes, combustíveis líquidos e gasosos dele derivados, e energia elétrica (art. 155, X, *b* do Texto Supremo).

Juntam-se aos mandamentos constitucionais em apreço, os ditames da Lei 9.847, de 26.10.1999, pelos quais o abastecimento nacional de combustíveis é considerado de utilidade pública, abrangendo as atividades de produção, importação, exportação, refino, beneficiamento, tratamento, processamento, transporte, transferência, armazenagem, estocagem, distribuição, revenda e comercialização de petróleo e seus derivados básicos e produtos, gás natural e condensado.

Não obstante as normas constitucionais em apreço, que tem por finalidade impedir a onerosidade excessiva de atividade, indiscutivelmente de caráter público e essencial ao desenvolvimento social e estabilidade econômica, o Poder Público, ignorando o cânone da modicidade na contraprestação pela sociedade, instituiu tributos sobre a mesma, de tal monta que aproximadamente 57% do preço dos derivados de petróleo e gás compõem-se de carga fiscal. Não contente com isso, ainda houve a criação da CIDE-Combustíveis, que nada mais é que um imposto inconstitucional, a onerar o preço do derivado de petróleo, gás natural e seus derivados e álcool combustível.

A Emenda Constitucional 33, de 11.12.2001, incluiu na Constituição Federal três parágrafos no art. 149 e no art. 177, incluiu o § 4º, pelo qual a União está autorizada a instituir contribuição de intervenção no domínio econômico, relativa às atividades de importação ou comercialização de petróleo e seus derivados, gás natural e seus derivados e álcool combustível. Os recursos arrecadados de tal contribuição deveriam ser destinados: a) ao pagamento de subsídios a preços ou transporte de álcool combustível, gás natural e seus derivados e derivados de petróleo; b) financiamento de projetos ambientais relacionados com a indústria do petróleo e do gás e ao financiamento de programas de infra-estrutura de transportes. A Lei 10.336, de 19.12.2001, instituiu a CIDE prevista no mandamento constitucional em comento.

Não atentou o legislador que tal contribuição seria de existência jurídica impossível pois, para que tal instituto jurídico reste caracterizado, é preciso que de uma ação do Estado, resulte, indiretamente, benefícios a uma especial categoria de contribuintes, a teor do que ocorre nas contribuições de melhoria. Logo, a hipótese é de criação de imposto que incide sobre petróleo, seus derivados, gás e seus derivados e álcool combustível.

A primeira conclusão a que chega o estudioso do Direito, é que na hipótese haveria de conflito de normas constitucionais pois, o art. 155, § 3º da Constituição Federal, determina que à exceção dos impostos de que tratam o inc. II, do *caput*, do artigo em comento, e o art. 153, I e II, do Texto Maior, nenhum outro imposto poderá incidir sobre as operações relativas à energia elétrica, serviços de telecomunicações, derivados de petróleo, combustíveis e minerais do País. Ocorre que tal conclusão pode ser apressada, visto que o art. 177, § 4º da

Magna Carta determina que o legislador ordinário crie uma autêntica contribuição sobre os combustíveis e demais produtos que elenca, e não um imposto. Logo, a hipótese não é de antinomia de normas constitucionais e sim de inconstitucionalidade da Lei 10.336, de 19.12.2001, que instituiu um imposto sobre combustíveis, o que é constitucionalmente vedado pelo art. 155, § 3º da Magna Carta.

Assim, é vexatório que em muitos casos, a discussão judicial sobre a constitucionalidade da CIDE não investigue a sua natureza de imposto, limitando-se a discussão judicial sobre a obrigatoriedade ou não da CIDE ser instituída por meio de lei complementar.

Bem, não vamos nestas reflexões, sobre a possibilidade jurídica ou não da oneração do subsolo urbano pelos Municípios, abordar todos os aspectos da CIDE, cuja análise é bastante dilargada. Apenas fizemos alusão a tal imposto, para demonstrar a quantas anda a onerosidade fiscal de produtos de importância vital para todo o desenvolvimento social e econômico do país.

Mas não bastasse a carga tributária excessiva, soma-se a esta, a obrigação prevista no art. 20, § 1º da Constituição Federal, referente ao pagamento de *royalties* ou então compensação financeira, que deverão reverter em proveito do próprio Poder Público, que tem a missão legal de atender ao cânone da modicidade das contraprestações referentes aos serviços públicos e essenciais. Dispõe o aludido artigo, em seu § 1º que: "É assegurada, nos termos da lei, aos Estados, ao Distrito Federal e aos Municípios, bem como a órgãos da administração direta da União, participação na exploração direta de petróleo e gás natural, de recursos hídricos para fins de geração de energia elétrica e de outros recursos minerais no respectivo território, plataforma continental, mar territorial ou zona econômica exclusiva, ou compensação financeira por essa exploração".

Diante disso é evidente que além da fortíssima carga tributária que recai sobre os serviços públicos, quer legais quer por afetação, ainda há a obrigatoriedade do pagamento de *royalties* e compensações ao Poder Público por atividades que cabe a ele mesmo prestar, zelando pela modicidade dos preços.

Mas não é só. Agora pretendem os Municípios auferirem o pagamento de preço pela utilização do subsolo urbano, no que afeta as vias públicas, praças, ainda que os oleodutos, e toda outra infinidade de tubulações e passagem de fibra ótica, sejam indispensáveis à prestação de serviços públicos ou atividades essenciais, legalmente consideradas de utilidade pública, como o abastecimento nacional de petróleo e gás e seus derivados, saneamento básico, iluminação pública; telecomunicações, entre outros.

Embora reconheçamos competência aos Municípios para tanto e até recomendemos tal atitude, no que atine a utilização de bens públicos por entidades privadas, não podemos adotar o mesmo entendimento quando se trata da prestação de serviços públicos e essenciais à coletividade. Neste último caso, e considerando que nenhum prejuízo sobrevêm aos Municípios pela utilização subterrânea do seu solo e sobretudo porque o Poder Público tem que zelar pela modicidade dos preços, entendemos que tal cobrança é ilegal, por afronta ao art. 11 da Lei 8.987/1995.

O Superior Tribunal de Justiça, em julgados recentes, decidiu que:

> *Administrativo e tributário. Taxa de licença para publicidade e pela exploração de atividade em logradouros públicos.*
>
> 1. A intitulada "taxa", cobrada pela colocação de postes de iluminação em vias públicas não pode ser considerada como de natureza tributária porque não há serviço algum do Município, nem o exercício do poder de polícia.
>
> 2. Só se justificaria a cobrança como PREÇO se se tratasse de remuneração por um serviço público de natureza comercial ou industrial, o que não ocorre na espécie.

3. Não sendo taxa ou preço, temos a cobrança pela utilização das vias públicas, utilização esta que se reveste em favor da coletividade.

4. Recurso ordinário provido, segurança concedida (STJ, 2ª T., Rela. Ministra Eliana Calmon, ROMS 12.081-SE, *DOU* 10.9.2001).

Tributário e administrativo. Taxa de ocupação do solo. Pagamento por empresa exploradora da comercialização de energia elétrica. Utilização de área situada no solo ou subsolo abrangidos por logradouros públicos. Mandado de segurança. Entendimento do Tribunal "a quo". Fato gerador da cobrança de natureza administrativa. Denegação da segurança. Recurso ordinário. Natureza tributária da exação instituída como taxa. Ilegitimidade. Provimento do recurso.

I — A União, os Estados e o Distrito Federal e os Municípios, poderão instituir "taxas, em razão do exercício do poder de polícia ou pela utilização, efetiva ou potencial, de serviços públicos específicos e divisíveis, prestados ao contribuinte ou postos a sua disposição" (arts. 145, II, da CF e 77 do CTN).

II — É ilegítima a cobrança de taxa instituída em lei municipal, para incidir na ocupação do solo pelas empresas dedicadas à comercialização de energia elétrica, se não restaram observados os pressupostos constitucionais e legais para configuração do fato gerador desta espécie de tributo. Precedente jurisprudencial.

III — Recurso ordinário provido (STJ, 1ª T., Rel. Ministro Garcia Vieira, ROMS 11.910-SE, *DOU* 3.6.2002).

Tributário e administrativo. Uso do solo municipal para serviço de utilidade pública. Cobrança.

1. Não pode o Município cobrar pelo uso do solo, se o serviço se destina a comunidade municipal.

2. Sem ser taxa (porque inexiste serviço prestado pelo Município) e sem ser contraprestação pela utilização do solo, caracteriza-se como cobrança de um bem público.

3. Ilegalidade da cobrança.

4. Recurso provido em parte (STJ, 1ª T., Rela. Ministra Laurita Vaz, ROMS 11.412-SE, *DOU* 12.8.2002).

Nessa esteira, vale observar decisão do Tribunal de Justiça de Minas Gerais (Rel. José Domingues Ferreira Esteves, j. 8.4.2002, *DOU* 14.6.2002):

Tributário. Taxa pela fiscalização da ocupação do espaço público. Requisitos constitucionais. Preço ou tarifa. Descabimento.

1. Inviável a cobrança de taxa, se não existe, para a respectiva contraprestação, serviço público específico e divisível, nem o exercício efetivo do poder de polícia, em face do que dispõe o art. 145, II, da Carta Magna.

2. Ocorrendo a fiscalização, o que, por si só, atrairia a incidência de TAXA (arts. 77 e 78, CTN), igualmente, torna-se descabida e ilegal a imposição de preço público ou tarifa, já que, na dicção do STF, este serve para remunerar serviço público de natureza comercial ou industrial, o que, também, não ocorre no presente caso.

3. Não sendo hábil a recair sobre o uso e ocupação de solo, subsolo ou espaço aéreo a cobrança de taxa, nem preço, impossível, outrossim, a cobrança de aluguel, por se tratar de bens públicos, o que impõe, pois, a anulação do lançamento fiscal feito indevidamente.

4. Sentença confirmada.

Súmula: em reexame necessário, confirmaram a sentença.

Inteiro teor:

Ementa: Tributário. Taxa pela fiscalização da ocupação do espaço público. Requisitos constitucionais. Preço ou tarifa. Descabimento.

1. Inviável a cobrança de taxa, se não existe, para a respectiva contraprestação, serviço público específico e divisível, nem o exercício efetivo do poder de polícia, em face do que dispõe o art. 145, II, da Carta Magna.

2. Ocorrendo a fiscalização, o que, por si só, atrairia a incidência de taxa (arts.

77 e 78, CTN), igualmente, torna-se descabida e ilegal a imposição de preço público ou tarifa, já que, na dicção do STF, este serve para remunerar serviço público de natureza comercial ou industrial, o que, também, não ocorre no presente caso.

3. Não sendo hábil a recair sobre o uso e ocupação de solo, subsolo ou espaço aéreo a cobrança de taxa, nem preço, impossível, outrossim, a cobrança de aluguel, por se tratar de bens públicos, o que impõe, pois, a anulação do lançamento fiscal feito indevidamente.

4. Sentença confirmada (apelação cível 000.236.369-5/00, Comarca de Varginha; Apte(s).: JD 2 V CV Comarca Varginha pelo Prefeito Mun. Varginha; Apdo(s).: CEMIG Cia. Energética Minas Gerais; Rel. Exmo. Sr. Desembargador José Domingues Ferreira Esteves).

ACÓRDÃO

Vistos etc., acorda, em Turma, a 6ª Câmara Cível do Tribunal de Justiça do Estado de Minas Gerais, incorporando neste o relatório de fls., na conformidade da ata dos julgamentos e das notas taquigráficas, à unanimidade de votos, EM CONFIRMAR A SENTENÇA, NO REEXAME NECESSÁRIO.

Belo Horizonte, 8 de abril de 2002.

Desembargador José Domingues Ferreira Esteves, Relator.

Sr. Des. José Domingues Ferreira Esteves:

VOTO

Cuida-se de recurso oficial decorrente da concessão da segurança em prol da Companhia Energética de Minas Gerais — CEMIG, impetrada perante o d. Juízo da 2ª Vara Cível da Comarca de Varginha, em razão de ato, tido como ilegal, por parte do Sr. Prefeito Municipal de Varginha, que, com base nas Leis Municipais 3.073/1998 e 3.172/1999, pretendia dela exigir a denominada taxa de Fiscalização de Ocupação do Solo Urbano em vias e logradouros públicos.

Extrai-se da r. sentença de f. 80/81, como fundamentos para acolher o pedido inicial que, sendo a referida empresa concessionária de serviços públicos pertencentes à União Federal, em face do que dispõem os arts. 21, XII, *b* e 22, IV, da Constituição da República, inviável que os Municípios venham cobrar impostos incidentes sobre serviços uns dos outros, dada a regra da imunidade recíproca (art. 150, VI, *a*, CF/1988).

Neste ponto, argumenta o d. magistrado a desnecessidade de se pedir autorização para a utilização do espaço, necessário à instalação de rede de transmissão e postes, não havendo, assim, em tal atividade, qualquer fato hábil a atrair a exação tributária, seja como taxa, seja como preço público, razões estas a concluir pelo acolhimento da segurança, impondo-se a desoneração ao pagamento do referido tributo.

A manifestação da d. Procuradoria-Geral de Justiça é pela confirmação da sentença — f. 89/91.

Inexistindo recurso voluntário, conhece-se, neste eg. Tribunal, do recurso obrigatório, *ex vi*, do parágrafo único do art. 12, da Lei 1.533/1951.

A questão dos autos merece breve digressão sobre a diferença entre taxa e preços públicos, em razão de suas peculiaridades, mormente, quando vem à tona discussões sobre a possibilidade do Poder Público, mediante lei — e somente lei formal — impor esta nova espécie de tributo.

A taxa, diante de sua matriz constitucional (art. 145, II), individualiza-se por sua vinculação, ou contraprestação por parte da Administração Pública, de sorte a ter validade somente em razão, e, tão-só, pela efetiva ocorrência do exercício do poder de polícia, pela fiscalização, ou pela prestação de serviços públicos divisíveis e específicos.

In casu, verifica-se, sem dúvida, que inexiste qualquer serviço público posto à disposição do contribuinte, nem tampouco qualquer fiscalização recaindo sobre suas atividades, razão, de pronto, a afastar a imposição deste tipo de tributo, muito embora, frise-se, denominou a lei hostilizada como tal.

Resta, assim, ponderar, se, diante do sistema constitucional, qualifica-se a exação fiscal em tarifa ou preço público, como a própria Municipalidade, em suas informações, admitira. A rigor, preço público somente poderá ser cobrado do particular, quando submetido ao regime jurídico de direito privado, cujos serviços realizados sejam de natureza comercial ou industrial, não cabendo tal imposição quando se tratar do poder de polícia, consubstanciado na fiscalização. Esta, por sinal, na expressa regra do Código Tributário Nacional (art. 77), deverá ser custeada por recursos decorrentes da imposição de taxas, posto que o exercício regular do poder de polícia dá ensejo, apenas, a esta espécie tributária.

Portanto, se o Poder Público pretende se ver remunerado pela atividade de fiscalização, por certo, somente está autorizado a cobrar taxa, não podendo optar entre instituir esta ou a tarifa, sob pena de violação ao princípio da Legalidade Administrativa.

Aliás, o Colendo Supremo Tribunal Federal, com base em lição de Geraldo Ataliba, para quem "não há possibilidade jurídica de confusão entre taxa e preço, nem há, como muitos supõem, a liberdade do legislador em converter uma na outra e vice-versa" (*Hipótese de Incidência Tributária*, Ed. RT, p. 179), decidiu que essa pretensa opção é equivocada. Veja-se:

"Essa assertiva, diante do sistema constitucional vigente em nosso país, não é exata, quando, pela natureza do serviço público prestado, a essa prestação pode o Poder Público exigir o pagamento de uma taxa. Com efeito, sendo a taxa uma das modalidades de tributo, está ela sujeita às restrições constitucionais do poder de tributar.

"(...) Como o Poder Público não pode fugir a essas restrições de seu poder de tributar, é evidente que, nos casos em que é devida taxa, não pode ele — sob pena de fraude às limitações constitucionais — esquivar-se destas, impondo, ao invés de taxa, preço público" (RE 89.876-RJ, Rel. Ministro Moreira Alves, *RTJ* 98/236).

Deste modo, se, no caso em apreço, desautorizada está a cobrança de taxa, diante da ausência de seus requisitos de admissibilidade, inviável, outrossim, pretender-se cobrar pela utilização do solo, subsolo ou espaço, localizados em logradouro público, a título de preço público.

Vale destacar, ainda, que a mera utilização do espaço público, com a instalação de redes elétricas, sistemas de transmissão, ou postes de energia, não tem o condão de impor às concessionárias de serviço público de energia um tipo de aluguel, como vêm algumas Municipalidades pretendendo.

Neste ponto, cito, por oportuno, a orientação do STJ, quando instado a se manifestar no *leading case* referente a tal matéria, em voto publicado em 10 de setembro último, da lavra da eminente Ministra Eliana Calmon:

"Administrativo e tributário. Taxa de licença para publicidade e pela exploração de atividade em logradouros públicos.

"1. A intitulada 'taxa', cobrada pela colocação de postes de iluminação em vias públicas não pode ser considerada como de natureza tributária, porque não há serviço algum do Município, sem o exercício do poder de polícia.

"2. Só se justificaria a cobrança como PREÇO se se tratasse de remuneração por um serviço público de natureza comercial ou industrial, o que não ocorre na espécie.

"3. Não sendo taxa ou preço, temos a cobrança pela utilização das vias públicas, utilização esta que se reveste em favor da coletividade.

"4. Recurso ordinário provido, segurança concedida (RMS 12.081, j. 15.4.2001)."

No conteúdo do voto, pioneiro naquela Colenda Corte, restou-se assentado o entendimento de que "as vias públicas, bem comum do povo, não podem ser negociadas pela sua utilização, quando a mesma se dirige ao atendimento de um serviço de utilidade pública", o que se põe, assim, em harmonia com o art. 66, do Código Civil.

De igual modo, Caio Tácito, em abalizado Parecer publicado na *Revista de Direito Administrativo* 211/351, assinalou que "é vedado ao Município, a qualquer título, fazer incidir tributo, preço público ou qualquer outro ônus em razão do acesso do prestador do serviço de energia elétrica a logradouros ou vias públicas de seu domínio".

De mais a mais, como já apontado na r. sentença sob análise, inviável mesmo o cabimento da denominada "taxa", ante a expressa vedação constitucional disposta no seu art. 155, § 3º, ao estabelecer que:

"Com exceção do ICMS e dos impostos sobre importação e exportação, nenhum outro tributo poderá incidir sobre operações relativas a energia elétrica, serviços telefônicos, derivados de petróleo e combustível."

Diante de tais considerações, sob o duplo grau de jurisdição, confirmo a r. sentença, em seus próprios fundamentos.

Sr. Des. Célio César Paduani:

VOTO

Trata-se de remessa oficial em face da r. sentença proferida pelo MM. Juiz de Direito da 2ª Vara Cível da Comarca de Varginha, que julgou procedente o pedido e deferiu a segurança aforada por CEMIG — Cia. Energética de Minas Gerais contra o Prefeito Municipal de Varginha, em virtude da cobrança da taxa de Fiscalização de Ocupação do Solo Urbano em vias e logradouros públicos, com base nas Leis Municipais 3.073/1998 e 3.172/1999.

Segundo se deflui da conclusão sentencial, é ilegal a cobrança de tributos, por parte do Município demandado, ou a cobrança de impostos que incidam sobre serviços uns dos outros, diante do fenômeno da imunidade recíproca insculpida no art. 150, VI, *a*, da Carta Federal de 1988, como na hipótese da empresa concessionária de serviços públicos (CF, arts. 21, XII, *b* e 22, IV).

Nesta instância, a d. Procuradoria-Geral de Justiça é pela manutenção da sentença (f. 89/91, TJ).

Processamento regular.

É a suma do necessário.

Relatei.

Passo à decisão.

Sentença sujeita ao duplo grau de jurisdição, por força do art. 12, parágrafo único da Lei 1.533/1951, e art. 475, II do Código de Processo Civil, por isso que conheço da remessa oficial.

À fundamentação de meu voto.

Consigne-se, por primeiro, a inexistência, na espécie em epígrafe, de qualquer serviço público prestado ao contribuinte, e muito menos qualquer fiscalização a respeito de suas atividades.

Demais disso, registre-se que a sobredita lei municipal de Varginha rotulou como tributo a imposição diante da recorrida.

Constata-se que a Municipalidade de Varginha, nas informações prestadas no curso da segurança impetrada, qualificou como exação fiscal a tarifa ou preço público.

O preço público, por sua natureza tributária, tão-só poderá ser cobrado do particular quando este se encontra submetido ao regime jurídico de direito privado, mais precisamente, quando os serviços materializados são de natureza comercial ou industrial, descabendo, às inteiras, na hipótese do exercício de poder de polícia tão-só na circunstância fiscalizatória.

A teor do que dispõe o Código Tributário Nacional e bem assim a Constituição da República, a taxa constitui uma contraprestação exigida por parte da Administração Pública diante da efetiva ocorrência do exercício do poder de polícia consubstanciado por via da fiscalização, e também a mesma é exigível na hipótese da prestação de serviços públicos divisíveis e específicos, e não quando indivisíveis e inespecíficos.

Nessa quadra, o eminente Relator enfatiza com manifesta correção:

"(...) Portanto, se o Poder Público pretende se ver remunerado pela atividade de fiscalização, por certo, somente está autorizado a cobrar taxa, não podendo optar entre instituir esta ou a tarifa, sob pena de violação ao princípio da Legalidade Administrativa" (*sic*).

Na hipótese dos autos, inviável se torna a cobrança da taxa exigida pela recorrida em face da manifesta ausência dos requisitos de admissibilidade, como bem lembra a d. Relatoria e bem decidiu o d. Juiz Sentenciante.

Sendo assim, torna-se inadmissível a cobrança pela utilização do solo, do subsolo ou mesmo espaço situados em logradouros públicos, à invocação de preço público, circunstâncias essas reconhecidas na r. sentença de primeiro grau.

Com a instalação de redes elétricas, sistemas de transmissão ou postes de energia, por parte da recorrida, concessionária que é de serviço público, utilizando-se, portanto, do espaço público, disso não pode o Município de Varginha, ou qualquer outro, exigir o pagamento de taxa ou cobrança como preço.

A calhar, portanto, o pronunciamento jurisprudencial trazido à colação pelo voto condutor. Enfatize-se, na esteira do aludido entendimento, que só se justificaria como "preço" se se tratasse de remuneração por um serviço público de natureza comercial ou industrial.

Tal não se verifica, *in casu*.

Bem ressaltado pelo insigne Relator a norma insculpida no art. 155, § 3º da Carta da República, vazada nos seguintes termos:

"Com exceção do ICMS e dos impostos sobre importação e exportação, nenhum outro tributo poderá incidir sobre operações relativas a energia elétrica, serviços telefônicos, derivados de petróleo e combustível."

Frente a tanto, tenho como escorreitas não apenas a r. sentença, bem como a declaração de voto da d. Relatoria.

Por tais fundamentações, hei por bem confirmar o r. decisório monocrático, em sede de reexame necessário.

Custas na forma da lei.

É o voto.

Súmula: em reexame necessário, confirmaram a sentença.

E vale notar que o Tribunal de Justiça Paulista segue essa linha jurisprudencial:

> *Administrativo. Concessionária de energia elétrica. Suspensão da cobrança de taxa por ocupação de vias e logradouros públicos. Instituição por lei municipal. Admissibilidade. Segurança concedida. Recurso oficial desprovido* (apelação cível 108.909-Conchas, 6ª Câmara de Direito Público, Rel. Oliveira Santos, j. 3.4.2000, v.u.).

VII — Conclusão

Face ao exposto concluímos que:

1. Não há, em nosso direito positivo, qualquer óbice para que os Municípios onerem a utilização do subsolo urbano por particulares. O aproveitamento econômico do bem público, quando utilizado por particulares, no exercício de atividades comerciais, pode e deve ser efetivado pelo Poder Público, como ato de boa gestão do patrimônio que tutela;

2. A natureza jurídica do bem público onerado é o de uso comum do povo;

3. Os Municípios poderão valer-se dos institutos da concessão ou permissão de uso, onerosas, observando que a permissão de uso dá-se a título precário, não podendo ser utilizada em atividades que demandem grandes investimentos de capital, cuja recuperação seja morosa;

4. Os danos causados aos Municípios pelas concessionárias ou permissionárias, tais como buracos nas ruas, devem ser objeto de ação civil, que determine a imediata recomposição do patrimônio público lesado;

5. Os tributos não podem ser usados para remunerar a utilização do subsolo urbano por concessionários ou permissionários, porque: a) não pode ser imposto, porque a Constituição Federal não outorgou competência aos Municípios para tributarem o subsolo urbano; b) não pode ser cobrada taxa de serviço, visto que não há a prestação de serviços públicos, específicos e divisíveis. É possível a cobrança da taxa de polícia, nos termos da lei, toda vez que o Poder Público exercer as funções de polícia administrativa;

6. A natureza da contraprestação pretendida pelos Municípios pela utilização do subsolo por concessionários ou permissionários é preço, visto que decorrente de relação contratual entre o Poder Público e o particular;

7. As tarifas, preços públicos ou semiprivados, por não possuírem natureza jurídica própria, são considerados como sinônimo de preço;

8. Não pode haver onerosidade excessiva na contraprestação de serviços públicos ou em atividades consideradas essenciais para o desenvolvimento econômico e social da coletividade, sob pena de ilegalidade e violação ao princípio constitucional prestigiador da moralidade, cânone que deve nortear todos os atos do Poder Público, bem como afronta ao princípio da modicidade das tarifas que norteia a prestação de serviços públicos e essenciais.

Bibliografia

ATALIBA, Geraldo. *Hipótese de Incidência Tributária*, 6ª ed., Malheiros Editores.

CARRAZZA, Roque Antonio. *Curso de Direito Constitucional Tributário*, 19ª ed., Malheiros Editores.

MELLO, Celso Antônio Bandeira de. *Curso de Direito Administrativo*, 13ª ed., Malheiros Editores.

PIETRO, Maria Sylvia Zanella Di. *Direito Administrativo*, 7ª ed., Atlas.

RDT 85, Malheiros Editores.

SILVA, Luiz Alberto Pereira da. *As Taxas no Sistema Tributário Brasileiro*, Dissertação de Mestrado apresentada na PUC/SP, em 2000.

A ESTRUTURA LÓGICA DA NORMA JURÍDICA TRIBUTÁRIA

CRISTIANO CARVALHO

Mestre e Doutorando em Direito Tributário pela PUC/SP.
Professor de Direito Tributário e Teoria Geral do Direito na Unisinos/RS,
na Pós-Graduação *Lato Sensu* da PUC/SP e nos Cursos de
Especialização do Instituto Brasileiro de Estudos Tributários — IBET.
Advogado no Rio Grande do Sul e em São Paulo

1. Direito e a linguagem: 1.1 O direito como linguagem: 1.1.a A semiótica; 1.1.b O signo; 1.1.c Partes da semiótica; 1.2 Lógica jurídica: 1.2.a Lógica jurídica como metodologia. 2. Conceito de norma jurídica: 2.1 Sobre os conceitos, as definições e as classificações; 2.2 A relação entre "lei", "artigos", "enunciados" e normas jurídicas; 2.3 A norma jurídica: 2.3.a Estrutura da norma jurídica; 2.3.b O descritor; 2.3.c O prescritor; 2.4 Diferença entre "fato jurídico" e "relação jurídica"; 2.5 Normas gerais e abstratas, gerais e concretas, individuais e abstratas e individuais e concretas; 2.6 Efeitos constitutivos e declaratórios da norma individual e concreta; 2.7 A norma jurídica completa: norma primária (dispositiva e sancionadora) e a norma secundária. 2.8 A norma jurídica do Imposto sobre a Propriedade Territorial Rural. Conclusão. Bibliografia.

1. Direito e a linguagem

1.1 O direito como linguagem

Cada vez mais os modernos dogmáticos constatam o seguinte fato: o direito, do ponto de vista epistemológico, não ontológico, apresenta-se como linguagem. Graças ao desenvolvimento das ciências lingüísticas, tais como a semiótica e a semiologia, ao abordarmos o fenômeno jurídico percebemos ser despicienda quaisquer considerações sobre a essência ou natureza do direito, sendo mais útil abordar o fenômeno normativo a partir da sua manifestação lingüística, a única epistemicamente apreensível e observável.

Os cientistas que trabalham com a chamada teoria da *autopoiesis* aplicando-a ao sistema jurídico, defendem que as unidades básicas do direito são comunicações ou atos comunicativos. O direito é um subsistema social autopoiético de comunicação, que se autonomizou do sistema social geral devido ao desenvolvimento de um código próprio, que o possibilita ser auto-referenciável e auto-reprodutivo. Segundo Gunther Teubner, "o Direito constitui um sistema autopoiético de segundo grau, autonomizando-se em face da Sociedade, enquanto sistema autopoiético de primeiro grau, graças à constituição auto-referencial dos seus próprios componentes sistêmicos a à articulação destes num hiperciclo".[1]

De acordo com a teoria autopoiética dos sistemas sociais, desenvolvida por Luhmann, estes sistemas (sociais) têm como base reprodutiva o sentido; os seus elementos constitutivos não são assim os seres humanos individuais, mas comunicações. E o direito caracteriza-se como um sistema autopoiético de segundo grau em relação ao sistema de primeiro grau, o social.

Partindo do pressuposto de que toda comunicação é um fenômeno lingüístico intersubjetivo, e o direito opera através de atos comunicacionais veiculados através de seus textos positivos, comprovamos ser o direito positivo nada mais do que ***linguagem***, que se caracteriza por ser *prescritiva de condutas*.

1.1.a A semiótica

A semiótica, parte da lingüística que se preocupa com o estudo dos *signos*, foi desenvolvida neste século, a partir dos trabalhos do lógico americano Charles Sanders Peirce e do lingüista francês Ferdinand de Saussure. Comumente denominada como "teoria geral dos signos", a semiótica serviu como instrumento para os fins visados pelos chamados neopositivistas lógicos, adeptos do movimento homônimo que surgiu em meados da segunda década deste século, em Viena. Os neopositivistas tinham como ideal construir uma linguagem científica livre de todas as impurezas características das linguagens naturais, e viram o desenvolvimento da semiótica a única ferramenta capaz disso: a ciência se faz com linguagem, mas, em última estância, é a própria linguagem.[2]

A semiótica, entretanto, não ficou circunscrita a este citado movimento, ou a qualquer outro, mas foi amplamente desenvolvida como disciplina, apesar de ser negada, por alguns, como sendo uma legítima ciência, já que análises de mesmos contextos lingüísticos podem gerar as mais diversas construções semióticas.[3] Até mesmo a sua definição mais comum, de "teoria geral dos signos" é repelida por importantes vertentes da semiótica, como por exemplo, a centrada em torno de A. J. Greimas. Esta escola francesa, de enorme influência atual, prefere denominar a semiótica como "teoria dos processos de significação", argumentando que o estudo do signo é mais próprio para a semiologia, ciência mais preocupada com os signos *stricto senso*.[4]

1.1.b O signo

Pondo de lado a questão do signo ser objeto da semiótica ou da semiologia, o fato é que este é a unidade de toda linguagem. O signo se decompõe, por sua vez, em suporte físico, significado e significação, segundo a terminologia de Husserl. O suporte físico, como o próprio nome diz, é o que caracteriza o signo como ente físico (matéria), possibilitando sua apreensão através de nossa percepção sensorial. É a onda sonora da palavra falada, da música, do apito do guarda, assim como a tinta no papel, o giz na lousa etc. Este suporte físico refere-se a algo do mundo exterior ou interior, de existência concreta ou imaginária, atual ou passada, que é o seu significado.[5] Finalmente temos a idéia, noção ou conceito que construímos a partir da interação com o suporte físico, que nos remete aos múltiplos significados que o signo pode ter: a significação.

1. Gunther Teubner, *O Direito como Sistema Autopoiético*, p. 53.
2. Cf. Luis Alberto Warat, *O Direito e sua Linguagem*, p. 38.
3. Tal concepção nega inclusive o *status* científico às chamadas ciências humanas, devido ao seu grau de subjetivismo.
4. V. as obras de A. J. Greimas e Joseph Courtés, *Dicionário de Semiótica* e Eric Landowski, *A Sociedade Refletida*.
5. Cf. Paulo de Barros Carvalho, Apostila de Filosofia do Direito, p. 11.

1.1.c Partes da semiótica

Charles S. Peirce e Charles Morris consideraram a semiótica como uma ciência constituída de três planos: a sintaxe, a semântica e a pragmática.

• A *sintaxe* é a parte da semiótica que estuda as relações dos signos entre si, prescindindo das significações e dos usuários da linguagem. A sintaxe possibilita a construção da linguagem, é a condição *si ne qua non* para que esta possa vir a ter sentido. Um exemplo é a seqüência de signos "assim é então pois bonito já?". Esta é uma expressão sem sentido, já que contraria as regras sintáticas do idioma, no caso, o português.

• A *semântica* estuda os signos em sua relação com os objetos a que se referem.[6] Um exemplo são os dicionários lexicográficos, que ordenam os signos de um idioma, explicando o seus significados. O problema semântico reside também nos processos de significação construídos pelo ser cognoscente. Os semioticistas franceses negam o significado como uma propriedade independente do signo em relação ao intérprete. A semântica é o estudo do sentido dos signos, e tudo que faz sentido é construído.[7] Não existe o sentido fora do sujeito cognoscente; a teoria da *autopoiesis* também caminha, de certa forma, nessa direção,[8] pois considera que os processos cognitivos dos seres humanos e dos animais são determinados pela atividade do sistema nervoso, auto-referencial como sistema, não podendo o objeto do conhecimento ser independente do sujeito cognoscente. O sentido é produzido por este.

• A *pragmática*, por sua vez, estuda as relações dos signos com os usuários da linguagem. Toda comunicação pressupõe emissor e destinatário, e esta relação é bordada pela pragmática. Um exemplo que mostra a importância da pragmática é o de uma pessoa emitir um pedido de socorro fora do contexto comunicacional em que este normalmente está inserido. Se esta pessoa pedir socorro rindo, gargalhando, mostrando alegria, é muito provável que os destinatários não entenderão a mensagem. A pragmática aplicada à linguagem do direito serve para compreender fatores ideológicos e valorativos que relacionam a lei aos fatores políticos, econômicos e sociais.

1.2 Lógica jurídica

A lógica, como disciplina que tem por objeto o pensamento-conhecimento, se não tem a linguagem como fim temático, a tem como índice temático.[9] Linguagem é índice de lógica, é pressuposto desta. Uma vez que o direito é uma camada de linguagem, de cunho prescritivo, conseqüentemente teremos uma lógica por trás desta linguagem, a ***lógica jurídica***.

Pode-se considerar a lógica jurídica como um capítulo da chamada *lógica deôntica* ou *lógica das normas*, que abrange as normas morais, éticas etc. A lógica jurídica ocupa-se então da linguagem veiculadora das normas jurídicas, linguagem esta emanada por um dado sistema jurídico vigente.

1.2.a Lógica jurídica como metodologia

Muitos podem pensar, já em atitude deveras preconceituosa, que o objetivo da lógica jurídica é meramente a aplicação de silogismos aristotélicos do tipo "*quem mata deve ir para a cadeia, ora, fulano matou, logo fulano deve ir para a cadeia*". Este tipo de pré-conceito a respeito da lógica jurídica leva a idéia de que tal disciplina serve a fins positivistas e formalistas, e até mesmo à aplicação autoritária da lei. Todos sabemos que o ato de aplicação e de interpretação das normas jurídicas envolve uma multiplicidade de fatores contextuais

6. Cf. Luis Alberto Warat, ob. cit., p. 40.

7. A respeito, v. Eric LAndowski, ob. cit., p. 11 e Pierre Guiraud, *A Semântica*, p. 7.

8. A respeito, v. a obra de Humberto Maturana e Francisco Varela, *Autopoiesis and Cognition: The Realization of Life*.

9. Cf. Lourival Vilanova, *As Estruturas Lógicas e o Sistema do Direito Positivo*, p. 2.

concretos e valorativos, de imensa abrangência semântica e pragmática, sendo impossível uma aplicação ou mesmo interpretação das leis de maneira tão simplista e aritmética, a não ser que vivêssemos em uma sociedade de robôs!

O objetivo real da lógica, no entanto, é alcançar, analisar, e organizar as estruturas formais da linguagem. Como já vimos, toda linguagem constitui-se de três planos, o sintático, o semântico e o pragmático. A lógica formal ocupa-se de analisar as formas sintáticas da linguagem, ou seja, as suas estruturas. Não se trata de mera análise sintático-gramatical de um idioma qualquer, mas sim de chegar às estruturas formais da linguagem. Metaforicamente falando, a lógica nos possibilita conhecer a planta arquitetônica do imenso e labiríntico edifício normativo do direito.

A linguagem opera nas mais diversas funções: ora descreve situações objetivas, ora prescreve ordens, às vezes transmite perguntas, às vezes exprime sentimentos do emissor. Nisso reside a riqueza semântica e pragmática da linguagem como meio de comunicação intersubjetiva. Entretanto, antes de quaisquer significações concretas, a linguagem é estruturada logicamente, condição *a priori* para que esta seja meio comunicativo; para alcançarmos estas estruturas, necessário é o salto para o *universo das formas lógicas.*

As formas lógicas, situadas na região ôntica dos objetos ideais, são *conceitos primitivos, situados na raiz do fenômeno do conhecimento*,[10] sendo indefiníveis assim como indefinível também é o universo em que se situam. São indefiníveis porque estas entidades é que definem, que fundam o conhecimento. A apreensão das formas lógicas requer um processo de formalização, pelo qual desnudamos a linguagem, seja em que forma e função estiver, de toda a sua roupagem de significações concretas; obtemos, assim, não mais palavras que referem-se a qualquer coisa, mas sim símbolos, convencionalmente estabelecidos, que se referem às coisas em geral. Assim, por exemplo, a frase "Eurico é Professor" torna-se "S é P", em que "S" é objeto e "P" é predicado, constituindo-se em categoremas que podem ser substituídos num processo de desformalização, em quaisquer objetos e propriedades do mundo: "A terra é redonda", "O direito é complexo", "O Brasil é tetracampeão" etc. O único termo constante, denominado sincategorema, é o "é" apofântico, que cumpre função meramente sintática, de unir objeto e predicado.

O grande avanço da lógica nas últimas décadas se deve em grande parte ao advento de uma linguagem totalmente simbolizada, em que substitui-se todos os termos remanescentes da linguagem natural por termos simbólicos, dotados de univocidade. Como ressalta Alf Ross, "la mayor parte de las palavras son ambiguas, y que todas las palavras son vagas",[11] e nisso reside a vantagem de uma lógica simbólica, que é justamente eliminar os problemas da ambigüidade e da vagueza, inerentes 'a linguagem natural. Assim na fórmula apofântica citada acima, simbolizando teremos "S(P)", na qual temos as variáveis (categoremas) e constantes (sincategoremas) lógicas totalmente formalizadas. Cabe lembrar que, apesar de pela formalização retirarmos os conteúdos de significações concretas da linguagem, resta ainda um mínimo de significação para os termos simbólicos.

Pois bem, como vimos, a linguagem opera nas mais diversas funções; a lógica clássica foi desenvolvida com vistas a uma linguagem descritiva de situações objetivas, e nesse caso, as formas lógicas estruturam proposições de caráter descritivo. Mas a linguagem opera, entre outras, na função prescritiva, o que nos leva à *lógica deôntica* ou *lógica das normas*. Enquanto a linguagem descritiva de situações objetivas serve-se dos modais "necessário", "possível"

10. Cf. Paulo de Barros Carvalho, ob. cit., p. 45.

11. Alf Ross, *Sobre el Derecho y la Justicia*, p. 130.

e "impossível" (é assim que expressa-se a linguagem nesta função, como p. ex., a linguagem científica, cujas proposições que descrevem o seu objeto são possíveis, impossíveis ou necessárias), a linguagem prescritiva, na qual se inclui a do direito positivo, expressa-se através dos modais deônticos "proibido", "obrigatório" e "permitido". O operador da linguagem prescritiva é o *dever-ser*, que se triparte nos modais supracitados, constitutivo da estrutura formal, possibilitando a proposição normativa. Na ausência deste operador, não há como termos proposição prescritiva.[12]

Assim chegamos às estruturas formais da linguagem prescritiva, regradas pelas leis da lógica deôntica. Todavia, para aplicarmos essa disciplina a casos concretos, teremos que seguir o caminho inverso do que percorremos para chegar ao universo das entidades lógicas: a desformalização. Saturando as estruturas lógicas por conteúdos de significação concreta estaremos aplicando a lógica formal ao direito.

2. Conceito de norma jurídica

2.1 Sobre os conceitos, as definições e as classificações

Quando nos deparamos com um objeto, a nossa percepção sensível aliada a nossa linguagem intrasubjetiva adquirida colhe as características gerais que nos interessam, e assim elaboramos uma idéia mental desse objeto; fizemos uma representação em linguagem intrasubjetiva deste objeto, um ***conceito.*** Conceituar é dar forma, construir em linguagem determinado objeto do mundo (real ou imaginário). Aliás, poder-se-ia conceber que toda a nossa apreensão do mundo é feita através da linguagem intrasubjetiva, já que *o conhecimento é a tradução cerebral da realidade.*[13] Ora, as sensações que são captadas pelos nossos sentidos são estímulos sensoriais convertidos em impulsos elétricos posteriormente traduzidos pelo cérebro. A maioria dessas sensações fica guardada no nosso inconsciente, e apenas uma ínfima parte destina-se a nossa chamada consciência. A nossa percepção também é linguagem, não a convencionalmente estabelecida em forma de símbolos, mas percebemos as coisas do mundo através de linguagem. Quando tocamos em uma superfície quente e logo retiramos a mão, sentindo dor, o que os nossos nervos enviaram ao cérebro não foi o calor ou a dor, mas sim signos (impulsos elétricos) que serão transcodificados por nosso sistema nervoso, que em seguida nos enviará a ordem, através da sensação de dor, para afastarmo-nos do calor, a fim de preservar-nos.

Classificar, por sua vez, é o ato de agrupar os objetos em classes, pelas suas características comuns. A nossa percepção sensorial apreende apenas os objetos individuais e concretos; *cada imagem, por se originar de uma sensação, é sempre a tradução cerebral de um estímulo particular e concreto, e constitui um conhecimento individualizado.*[14] O ato de classificar, de agrupar esses objetos através de suas comuns características exige uma atividade intelectual capaz de efetuar a abstração. É preciso salientar que as classificações não são dos objetos em si, mas dos nomes que damos a esses objetos, classificamos a partir da linguagem que conceitua e define as coisas.

Finalmente, *definir uma palavra é indicar o seu significado.*[15] Como já foi visto páginas atrás, o signo de decompõe em suporte físico, significado e significação. Uma palavra, que é suporte físico tem como correlato o seu significado; pode ocorrer que uma palavra tenha diversos significados diferentes, assim como diversas palavras possuam um só significado. A defini-

12. Cf. Lourival Vilanova, *As Estruturas Lógicas do Direito Positivo*, pp. 30-31.

13. Gofredo Telles Júnior, *O Direito Quântico*, p. 271.

14. Idem, ibidem, p. 280.

15. Cf. Ricardo A. Guibourg, Alejandro M. Ghigliani e Ricardo V. Guarinoni, *Introdución al Conocimiento Científico*, p. 53.

ção é sempre da palavra (linguagem) e não do objeto em si. Ao abrirmos um dicionário e procurarmos o vocábulo "casa", por exemplo, encontraremos a definição da palavra e não do objeto.

2.2 A relação entre "lei", "artigos", "enunciados" e normas jurídicas

Ao converter em linguagem intersubjetiva uma proposição, ou seja, ao verbalizá-la, temos inevitavelmente que utilizar um canal físico, uma vez que o destinatário de nossa mensagem a captará através de sua intuição sensível. Ao menos que usemos de telepatia, a única forma de enviar uma mensagem lingüística é através da matéria, seja pelos fonemas ou pelos grafemas. Roman Jacobson classifica cinco componentes necessários para a comunicação: remetente, mensagem, destinatário, contexto, código e canal físico.[16] O ato comunicacional pressupõe esses elementos; o enunciado, como ente físico intersubjetivo estará inserido num código comum (o português, por exemplo) aos utentes da mensagem, veiculado através de um canal físico (ondas sonoras, textos impressos etc.). O objeto da lógica não é a linguagem natural, mas sim a proposição e sua estrutura; Não se trata a lógica de análise de uma gramática de um idioma qualquer, mas sim da análise da proposição e de sua estrutura, comum a todos os códigos idiomáticos (entretanto a lógica necessita da linguagem idiomática como ponto de partida). Nisso reside a diferença entre enunciados e proposições. Os primeiros encontram-se no nível dos suportes físicos, servindo de estímulo para nossa intuição sensível, e a partir daí, iremos construir, produzir as significações que se converterão em proposições. Para isso não bastam os enunciados serem compostos de palavras dotadas de significados, aos quais compomos as correspondentes significações; imprescindível é que o enunciado como tal tenha sentido sintático: de nada adianta aglutinar vocábulos que juntos não produzam nenhum sentido.

Podemos atestar essa diferença pelo fato de que vários enunciados podem levar a uma mesma proposição, como p. ex., "a loura é bonita", "la rubia es hermosa" e "the blond girl is pretty" são três enunciados, de três idiomas diferentes que levam a mesma proposição, ou seja tem a mesma significação.

Da mesma forma, um só enunciado pode levar a diversas proposições, como p. ex., "O Brasil ganhou a copa do mundo". Tal enunciado pode significar a copa de 1958, a de 1962, a de 1970, a de 1994 ou a de 2002!

Essas categorias têm a grande utilidade de nos mostrar o papéis que as leis, as normas jurídicas e os enunciados desempenham. É comum lermos ou ouvirmos a expressão "a lei é geral e abstrata, alcança a todos". Tomando essa distinção entre enunciados e proposições, percebemos que a lei nada mais é que um conjunto de enunciados prescritivos veiculados num mesmo diploma. A lei, como entidade do mundo físico, é individual e concreta, uma vez que foi promulgada numa data certa, tem denominação própria e foi posta no ordenamento mediante devido processo previsto pelo próprio sistema jurídico. Ou seja, é algo observável objetivamente e não existe outro igual (qualquer pessoa que tenha um *Diário Oficial* nas mãos confirmará isso). Também são individuais os enunciados prescritivos, denominados de "artigos", pois não tem número próprio? O art. 3º do Código Tributário Nacional, que define tributo, é individual e concreto, pois não se trata do art. 2º nem do art. 4º! O que é geral e abstrato são as proposições que compomos a partir da interação com esses enunciados, proposições essas que são as normas jurídicas.

2.3 A norma jurídica

Com base no exposto acima, temos que a norma jurídica é a significação que

16. Roman Jacobson, *Lingüística e Comunicação*, pp. 122-123.

construímos a partir dos enunciados do direito positivo.[17] O sujeito cognoscente ao interagir com o texto legal (suporte físico) referente a determinadas relações intersubjetivas juridicizadas pelo direito (significado), ***produz a norma*** (significação).

Como vimos, vários enunciados podem levar a uma só proposição; a norma jurídica, como proposição, dificilmente pode ser construída a partir de um só enunciado, como um artigo de lei, ou mesmo de um só texto de lei. Muitas vezes necessário será uma composição sistemática da norma, tendo o jurista que passear por diversos diplomas normativos vigentes.

O fato de a norma ser construída, produzida, *e nunca extraída* dos enunciados legais explica o porquê do Direito gerar tanta controvérsia nos que tentam deslindá-lo. Se o direito positivo fosse uma ânfora dentro da qual estivessem as normas esperando para serem retiradas, não haveria nem sequer necessidade de interpretação, assim como não existiriam discussões entre juristas; indo mais longe, talvez fossem desnecessárias até mesmo as faculdades de direito, inexistindo juristas para discutirem entre si.

Com isso, constata-se que não existem normas explícitas; todas as normas são implícitas, pois dependem de sua composição pelo intérprete dos textos legais. Aliás, falar-se em normas implícitas é incorrer num pleonasmo. Em conseqüência, do mesmo modo não de pode falar em interpretação da norma, mas sim em interpretação dos enunciados do direito positivo. A interpretação é processo e a norma é produto dessa atividade cognitiva.

2.3.a Estrutura da norma jurídica

A estrutura proposicional da norma jurídica é a de um juízo hipotético do tipo condicional. Em termos lógicos, a norma é uma fórmula proposicional em que se ligam através do conectivo condicional, um antecedente e um conseqüente (ex., se sou proprietário de veículo automotor, antecedente, então devo pagar IPVA, conseqüente).

As duas proposições conectadas pelo condicional são o descritor e o prescritor; o descritor, como o próprio nome indica, *descreve* um fato de possível ocorrência que, se concretizado, terá uma conseqüência (relação jurídica) determinada pelo prescritor.

2.3.b O descritor

O descritor é o antecedente da norma jurídica. Tem como função descrever um fato possível do mundo social ao qual o direito julgou relevante. *Os conceitos, quer normativos, quer empírico naturais ou empírico sociais são seletores de propriedades.*[18] A linguagem nunca esgota o objeto, seleciona propriedades ao descrever esse objeto. A hipótese normativa, apesar de descrever um fato natural, social ou econômico, qualifica normativamente este fato, recorta-o do mundo real trazendo-o para o universo jurídico. O fato descrito na hipótese de uma norma não faz parte do mundo do ser, mas sim do dever-ser, pois foi considerada relevante juridicamente e, portanto, juridicizada. A escolha pelo feitor da norma, de quais aspectos do fato é relevante para serem qualificados normativamente, depende de suas valorações a respeito. O fato, seja econômico, social ou natural, uma vez que faça parte de norma, não pertence mais a esses domínios, passa a ser fato jurídico.

Apesar da hipótese normativa ser proposição descritora de situações objetivas possíveis, não se podem aplicar valores de verdade e falsidade, comuns a lógica clássica. A hipótese não é verdadeira ou falsa, mas sim vale ou não-vale. Os valores são de validade e invalidade; mesmo que nunca se concretize o fato descrito, a hipótese

17. Nesse sentido v. Paulo de Barros Carvalho, *Curso de Direito Tributário*, p. 7 e Eros Roberto Grau, *Licitação e Contrato Administrativo*, pp. 5-6.

18. Cf. Lourival Vilanova, *As Estruturas Lógicas e o Direito Positivo*, p. 46.

continua valendo dentro do ordenamento jurídico. O direito incide na realidade, não coincide com ela,[19] não se podendo aplicar valores de verdade e falsidade a suas proposições.

2.3.c O prescritor

Ao prescritor cabe, como o nome indica, *prescrever* uma relação jurídica entre sujeitos-de-direito, dado o fato "F" descrito na hipótese da norma — por ex., "dado o fato de fulano ser proprietário de imóvel urbano, deve pagar ao município IPTU". A hipótese descreve o fato de fulano ser proprietário, implicando a conseqüência de ficar este obrigado como sujeito passivo de pagar imposto ao município, sujeito ativo. O prescritor determina a relação jurídica entre fulano e o município, relação essa sempre irreflexiva e assimétrica.

Enquanto o dever-ser interproposicional, que opera a cópula implicacional entre a hipótese e o conseqüente é neutro, não modalizado, o dever-ser intraproposicional que une os sujeitos-de-direito na relação jurídica modaliza-se nos modais "obrigado", "proibido" e "permitido". Não há outra possibilidade de conduta na relação jurídica.

Da mesma forma que a hipótese (descritor) não se podem aplicar valores de verdade e falsidade ao conseqüente (prescritor). Os valores também são os de validade e invalidade; mesmo que uma das partes não cumpra a conduta modalizada, o conseqüente da norma permanece válido no sistema.

2.4 *Diferença entre "fato jurídico" e "relação jurídica"*

Como vimos, a hipótese da norma descreve um fato de possível ocorrência, fato que por ser recolhido do mundo real, é juridicizado. A hipótese implica o conseqüente (tese), que prescreve uma relação jurídica "R" entre sujeitos-de-direito. Cumpridos os correlatos direitos e deveres prescritos na relação tem-se um fato jurídico da realização do disposto pela norma (p. ex., o pagamento do IPTU pelo proprietário do imóvel). Não cumprida a conduta modalizada na relação, tem-se outro fato jurídico, que faz parte do descritor de outra norma, qual seja, a sancionadora.

O direito é estruturado numa composição dialética, em que fatos criam normas, que acarretam outros fatos que criam outras normas. Por isso o jurista, ao analisar o direito, vai de encontro aos fatos, e destes às normas, para depois regressar aos fatos.

2.5 *Normas gerais e abstratas, gerais e concretas, individuais e abstratas e individuais e concretas*

O processo de positivação do direito efetiva-se num caminho percorrido desde as normas gerais e abstratas até as normas individuais e concretas. Na verdade, a força coativa do direito só ocorre na norma individual e concreta, reservando-se às normas gerais e abstratas a tarefa não menos grandiosa de motivar condutas, através do condicionamento que os enunciados positivos trazem à sociedade.

Nesse processo de autoconstrução do direito, o ordenamento vai produzindo os seus próprios elementos, através da ação dos seus órgãos internos produtores de normas (legislativo, executivo, judiciário), que fabricam atos normativos no sistema. A forma de se expedir introduzir normas no sistema, por sua vez, requer veículos introdutores destas. Destarte, a "lei", o "decreto", a "sentença" ou o "auto de infração" são veículos introdutores de normas no sistema, pois portam enunciados cujo sentido construído pelo intérprete será uma ordenação de sua conduta.

Esses veículos têm algo em comum: os diplomas normativos que levam a denominação de lei, decreto, sentença, auto de infração etc., são, por sua vez, normas introdutoras de outras normas no sistema. Isso

19. Idem, *Lógica Jurídica*, pp. 165-166.

porque registram a ocorrência de um fato muito importante para o ordenamento jurídico, qual seja, o exercício da competência de criar normas pelo respectivo órgão autorizado para tanto. Sendo assim, as normas introdutoras são sempre normas gerais e concretas, i.e., gerais porque se referem a sua inclusão no sistema (pertinência a um dado conjunto, o que é sinônimo de validade) e concretas porque relatam aquele exercício de competência citado linhas atrás. O preâmbulo da Constituição é um exemplo disso. Nas demais leis, o mero enunciado do tipo "Lei Federal n. 5.172, de 25 de outubro de 1966", além de inserir o veículo e as normas portadas por ele no sistema, ainda relata o acontecimento de sua criação: Lei Federal (Congresso Nacional, que é o órgão competente), n. 5.172 (o número da lei, que significa a sua colocação cronológica no sistema, o procedimento legislativo, pelo fato de ser lei ordinária), de 25 de outubro de 1966 (a data da sua promulgação).

As normas individuais e abstratas, por sua vez, referem-se a sujeitos de direito identificados, e previsões de deveres e prerrogativas correlatas. É o exemplo de um contrato entre João da Silva e Carlos Souza (sujeitos qualificados e com capacidade civil), no qual está previsto em que João pintará a casa de Carlos em troca de R$ 1.000,00 (previsão abstrata de direitos e obrigações correlatas, a de João prestar o serviço e receber o pagamento e a de Carlos ter sua casa pintada e cumprir com a adimplência).

As normas gerais e abstratas, por sua vez, conotam situações hipotéticas cujas conseqüências serão relações jurídicas. Como exemplo, temos as normas de conduta previstas pelo ordenamento (se auferir renda, deverá ser a obrigação de pagar o imposto respectivo; se matar, deverá ser a pena de reclusão etc.). São motivadoras da conduta intersubjetiva, e apontam sempre para o futuro, dependendo de situações reais que venham a subsumirem-se nelas.

As estruturas lógico-sintáticas das normas gerais e abstratas, gerais e concretas, individuais e abstratas e individuais e concretas são idênticas, consistindo, em ambas, de um antecedente e de um conseqüente. No entanto, o antecedente da norma individual e concreta não trata de um fato jurídico por acontecer, mas sim de fato já concretizado; nisso reside sua individualidade e concretude — é norma dirigida a um determinado caso em particular. Assim, o antecedente da norma individual e concreta dispõe sobre fato ocorrido no tempo passado (p. ex., sentença judicial, cujo antecedente dispõe que fulano *matou* beltrano, ou do ato administrativo do lançamento tributário, cujo antecedente dispõe que fulano *realizou* o fato gerador). Em decorrência disso não cabe chamar o antecedente da norma individual e concreta de hipótese, valendo outros sinônimos como, p. ex., pressuposto, entre outros. Cabe a ressalva: se é possível descrever fato passado, impossível é prescrever conduta no tempo passado! Por mais arbitrário que fosse o sistema jurídico não se pode conceber uma sentença que ordene fulano a pagar prestação "X" a beltrano *ontem*. A conduta prescrita no conseqüente é sempre abstrata, projetada para o futuro.

2.6 *Efeitos constitutivos e declaratórios da norma individual e concreta*

A norma individual e concreta que efetiva a positivação do direito, é o último degrau da pirâmide normativa. De nada adiantaria uma norma que pune o homicídio se não houvesse uma sentença judicial que concretizasse essa punição; do mesmo modo, não serviria para nada uma norma que obrigasse a pagar tributo sem a existência do ato administrativo do lançamento tributário que individualiza o contribuinte e o *quantum debeatur* de sua dívida para com o Fisco.

Os efeitos constitutivos e declaratórios sempre geraram acirradas discussões entre os juristas. No caso específico do lançamento tributário, já foram gastas toneladas de papel por publicistas que apaixonadamente defendiam uma ou outra posição.

Todavia, com base nas modernas investigações da Teoria Geral do Direito, temos que o lançamento tributário *relata* um evento social já ocorrido no tempo e espaço vertendo-o em linguagem competente, tornando-o fato jurídico e conseqüentemente *implica* uma relação jurídica (prescrita no conseqüente desta norma individual e concreta). Tal implicação do antecedente da norma individual e concreta ao seu conseqüente é a própria eficácia jurídica, i.e., a capacidade do fato jurídico de gerar os respectivos efeitos. Com isso não pretendemos negar o *status* jurídico da norma geral e abstrata. O fato jurídico e a relação jurídica *stricto senso*, contudo, só efetivam-se quando da expedição da norma individual e concreta, detentora da força coativa tão própria do direito.

2.7 A norma jurídica completa: norma primária (dispositiva e sancionadora) e a norma secundária

Não existe norma jurídica sem correlata sanção, que lhe dá poder coativo para regular as condutas intersubjetivas. Lourival Vilanova[20] considera que as duas normas, primária e secundária formam a proposição jurídica completa, ou seja, a norma completa.

Toda norma jurídica tem estrutura dual; podemos constatar essa dualidade em duas acepções: toda norma jurídica em sua estrutura interna é composta de um antecedente e de um conseqüente, logicamente implicados. E toda norma jurídica completa é dual na medida em que se compõe de uma norma primária, que a doutrina costuma chamar de material, que estabelece uma conduta, e de uma norma secundária, chamada de formal ou processual, que estabelece uma sanção quando do descumprimento daquela conduta.

Tanto a norma primária como a secundária apresentam igual estrutura sintática (hipótese e conseqüente), mas diferente conteúdo semântico: a primária tem na sua hipótese, um fato lícito, prescrevendo no seu conseqüente, uma relação jurídica; a secundária tem na sua hipótese, o fato do descumprimento de dever determinado no conseqüente da norma primária, e no seu conseqüente, a relação jurídica em que aparece como sujeito ativo o mesmo da norma primária, e como sujeito passivo o Poder Judiciário, a quem é postulado o seu poder de coerção.

A palavra "sanção" padece do problema da vagueza e ambigüidade ínsito à linguagem natural. Neste caso aparece em pelo menos duas acepções: a de norma jurídica que tem na sua relação jurídica o Estado-Juiz como sujeito passivo e como sujeito ativo, o mesmo da relação a norma primária, que vem postular perante o judiciário a coercitividade para que a conduta inobservada venha a ser cumprida. A outra acepção é a do resultado punitivo (sentença condenatória) quando do fim do processo, ao sujeito passivo descumpridor da conduta disposta no conseqüente da norma primária. No caso da composição lógica da norma completa, a acepção utilizada é a primeira, de norma jurídica.

Entretanto, nem sempre as sanção é veiculada pelo direito processual; no direito tributário, por exemplo, há diversas medidas coercitivas em nível administrativo, ou seja, de direito material. É o caso das multas administrativas. Eurico Marcos Diniz de Santi,[21] atento a essas nuanças semânticas, propõe a classificação de normas primárias em dispositivas, que estabelecem um dever, e de sancionadoras, que prescrevem uma sanção de caráter administrativo.

Tanto a norma primária (dispositiva e sancionadora) como a secundária, são válidas no sistema jurídico, mesmo que nem sempre sejam ambas aplicadas. A proposi-

20. *As Estruturas Lógicas e o Sistema do Direito Positivo*, p. 64.

21. Ob. cit., pp. 37-38.

ção jurídica completa é de estrutura bimembre, do contrário falta-lhe o mínimo para ser jurídico. Não pode haver norma jurídica sem respectiva sanção, que é o que lhe confere o poder coercitivo.

Em linguagem simbólica, a proposição normativa completa se representa assim:

D {[p → q) . (-q → r)] . [(-q v -r) → S]

n 1º d n 1º s n 2º

Ou, explicitando os antecedentes e conseqüentes:

D {[H → R' (Sa , Sp)] . [-R' (Sa, Sp) → R" (Sa, Sp)] . [-R'(Sa, Sp) v -R" (Sa, Sp) → R"' (Sa, Sj)]}

A norma primária dispositiva, a norma primária sancionadora e a norma secundária são representadas, respectivamente, por "n 1º d", "n 1º s" e "n 2º". O antecedente da norma primária sancionadora é o descumprimento da conduta imposta ao sujeito passivo na relação jurídica prescrita no conseqüente da norma primária dispositiva. O conseqüente da norma primária sancionadora é uma nova relação jurídica, na qual o sujeito passivo deve prestar obrigação advinda de penalidade administrativa.

Já a norma secundária tem como antecedente o descumprimento da obrigação imposta ao sujeito passivo no conseqüente da norma primária dispositiva, o descumprimento da obrigação imposta no conseqüente da norma primária sancionadora, ou o descumprimento de ambas as condutas (como indica o conectivo "v" – disjuntor includente). O conseqüente da norma secundária implica em nova relação jurídica, entre o sujeito ativo da(s) outra(s) relação e o Estado-Juiz que, por sua vez, deverá citar o sujeito passivo, ocasionando uma relação triádica.

2.8 A norma jurídica do Imposto sobre a Propriedade Territorial Rural

O exposto até o presente momento teve o intuito de deslindar a estrutura lógica da norma jurídica, unidade básica do direito positivo. Pois bem. Nos cabe agora, dar um novo salto, qual seja, do universo das formas lógicas ao mundo de significações concretas, através da desformalização.

Pelo processo de desformalização, as variáveis lógicas serão saturadas de conteúdos significativos concretos, podendo estes advir de quaisquer campos específicos do direito, em face da heterogeneidade semântica tão peculiar aos fatos e condutas regrados pelo ordenamento jurídico. A estrutura lógica da norma é sempre a mesma (princípio da homogeneidade sintática), consistindo de um antecedente e de um conseqüente implicados deonticamente; No entanto, os conteúdos concretos são os mais variados possíveis, oriundos de diversas do comportamento social, cujas relações intersubjetivas o direito busca regrar em condutas obrigatórias, proibidas e permitidas. Essa variedade de situações contidas e ordenadas pelo sistema jurídico, confirma o chamado princípio da heterogeneidade semântica, segundo o qual o conteúdo das normas jurídicas nunca é idêntico, pois cada comando normativo aplica-se a diferente situação no mundo de significações concretas.

O conteúdo semântico com o qual pretendemos preencher a estrutura lógica da norma jurídica provém do direito público administrativo, mais precisamente do direito tributário, entendendo-se este como ramo didaticamente autônomo do sistema jurídico positivo, que regra as relações jurídicas entre o Estado-Fisco e o contribuinte.

O objeto desta exposição é a análise da proposição normativa completa (norma geral e abstrata) que instaura a espécie tributária conhecida como Imposto Territorial Rural (ITR), veiculada pela recente Lei Federal 9.993, de 19 de dezembro de 1996.

Começando pela norma primária dispositiva, ou Regra-Matriz de incidência tributária, consoante o modelo proposto por Paulo de Barros Carvalho,[22] a hipótese e o

22. *Curso de Direito Tributário*, pp. 157 a 247.

conseqüente ganham uma construção mais elaborada:

Regra-Matriz de incidência

= Ht = Cm (v + c) + Ce + Ct

D s n

Cst = Cp (Sa + Sp) + Cq (bc x al)

D s m

A hipótese da regra-matriz consiste de três critérios:

• *critério material* — formado por um verbo impessoal seguido de um complemento: "a propriedade (ser proprietário), ter domínio útil ou a posse de imóvel (...)" (art. 1º, Lei 9.993/1996);

• *critério espacial* — determina o local da incidência: "imóvel localizado fora da zona urbana do Município (...)" (art. 1º);

• *critério temporal* — determina o tempo em que se dará a incidência: "1º de janeiro de cada ano" (art. 1º).

O conseqüente consiste de dois critérios:

• *critério pessoal* — sujeito ativo: é a Fazenda Nacional, pela competência legislativa outorgada pela Constituição Federal à União (CF, art. 153, VI) e devido à natureza da Lei 9.993/1996 (Lei Federal). O art. 15 da citada lei dispõe sobre a competência de administração do imposto: "compete à Secretária da Receita Federal a administração do ITR, incluídas as atividades de arrecadação, tributação e fiscalização".

• *critério quantitativo — base de cálculo*: é o valor da terra nua tributável declarado pelo contribuinte (art. 8º, § 1º e art. 11); alíquota, fator que se conjuga à base de cálculo para a determinação do valor da dívida pecuniária[23] é aplicada sobre o valor da terra nua (base de cálculo) considerados a área total do imóvel e o grau de utilização, segundo a tabela anexa ao art. 11 da Lei 9.993:

ÁREA TOTAL DO IMÓVEL (EM HECTARES)	GRAU DE UTILIZAÇÃO				
	MAIOR QUE 80	MAIOR QUE 65 ATÉ 80	MAIOR QUE 50 ATÉ 65	MAIOR QUE 30 ATÉ 50	ATÉ 30
ATÉ 50	0,03	0,20	0,40	0,70	1,00
MAIOR QUE 50 ATÉ 200	0,07	0,40	0,80	1,40	2,00
MAIOR QUE 200 ATÉ 500	0,10	0,60	1,30	2,30	3,30
MAIOR QUE 500 ATÉ 1000	0,15	0,85	1,90	3,30	4,70
MAIOR QUE 1000 ATÉ 5000	0,30	1,60	3,40	6,00	8,60
ACIMA DE 5000	0,45	3,00	6,40	12,00	20,00

O vetor "—>" significa o dever-ser neutro, conectivo deôntico interproposicional, que liga a hipótese ao conseqüente. O vetor "⇔" significa, por sua vez, o dever-ser modalizado, conectivo deôntico intraproposicional. É a obrigação imposta ao sujeito passivo e, ao mesmo tempo, o direito subjetivo de que é titular o sujeito ativo.

A norma primária sancionadora tem como hipótese o descumprimento da obrigação prescrita no conseqüente da norma primária dispositiva. Esta hipótese, caso ocorrida, implica uma nova relação jurídica, na qual o sujeito passivo fica obrigado a prestar penalidade administrativa ao sujeito ativo:

> Art. 12. *O imposto deve ser pago até o último dia útil do mês fixado para a entrega do DIAT (Documento de Informação e Apuração do ITR)* (...).
>
> Art. 13. *O pagamento do imposto fora dos prazos previstos nesta lei será acrescido de:*
>
> *I — multa de mora calculada à taxa de* (...).

23. Idem, ibidem, p. 241.

A norma secundária tem como hipótese o descumprimento da conduta prescrita no conseqüente da norma primária dispositiva, ou o descumprimento da conduta prescrita no conseqüente da norma primária sancionadora, ou pelo descumprimento de ambas as condutas. Assim, não observada a conduta prescrita, terá o sujeito ativo acesso ao procedimento de cobrança judicial, através do processo de execução, previsto no art. 18 da Lei 9.993, com supedâneo na Lei 6.830, de 22 de dezembro de 1980 (Execução Fiscal).

Conclusão

A aplicação da estrutura lógica da norma jurídica ao direito tributário serve, entre outras coisas, para confirmar o que foi exposto nos itens 2.2 "A relação entre lei, artigos, enunciados e normas jurídicas" e 2.3 "norma jurídica", ou seja, não basta simplesmente compormos significações isoladas de enunciados do direito posto para obtermos uma norma; necessário é a junção de produções de sentido de vários enunciados, oriundos muitas vezes de diferentes diplomas normativos, para só assim construirmos uma norma jurídica.

Contudo, apesar de não ser uma tarefa fácil, o principal e mais importante é o fato da estrutura lógica da norma ser universal, passível de ser aplicada, como metodologia, a quaisquer segmentos do direito positivo. Além disso, ao compormos a norma, percebemos mais uma vez o caráter uno e indivisível do direito, visto que uma só proposição jurídica pode ter as suas partes (norma primária, norma secundária) advindas de segmentos que até então aparentavam uma falsa autonomia entre si.

Bibliografia

CARVALHO, Paulo de Barros. Apostila de Filosofia do Direito-Lógica Jurídica — PUC, 1996.

______. *Curso de Direito Tributário*, São Paulo, Saraiva, 1994.

COPI, Irving. *Introdução à Lógica*, São Paulo, Mestre Jou, 1985.

ECHAVE, Delia Teresa, URQUIJO, Maria Eugenia, GUIBOURG, Ricardo. *Lógica, Proposición y Norma*, Buenos Aires, Astrea, 1995.

FERRAZ JR., Tércio Sampaio. *Introdução ao Estudo do Direito*, São Paulo, Atlas, 1996.

GUIBOURG, Ricardo. *Introdución ao Conocimiento Científico*, Buenos Aires, EUDEBA, 1985.

GUIRAUD, Pierre. *A Semântica*, Rio de Janeiro, Bertrand Brasil, 1989.

GRAU, Eros Roberto. *Licitação e Contrato Administrativo*, São Paulo, Malheiros Editores, 1995.

GREIMAS, A. J. e COURTÉS, Joseph. *Dicionário de Semiótica*, São Paulo, Cultrix, 1989.

JACOBSON, Roman. *Lingüística e Comunicação*, São Paulo, Cultrix, 1995.

LANDOWSKI, Eric. *A Sociedade Refletida*, São Paulo, EDUC, 1992.

ROSS, Alf. *Sobre el Derecho y la Justicia*, Buenos Aires, EUDEBA, 1994.

SANTI, Eurico Marcos Diniz de. *Lançamento Tributário*, São Paulo, Max Limonad, 1996.

TELLES JR., Goffredo. *O Direito Quântico*, São Paulo, Max Limonad, 1985.

TEUBNER, Gunther. *O Direito como Sistema Autopoiético*, Lisboa, Calouste Gulbenkian, 1989.

WARAT, Luis Alberto. *O Direito e sua Linguagem*, Porto Alegre, Fabris, 1995.

VILANOVA, Lourival. *As Estruturas Lógicas e o Sistema do Direito Positivo*, São Paulo, Ed. RT, 1977.

______. *Causalidade e Relação no Direito*, São Paulo, Saraiva, 1989.

CONTRIBUIÇÕES DE INTERVENÇÃO SOBRE O DOMÍNIO ECONÔMICO

MARIANA OITICICA RAMALHO

Mestre em Direito do Estado pela PUC/SP. Professora da Especialização da PUC/SP e da Graduação da Universidade Santo Amaro (UNISA)

1. Intervenção sobre o domínio econômico. 2. Intervenção "sobre" e "no" domínio econômico. 3. Intervenção própria da contribuição interventiva: 3.1 A necessidade da contribuição interventiva. 4. Normas jurídicas de competência. 5. A indução negativa e a CIDE. 6. Norma jurídica da contribuição interventiva: 6.1 Critério temporal; 6.2 Critério espacial; 6.3 Critério material; 6.4 Critério quantitativo: base de cálculo: 6.4.1 Critério quantitativo: alíquota; 6.5 Critério pessoal: 6.5.1 Sujeição passiva; 6.5.2 Sujeição ativa (parafiscalidade). 7. Finalidade das contribuições interventivas. 8. A arrecadação como instrumento da finalidade. 9. Destinação legal e destinação financeira. 10. A omissão da previsão legal da finalidade e o desvio do valor arrecadado. 11. Conclusões. Referências bibliográficas.

1. Intervenção sobre o domínio econômico

O Estado no século XIX, denominado de Estado Liberal, tinha por característica primordial a proteção às liberdades e aos direitos individuais legalmente previstos. A lei assumiu extremada importância, tendo prevalência inclusive sobre os governantes, tornando o Estado pouco atuante nas áreas sociais e econômicas, pois pouco se intervia nesse setor.

No final do mesmo século, diante das crescentes necessidades coletivas, o Estado assumiu novos deveres, no intuito de atingir o bem-estar coletivo. Desta forma, deixou de lado sua postura impassível e passou a prestar serviços necessários à coletividade, atuando também na esfera econômica no intuito de limitá-la e protegê-la. O setor econômico, próprio dos particulares, começou a sofrer influências do Estado que ingressava excepcionalmente neste ramo para garantir o bem-estar coletivo, efetuando a intervenção estatal.

O termo "intervenção" já indica uma atuação em setor que lhe é estranho, trata-se de palavra mais restrita que a expressão "atuação estatal",[1] pois esta última abrange todas as ações do Estado, efetuadas tanto em área de titularidade própria como em área privada. A atuação estatal se configurará em duas ações: intervenção e atuação estatal *stricto sensu*.

1. Eros Grau, *A Ordem Econômica na Constituição de 1988*, p. 139.

A intervenção se dá quando o Estado atua no campo da atividade econômica em sentido estrito, que é garantida à exploração dos particulares. A atividade econômica em sentido estrito é própria dos particulares que estão livres para efetuá-las de acordo com o art. 170 da Constituição Federal. O Estado ingressa nesta esfera apenas para atender a um relevante interesse coletivo.

Segundo Miguel Seabra Fagundes um dos pressupostos da intervenção é o interesse público. Sustenta o jurista que "a enunciação do interesse público, entre os pressupostos da intervenção estatal, se explica pelas cautelas com que o legislador constituinte, do mesmo passo que a autorizou em termos amplíssimos (...) procurou cercá-la contra desvirtuamento de suas finalidades".[2]

A limitação da Ordem Econômica pelo Estado por meio da intervenção está autorizada nos artigos do Capítulo I do Título VII da Constituição Federal, intitulado "Dos Princípios Gerais da Atividade Econômica".

Os princípios norteadores da Ordem Econômica estão relacionados no art. 170 da Constituição Federal. As atividades econômicas em sentido estrito são livres e a intervenção do Estado só poderá ocorrer excepcionalmente para assegurar os princípios que seguem:

> Art. 170. A ordem econômica, fundada na valorização do trabalho humano e na livre iniciativa, tem por fim assegurar a todos a existência digna, conforme os ditames da justiça social, observados os seguintes princípios:
>
> I — soberania nacional;
>
> II — propriedade privada;
>
> III — função social da propriedade;
>
> IV — livre concorrência;
>
> V — defesa do consumidor;
>
> VI — defesa do meio ambiente;
>
> VII — redução das desigualdades regionais e sociais;
>
> VIII — busca do pleno emprego;
>
> IX — tratamento favorecido para as empresas de pequeno porte constituídas sob as leis brasileiras e que tenham sua sede e administração no País.
>
> Parágrafo único. É assegurado a todos o livre exercício de qualquer atividade econômica, independentemente de autorização de órgãos públicos, salvo nos casos previstos em lei.

Heleno Taveira Tôrres sustenta que o Estado só poderá intervir na economia através da contribuição interventiva para corrigir ou estimular comportamentos econômicos visando a proteção dos fins relacionados no art. 170 da Constituição Federal.[3] Concordamos com o posicionamento do respeitável jurista. A intervenção é ato estatal excepcional e não poderá ser efetuado aleatoriamente, pois a Ordem Econômica diz respeito ao setor privado, sendo rejeitados em princípio os direcionamentos do setor público.

2. Intervenção "sobre" e "no" domínio econômico

Eros Roberto Grau faz uma observação pertinente quanto à intervenção na economia. Para o Autor, o Estado pode atuar "no" domínio econômico, ingressando no campo do direito privado diretamente. Neste caso, o poder público interfere no domínio privado da seguinte forma: cria-se uma pessoa jurídica, que passa a participar do domínio privado concorrendo diretamente com as demais empresas ou dominando totalmente o setor da economia objeto de intervenção. Isto ocorre quando o Estado monopoliza um setor como o das telecomunicações, por exemplo.

Quando o Estado atua indiretamente, estimulando ou desestimulando o setor por intermédio de regras e incentivos, está

2. Alberto Venâncio Filho, *A Intervenção do Estado no Domínio Econômico*, p. 59.

3. Heleno Taveira Tôrres, "Contribuições — Constitucionalidade", p. 159.

atuando sobre o domínio econômico. Ou seja, não participa diretamente do domínio econômico, mas atua neste através de regras que lhe são aplicadas. Neste caso, o Estado não utiliza uma figura do direito privado (pessoa jurídica privada) para influenciar a economia, ao revés, o faz através de regras próprias do direito público, que só o Estado é capaz de criar.[4]

As contribuições de intervenção são, na realidade, "sobre" o domínio econômico. O Estado atua na economia indiretamente, através destas figuras tributárias que dão ensejo a intervenções na economia. Desta forma, pode-se dizer que a nomenclatura mais adequada para definir as contribuições interventivas previstas no art. 149 da Constituição Federal é "contribuição de intervenção sobre o domínio econômico", pelo que passaremos a assim denominá-la.

3. Intervenção própria da contribuição interventiva

Como todas as demais contribuições, a contribuição de intervenção sobre o domínio econômico, que também denominaremos de CIDE ou contribuição interventiva, tem como característica relevante a finalidade que justifica sua instituição. Esta espécie de contribuição só poderá ser criada no intuito de intervir na economia, do contrário sua cobrança será tida como inválida, por não corresponder à finalidade constitucionalmente imposta.

Compreendemos que a contribuição interventiva tem uma característica que lhe é própria: a necessidade. Os tributos de uma maneira geral, especialmente os impostos com alíquotas passíveis de alteração pelo Executivo, sempre interferem na economia. A majoração do IOF, por exemplo, desencoraja determinadas operações de créditos. O critério da necessidade seria objetivado pela impossibilidade de intervir na economia por meio da mera alteração das alíquotas dos impostos extrafiscais já existentes.

4. Eros Grau, *A Ordem...*, cit., pp. 174 e ss.

Explicamos melhor: se for possível alcançar a intervenção na economia por meio da majoração ou diminuição das alíquotas dos impostos sobre importação, exportação, produtos industrializados e operações de crédito ou câmbio e seguro ou relativas a títulos ou valores mobiliários, então *não é necessária* a instituição da CIDE.

A necessidade se caracteriza, pois, pela impossibilidade de atingir o resultado pretendido com a alteração das alíquotas dos impostos relacionados.[5] Desta forma, sempre que for necessária a criação de um fundo para incentivar certas atividades financiando-as, a majoração dos impostos não suprirá essa necessidade, pois os impostos não podem ter destinação específica do valor arrecadado.

A proibição do excesso também deve ser respeitada pela contribuição interventiva, pois deve haver no momento da criação da contribuição um planejamento de quanto será necessário para atingir a finalidade, determinando quanto deverá ser cobrado na exação. A finalidade, apesar de não ser elemento da norma jurídica, é essencial na caracterização desse tributo e deve ser levada em conta desde sua instituição até sua manutenção.

Para que a CIDE possa ser regularmente cobrada, pois, é necessário suprir dois requisitos previstos implicitamente na norma jurídica de competência: a necessidade e a proibição do excesso.

3.1 A necessidade da contribuição interventiva

Afirma Luis Fernando Schuartz que a instituição de tributos produz impactos de graus de intensidade diversos sobre os custos dos agentes econômicos e preços dos

5. A *necessidade* por nós adotada nada tem a ver com a validação finalística desenvolvida por Marco Aurelio Greco, muito menos com o critério da necessidade adotado pelo Autor. Trata-se de um pressuposto presente na norma de competência, que precisa ser atendido pela norma que cria a CIDE.

bens e serviços ofertados.[6] Compreendemos que apesar de esses fatores econômicos não serem objetivo principal na instituição dos tributos, acabam por ser alcançadas mudanças na economia em decorrência dessas exações.

A instituição de tributos, em especial os extrafiscais (Imposto sobre Produtos Industrializados, Imposto de Importação, Imposto de Exportação e Imposto sobre Operações Financeiras), implica, ainda que indiretamente, a intervenção na economia. Por exemplo, a instituição do imposto de importação ou mesmo o aumento de sua alíquota resulta no desestímulo à importação de determinados produtos. O aumento e a redução das alíquotas dos impostos para determinadas atividades ou produtos sempre incentivam comportamentos na economia.

Neste sentido, verifique-se o julgado abaixo:

> Imposto de importação. Extrafiscalidade. Veículos. Importadoras. Princípio da igualdade. Violação inocorrência. Decreto 1.863/1996 e Medidas Provisórias 1.393/1996, 1.435/1996, 1.483/1996, 1.483-14/1996 e 1.483-17/1996. *O imposto de importação possui caráter extrafiscal, de modo que a sua arrecadação não possui objetivo exclusivo de abastecer os cofres públicos, mas também a conjugação de outros interesses que interferem no direcionamento da atividade impositiva. Tais interesses: (políticos, sociais e econômicos) funcionam como instrumento de proteção à economia nacional.* O Decreto 1.863/1996 e as Medidas Provisórias 1.393/1996, 1.435/1996, 1.483/1996, 1.483-14/1996 e 1.483-17/1996, não violam o princípio da igualdade previsto no art. 5º, *caput* da Carta Magna, porquanto o tratamento desigual diz respeito a entidades diferenciadas, constituindo, ainda, medida de política econômica através da qual o Poder Executivo visa proteger a indústria nacional, bem como incentivar a instalação de novas montadoras no País (remessa *ex-officio* 10400, processo 199804010222756-PR, Tribunal Regional Federal da 4ª Região, 2ª T., Rel. Vilson Darós, *DJ* 4.4.2001, p. 515) (grifos aditados).

Depreende-se do julgado acima duas conclusões: o imposto de importação é um imposto extrafiscal e, como tal: a) pode ser manipulado de forma a proteger a economia de modo geral; b) ser utilizado como estímulo a determinado setor da economia. Ou seja, os impostos extrafiscais podem servir de instrumento de intervenção na economia.

Observa-se que os impostos extrafiscais têm como objetivo principal a proteção da economia nacional, atingindo interesses políticos, sociais e econômicos. Não é necessário criar contribuições interventivas para proteger a Ordem Econômica, se a mesma finalidade pode ser alcançada através dos impostos federais extrafiscais existentes, como ocorre no julgado acima.

Como todos os tributos influenciam ainda que indiretamente na economia, compreendemos que só se justifica a criação de uma contribuição de intervenção sobre o domínio econômico quando o mesmo resultado não puder ser alcançado com a majoração dos impostos existentes. Exemplificando, se for necessário criar um fundo para financiar a intervenção, então o aumento de imposto não será instrumento adequado para essa finalidade, pois sua arrecadação não pode ter destinação diversa da composição do orçamento.

Por outro lado, se o Estado pretende desestimular as importações de calçados no intuito de aquecer o setor de calçados nacionais, poderá alcançar essa finalidade com o mero aumento de alíquota das importações. Se a intervenção puder ser alcançada com a majoração das alíquotas dos tributos extrafiscais existentes, a instituição da CIDE não poderá ser efetuada, sob pena de afrontar a norma de competência que a autoriza. A CIDE é um tributo excepcional que não pode ser criado com fins meramen-

6. "Contribuições de intervenção no domínio econômico e atuação do Estado no domínio econômico", p. 36.

te arrecadatórios, sob pena de se igualar aos impostos.

Podemos vislumbrar a intervenção na CIDE em dois momentos distintos: a) intervenção na previsão da norma geral e abstrata de incidência da contribuição, quando a possibilidade da oneração do particular implica a intervenção sobre o domínio econômico, desencorajando comportamentos que influenciam na economia; e b) intervenção pela destinação do valor arrecadado a um fundo específico de atividades de intervenção sobre o domínio econômico.

O fato de o contribuinte ser onerado com uma contribuição pode ser um fator de intervenção na economia, desestimulando comportamentos econômicos. Ocorre que essa oneração (dever de pagar tributo) só é possível se não puder haver a intervenção por meio dos impostos federais extrafiscais, tendo em conta a excepcionalidade deste tributo.

A intervenção mais utilizada para criação dessas contribuições, entretanto, é a positiva, que destina recursos arrecadados através da CIDE ao financiamento das atividades interventivas previstas na lei que criou a exação.

4. Normas jurídicas de competência

Partindo do pressuposto de que a Ciência do Direito estuda as normas jurídicas, e que dentre estas normas as de maior destaque são as normas constitucionais, analisamos as normas constitucionais autorizadoras da instituição da contribuição de intervenção sobre o domínio econômico. Estas normas são denominadas de normas de competência, pois se destinam à conduta de criar novas normas jurídicas, indicando seus limites nesta criação.

Segundo Hans Kelsen, competência é a capacidade que têm certos órgãos da comunidade de produzir normas jurídicas.[7] A competência se refere sempre a órgãos da comunidade, como a competência do Poder Judiciário para prolatar uma sentença ou do Poder Legislativo para expedir uma lei.

A competência para legislar, própria para instituir e modificar as contribuições de intervenção sobre o domínio econômico, é atribuída à União através do art. 149 da Constituição Federal. O exercício dessa competência está condicionado à previsão de uma finalidade determinada constitucionalmente, que é a de servir de instrumento de intervenção no domínio econômico.

As normas jurídicas de estrutura sempre impõem limites para a produção das normas de conduta, tutelando formal ou materialmente a produção destas. Segundo Márcio Severo Marques: "ao dispor sobre a produção de normas de comportamento, as normas jurídicas de estrutura podem prescrever exigências formais e/ou materiais, que não podem deixar de ser atendidas pelo legislador (produtor da norma de comportamento). Em outras palavras, ao permitirem a conduta de criar normas de comportamento, podem as normas de estrutura prescrever a forma procedimental a ser observada e o próprio conteúdo material do comando a ser por elas veiculado".[8]

É o que ocorre com a norma de competência que autoriza a criação de novas CIDEs, impondo que estas sejam criadas para atingir uma intervenção específica, observados os limites da necessidade e excepcionalidade.

A norma jurídica de competência para instituir as contribuições de intervenção sobre o domínio econômico pode ser extraída do art. 149 da Constituição Federal de 1988. Senão vejamos, estabelece esse artigo que:

> Art. 149. Compete exclusivamente à União instituir contribuições sociais, de intervenção no domínio econômico e de interesse das categorias profissionais ou

7. *Teoria Pura do Direito*, p. 166.

8. *Classificação Constitucional dos Tributos*, p. 79.

econômicas, como instrumento de sua atuação nas respectivas áreas, observado o disposto nos arts. 146, III, e 150, I e III, e sem prejuízo do previsto no art. 195, § 6º, relativamente às contribuições a que alude o dispositivo.

A União tem competência para instituir as contribuições de intervenção sobre o domínio econômico por meio de lei ordinária. Esta norma de estrutura é formal que permite ordenar, pois a União poderá ou não se valer desse poder conferido pela Constituição para criar contribuições de intervenção no domínio econômico.

Toda norma jurídica é formada por um antecedente e um conseqüente. O antecedente prevê uma situação fática qualquer, enquanto que o conseqüente impõe o surgimento de uma relação jurídica entre duas pessoas. O conseqüente determina o que deve ocorrer no mundo jurídico, gerando direitos e deveres. Esta norma é a denominada norma primária. A norma secundária tem no seu antecedente o descumprimento do conseqüente da norma primária, e no seu conseqüente o direito de se valer da atuação do Estado-Juiz para coagir o cumprimento da norma primária. A norma secundária tem no seu conseqüente o direito de ação do sujeito prejudicado.

Ao nosso ver, a norma jurídica de competência autorizadora da criação da contribuição de intervenção sobre o domínio econômico é a seguinte:

Norma primária: Dado o fato de ser União, é permitida a instituição através de lei ordinária de contribuição de intervenção sobre o domínio econômico condicionada à previsão de intervenção na economia, tendo em conta não ser possível atingir a intervenção através da alteração dos tributos federais existentes, só alcançando fatos ocorridos no exercício financeiro posterior ao da lei que o criou, tendo por hipótese de incidência fato desvinculado de atividade estatal, havendo previsão legal de destinação específica para o produto da arrecadação.

Basta ser União para estar autorizada a instituição da contribuição interventiva. Esta contribuição será instituída através de lei ordinária, pois a referência que o art. 149 faz ao art. 146 da Constituição Federal é no sentido de que as normas gerais tributárias devem ser inseridas no sistema através de lei complementar. As normas gerais já estão inseridas no Código Tributário Nacional, portanto, as normas específicas relativas a CIDE podem ser introduzidas via lei ordinária assim como ocorre com os tributos em geral.

O setor privado é protegido por princípios previstos no art. 170 da Lei Magna, não devendo sofrer intervenção a não ser que excepcionalmente seja necessário. Existem tributos extrafiscais, como o imposto sobre produtos industrializados, os impostos de importação e exportação e imposto sobre operações financeiras que visam não apenas a arrecadação, mas também a interferência no setor econômico. Tendo em conta esta característica, estes tributos podem ser majorados através de decreto, passando a produzir seus efeitos desde então, diferente do que ocorre com os demais impostos como o imposto sobre a renda, o imposto sobre serviços etc.

Esta característica dos impostos extrafiscais é de suma importância, pois a própria Constituição possibilita que estes tributos atinjam outras finalidades que não a meramente arrecadatória. Os impostos extrafiscais já têm o critério material e base de cálculo previamente traçados na Constituição e existem normas infraconstitucionais que autorizam a cobrança destes impostos.

Transcrevemos uma decisão do Tribunal Regional Federal da 1ª Região que determina claramente que o IPI poderá ter função extrafiscal. Na mesma decisão esclarece-se que a alteração do imposto não substitui a contribuição interventiva (IAA), que deve ser mantida:

Tributário. Imposto sobre produtos industrializados — IPI. Alíquota. Açúcar.

Lei 8.393, de 1991. Decreto 420, de 1992. 1. A fixação da alíquota do IPI em dezoito por cento, pela Lei 8.393, de 1991, e pelo Decreto 420, de 1992, levou em consideração, sem duvida alguma, a essencialidade do produto, uma vez que as alíquotas desse produto variam de zero a sessenta por cento. 2. O legislador ordinário, com base no art. 151, inc. I, segunda parte, da Constituição Federal, pode fixar alíquota menor incidente sobre o mesmo produto, para determinadas regiões do país. 3. O Decreto 420, de 1992, na verdade, está respaldado na Lei 8.393, de 1991, e, assim, não se pode afirmar que houve desvio de finalidade. 4. *Fixando o legislador ordinário três percentuais diferentes de alíquota para o açúcar, não substitui a contribuição de intervenção do domínio econômico pelo IPI. O IPI pode ser utilizado como instrumento de função extrafiscal* (grifos não constam no original) (ementa do acórdão proferido pelo Tribunal Regional Federal da 1ª Região, 3ª T., nos autos da apelação em mandado de segurança 01339570, Rel. Juiz Tourinho Neto, *DJ* 21.9.1995, p. 63.452).

A criação da CIDE, aos nossos olhos, depende da impossibilidade do alcance da intervenção por meio da alteração das alíquotas dos impostos federais existentes. Caso a alteração das alíquotas do IPI atendesse à finalidade buscada com a contribuição interventiva (indução positiva) a que este julgado se refere, essa contribuição não poderia ter sido criada. No julgado acima há essa impossibilidade. A receita decorrente da contribuição devida ao IAA destinava-se, dentre outras finalidades, ao estímulo à agricultura canavieira, financiando pesquisa, irrigação, mecanização das usinas, financiamento do custeio da entressafra e auxílio na compra de adubos, bem como assistência aos trabalhadores deste setor.[9] Estas finalidades interventivas não poderiam ser alcançadas com a mera alteração de alíquotas do IPI, como bem demonstra a decisão.

As contribuições interventivas têm sua instituição autorizada pela Constituição, mas nenhum dos elementos da norma jurídica instituidora da contribuição está previsto na própria Lei Magna. A lei ordinária irá traçar completamente a norma instituidora da CIDE.

Compreendemos que a instituição da contribuição interventiva é medida excepcional, que deve ser utilizada apenas quando os impostos extrafiscais já existentes não puderem suprir a buscada intervenção na economia.

A relação jurídica que surge com esta norma confere direitos à pessoa política da União e deveres aos demais sujeitos da ordem jurídica, que não podem interferir na criação da contribuição interventiva.

Os princípios constitucionais da legalidade, irretroatividade e anterioridade são aplicados à contribuição interventiva, conforme o próprio art. 149 da Constituição determina expressamente.

Como toda norma jurídica, a norma de competência é formada por uma norma primária e uma secundária, que prevê o direito de se utilizar da coação estatal tendo em conta o descumprimento do conseqüente da norma primária.

Norma secundária: Se a União instituir contribuição de intervenção sobre o domínio econômico: com finalidade diversa da intervenção na economia ou não prevendo intervenção ou alcançando fatos do mesmo exercício financeiro ao da lei que a criou ou tendo como hipótese de incidência um fato vinculado à atividade estatal ou não prevendo destinação específica para o produto da arrecadação, então a contribuição restará eivada de vício, podendo o contribuinte recorrer ao Estado-Juiz para obter a declaração de nulidade desse tributo.

A norma secundária prevê a possibilidade do acionamento do Judiciário para que se declare a nulidade da norma que institui a contribuição interventiva em desacordo com o conseqüente da norma primária.

9. Arts. 22 e ss. da Lei 4.870/1965.

Desta forma, se for instituída uma contribuição em desconformidade com os preceitos da norma primária, então esta contribuição poderá ser declarada nula. Esta é a sanção imposta à União.

Toda norma secundária corresponde a um direito da parte de se utilizar dos meios jurídicos processuais para assegurar o cumprimento compulsivo da norma primária. No caso em tela todos os interessados podem ingressar com uma ação em juízo para assegurar a declaração de nulidade da norma instituidora da contribuição por qualquer afronta à norma primária que a autorizou.

5. A indução negativa e a CIDE

Em regra, a intervenção própria da CIDE se dá no momento da destinação do valor arrecadado a título desta exação, todavia a intervenção poderá ser efetuada também no momento da instituição da CIDE, no fato de onerar um setor específico.

A CIDE se dá pela indução positiva quando a União, valendo-se do valor arrecadado a título da contribuição, aplica-o no intuito de estimular setores da economia. A intervenção propriamente dita está na destinação do valor arrecadado, compondo regra de Direito Financeiro.

A indução negativa é menos freqüente e se encontra no momento da própria instituição do tributo. Cria-se a contribuição para desestimular certo setor da economia, através da própria oneração tributária.

Assim, a intervenção poderá ser concomitante com a incidência da exação, pois no momento que o sujeito é onerado há um desestímulo a determinada conduta. Poderá, também, ser posterior ao pagamento do tributo, mais precisamente quando da aplicação do valor arrecadado para atingir a intervenção pretendida.

Necessário é ressaltar que o que caracteriza as contribuições como tributo específico é a previsão da destinação do valor arrecadado. Dessa forma, mesmo nos casos em que a intervenção é efetuada na própria instituição do tributo, é necessário haver a previsão da destinação do valor arrecadado para intervir no setor da economia onerado com a contribuição interventiva.

6. Norma jurídica da contribuição interventiva

Segundo Paulo de Barros Carvalho, a norma jurídica tributária é composta por cinco critérios, localizados parte no antecedente parte no conseqüente. O antecedente relata a ocorrência do fato jurídico em determinado local e tempo, seus critérios são o material, espacial e temporal. O conseqüente da norma tributária, por sua vez, impõe o surgimento de uma relação jurídica, é composto pelos critérios pessoal e quantitativo.

A norma jurídica que cria a contribuição interventiva é uma norma tributária e como tal possui todos esses critérios, os quais veremos detalhadamente.

6.1 Critério temporal

O critério temporal determina quando se dá por ocorrida a hipótese de incidência, possibilitando a aplicação da norma jurídica. Determinado o instante em que se tem por ocorrido o fato descrito, torna-se possível, a partir de então, aplicar a norma, produzindo seus efeitos jurídicos.

O critério temporal da CIDE sobre *royalties* é o momento do pagamento dos valores a título de remuneração da aquisição de conhecimentos tecnológicos. O referido critério determina quando se torna possível a aplicação do direito. O momento do pagamento do tributo não se confunde com o critério temporal, pois é a data determinada para o cumprimento da obrigação, surgida com a descrição da ocorrência do critério temporal.

6.2 Critério espacial

O critério espacial refere-se aos locais em que o fato deve ocorrer para que possa irradiar os efeitos impostos pelo mundo jurídico. Paulo de Barros Carvalho relaciona três formas compositivas das hipóteses segundo o critério espacial, são elas: hipótese que faz menção a determinado local para ocorrência de fato típico; hipótese com critério espacial genérico em que todos os fatos desencadeiam efeitos peculiares; e hipótese que se refere a áreas específicas, em que só os acontecimentos ocorridos nos limites postos é que serão relevantes.[10]

No primeiro caso temos o Adicional ao Frete para a Renovação da Marinha Mercante (AFRMM), uma vez que a incidência desta exação só pode ocorrer nos portos do país. O Imposto Territorial Rural (ITR) e Imposto de Propriedade Territorial Urbana (IPTU) se encaixam no último tipo do critério espacial, não visualizamos exemplos de contribuições interventivas que se encaixassem nesse critério espacial. A maioria das demais CIDEs se encaixa no segundo tipo de critério espacial, como a contribuição incidente sobre combustíveis.

6.3 Critério material

O critério material compõe o antecedente da norma jurídica e forma-se por um verbo seguido de complemento. Esse critério descreve o comportamento que faz com que se desencadeie a relação jurídica e seus efeitos.

Nos tributos vinculados, o critério material deve ser algum fato ligado à atividade estatal que se refere direta ou indiretamente ao contribuinte. Por exemplo, as taxas de serviço têm como critério material o serviço público prestado ao contribuinte. Nos tributos não vinculados o critério material é um fato desvinculado de atividade estatal, é um fato social qualquer.

A Constituição, ao prever as contribuições de intervenção sobre o domínio econômico, não traçou os critérios materiais destas, como fez em relação às contribuições sociais e aos impostos. A Carta Magna por meio de suas normas de competência, confere ao legislador a liberdade de traçar o critério material das CIDEs.

Entendemos que o critério material da contribuição interventiva não pode ser próprio das taxas. As taxas podem ter como hipótese de incidência o serviço público prestado ou posto à disposição ou o poder de polícia. Por sua vez, a intervenção pode ocorrer na própria instituição do tributo ou na destinação do valor arrecadado.

A hipótese de incidência própria da taxa *não* pode ser configurada como intervenção. O serviço público não pode ser uma intervenção, pois esta se dá no domínio privado e o serviço público é atividade do próprio domínio público, é função específica do Estado.

O exercício regular do poder de polícia se configura como: "a atividade da Administração Pública que, limitando ou disciplinando direito, interesse ou liberdade, regula a prática de ato ou abstenção de fato, em razão de interesse público concernente à segurança, à higiene, à ordem, aos costumes, à disciplina da produção e do mercado, ao exercício de atividades econômicas dependentes de concessão ou autorização do Poder Público, à tranqüilidade pública ou ao respeito à propriedade e aos direitos individuais ou coletivos".[11]

O poder de polícia, segundo Celso Antônio Bandeira de Mello, é uma das formas de intervenção sobre o domínio econômico.[12] De fato, regular a prática de ato ou abstenção de fato em razão de interesse público nos parece uma forma de intervir na economia. Poderia, então, a CIDE ter hipótese de incidência própria das taxas de polícia? Ao nosso olhar isso se faz impossível.

A taxa de polícia traz em si uma intervenção na economia, assim como fazem os impostos extrafiscais. Sua intervenção é a própria atividade de polícia prevista no

10. *Curso de Direito Tributário*, pp. 254 e ss.

11. V. o art. 78 do Código Tributário Nacional.

12. *Curso de Direito Administrativo*, p. 610.

antecedente normativo que de alguma forma induz comportamentos econômicos. O requisito da necessidade impede que haja a criação de contribuição interventiva com hipótese própria de taxa, pois se a intervenção poderia ter sido atingida com a criação desta espécie tributária, então não cabe a utilização da CIDE, tributo excepcional, para tanto.

Conclui-se, pois, que a CIDE não pode ter hipótese de incidência própria de taxa, em face do respeito aos requisitos da necessidade e da proibição do excesso, próprios desta contribuição. Compreendemos, pois, que o critério material próprio da CIDE é um fato qualquer, desvinculado de atividade estatal e a totalidade da arrecadação deverá ser destinada ao financiamento da intervenção na economia.

6.4 Critério quantitativo: base de cálculo

A base de cálculo é a "perspectiva dimensível do aspecto material da h.i. (hipótese de incidência) que a lei qualifica, com a finalidade de fixar critério para determinar, em cada obrigação tributária concreta, o *quantum debeatur*".[13]

A base de cálculo se localiza no conseqüente da norma tributária e deve ter relação com o fato descrito na hipótese, pois seu objetivo maior é dimensioná-lo, determinando o valor da obrigação tributária.

Como foi observado anteriormente, o critério material será um fato não-vinculado à atividade estatal. A base de cálculo da CIDE deverá ser uma grandeza relacionada ao fato eleito no critério material, ou seja, não poderá ser valor relativo a qualquer atividade estatal.

Discute-se se os fatos objeto de tributação pelos impostos estaduais e municipais podem ser tributados pela CIDE. A nosso ver o legislador federal é livre para criar contribuições de intervenção sobre o domínio econômico, não havendo nenhuma norma de incompetência expressa na Constituição.

A reserva de competência dos Estados e Municípios refere-se à instituição de impostos e não às contribuições. As CIDEs são tributos excepcionais, criados apenas para intervir na economia, sem intuito arrecadatório. Se necessário ao interesse público criar contribuição com hipótese de incidência e base de cálculo próprias dos impostos estaduais e municipais para intervir na economia, isto poderá ser efetuado.

O Plenário do Supremo Tribunal Federal determinou ser o Adicional ao Frete para Renovação da Marinha Mercante (AFRMM) espécie de contribuição interventiva. Na análise desta contribuição, decidiu-se não haver invasão do campo de incidência do ICMS estadual, conforme se vislumbra a partir do voto proferido pelo Ministro Carlos Velloso, no recurso extraordinário 177.137.

> *Ementa*: Constitucional. Tributário. Adicional ao Frete para Renovação da Marinha Mercante — AFRMM: contribuição parafiscal ou especial de intervenção no domínio econômico. CF arts. 149, 155, § 2º, IX. ADCT, art. 36. I — Adicional ao frete para renovação da marinha mercante — AFRMM — é uma contribuição parafiscal ou especial, *contribuição de intervenção no domínio econômico, terceiro gênero tributário, distinta do imposto e da taxa (CF, art. 149)*. II — *O AFRMM não é incompatível com a norma do art. 155, § 2º, IX, da Constituição.* Irrelevância, sob o aspecto tributário, da alegação no sentido de que o Fundo da Marinha Mercante teria sido extinto, na forma do disposto no art. 36, ADCT. III. — Recurso extraordinário não conhecido" (ementa do acórdão proferido pelo Tribunal Pleno do STF, nos autos do RE 177137-RS, Rel. Ministro Carlos Velloso, *DJ* 18.4.1997, p. 13.788) (destaques não constam no texto original).

O art. 155, § 2º, IX da Carta Magna prescreve que o ICMS incidirá sobre determinadas situações. Esse julgado determina que as regras aplicadas ao ICMS não

13. Geraldo Ataliba, *Hipótese de Incidência Tributária*, p. 97.

se estendem a essa espécie tributária. Ou seja, mesmo que haja uma contribuição com hipótese própria do ICMS não serão aplicadas as limitações próprias desse tributo. Ao mesmo tempo em que admite a possibilidade de hipóteses de incidência idênticas para ICMS e CIDE, determina que as limitações próprias deste imposto não lhes são estendidas.

Outra problemática que gera discussões refere-se também à hipótese de incidência e base de cálculo das contribuições sociais semelhantes às CIDEs criadas.

Como acontece com as taxas, impostos, contribuição de melhoria e empréstimos compulsórios, não pode haver contribuições com critérios material e quantitativo idênticos. As contribuições se caracterizam pela hipótese de incidência aliada à finalidade a ser alcançada. A repetição de um ou de outro desses elementos especiais resulta na inconstitucionalidade dessas exações, a não ser que a própria Constituição permita expressamente a dupla tributação.

O fato de a Constituição ter determinado a hipótese de incidência e base de cálculo das contribuições sociais, implica a proibição da utilização destas hipóteses pelas demais contribuições ainda que para atingir outras finalidades. Apesar da Constituição não ter previsto o critério material da contribuição de intervenção sobre o domínio econômico, fê-lo em relação a outro tipo de contribuição, o que impede em princípio a repetição das hipóteses previstas expressamente em relação às outras contribuições.

As contribuições são um tipo específico de tributo, caracterizadas pela previsão de um fato não-vinculado a atividade estatal e uma finalidade explicitamente determinada constitucionalmente. Da mesma forma que não podem incidir dois impostos com mesma hipótese de incidência e base de cálculo, não podem incidir duas contribuições (ainda que de espécies diversas), onerando mesmo fato com mesma base de cálculo.

Neste sentido, compreendemos não ser possível o *bis in idem* dos diferentes tipos de contribuições, ou seja, a tributação de um mesmo fato jurídico por mais de uma vez por uma mesma pessoa política.

Da mesma forma, não é possível a cobrança de contribuições de intervenção sobre o domínio econômico em relação a um mesmo fato jurídico e mesma base de cálculo, isso porque haverá duas normas jurídicas tributárias idênticas, tendo em vista que a finalidade da intervenção não integra sua estrutura. Como já observamos, a hipótese de incidência é fundamental na classificação dos tributos e, sendo um de seus critérios diferenciadores, deve ser levada em conta na análise de cada tipo tributário. Não é possível, pois, a cobrança de contribuição de intervenção sobre o domínio econômico incidente sobre um mesmo fato jurídico.

6.4.1 Critério quantitativo: alíquota

A alíquota é uma parte, fração que se refere à base de cálculo e é determinante no valor do tributo a ser pago. Trata-se de uma ordem de grandeza determinada pelo legislador.

Para Paulo de Barros Carvalho, a alíquota pode ser um valor monetário fixo, variável ou não de acordo com as escalas progressivas da base de cálculo; ou uma fração da base de cálculo, podendo ser invariável, progressivo ou regressivo.[14] A alíquota é invariável quando é a mesma para todos os valores das bases de cálculo; é progressiva quando aumenta seu percentual todas as vezes que aumentar a base de cálculo; e é regressiva quando se diminui a alíquota ao aumentar o valor da base de cálculo.

A CIDE pode ter alíquotas variáveis ou invariáveis. Estas alterações, entretanto, deverão ser determinadas no intuito de respeitar a intervenção na Ordem Econô-

14. *Curso de Direito Tributário*, p. 336.

mica. Ou seja, a lei que institui a CIDE poderá prever alterações nas alíquotas desde que as alterações tenham função específica de intervir na economia.

A Emenda Constitucional 33/2001 estabeleceu o que segue:

> Art. 177. (...).
>
> 4º. A lei que instituir contribuição de intervenção no domínio econômico relativa às atividades de importação ou comercialização de petróleo e seus derivados, gás natural e seus derivados e álcool combustível deverá atender aos seguintes requisitos:
>
> I — a alíquota da contribuição poderá ser:
>
> a) diferenciada por produto ou uso;
>
> b) reduzida e restabelecida por ato do Poder Executivo, não se lhe aplicando o disposto no art. 150, III, *b*.

Por este dispositivo o Poder Executivo só ter autorização para diminuir ou restabelecer tais alíquotas previstas na lei. Ou seja, é estabelecido teto máximo de alíquota, podendo esta ser diminuída ou restabelecida a qualquer tempo.

As alterações das alíquotas deverão estar relacionadas sempre com a intervenção, a diferenciação das mesmas por uso ou por produto poderá ser feita para atingir a extrafiscalidade própria das contribuições, que é a intervenção na economia. As alíquotas eventualmente também poderão ser alteradas tendo em conta a capacidade contributiva.

6.5 Critério pessoal

6.5.1 Sujeição passiva

Ao tratar da sujeição passiva tributária, Alfredo Augusto Becker faz forte afirmação: "O legislador, ao estruturar a regra jurídica tributária, tem liberdade (com as duas únicas ressalvas abaixo indicadas) de escolher qualquer pessoa (física ou jurídica ou estatal) para sujeito passivo da relação jurídica tributária. Este sujeito passivo poderá ser pessoa que esteja ligada à hipótese de incidência por relação de natureza social ou geográfica ou física ou jurídica (ex.: procurador ou vendedor, etc.) e até poderá ser uma pessoa que nenhuma relação tenha com a hipótese de incidência".[15]

As duas ressalvas referem-se às limitações decorrentes do princípio da capacidade contributiva e do sujeito passivo tributário.

No nosso entendimento, a obrigação jurídica tributária só pode se formar diante de um sujeito passivo que tenha relação com o fato tributário gerador da relação jurídica. Concordamos com o respeitável jurista Paulo de Barros Carvalho, para quem as relações jurídicas tributárias integradas por sujeitos passivos alheios ao fato tributado apresentam natureza de sanções administrativas.[16]

Traçando a definição de sujeito passivo, Paulo de Barros Carvalho[17] afirma: "O sujeito passivo da relação jurídica tributária é a pessoa — sujeito de direitos — física ou jurídica, privada ou pública, de quem se exige o cumprimento da prestação: pecuniária, nos nexos obrigacionais; e insusceptível de avaliação patrimonial, nas relações que veiculam meros deveres instrumentais ou formais".

No caso das contribuições de intervenção, o sujeito passivo pode ser pessoa física ou jurídica privada desde que tenha relação, ainda que indireta, com a intervenção na economia que justifica a criação da CIDE.

Não compreendemos ser possível a tributação de ente público por uma contradição lógica. A intervenção só ocorre no campo privado, alheio às atividades públicas. No setor público não há intervenção, mas atuação. De outro lado, não faz sentido que o próprio setor público pague tributo para se utilizar desse valor, atingindo interesses públicos.

15. *Teoria Geral do Direito Tributário*, p. 279.
16. *Curso de Direito Tributário*, p. 317.
17. *Fundamentos Jurídicos da Incidência*, pp. 150-151.

A Constituição, ao autorizar a cobrança das contribuições sociais, menciona expressamente a possibilidade de serem cobradas de todos os cidadãos.[18] Observa-se, entretanto, que a mesma menção não é feita em relação às demais contribuições. Tendo em conta que não foi efetuada nenhuma ressalva em relação à CIDE, verificamos que não poderá ser cobrada de quaisquer cidadãos indistintamente, pois estes não estão obrigados a financiar as intervenções sobre os domínios econômicos.

As contribuições de intervenção não podem ser cobradas de qualquer sujeito passivo. O sujeito passivo deverá ter relação com a intervenção efetuada, ou seja, direta ou indiretamente estará relacionado com a intervenção no setor da economia.

A determinação do sujeito passivo dependerá da intervenção fundamentadora da CIDE. Explicamos: a intervenção na economia que justifica essa contribuição poderá estar na instituição da contribuição ou na destinação da arrecadação desse tributo.

Caso da intervenção esteja a própria instituição da CIDE, os sujeitos passivos eleitos só poderão ser aqueles que tiverem ligação com o fato desenhado no critério material. Se a intervenção for o desestímulo ao setor açucareiro, só poderá ser instituída uma contribuição incidente sobre a circulação do açúcar. Os sujeitos passivos dessa exação têm de ser necessariamente os relacionados com a produção ou circulação deste produto.

Mesmo quando a intervenção se dá na aplicação dos valores arrecadados para um fundo específico, esta deve ser levada em conta na definição dos sujeitos passivos.

Aos nossos olhos, a intervenção na economia revela o caráter extrafiscal da CIDE. Os sujeitos passivos sempre terão relação com a intervenção que a justifica: deverão ser responsáveis pela necessidade da intervenção na economia ou se beneficiar, ainda que indiretamente, da intervenção efetuada. Apesar de ser critério extrínseco à norma jurídica tributária, é critério intrínseco da norma jurídica de competência que a autoriza, por isso a finalidade (no caso da CIDE a intervenção) é determinante na natureza jurídica da contribuição, devendo ser levada em conta inclusive na determinação dos sujeitos passivos.

6.5.2 Sujeição ativa (parafiscalidade)

A parafiscalidade "é uma técnica que, em regime de intervencionismo econômico e social, visa criar e utilizar receitas de aplicação específicas, extraordinárias, percebidas sob autoridade, à conta de órgãos de economia dirigida, de organização profissional ou de previdência social, seja pelos órgãos beneficiários diretamente, ou seja pelas repartições fiscais do Estado".[19]

A parafiscalidade, para Autores como José Eduardo Soares de Melo, é obrigatória para as contribuições em geral (art. 149 da Constituição Federal),[20] seria uma característica inerente às contribuições. José Souto Maior Borges tem opinião diversa:

"3.6 Quando pessoa diversa daquela que institui o tributo é competente para arrecadá-lo, tem-se o fenômeno da parafiscalidade. Essa técnica descentralizada de arrecadação está presente geralmente nas contribuições sociais. Tanto que a doutrina de regra as denomina de 'contribuições parafiscais'.

"3.7 Sem embargo, não é da essência da contribuição essa técnica de arrecadação: o serem elas parafiscais. Nem lhe é sequer exclusiva. Em princípio, não há obstáculo constitucional a que qualquer tributo tenha a sua arrecadação desconcentrada, ou seja, atribuída a uma pessoa administrativa diversa daquela que legalmente o instituiu."[21]

18. O art. 195, *caput*, da Constituição Federal determina expressamente que "a seguridade social será financiada por toda a sociedade".

19. Jean Guy Merigot, "Elementos de uma teoria da parafiscalidade", p. 62.

20. *Contribuições Sociais no Sistema Tributário*, p. 313.

21. "Contribuições — Caráter tributário", p. 122.

Concordamos com o respeitável jurista, pois a parafiscalidade não é elemento essencial à CIDE, não sendo necessário que o sujeito ativo seja pessoa diversa da União. A parafiscalidade é elemento importante, mas não inerente às contribuições, pois não há mandamento obrigatório que determine ser a arrecadação necessariamente efetuada por pessoas diversas da União.

O que efetivamente caracteriza esta espécie tributária é o intuito de intervir sobre o domínio econômico. Este objetivo maior é, ao nosso ver, a extrafiscalidade, que em nada se confunde com a parafiscalidade.

A extrafiscalidade é o "emprego de fórmulas jurídico-tributárias para obtenção de metas que prevalecem sobre fins simplesmente arrecadatórios de recursos monetários, o regime que há de dirigir tal atividade não poderia deixar de ser aquele próprio das exações tributárias".[22] Esta sim é a característica fundamental da CIDE, que visa à intervenção na economia e não à arrecadação no intuito de manter a máquina estatal.

Desta forma, vislumbramos que a contribuição de intervenção sobre o domínio econômico poderá ter cunho parafiscal, mas este não é elemento caracterizador da contribuição interventiva. Sua característica fundamental é a extrafiscalidade, visando ao bem-estar da Ordem Econômica, no intuito de equilibrá-la.

7. *Finalidade das contribuições interventivas*

A intervenção, finalidade da CIDE, é elemento limitador da sua criação. Essa contribuição é extraordinária, destinada a intervir na economia, sua característica mais marcante é justamente a finalidade, que fundamenta sua instituição.

Não pode haver contribuição sem finalidade, sob pena de inconstitucionalidade. Apesar de a finalidade ser elemento extrínseco à norma tributária, cuida-se de elemento inserido na norma de competência determinada constitucionalmente, o que a torna fundamental na validade das normas que instituem contribuições.

Não é qualquer finalidade que garante a constitucionalidade das normas instituidoras de contribuições. Como vimos anteriormente, a finalidade da intervenção na economia se encontra no conseqüente da norma de competência da CIDE, seu descumprimento faz com que a norma criada seja eivada de vício, sendo passível a declaração de invalidade por estar em desacordo com a norma de estrutura.

A finalidade da contribuição interventiva é a intervenção na economia para atingir os princípios consagrados no art. 170 da Constituição Federal. No nosso entender uma mesma contribuição interventiva poderá atender a mais de uma finalidade, desde que essas finalidades sirvam para intervir na economia assegurando o equilíbrio da Ordem Econômica.

Assim, podem ser criados dois ou mais fundos para financiar atividades ou segmentos distintos, tendo sempre que haver correlação entre os sujeitos passivos das contribuições e o segmento objeto de intervenção. Da mesma forma, pode haver intervenção em dois momentos distintos: na própria instituição da exação e na destinação do valor arrecadado. A única ressalva é a proibição da criação da contribuição interventiva para atingir finalidades das outras contribuições, como o financiamento da Seguridade Social.

8. *A arrecadação como instrumento da finalidade*

A própria instituição da contribuição pode ser considerada uma intervenção na economia. Só que neste caso poderá haver a instituição de contribuição se não for possível alcançar o ônus de determinado setor da economia através do aumento dos tributos federais existentes.

Como já se observou, a contribuição interventiva é um tributo excepcional que

22. Paulo de Barros Carvalho, *Curso...*, cit., p. 230.

serve para intervir na economia garantindo o equilíbrio da Ordem Econômica. A referida contribuição só será criada se não for possível atingir os objetivos pleiteados por meio da alteração das alíquotas dos tributos federais existentes.

Se a União desejar reduzir as desigualdades regionais, por exemplo, não poderá fazê-lo por meio do aumento do imposto sobre a renda de determinado setor da economia, em determinada região, sob pena de afronta aos princípios da capacidade contributiva e isonomia. Cabe vislumbrar, pois, se é possível atingir a intervenção buscada com outro tributo federal existente. Sendo possível, não haverá necessidade da instituição da CIDE nem da criação de fundo específico para financiar a intervenção.[23]

Quando presente a necessidade da criação da CIDE e a intervenção na economia é efetuada através da própria instituição da contribuição, surge um problema: o que deve ser feito com o produto arrecadado? No nosso entender sempre deverá haver a previsão da destinação do valor arrecadado à intervenção ligada direta ou indiretamente aos sujeitos passivos da exação. A receita das contribuições deverá estar vinculada a uma finalidade, sob pena de se igualar aos impostos.

Dessa forma, é possível a intervenção negativa na economia, ou seja, onerando determinado setor econômico. Deve ser observada na própria lei que criou a CIDE a destinação específica ao valor arrecadado, pois este foi nosso critério utilizado na distinção das espécies tributárias. Assim, neste caso, a destinação conferida ao valor arrecadado pela CIDE é relevante para sua caracterização.

9. *Destinação legal e destinação financeira*

A destinação legal consiste na previsão da destinação do valor a ser arrecadado pela exação instituída em lei. Trata-se do motivo que em regra induz a produção da norma que institui a contribuição interventiva.

A destinação financeira é a efetiva aplicação do que se previu na norma de instituição do tributo. Essa efetiva aplicação do valor arrecadado não influencia na validade da contribuição interventiva, pois a norma de competência não prevê o efetivo alcance da finalidade ou a efetiva aplicação do valor arrecadado em determinado fundo que financiará a intervenção na economia.

Misabel Abreu Machado Derzi vai de encontro ao posicionamento por nós adotado, afirmando que o desvio do valor arrecadado por meio das contribuições acarretará perda de competência do ente tributante, possibilitando a repetição do indébito, senão vejamos: "o contribuinte pode opor-se à cobrança de contribuição que não esteja afetada aos fins, constitucionalmente admitidos; igualmente poderá reclamar a repetição do tributo pago, se, apesar da lei, houver desvio quanto à aplicação dos recursos arrecadados. É que, diferentemente da solidariedade difusa ao pagamento de impostos, a Constituição prevê a solidariedade do contribuinte no pagamento de contribuições e empréstimos compulsórios e a conseqüente faculdade outorgada à União de instituí-los, de forma direcionada e vinculada, a certos gastos. Inexistente o gasto ou desviado o produto arrecadado para outras finalidades não autorizadas na Constituição, cai a competência do ente tributante para legislar e arrecadar".[24]

A nosso ver não há ligação entre direito tributário e a efetiva destinação financeira determinada constitucionalmente, a ligação feita constitucionalmente se dá entre a previsão da destinação do valor arrecadado e a autorização para criar a CIDE.

O desvio do valor arrecadado resulta no descumprimento de outra norma volta-

23. A CIDE é tributo excepcional, devendo ser instituído apenas quando não for possível a intervenção através dos meios tributários existentes.

24. Aliomar Baleeiro, *Direito Tributário Brasileiro*, p. 1.034.

da à Administração. As sanções resultantes deste desvio são de cunho administrativo e não influenciam na validade do tributo instituído. Não ingressamos no cumprimento das normas administrativas para determinarmos a validade das normas tributárias. Estas são válidas independentemente da efetiva destinação do produto arrecadado. O que importa é a previsão do valor arrecadado, se corresponde ou não com os ditames da norma de competência determinada constitucionalmente.

O mesmo raciocínio se aplica aos impostos. O Supremo Tribunal Federal já declarou a inconstitucionalidade de determinado imposto em face de a sua destinação ser diversa da estabelecida constitucionalmente. Mas a inconstitucionalidade foi declarada por conta de a previsão em lei da destinação ser diversa da autorizada constitucionalmente e não por conta de desvios do valor arrecadado, conforme os recursos extraordinários 183.906, 154.273, 172.394 e 97.718.

10. A omissão da previsão legal da finalidade e o desvio do valor arrecadado

A norma de competência que autoriza a instituição da CIDE o faz sob condição da previsão da intervenção na economia. Se não houver a previsão da intervenção, não há o cumprimento da norma constitucional, resultando na descaracterização da CIDE. Neste caso, a contribuição interventiva é passível de ser invalidada por ato judicial.

A previsão de finalidade diversa da norma de competência quando da instituição do tributo pode acarretar sua declaração de inconstitucionalidade, tendo em conta a afronta à norma de estrutura. O mesmo não ocorre com o desvio da finalidade, ou seja, quando a norma de conduta direcionada ao Administrador é descumprida, pois neste caso são aplicadas sanções administrativas, que não se relacionam com a validade do tributo.

Há julgados do próprio Supremo Tribunal Federal que confirmam esse entendimento. A decisão do recurso extraordinário 183.906-9-SP bem demonstra isto. O Estado de São Paulo alterou em 1% a alíquota do ICMS, destinando o produto deste aumento para o financiamento habitacional da população. Ora, houve no caso um descumprimento da norma de competência, uma vez que a instituição dos impostos não pode estar vinculada a uma destinação específica. Essa previsão da vinculação do valor arrecadado afronta a norma de competência dos impostos. Nesse sentido observe-se trecho do voto vencedor do Ministro Marco Aurélio, no julgado do referido recurso extraordinário:

> *A referência à destinação total do que decorrente da majoração não permite que pairem dúvidas sobre a razão de ser da elevação da alíquota do Imposto sobre Circulação de Mercadorias e Serviços* de dezessete para dezoito por cento. O sutil jogo de palavras, cogitando-se da execução orçamentária, momento em que adentrou-se até mesmo no campo estranho à lei editada, porquanto não se mostrou, de início, orçamentária, não é de molde a sobrepor-se à realidade que exsurge da leitura eqüidistante, como sói acontecer no âmbito do Judiciário, dos dispositivos em foco. (...) *dispôs-se, mais, que os recursos financeiros pertinentes seriam destinados obrigatoriamente ao financiamento de programas habitacionais de interesse da população do Estado. (...) Dificuldades de caixas não podem ser potencializadas a ponto de olvidarem-se os parâmetros constitucionais.* Na organicidade do Direito está a segurança do cidadão, pelo que *não se pode perder de vista que o meio justifica o fim, mas não este aquele*[25] (grifos não constam no original).

A norma de estrutura que autoriza a criação do ICMS impossibilita a vinculação do valor arrecadado. O descumprimento desta imposição vicia a norma de conduta instituidora do tributo, impossibilitando sua cobrança.

25. Acórdão publicado na *RTJ* 167-01/287.

Existe, ainda, outra decisão do Supremo Tribunal Federal, que leva em conta a finalidade para declarar a constitucionalidade da instituição de contribuição interventiva:

(...) o Plenário desta corte, ao terminar o julgamento dos RREE 209.365 e 218.061, declarou a *constitucionalidade do Adicional de Tarifa Portuária*, por entender que ele tem *natureza de contribuição de intervenção no domínio econômico por gerar receita vinculada da União ao investimento nas instalações portuárias devida por categoria especial de usuário de serviços que a elas dizem respeito de forma direta* (ementa do acórdão proferido pelo STF, 1ª T., nos autos do RE 242.443-SP, Rel. Ministro Moreira Alves, *DJ* 22.10.1999, p. 85) (grifos não constam no original).

Neste julgado é declarada a constitucionalidade da CIDE tendo em conta a vinculação da receita à finalidade interventiva. Demonstra-se que a finalidade presente na norma jurídica de competência que autoriza a instituição das contribuições interventivas é relevante na validade da norma instituidora do tributo. Caso não haja esta previsão, não se estará cumprindo a norma de competência, do que resulta a possibilidade de declaração de nulidade da norma que institui a exação.

Para Marco Aurelio Greco há duas formas de validação de uma norma: a validação condicional e finalista. Enquanto a primeira coloca tônica na disciplina dos meios (condições), a segunda põe a tônica nos fins:

"Se a norma constitucional adota uma validação condicional, a norma inferior será válida se tiver previsto fatos que pertençam ao conjunto abrangido pela previsão constitucional. (...) o critério fundamental envolve uma relação de inclusão, ou seja, implica aferir se o fato contemplado na norma inferior está incluído no âmbito semântico do conceito utilizado na Constituição.

"(...) Quando a Constituição, ao revés adota uma técnica de validação finalística, sua qualificação volta-se para o objetivo, ou resultado almejado, o que gera dificuldades novas e demanda um critério diferente da simples verificação da relação de inclusão (...)."[26]

Dessa forma, haveria uma validação finalística, transformando o destino da arrecadação num elemento essencial das contribuições. A destinação dos recursos provenientes das contribuições interventivas, neste caso, poderia levar ao reconhecimento de sua inconstitucionalidade. O jurista é expresso ao considerar como essencial nas contribuições a destinação que lhes é conferida: "O destino do produto da arrecadação das contribuições é elemento essencial à sua constitucionalidade. Não apenas a previsão abstrata, mas a sua *aplicação efetiva.* O juízo, sobre o grau de inadequação da destinação do produto da arrecadação para efeito de considerar ocorrida a violação constitucional, pode comportar mais de uma avaliação, mas entendo fundamental reconhecer que o vício na destinação gera inconstitucionalidade argüível pelo sujeito passivo, pois o que estará sendo cobrado não será mais uma verdadeira contribuição"[27] (destaque não consta no original).

Ou seja, na opinião do Autor não basta a previsão em lei da intervenção na economia, se não houver a efetiva intervenção poderá ser declarada a sua inconstitucionalidade.

Esse posicionamento defendido por Marco Aurelio Greco não será por nós adotado. A validade é a relação de pertinencialidade das normas no sistema jurídico. Toda norma em princípio é válida, mas essa pressuposição poderá ser alterada de acordo com a relação das normas entre si. Se uma norma de superior hierarquia for contrária a uma norma inferior, então esta poderá ser declarada inválida. A validade é, portanto, a pertinencialidade da norma no sistema jurídico, podendo ser transforma-

26. Marco Aurelio Greco, *Contribuições (Uma Figura "Sui Generis")*, pp. 122 e ss.

27. *Contribuições...*, cit., p. 241.

da em função da relação que as normas mantêm entre si.

Não concordamos com a validade de norma tributária dependente de fato jurídico financeiro, que diz respeito à efetiva destinação da arrecadação. Compreendemos haver duas normas distintas, uma se referindo à construção da norma jurídica instituidora da contribuição, impondo limites à sua criação, e outra que se refere à efetiva destinação do valor arrecadado, norma de responsabilidade administrativa, que gera efeitos para quem descumpre a norma financeira.

Assim, a previsão da intervenção influencia diretamente na validade da contribuição criada. Se a lei que institui a contribuição não determinar sua finalidade ou prever finalidade diversa da intervenção, então a contribuição será passível de invalidação. A finalidade não está inserida na norma jurídica tributária instituidora da contribuição, trata-se de elemento presente no conseqüente da norma de competência. A previsão da intervenção na instituição da CIDE implica o cumprimento da norma de competência, tornando válida a norma que institui a contribuição.

A norma que se refere ao desvio do valor arrecadado é uma norma direcionada ao Administrador, acarretando a responsabilidade desta de devolver o valor desviado aos cofres públicos, sofrendo demais sanções cabíveis. Destacamos algumas das sanções próprias dos funcionários públicos que estão previstas na Lei de Improbidade Administrativa, Lei 8.429/1992 (art. 10, VI: "Constitui ato de improbidade administrativa que causa lesão ao erário qualquer ação ou omissão, dolosa ou culposa, que enseje perda patrimonial, desvio, apropriação, malbaratamento ou dilapidação dos bens ou haveres das entidades referidas no art. 1º desta lei, e notadamente: (...) VI — realizar operação financeira sem observância das normas legais e regulamentares ou aceitar garantia insuficiente ou inidônea") e no Código Penal brasileiro, nos artigos previstos no Título XI, intitulado "Dos Crimes contra a Administração Pública" (art. 359-D. Ordenar despesa não autorizada por lei: Pena: reclusão, de 1 (um) a 4 (quatro) anos).

Observamos, pois, que o desvio do valor arrecadado implica o descumprimento de uma norma de conduta e não de estrutura. Esta afirmação é de suma importância, pois partindo deste pressuposto, observamos que o descumprimento desta norma de conduta acarretará a *ilicitude* do fato previsto e conseqüentemente a sanção ao responsável pelo fato praticado. Tal fato *não influencia na validade da CIDE criada*. A norma de estrutura que prevê a intervenção permanece válida, havendo descumprimento de outra norma: a de conduta.

Os Tribunais Regionais Federais têm adotado este posicionamento, conforme podemos vislumbrar da ementa do acórdão abaixo reproduzido:

> Tributário. Constitucional. Lei 8.212/1991. FINSOCIAL. Recepção pela Constituição (ADCT, art. 56). Inconstitucionalidade da elevação de alíquota. Arrecadação pela União Federal. I — O Supremo Tribunal Federal, ao julgar o RE 150.764.1-PE, declarou inconstitucionais as alterações introduzidas no FINSOCIAL pelas Leis 7.689/1988 (art. 9º), 7.787/1989 (art. 7º), 7.894/1989 (art. 1º) e 8.147/1990 (art. 1º) (Rel. Ministro Marco Aurélio, *DJ* 2.4.1993, pp. 5.623-5.624). A mesma decisão pretoriana é de se estender ao preceito inscrito no art. 23, da Lei 8.212/1991. Precedente da 3ª T. (AC 93.01.36250-BA, Rel. Juiz Vicente Leal). II — A arrecadação da contribuição social pela União não desnatura a exação; *eventual desvio da finalidade da contribuição enseja descumprimento legal, o que não autoriza, "ipso facto", a declaração de inconstitucionalidade da lei — Precedentes do STF*. III — Apelação parcialmente provida" (ementa do acórdão proferido pelo Tribunal Regional Federal da 1ª Região, 3ª T., nos autos da apelação cível 01108536, Rel. Juiz Cândido Ribeiro, *DJ* 12.6.1998, p. 53) (grifos aditados).

11. Conclusões

Do exposto, podemos ressaltar algumas regras relacionadas à instituição da CIDE postas implícita e explicitamente no texto constitucional.

1. A intervenção é medida excepcional que só pode ser efetuada para assegurar os princípios informadores da Ordem Econômica relacionados no art. 170, da Constituição Federal.

2. A intervenção justificadora da cobrança da contribuição interventiva é efetuada "sobre" o domínio econômico, uma vez que o Estado atua indiretamente na economia, por meio de regras e incentivos.

3. A CIDE só poderá ser criada se não for possível atingir a intervenção através da majoração ou diminuição dos impostos extrafiscais existentes.

4. A norma de competência que autoriza a cobrança da CIDE tem a seguinte estrutura: *dado o fato de ser União, é permitida a instituição através de lei ordinária de contribuição de intervenção sobre o domínio econômico condicionada à previsão de intervenção na economia, tendo em conta não ser possível atingir a intervenção através da alteração dos tributos federais existentes, só alcançando fatos ocorridos no exercício financeiro posterior ao da lei que o criou, tendo por hipótese de incidência fato desvinculado de atividade estatal, havendo previsão legal de destinação específica para o produto da arrecadação.*

5. O descumprimento do conseqüente da norma implica a possibilidade de anulação da CIDE instituída através do Estado-Juiz, que o fará aplicando a norma secundária: *se a União instituir contribuição de intervenção sobre o domínio econômico: com finalidade diversa da intervenção na economia ou não prevendo intervenção ou alcançando fatos do mesmo exercício financeiro ao da lei que a criou ou tendo como hipótese de incidência um fato vinculado à atividade estatal ou não prevendo destinação específica para o produto da arrecadação, então a contribuição restará eivada de vício, podendo o contribuinte recorrer ao Estado-Juiz para obter a declaração de nulidade desse tributo.*

6. A CIDE poderá ser criada para induzir negativamente na economia, mas o valor arrecadado necessariamente deverá servir para uma intervenção, pois este tributo não pode ser utilizado para fins meramente arrecadatórios.

7. A CIDE tem hipótese de incidência não vinculada à atividade estatal, não podendo haver duas contribuições interventivas com mesma hipótese de incidência. Não obstante isso, a CIDE poderá ter hipótese própria de impostos estaduais.

8. Os sujeitos passivos desta contribuição deverão ter ligação direta ou indireta com a intervenção buscada.

9. A parafiscalidade não é característica elementar da CIDE.

10. O descumprimento da norma de competência pela não previsão da finalidade ou previsão de finalidade incompatível com esta espécie tributária torna inválida a CIDE criada. No entanto, o desvio do valor arrecadado não atinge a validade da contribuição.

Referências bibliográficas

AMARO, Luciano da Silva. *Direito Tributário Brasileiro*, 3ª ed. rev., São Paulo, Saraiva, 1999.

ATALIBA, Geraldo. *Hipótese de Incidência Tributária*, 5ª ed., 7ª tir., São Paulo, Malheiros Editores, 1998.

ATALIBA, Geraldo e BARRETO, Aires F. "Única contribuição social do empregador", *RDT* 77, São Paulo, Malheiros Editores, 2000.

BALEEIRO, Aliomar. *Direito Tributário Brasileiro.* 11ª ed. rev. e comp. por Misabel Abreu Machado Derzi. Rio de Janeiro, Forense, 2000.

BARROSO, Luís Roberto. "A Ordem Econômica Constitucional e os limites à autuação estatal no controle de preços", *Revista de*

Direito Administrativo 226, Rio de Janeiro, Renovar, out.-dez. 2001.

BECKER, Alfredo Augusto. *Teoria Geral do Direito Tributário*, 3ª ed., São Paulo, Lejus, 1998.

BORGES, José Souto Maior. "Contribuições — Caráter tributário", *Revista de Direito Tributário* 34, São Paulo, Ed. RT, 1985.

CARRAZZA, Roque Antonio. *Curso de Direito Constitucional Tributário*, São Paulo, Malheiros Editores, 2001.

CARVALHO, Paulo de Barros. *Curso de Direito Tributário*, 13ª ed., São Paulo, Saraiva, 2000.

______. *Direito Tributário: Fundamentos Jurídicos da Incidência*, São Paulo, Saraiva, 1998.

______. "IPI — Comentários sobre as regras gerais de interpretação a Tabela NBM/SH TIPI/TAB", *Revista Dialética de Direito Tributário* 12, Dialética, São Paulo, 1996.

FIGUEIREDO, Lúcia Valle. "Reflexões sobre a intervenção do Estado no domínio econômico e as contribuições interventivas", *RDT* 81, São Paulo, Malheiros Editores, 2001.

GRAU, Eros. *A Ordem Econômica na Constituição de 1988*, 7ª ed., São Paulo, Malheiros Editores, 2002.

______. "IAA — Contribuição de intervenção", *Revista de Direito Tributário* 53, São Paulo, Dialética, jul.-set. 1990.

GRECO, Marco Aurelio (coord.). *Contribuições (Uma Figura "Sui Generis")*, São Paulo, Dialética, 2000.

KELSEN, Hans. *Teoria Pura do Direito*, 4ª tir., São Paulo, Martins Fontes, 2000.

LACOMBE, Américo Masset. *Contribuições Profissionais*, São Paulo, Ed. RT, 1987.

MACHADO, Hugo de Brito. *Curso de Direito Tributário*, 14ª ed. rev., atual. e ampl., São Paulo, Malheiros Editores, 1998.

MARQUES, Márcio Severo. *Classificação Constitucional dos Tributos*, São Paulo, Max Limonad, 2000.

MELLO, Celso Antônio Bandeira de. *Curso de Direito Administrativo*, 13ª ed., São Paulo, Malheiros Editores, 2001.

MELO, José Eduardo Soares de. *Curso de Direito Tributário*, 2ª ed., São Paulo, Dialética, 2001.

______. *Contribuições Sociais no Sistema Tributário*, 3ª ed., São Paulo, Malheiros Editores, 2000.

MERIGOT, Jean Guy. "Elementos de uma teoria da parafiscalidade", *Revista de Direito Administrativo* 33, Rio de Janeiro, Ed. FGV, 1953.

MOREIRA NETO, Diogo de Figueiredo. *Curso de Direito Administrativo*, 10ª ed. rev. atual. e aum., Rio de Janeiro, Forense, 1992.

______. "Intervenção do Estado no domínio econômico", *Boletim de Direito Administrativo*, v. 12, n. 8, São Paulo, ago. 1996.

OLIVEIRA, Ricardo Mariz de. "Contribuições de intervenção no domínio econômico — Concessionárias, permissionárias e autorizadas de energia elétrica — 'Aplicação' obrigatória de recursos (Lei 9.991/2000)", in GRECO, Marco Aurelio (coord.), *Contribuições de Intervenção no Domínio Econômico e Figuras Afins*, São Paulo, Dialética, 2001.

OLIVEIRA, Yonne Dolácio de. "Contribuições especiais — Noções gerais — Contribuição de intervenção no domínio econômico", *Cadernos de Direito Tributário e Finanças Públicas* 12, São Paulo, Ed. RT, jul.-set. 1995.

SANTI, Eurico Marcos Diniz de. "As classificações no sistema tributário brasileiro", *Revista Justiça Tributária*, São Paulo, Max Limonad, 1998.

SCHOUERI, Luís Eduardo. "Algumas considerações sobre a contribuição de intervenção no domínio econômico no sistema constitucional brasileiro. A contribuição ao programa Universidade-Empresa", in GRECO, Marco Aurelio (coord.), *Contribuições de Intervenção no Domínio Econômico e Figuras Afins*, São Paulo, Dialética, 2001.

SCHUARTZ, Luis Fernando. "Contribuições de intervenção no domínio econômico e atuação do estado no domínio econômico", in GRECO, Marco Aurelio (coord.), *Contribuições de Intervenção no Domínio Econômico e Figuras Afins*, São Paulo, Dialética, 2001.

TÔRRES, Heleno Taveira. "Contribuições — Constitucionalidade", *RDT* 85, São Paulo, Malheiros Editores, 2002.

VENÂNCIO FILHO, Alberto. *A Intervenção do Estado no Domínio Econômico*, Rio de Janeiro, Renovar, 1998.

VILANOVA, Lourival. *As Estruturas Lógicas e o Sistema do Direito Positivo*, São Paulo, Max Limonad, 1997.

______. "Norma jurídica — Proposição jurídica", *Revista de Direito Público* 61, Rio de Janeiro, Ed. RT, 1982.

ESTUDOS & COMENTÁRIOS

NÃO-INCIDÊNCIA DO ISS ÀS ASSOCIAÇÕES CIVIS SEM FINS LUCRATIVOS. RESTRIÇÃO INFRACONSTITUCIONAL DE COMPETÊNCIA IMPOSITIVA?

PAULO ROBERTO ANDRADE
Advogado em São Paulo

1. Introdução. 2. Premissa do trabalho. 3. Iniciativa autônoma do Decreto-lei 406/1968. 4. Funções da lei complementar tributária. 5. Nosso federalismo e a autonomia municipal. 6. Catalogação do fenômeno. 7. Conclusões.

1. Introdução

O Imposto sobre Serviços – ISS é tributo que vem merecendo cada vez mais e maiores atenções da comunidade jurídica, pelas controvérsias doutrinárias e práticas que enseja seu estudo. Neste artigo pretenderemos de alguma forma contribuir para a elucidação de uma das questões que atormentam aqueles que se debruçam sobre essa exação – questão, essa, de formidável repercussão prática especialmente para determinadas associações civis sem fins lucrativos: trata-se da averiguação dos contornos do critério pessoal (sujeito passivo) do ISS delimitados nos âmbitos constitucional e legal.

A Constituição da República, em seu art. 156, III, reserva aos Municípios da Federação competência para a instituição de imposto sobre serviços de qualquer natureza, excetuados aqueles afeitos à moldura do ICMS estadual. Previdente, nossa Carta Magna delega à lei complementar a missão de implementar, com traços mais firmes, os desígnios de seu art. 146, quais sejam, os de (i) dispor sobre conflitos de competência, (ii) regular as limitações ao poder de tributar e (iii) editar normas gerais em matéria tributária.

Relativamente ao ISS desempenha essas tarefas o Decreto-lei 406/1968, editado sob a égide da antiga Carta de 1967, e recepcionado pela atual ordem constitucional com a dignidade de lei complementar, justamente em razão do art. 146, acima referido.

Em seu art. 8º, dispõe o Decreto-lei 406/1968 que o ISS "tem por fato gerador a prestação, por *empresa ou profissional autônomo*, com ou sem estabelecimento fixo, de serviço constante da Lista anexa". Embora dedicando o artigo à fixação da materialidade apta a habitar a hipótese de incidência do tributo, o legislador aí também principiou a delinear o aspecto pessoal do conseqüente normativo – tarefa que iria concluir adiante, no art. 10.

Presumivelmente consciente do que estava a fazer, utilizou-se o legislador dos termos *empresa* e *profissional autônomo*, ao invés dos respectivos "genéricos" *pessoa jurídica* e *pessoa física*. Com isso posicionou para além dos limites da incidência do tributo aquelas pessoas ou associações que prestam serviços sem intuito de ganho – conforme se verá, ainda que só de passo, logo mais –, mesmo quando sob forma onerosa para seus tomadores.

Talvez induzidas pela dicção do legislador complementar, muitas leis municipais instituidoras do ISS valeram-se das mesmas expressões, do que é exemplo a Lei 691/1984 do Município do Rio de Janeiro.[1] Outros Municípios, contudo, "desobedientes" aos comandos do Decreto-lei 406/1968, trataram de alargar o rol de sujeitos passivos possíveis do ISS, mediante uso dos termos *pessoa jurídica* e *pessoa física* – como o fez, por exemplo, o Município de São Paulo.[2]

Afinal, ao assentar no pólo passivo do ISS somente as empresas e profissionais autônomos, o que, de um ponto de vista técnico-jurídico, está a fazer o Decreto-lei 406/1968? Consignando uma imunidade? Regulando uma limitação ao poder de tributar? Instituindo uma isenção (heterônoma)? Editando validamente uma norma geral? Editando invalidamente uma norma geral? Essas as indagações cujas respostas – queremos crer – nos guiarão à elucidação do problema.

1. Eis o texto legal: "Art. 8º. O Imposto sobre Serviços de Qualquer Natureza tem como fato gerador a prestação, por empresa ou profissional autônomo, com ou sem estabelecimento fixo, de serviços de: (...)" (conforme atualização pela Lei Municipal 1.194/1987).

2. Cf. o dispositivo: "Art. 1º. Constitui fato gerador do Imposto sobre Serviços de Qualquer Natureza a prestação, por pessoa física ou jurídica, com ou sem estabelecimento fixo, de serviços não compreendidos na competência da União ou dos Estados e, especificamente, a prestação de serviço constante da seguinte relação (...)".

A questão que se coloca torna-se exclusivamente acadêmica para aquelas associações sem fins lucrativos titulares de imunidade constitucional, dedicadas – a teor do art. 150, VI, "c", da CF, a fins educativos e assistenciais. Essas, evidentemente, estarão a salvo do ISS (como, de resto, de todo e qualquer imposto), qualquer que seja a exegese conferida ao Decreto-lei 406/1968. Da mesma forma, inexistirá desdobramento prático da controvérsia aqui posta no âmbito dos Municípios que – tal como o do Rio de Janeiro – repetiram o texto do decreto-lei, pois nestes casos teremos, quando menos, uma isenção (ou não-incidência pura e simples, conforme a corrente doutrinária) conferida pelo próprio legislador municipal.

Agora, para aquelas associações sem fins lucrativos destinadas a atividades não prestigiadas pela imunidade constitucional (entidades científicas, culturais, desportivas etc.),[3] principalmente se estabelecidas em Municípios que se desviaram da dicção do Decreto-lei 406/1968, aí, então, a investigação que nos desafia reveste-se de enorme utilidade prática. Pois importará saber qual texto normativo deverá prevalecer, se o da lei municipal que prescreve a incidência, ou se o do Decreto-lei 406/1968, desonerador.

2. *Premissa do trabalho*

Antes de adentrar o problema, impende consignar que tomaremos como simples premissa – e não como um objeto central de nossa atenção – que o conceito de *empresa* afigura-se como organização de fatores da produção *para um escopo lucrativo ao empresário*. Vale dizer: empresa é instituto que efetivamente não se ajusta às atividades corporativas desenvolvidas sem a intenção de percepção de lucro para os sócios ou associados.

Lucro, enfim, é ganho percebido pelo empresário (sujeito de direito), que desen-

3. Todas aquelas, aliás, que desfrutam de isenção do IRPJ, a teor do art. 15 da Lei 9.532/1997.

volve a atividade empresarial (objeto de direito). Se esta gera ganhos mas que não se revertem ao empresário, permanecendo na própria empresa, então não teremos lucro, mas mero superávit. Essa é a lição majoritária propagada por nossos melhores comercialistas, de que é exemplo Carvalho de Mendonça, citado por Rubens Requião, para quem a empresa é "a organização técnico-econômica que se propõe a produzir a combinação dos diversos elementos, natureza, trabalho e capital, bens ou serviços destinados à troca (venda), *com esperança de realização de lucros*, correndo o risco por conta do empresário (...)".[4]

A idéia de *empresa* como ente abstrato voltado à percepção de proveito econômico pelo profissional que a encampa parece agora ainda mais consolidada pelo novo Código Civil, que abandonou a surrada *teoria dos atos de comércio* e assumiu a chamada *teoria da empresa*. É o que dispõe seu art. 966: "Considera-se empresário quem exerce *profissionalmente atividade econômica* organizada para a produção ou a circulação de bens e de serviços".

Verdade que a corrente aqui exposta (e acolhida) não goza de unanimidade. Marçal Justen Filho, forte nos ensinamentos do comercialista italiano Francesco Galgano, defende que *empresária* é qualquer atividade que *abstrata e potencialmente pode gerar ganhos*, ainda que estes não se venham a reverter em favor do empresário. Confira-se:

"O conceito de empresa não se vincula essencialmente ao intuito lucrativo concreto do sujeito, mas ao desempenho de modo profissional de uma atividade economicamente organizada. (...).

"O fundamental reside na compatibilidade entre a atividade desempenhada e a obtenção de lucro. Há empresa quando a atividade é teoricamente compatível com o lucro, sendo irrelevante a ausência ou a presença efetiva."[5]

Desde esse ponto de vista, se uma entidade científica sem fins lucrativos engendrasse alguma atividade que, em potência, é passível de proporcionar ganhos (realização de cursos com cobrança de taxas de inscrição, à guisa de exemplo), estaria desenvolvendo atividade empresária. Assumindo-se essa postura doutrinária, então a utilização do termo "empresa" pelo Decreto-lei 406/1968 não terá sido o fator de discrímen que nele enxergamos para com a expressão "pessoa jurídica", não desencadeando, portanto, os questionamentos acima referidos.

Por isso é que, embora não ignorando o dissenso doutrinário, tomemos como premissa o entendimento da corrente majoritária, segundo o qual *empresa* (e o seu correspondente na pessoa física, *profissional autônomo*) é a atividade abstrata exercida profissionalmente com finalidade lucrativa para o empresário que a exerce. Aí se abre campo para as investigações a que nos propomos seguir.

3. *Iniciativa autônoma do Decreto-lei 406/1968*

A primeira ponderação a ser colocada diz com o seguinte: ao excluir da sujeição passiva do ISS as entidades sem fins lucrativos, o Decreto-lei 406/1968 tão-somente aclarou um comando previamente implícito na Constituição? Não, em nosso entender.

Com efeito, a tributação das receitas auferidas por tais entidades não importa violação ao princípio da capacidade contributiva. Conforme nos dá notícia Hugo de Brito Machado, em legislações alienígenas o princípio da capacidade contributiva não se resolve na capacidade econômica revelada na hipótese de incidência, levando em consideração também um segundo elemento, definido como um dever de solidariedade, ou um dever "orientado e caracterizado por um prevalecente interesse coletivo".[6] Por assim dizer, a capacidade contri-

4. *Curso de Direito Comercial*, 2º v., São Paulo, Saraiva, 1998, p. 56.

5. *RDDT* 3/74, São Paulo, Dialética, 1995.

6. *Os Princípios Jurídicos da Tributação na Constituição de 1998*, São Paulo, Dialética, 2001, p. 74.

butiva equivaleria à capacidade econômica qualificada pela aptidão para realizar o interesse público. Nos ordenamentos que assim formatam o princípio da capacidade contributiva seria até cogitável dele extrair a vedação à tributação das receitas de qualquer entidade sem fim lucrativo, na medida em que, possivelmente, não haveria interesse público na oneração de suas atividades, que normalmente se voltam à integração e ao bem-estar social de uma forma geral.

Não assim, contudo, nos contornos que a nossa Constituição confere a este caro princípio. Aqui, quis o constituinte formatá-lo nos exclusivos limites da capacidade econômica do contribuinte, conforme conclui o mesmo mestre Hugo de Brito, após cotejar a nossa Carta Magna com as concepções estrangeiras acima mencionadas:

"Seja como for, as referidas construções doutrinárias não são válidas no Direito Brasileiro, posto que nossa Constituição, diversamente do que acontece com a Italiana, não se reporta à capacidade contributiva, mas à capacidade econômica.

"Realmente, nos termos do § 1º do art. 145 da CF de 1988, os impostos devem ser graduados segundo a capacidade econômica do contribuinte, e sempre que possível devem ter caráter pessoal."[7]

Se assim é, no Brasil, não é a relevância social da atividade desempenhada pela entidade que irá dela retirar a possibilidade de pagar tributos (*ability to pay*). Mas também se fixando apenas na capacidade econômica do contribuinte, a conclusão a que se chega é a de que as entidades não-lucrativas poderão revelá-la, ao menos para um imposto que tenha por base de cálculo o valor cobrado pelo serviço. Isso porque nos chamados *tributos reais*, em cuja quantificação leva-se em conta apenas a matéria tributável, como é o caso do ISS,[8] a capacidade econômica deve ser analisada sob enfoque objetivo.[9] No momento em que executa algum serviço mediante paga, está a entidade não-lucrativa a dar uma manifestação objetiva de capacidade econômica, suficiente para que venha a ser chamada, por este seu ato, a fornir os cofres públicos.

Não ostentam capacidade contributiva para sofrerem tributação de lucro, pois que lucro não auferem, como já visto. Agora, analisando a materialidade em si da atividade (serviço prestado onerosamente), revela-se, a nosso ver, em toda sua plenitude, a capacidade contributiva (econômica objetiva).

Ainda sobre a eventual procedência constitucional da restrição subjetiva perpetrada pelo Decreto-lei 406/1968, também não acreditamos que a mesma decorra do conceito de *serviço* implícito na Constituição. Aqui valerá um breve esclarecimento, necessário para demonstrar que, ao assim nos posicionarmos, não estamos indo de encontro ao que ensina a nossa doutrina prevalecente, cujo pensamento é assim resumido por Misabel de A. Machado Derzi:

"A doutrina e a jurisprudência extraem da Constituição as seguintes características da hipótese de incidência do tributo:

"(...);

"5) assim como ser objeto de circulação econômica, executado *com objetivo de lucro*, excluindo-se os serviços gratuitos ou de cortesia, beneficentes ou a preços baixos, como alimentação servida a empregados gratuitamente ou a preço de custo."[10]

7. *Os Princípios* ..., p. 75.

8. À exceção do ISS uniprofissional, que se apega a características pessoais do contribuinte na fixação do critério quantitativo.

9. Sacha Calmon recusa a capacidade econômica objetiva em nosso sistema constitucional, defendendo que o constituinte elegeu como princípio a capacidade econômica subjetiva relativa – ou capacidade econômica real do contribuinte (nesse sentido, v. *Manual de Direito Tributário*, Rio de Janeiro, Forense, 2001, p. 14). Com o devido acatamento, não enxergamos uma tal *intentio legis* restritiva na dicção do art. 145, § 1º, da CF. Ao contrário, aceitar a capacidade econômica objetiva é a única forma de conciliar esse princípio com o da igualdade, relativamente aos tributos ditos reais.

10. *Direito Tributário Brasileiro*, Rio de Janeiro, Forense, 1999, p. 491.

À primeira vista poder-se-ia depreender de um tal ensinamento que a não-tributação de serviço prestado sem objetivo de lucro decorreria mesmo, para a maior parte dos doutrinadores, do conceito constitucionalmente implícito de *serviço*. Permitimo-nos, contudo, deduzir que não é isso o quanto está referido nas lições da professora Misabel e no restante da doutrina. A leitura atenta e sistêmica do trecho nos guia à conclusão de que estarão alheios ao desenho constitucional de serviços aqueles prestados ("sem objetivo de lucro") gratuitamente, desinteressadamente, sem conteúdo econômico algum, sem circular numerário (ou em quantidade irrisória). O "sem objetivo de lucro", queremos crer, está aí no sentido de "sem objetivo de receita". Ora, nesse caso, realmente, estamos de acordo em que um tal serviço não será alcançado pela incidência da norma de tributação, justamente por inexistir, aí, capacidade econômica (objetiva) constitucionalmente exigida.

Mas a situação que nos instiga não é essa – qual seja, a do serviço prestado gratuitamente ou quase-gratuitamente –, e sim a do serviço prestado onerosamente, com superávit, pela entidade sem fins lucrativos. E quanto a essa situação estamos com Marçal Justen Filho, para quem "a Constituição Federal anterior não induzia, como também não faz a atual, que o ISS atinja apenas serviços prestados com intuito lucrativo".[11]

Diante de todas essas ponderações, conclui-se que, ao excluir as associações sem fins lucrativos do rol de sujeitos passivos do ISS, o Decreto-lei 406/1968 não esteve regulando uma limitação constitucional ao poder de tributar, pautado no art. 146, II, da CF. Em outras palavras, a iniciativa de posicionar tais pessoas jurídicas a salvo do ISS é toda ela do decreto-lei, que nada veio aclarar que estivesse implícito no Texto Magno, mas sim para inovar no perfil legal do tributo. Resta saber, então, se assim o fez validamente, para tanto sendo necessário investigar o sempre e ainda polêmico tema das funções da lei complementar em matéria tributária.

4. Funções da lei complementar tributária

Grosso modo, são duas as correntes doutrinárias que se armam em torno do tema: a primeira delas, chamada *dicotômica*, propugna que compete à lei complementar tão-somente regular limitações ao poder de tributar e dirimir conflitos de competência, desempenhando uma e outra tarefas *através de normas gerais*. Da corrente dicotômica o seguinte excerto das lições de Paulo de Barros Carvalho é boa amostra: "O primeiro passo é saber que são as tão faladas normas gerais de direito tributário. E a resposta vem depressa: são aquelas que dispõem sobre conflitos de competência entre as entidades tributantes e também as que regulam as limitações constitucionais ao poder de tributar. Pronto: o conteúdo está firmado".[12]

Outro conjunto de tributaristas reúne-se em torno da chamada *teoria tricotômica*, que enxerga a aptidão para edição de normas gerais como atributo de lei complementar autônomo daqueles outros referidos nos incisos I e II do art. 146 da CF. Dessa corrente é partidário, entre outros, Hamilton Dias de Souza, *in verbis*: "Temos para nós, entretanto, que a norma geral tem campo próprio de atuação consistente em completar a eficácia de preceitos expressos e desenvolver princípios decorrentes do sistema. Isto porque a realidade brasileira exige uma formulação jurídica nacional que garanta a unidade e racionalidade do sistema, principalmente tendo-se em vista a estrutura federativa do regime (...)".[13]

Estamos com a corrente tricotômica. E assim pensamos, primeiramente, a partir

11. *RDDT* 3/73, São Paulo, Dialética, 1995.

12. *Curso de Direito Tributário*, São Paulo, Saraiva, 2000, p. 208.

13. Referido por Ives Gandra Martins, in *Sistema Tributário na Constituição de 1988*, São Paulo, Saraiva, 1998, p. 66.

de uma interpretação histórica do dispositivo constitucional. Em verdade, esse dissenso doutrinário originou-se da má redação do art. 18, § 1º, da EC 1/1969, que dava azo à duplicidade de entendimentos. Ora, pois o art. 146 da atual CF manteve rigorosamente o mesmo conteúdo do antigo dispositivo, tão-somente alterando a forma de disposição dos preceitos, dividindo-os analiticamente em *três* incisos, assim procedendo quiçá com intuito exclusivo de pôr fim à controvérsia!

Além disso, concordamos com as ponderações de Dias de Souza no sentido de que nossa organização federativa requer prescrições tributárias que lhe sirvam à harmonia. Das implicações entre a lei complementar tributária e o sistema federativo trataremos com mais detença adiante.

Agora, uma vez aceitas como sendo três as funções da lei complementar tributária, é necessário, ato contínuo – pena de incorrer em incoerência de pensamento –, aceitar também que todas ensejam ao legislador complementar *prerrogativas de iguais magnitudes*. E é essa conclusão que a "doutrina tricotômica", segundo nos parece, ainda hesita em admitir.

Em outras palavras: sendo mesmo três e autônomas as incumbências da lei complementar, inexistirá razão para "discriminar" o inciso III perante os outros dois incisos: tudo o que assistir à lei complementar na sua "batalha" para dirimir conflitos de competência ou para regular limitações ao poder tributante também deverá estar à sua disposição na edição de normas gerais acerca de fato gerador, base de cálculo e contribuinte de impostos. E entre essas prerrogativas, utilizáveis pela lei complementar na consecução de qualquer dos seus três desígnios, está a de *restringir a competência tributária outorgada aos Poderes Públicos*. Apressemo-nos em nos explicar, que a assertiva pode parecer ousada.

Quando, por exemplo, o mesmo Decreto-lei 406/1968 prescreve caber o ISS ao Município onde se situa o estabelecimento prestador,[14] está ele tipicamente laborando para solucionar potenciais conflitos entre as pretensões impositivas dos mais de 5.500 Municípios da Federação. Esse é o *fim* almejado pelo legislador complementar. Para alcançá-lo, o *meio* utilizado é uma norma de estrutura que vem restringir a competência tributária mais amplamente outorgada na Constituição. O Legislativo Municipal, que tinha todo e qualquer serviço, de qualquer natureza, à sua disposição para contemplar na sua norma instituidora do ISS, teve, via lei complementar, limitada a amplitude de fatos imponíveis elegíveis, restando não-tributável todo e qualquer serviço prestado por estabelecimento situado fora de seu território. Reduzir a gama de eventos econômicos sobre os quais cada Município pode atuar na instituição do ISS, retirando-lhes, assim, parte da competência que lhes fora outorgada pela Constituição Federal, é isso o que faz o Decreto-lei 406/1968, em seu art. 12, para controlar potenciais conflitos impositivos.

Note-se que é possível implementar a restrição de competência não somente pelo critério material da regra-matriz de incidência do tributo. Assim como a isenção é fenômeno que mutila parcialmente qualquer dos critérios da regra-matriz, também a norma limitadora de competência (ou mesmo uma imunidade constitucional) pode atuar sobre qualquer dos aspectos que virão a ser preenchidos pela norma de incidência. É assim que trabalhou, no exemplo dado, o art. 12 do Decreto-lei 406/1968, restringindo o critério pessoal e/ou espacial da norma de incidência possível do tributo.

Pois essa pretensão do decreto-lei, apenas porque se voltava à finalidade de dirimir conflitos entre os Municípios, sempre foi aceita sem grandes questionamentos, ao que nos parece.[15] Pois por que não po-

14. Malgrado a orientação jurisprudencial que se vem consolidando no egrégio STJ acerca do assunto.

15. O que é objeto de acesa controvérsia é qual o melhor critério para restringir a competência – local de execução dos serviços, local do estabelecimen-

derá a lei complementar valer-se do mesmo artifício na igualmente importante tarefa de editar normas gerais?

Estamos em que não é meramente declaratória a função da lei complementar na difusão de normas gerais tributárias, como se extrai com freqüência da doutrina.[16] Ora, se esse fosse seu mister, não seria ela *norma* geral, mas mero enunciado prescritivo geral. Como se sabe, *norma* é juízo hipotético-condicional mínimo completo de significação, hábil a regular a conduta humana (normas de comportamento) ou a regular a "conduta" de outras normas (normas de estrutura). Quando tão-somente declara, o texto legislado não veicula norma jurídica, mas simples enunciado prescritivo, à espera de posterior integração em unidades normativas.

Para fixar nossa posição, valhamo-nos de elucidativo exemplo trazido pelo professor Roque Carrazza. Debruça-se o professor sobre a atividade de recauchutagem de pneumáticos, indagando se se trataria de industrialização, tributável pelo IPI da União, ou se, ao contrário, consistiria em serviço, tributável pelo ISS municipal; informa, ato contínuo, que, para afastar previsível conflito de pretensões impositivas, vem o Decreto-lei 406/1968 *aclarar* que a recauchutagem é serviço; e ao final conclui: "e se tal ato normativo tivesse estabelecido que recauchutagem de pneumáticos é processo de industrialização e, como tal, tributável pela União, por meio de IPI? Apressamo-nos em responder que ele seria inconstitucional, porque teria dilargado o campo tributário da União (nele enxertando uma prestação de serviços)".[17]

to prestador etc. –, mas não a necessidade e conveniência da restrição em si.

16. Nesse sentido a lição do professor Roque Carrazza: "Ao legislador complementar será dado, na melhor das hipóteses, detalhar o assunto, olhos fitos, porém, nos rígidos postulados constitucionais, que nunca poderá acutilar. Sua função será meramente declaratória. Se for além disso, o legislador ordinário das pessoas políticas simplesmente deverá desprezar seus comandos" (*Curso de Direito Constitucional Tributário*, São Paulo, Malheiros Editores, 1999, p. 571).

17. *Curso* ..., p. 584.

Com o devido acatamento, arrojamonos em discordar do insuperável Mestre. Entendemos que nesse passo a lei complementar está sendo discricionária: validamente discricionária. Não está aclarando que a recauchutagem é serviço, mas "decidindo" que o é.

É que as materialidades dispensadas pela Constituição Federal às respectivas competências impositivas dos entes federativos são estanques só mesmo nos planos lógico e legal. No mundo fenomênico não raro diluem-se, fundem-se, encontram-se, de maneira verdadeiramente indissociável, em um mesmo evento. Pois recauchutagem são ambos, serviço e processo de industrialização, impregnados em uma mesma realidade. A lei complementar, então, engajada no propósito de dirimir conflitos impositivos, opta, discricionária e soberanamente, por qual a materialidade prevalecente e, por conseqüência, qual Poder Público competente a tributá-la.

Não pretendemos conferir "carta branca" à lei complementar editora de normas gerais tributárias. É-lhe defeso desfazer o que já está feito pela Constituição, por exemplo outorgando à competência tributária de um ente público um signo presuntivo de riqueza deferido pela Carta Magna a outro. Agora, respeitando, embora, essa distribuição de competências, entendemos assistir à lei complementar reamoldá-las, ainda que restritivamente. É tarefa possível no âmbito da edição de normas gerais.

E isso principalmente no que se relaciona a *outros critérios da regra-matriz de incidência que não o material* (e, pela relação umbilical que com este mantém, à base de cálculo). A outorga constitucional de competência tributável foi levada a cabo com apego às materialidades (renda, serviços, circulação de mercadorias etc.). Nisso a Constituição Federal foi precisa. Relativamente a todos os demais critérios (espacial, temporal, sujeito passivo e alíquota) o que se extrai do Texto Magno é o alcance, digamos, máximo possível de cada um.[18]

Por isso, cremos que no tocante a esses outros critérios indiretamente tratados pela Constituição Federal a lei complementar geral deve ostentar ainda maiores prerrogativas de delinear os contornos que irão fixar a regra-matriz a ser oferecida à norma de incidência. Não pode ir além, mas pode ficar aquém.

Especificamente com relação ao ISS, entendemos que a assertiva deve ser ainda mais enfaticamente reconhecida, uma vez que *nem mesmo do critério material a Constituição Federal se propôs a tratar exaustivamente*. Com efeito, reconhece no art. 156, III, com toda a "franqueza", que o desenho dos fatos imponíveis do ISS será formatado em lei complementar, a quem competirá eleger quais serviços poderão desencadear o tributo. Uma vez mais: não poderá ir além, mas assistir-lhe-á ficar aquém.[19] A competência para instituição do ISS é, assim, apresentada aos Municípios tal como previamente talhada pela Constituição Federal e pela lei complementar editora de normas gerais. Somente depois da atuação *dessas duas fontes legais* é que se cogita de competência tributária. Nesse sentido a lição de Bernardo Ribeiro de Moraes:

"Somente após a edição de lei complementar, definindo os serviços tributáveis pelo ISS, *é que se pode falar em competência tributária municipal.*

"(...).

"Antes dessa definição da lei complementar não há possibilidade de os Municípios criarem o ISS, legislando sobre certo e determinado serviço, *por falta de competência tributária.*"[20]

Ao aceitarmos que os contornos da competência tributária não se extraem unicamente da Constituição Federal, caminhamos distantes talvez da maioria, mas não sozinhos. Luciano Amaro, com a inteligência que o prestigia, assim se pronuncia sobre o assunto:

"Ademais, a Constituição abre campo para a atuação de *outros tipos normativos* (lei complementar, resoluções do Senado, convênios), que, em certas situações, também balizam o poder do legislador tributário na criação ou modificação de tributos, o que significa que *os limites da competência tributária não se resumem aos que estão definidos no texto constitucional.*

"Esse complexo normativo *delimita* a competência, vale dizer, traça as fronteiras do campo em que é exercitável o poder de tributar"[21] (grifos do autor).

5. *Nosso federalismo e a autonomia municipal*

Argumento que se coloca em rebate às idéias aqui defendidas é o de que a permissão a que o legislador infraconstitucional restrinja a competência tributária dos Poderes Públicos implica atentado à autonomia municipal e, em conseqüência, vilipêndio ao princípio federativo. Nesse sentido, utilizaremos uma vez mais como paradigma as lições do mestre Roque Carrazza:

"Em suma, o Município, no Brasil, é entidade autônoma. Pessoa política, legisla para si, de acordo com as competências que a Carta Magna lhe deu.

"(...).

"Nem o Governo Federal nem o Estadual podem interferir no exercício da competência tributária dos Municípios. (...). É

18. Os sujeitos passivos possíveis do ISS, extraídos implicitamente da Constituição Federal, são, em nosso ver, qualquer prestador ou qualquer tomador, que contracenam a materialidade do tributo. Desse limite máximo a lei complementar não há de desbordar. Dentro dele, contudo, poderá atuar com desenvoltura.

19. Não poderá a lei complementar, por exemplo, elencar "locação de bens móveis" como serviço, uma vez que, se essa atividade não é serviço, estará indo além da prescrição constitucional.

20. "O conceito de serviço e o local de incidência do ISS, conforme decisões do STF e do STJ", in *10º Simpósio Nacional IOB de Direito Tributário*, 2001.

21. Ob. cit., p. 104.

patente que o Congresso Nacional não pode usurpar faculdades que, pela Constituição, foram consignadas aos Municípios."[22]

Segundo se colhe da doutrina, o Congresso Nacional encampa três diferentes funções:[23] (i) a de constituinte derivado, ao discutir e aprovar emendas à Constituição; (ii) a de legislador federal, ao atuar como fonte legislativa da União, enquanto pessoa jurídica de direito público interno; e (iii) a de legislador nacional, ao atuar como fonte legiferante da República Federativa do Brasil, vinculante a todas as pessoas políticas da Federação. Ao investir-se na figura de cada um desses "órgãos", o Congresso Nacional funciona sob os processos legislativos respectivamente próprios (emenda constitucional, lei ordinária, lei complementar etc.).

Pois quando edita normas gerais em matéria tributária a lei complementar *traduz produto do legislador nacional.* Vale dizer, quem está a legislar é a República Federativa do Brasil, da qual os Municípios fazem parte, e com cujas deliberações estão, via de representação, consentindo. Conforme muito bem detectou Sacha Calmon Navarro Coêlho, "há tantos federalismos, diversos entre si, quantos Estados federativos existam. O importante é que haja um *minimum* de autodeterminação política, de autogoverno e de produção normativa da parte dos Estados Federados".[24]

Ora, assim é o *nosso* federalismo, aliás em tudo coerente com sua origem histórica descentralizadora. Quis o constituinte originário que, em nosso sistema federativo, o legislador nacional mantivesse ingerência sobre o exercício de competência tributária pelos Municípios, pelos Estados e pela própria União. A autonomia municipal já nasceu assim, já foi assim posta com esse "freio" pela Constituição. Em remate, melhores são as palavras do mesmo Sacha Calmon: "No Brasil, ao menos em tema de tributação, o constituinte optou pelo fortalecimento das prerrogativas do Poder Central. Esse fato, por si só, explica por que avultou a área legislativa reservada à lei complementar tributária. A assertiva é comprovável por uma simples leitura do Código Tributário Nacional redivivo e do art. 146, III, da CF, que reforça o centralismo legislativo em sede de tributação (...). Para compreender normas gerais é preciso entender o federalismo brasileiro".[25]

Para logo concluímos que a vedação à isenção heterônoma prevista no art. 151, III, não se aplica ao Decreto-lei 406/1968, uma vez que se dirige, aquele preceito constitucional, ao Poder Legislativo Federal, à União enquanto Poder Público "concorrente", por assim dizer, dos Estados e dos Municípios.[26]

6. Catalogação do fenômeno

Está visto que o art. 8º do Decreto-lei 406/1968 opera, validamente, uma desoneração das entidades sem fins lucrativos quanto ao recolhimento do ISS. Resta, por fim, procurar "catalogar" essa desoneração dentre os institutos que a tanto se prestam.

De imunidade não se trata. Esta, sabemos, é preceito constitucional que reformata negativamente a área de competência fixada positivamente na própria Carta Magna. Assim sendo, embora vislumbrando certa proximidade no âmbito material, a desoneração do Decreto-lei 406/1968 é com a imunidade incompatível desde o ponto de vista formal, uma vez que esta há de vir expressa necessariamente no texto constitucional.

Norma regulamentadora do poder de tributar também não é o Decreto-lei 406/1968, vez que, como defendido no item 3 deste despretensioso estudo, não decorre da

22. *Curso* ..., p. 131.

23. Nesse sentido, v. as lições de Heleno Torres in *RDDT* 71/92, São Paulo, Dialética.

24. *Manual* ..., p. 38.

25. Idem, ibidem.

26. E aqui acabamos por discordar de Marçal Justen Filho, quem, após negar origem constitucional à não-tributação das entidades não-lucrativas, conclui que o art. 8º do Decreto-lei 406/1968 veicula isenção heterônoma (in *RDDT* 3/73).

nossa Constituição Federal a não-tributação, pelo ISS, das entidades sem fins lucrativos.

De isenção ou não-incidência *stricto sensu* também não se cogita. É que ambas operam, via de exceção ou omissão, respectivamente, já dentro do campo de incidência possível da norma tributária – ou, em outras palavras, dentro dos limites da competência tributária autorizada. São "concedidas" necessariamente pelo Poder Público competente para tributar. A norma do art. 8º do Decreto-lei 406/1968 atua na própria definição desse limite de competência – precedendo, portanto, a atuação do poder tributante.

A não-incidência *lato sensu* tampouco parece ser um subgrupo adequado às feições do fenômeno perpetrado pelo art. 8º do Decreto-lei 406/1968, pois esta refere-se aos eventos que sequer resvalam a hipótese de incidência, tal como respirar, caminhar etc. Os serviços prestados pelas associações sem fins lucrativos, evidentemente, estão margeando a hipótese de incidência, somente não a desencadeando em virtude da norma do Decreto-lei 406/1968.

Estamos, assim, na contingência de ter que admitir uma nova categoria de preceitos normativos desoneradores, que seriam as (válidas) *normas gerais limitadoras de competência*. Fica aí a sugestão, para que a comunidade tributária – enxergando alguma razoabilidade no que foi exposto – aprofunde os estudos de modo a ratificá-los ou refutá-los.

7. Conclusões

Resumidamente, podemos extrair os seguintes postulados das idéias aqui expostas:

7.1 A desoneração das associações sem fins lucrativos quanto ao pagamento do ISS quando prestem serviços mediante paga não decorre do texto constitucional, seja do princípio da capacidade contributiva, seja do conceito implícito de serviço.

7.2 A veiculação de normas gerais em matéria tributária é incumbência de lei complementar autônoma das outras duas que lhe confia o art. 146 da CF (dirimir conflitos e regular limitações ao poder tributante), assistindo-lhe, na consecução de qualquer delas, prerrogativas de igual amplitude, entre as quais a de restringir a competência tributária inicialmente prevista na Constituição Federal.

7.3 Principalmente quanto a outros critérios da regra-matriz de incidência do tributo que não o material e a base de cálculo, e mormente quanto ao ISS, com a franquia especial conferida pelo art. 156, III, da CF, pode a lei complementar atuar na limitação da competência tributária, vedando-se-lhe, contudo, desfazer o que já esteja feito pela Constituição Federal.

7.4 O Decreto-lei 406/1968 é obra do legislador nacional, a quem o nosso federalismo, tal como concebido pelo constituinte originário, reconhece aptidão para limitar a atividade de instituir tributos.

7.5 A vedação à isenção heterônma prevista no art. 151, III, da CF é preceito voltado ao legislador federal, inaplicável, portanto, ao Decreto-lei 406/1968.

7.6 O art. 8º do Decreto-lei 406/1968, ao fixar como sujeitos passivos do ISS somente as empresas e os profissionais autônomos, atua como válida norma geral limitadora de competência impositiva. E:

7.7 As associações sem fins lucrativos, mesmo aquelas não imunes, estão a salvo da tributação pelo ISS, sendo, portanto, ilegais as leis municipais que, como a do Município de São Paulo, pretendem impor-lhes a incidência desse tributo.

* * *

RDT 90

CADERNOS DE DIREITO TRIBUTÁRIO: A RELEVÂNCIA TRIBUTÁRIA DO COMÉRCIO ELETRÔNICO – VICTOR UCKMAR • PRINCÍPIO DA ANTERIORIDADE – EXTINÇÃO E SOBREVIDA POR MEIO DA EMENDA CONSTITUCIONAL 32, DE 11.9.2001 – MISABEL ABREU MACHADO DERZI • EMPRESÁRIO, A SOCIEDADE EMPRESÁRIA, A SOCIEDADE SIMPLES E A RESPONSABILIDADE TRIBUTÁRIA PERANTE O CÓDIGO TRIBUTÁRIO NACIONAL – CTN E O CÓDIGO CIVIL DE 2002 – RICARDO MARIZ DE OLIVEIRA • LA FISCALIDAD DE LAS EMISIONES ATMOSFÉRICAS EN ESPAÑA – PABLO CHICO DE LA CÁMARA e PEDRO MANUEL HERRERA MOLINA • O PRINCÍPIO DA CAPACIDADE CONTRIBUTIVA E A SUBSTITUIÇÃO TRIBUTÁRIA – JOSÉ EDUARDO SOARES DE MELO • BOCAGE E AS MEDIDAS PROVISÓRIAS: "A EMENDA PIOR DO QUE O SONETO" – JOSÉ ROBERTO VIEIRA • ELISÃO, SIMULAÇÃO E CRIMES CONTRA A ORDEM TRIBUTÁRIA – ELIANA CALMON • LA DISTRIBUCIÓN DE LA CARGA DE LA PRUEBA EN DERECHO TRIBUTARIO – DIEGO MARÍN-BARNUEVO FABO • ARBITRAMENTO E NORMA ANTIELISÃO: DA ESTRITA LEGALIDADE AO DEVIDO PROCESSO LEGAL – FERNANDO FACURY SCAFF • NORMAS GERAIS ANTIELISIVAS – RICARDO LOBO TORRES • *ESTUDOS E COMENTÁRIOS*: A RETRIBUIÇÃO AOS MUNICÍPIOS PELA UTILIZAÇÃO DO SUBSOLO URBANO – AUTA ALVES CARDOSO • A ESTRUTURA LÓGICA DA NORMA JURÍDICA TRIBUTÁRIA – CRISTIANO CARVALHO • CONTRIBUIÇÕES DE INTERVENÇÃO SOBRE O DOMÍNIO ECONÔMICO – MARIANA OITICICA RAMALHO • NÃO-INCIDÊNCIA DO ISS ÀS ASSOCIAÇÕES CIVIS SEM FINS LUCRATIVOS. RESTRIÇÃO INFRACONSTITUCIONAL DE COMPETÊNCIA IMPOSITIVA? – PAULO ROBERTO ANDRADE

MALHEIROS EDITORES

Revista de Direito Tributário

113